YEMAYÁ y OCHÚN

Kariocha, Iyalorichas y Olorichas

COLECCIÓN DEL CHICHEREKÚ EN EL EXILIO

EDICIONES UNIVERSAL, Miami, Florida, 1996

Lydia Cabrera

YEMAYÁ y OCHÚN

Kariocha, Iyalorichas y Olorichas

Prólogo y Bibliografía
de
Rosario Hiriart

© Copyright 1996 by Isabel Castellanos

Derechos de autor, ©, por Isabel Castellanos. Todos los derechos son reservados. Ninguna parte de este libro puede ser reproducida o transmitida en ninguna forma o por ningún medio electrónico o mecánico, incluyendo fotocopiadoras, grabadoras o sistemas computarizados, sin el permiso por escrito del autor, excepto en el caso de breves citas incorporadas en artículos críticos o en revistas. Para obtener información diríjase a Ediciones Universal.

Reedición de la segunda edición de 1980 (ISBN: 84-400-7153-1)

Primera edición de Ediciones Universal, 1996

EDICIONES UNIVERSAL
P.O. Box 450353 (Shenandoah Station)
Miami, FL 33245-0353. USA
Tel: (305)642-3234   Fax: (305)642-7978

Library of Congress Catalog Card No.: 79-90203

I.S.B.N.: 0-89729-761-X

Diseño de la cubierta por Tony Évora

A aquellos hijos de Yemayá y de Ochún,
hoy cenizas,
que hablan en las páginas de este libro
que les pertenece..
Dupé.

Sumario

— Prólogo de Rosario Hiriart I
1. La Virgen de Regla, patrona del puerto de La Habana 9
2. ¿Quién es Yemayá? 20
   Yemayá y Orula 42
   Yemayá y Ogún 45
3. Ochún... 55
4. Omo-Orichas..................................... 92
   Oración 111
5. Omo-Yemayá 112
   Omo-Ochún......................................117
6. Imposición de collares 120
7. El Asiento. Ocha Yokodi Eleda o Kari Ocha.............128
   Ebó de entrada 132
   La purificación en el río. Wo ti omorisha luwe odo 139
   Ebori Eleda. Eledá mo yuba olori....................141
   La prendición 146
   Se hace Osaín...................................147
   El Omiero 156
   La segunda prendición 158
   En el Igbodú 159
   Preparación de la cabeza 160
   Apoti. El pilón 162

La parada 163
La matanza. Che bo. 165
El día del Medio. 173
Tercer día del Asiento o día del Itá. Dilogún. 179
las leyendas de las Odus 203
Pataki de Okana 203
Pataki de Ogunda 204
Pataki de Eyioko 205
Pataki de Eyeorosun 205
Eyeorosun Meyi 207
Pataki de Oché 208
Pataki de Obara 209
Pataki de Odi 212
Pataki de Eyionle 213
Pataki de Osa 214
Pataki de Ofún 214
Patakín de Ojuani 216
Pataki de Eyila Chebora 217
Pataki de Metanla 218
Ebó de Okana, Eyioko, Ogundá, Eyirosun o Irosun, Oché, Obara, Odí, Eyionle o Eyeunle, Osa, Ofún, Ojuani, Eyilá Chebora, Metanla 220
Obí 221
El día de la plaza. Oyó ilu Oya 225
El año del noviciado 228
Ebó de los tres meses y Ebó del año 230
La presentación al Tambor. Iyawó Ki Bata 232
8. Iyalochas 235
9. Como se adora a Yemayá y a Ochún. Biati boyafun loricha mio 266
10. Itaná, idi, ochiché. Velas, ligámenes y trabajos de santería 290
    Amarres 301
    Afoché 309
    Oyin. Huevos 331
11. La entrega. El último rito. Itutu 342
— Bibliografía 361

I
Prólogo

Yemayá y Ochún y *El Monte,* son las obras de investigación folklórica de Lydia Cabrera, que han alcanzado mayor difusión. En el transcurso de estos últimos años hemos visto despertarse, especialmente entre los cubanos exiliados, un gran interés en el conocimiento del culto a los Orichas. Roger Bastide ha señalado que "el folklore es un poco de la tierra que ha abandonado el exiliado." Acaso por ello, lo que en Cuba era simple diversión de negros, baile, toque de tambor, superstición, brujería, es hoy un nuevo campo de estudio en la investigación del folklore afrocubano y por extensión, del Caribe.

En los comienzos de nuestro siglo surgió en Europa, especialmente en Francia—país donde estudió y vivió durante muchos años Lydia Cabrera—un profundo interés por los pueblos llamados primitivos o salvajes, sus creencias religiosas, sus ritos ancestrales, llenos de magia y poesía para el hombre blanco. Lydia señala que durante aquellos años, antropólogos como Lang, Tyler y Frazer (el conocido autor de *The Golden Bough),* se ocuparon de estas investigaciones. En Cuba, nos dice, no tuvimos "estudiosos que considerasen—este tema—digno de su alta atención, y ni siquiera curiosos o poetas, que tomasen nota de aquel arsenal de arcaica sabiduría, tan al alcance de la mano, archivada en la memoria privilegiada de los africanos y de sus descendientes. Hubo entonces una sola excepción, Fernando Ortiz y Fernández, discípulo de Lombrosso, que el 1906 publicó *Los negros brujos...* iniciando con este primer libro una larga producción que culmina con los cinco volúmenes de *Los instrumentos de la música folklórica de Cuba"*([1]). El interés por lo cubano existió siempre en el hogar de don Raimundo Cabrera y Bosch([2]). Muy temprano conoció nuestra autora a Fernando Ortiz. En sus "Conversaciones" lo recuerda: "...Déjame decirte que a

---

[1] Lydia Cabrera: *La Enciclopedia de Cuba,* San Juan-Madrid, Editorial Playor, Tomo 6 (Folklore), 1974, página 349.

[2] Véase: Rosario Hiriart: "Conversaciones," *Lydia Cabrera: Vida hecha arte,* Madrid-New York, Editorial Torres, 1978, páginas 100-142 (I capítulo donde Lydia Cabrera recuerda su "Infancia y primera juventud").

II

Fernando Ortiz, que era mi cuñado yo lo quería mucho... Entró a mi familia cuando yo tendría unos siete u ocho años, lo había conocido en Europa, en Suiza, en Lucerna, donde se enamoró de mi hermana Esther. Por entonces, siendo pretendiente o ya novio de Esther publicó *Los negros brujos*"([3]). Cuando en el 1923, se funda en La Habana la "Sociedad del Folklore Cubano," la joven Lydia está presente([4]). En el "Prólogo" a *El Monte*, escrito en "La Quinta San José" en abril de 1954, señala: "Las notas que componen este primer volumen y las de otros que le continuarán, son el producto de algunos años de paciente aplicación." Cuarenta años ha dedicado Lydia Cabrera a estudiar la presencia del folklore africano en Cuba, ese legado "transmitido oralmente de generación en generación durante los siglos que duró la trata, conservado hasta el presente con fidelidad admirable por la población negra"([5]). Según sus palabras, no puede comprenderse a nuestro pueblo si no se conoce al negro, la "presencia africana

---

[3] *Ibid.*, página 73.

[4] "La 'Sociedad del Folklore Cubano', Noticia de la fundación: Conforme habíamos anunciado se celebró en la noche del sábado 6 de enero corriente una interesante reunión en la 'Sociedad Económica de Amigos del País' a la que asistieron distinguidos representantes de la intelectualidad cubana, con el fin de dejar constituida la 'Sociedad del Folklore Cubano'.

El acto fue presidido por el Dr. Enrique José Varona, a quien acompañaron en la mesa presidencial Monseñor Arteaga, que asistía por sí y en representación del señor Obispo de la Habana, el Dr. Antonio Iraizoz, Subsecretario de Instrucción Pública y Bellas Artes, el Dr. Fernando Ortiz, director de la *Revista Bimestre Cubana* y el Dr. María Chacón, iniciador de la reunión y fundador de los primeros grupos folklóricos de Cuba.

Una selectísima representación de escritores, artistas, profesores, vimos en la vieja sala de retratos de la Económica, el mejor ambiente para una sociedad de estudios tradicionales. Allí estaba la señora de Zayas Bazán, las señoritas Carolina Poncet, Isis Ortiz y *Lydia Cabrera*, los señores Ramón A. Catalá y Néstor Carbonell, representantes en la reunión de la Academia Nacional de Artes y Letras, que con gran entusiasmo se ha adherido a los fines de la nueva Sociedad, Ramiro Guerra, Francisco de P. Coronado, Manuel Pérez Beato, el maestro Gaspar Agüero, Antonio Cosculluela, Israel Castellanos, Adrián del Valle, Joaquín Llaverías, Francisco González del Valle, que ostentaba la representación de *Cuba Contemporánea*, José A. Fernández de Castro, Emilio Teuma, J. L. Marinello, Calixto Masó, Mariano Brull, Rubén Martínez Villena, Enrique Serpa, Emilio Roig, José Luis Fonts, Antero Serra y algunos otros cuyos nombres no pudimos anotar..." *Archivos del Folklore Cubano*, La Habana, Imprenta el Siglo XX, Volumen Primero, 1924, páginas 91-92.

(La noticia de la fundación de la "Sociedad del Folklore Cubano" se publicó por primera vez en el *Diario de la Marina* el 8 de enero de 1923).

[5] Lydia Cabrera: *La Enciclopedia de Cuba, Op. cit.*

III

no se manifiesta exclusivamente en la coloración de la piel."

Lydia Cabrera es la mejor y más valiosa investigadora del influjo africano en nuestra cultura, sus obras "estudian la huella profunda y viva que dejaron en esta isla—Cuba—los conceptos mágicos y religiosos, las creencias y prácticas de los negros importados de Africa durante varios siglos de trata ininterrumpida"(6). Sus escritos, resultado de una larga dedicación (véase la Bibliografía que incluimos al final del libro), nos ofrecen un ejemplo del sincretismo religioso de nuestros pueblos, de muchas de las equivalencias Oricha-Santo que existen en el Caribe y en el Brasil. En sus libros ha procurado siempre "deslindar en el mapa místico de las influencias continentales heredadas, las dos áreas más importantes y persistentes: la lucumí y la conga (yoruba y bantú) confundidas largo tiempo por los profanos y que se suelen catalogar bajo un título erróneo e impreciso: Ñañiguismo"(7). Lydia viajó por toda la isla, efectuando la mayor parte de sus investigaciones en La Habana, Matanzas y el pintoresco Trinidad; ha señalado que en "Regla la marinera" y en "Guanabacoa la beata," existían "los bastiones más fuertes y seculares de la 'Santería lucumí' y de la 'brujería bantú'," aunque la Ilé Ife, la Roma lucumí, se hallaba en Matanzas, aquí se conservaba según su opinión, más puro el legado de Africa: "...africana, cuando se las conocía, era el alma de poblaciones como Unión de Reyes, Cabeza, Alacranes, el Perico, Sabanilla del Comendador, Limonar, Jovellanos o Bemba"(8). La devoción del pueblo habanero a *Yemayá*, equivalente africano de Nuestra Señora la Virgen de Regla, patrona del puerto de La Habana, o del pueblo oriental a *Ochún,* a quien los lucumí identificaron con Nuestra Señora la Virgen de la Caridad, patrona de Cuba, son ejemplos de

---

[6] Lydia Cabrera: *El Monte,* Miami, Colección del Chicherekú, Ediciones C.R., 1971, página 7.

[7] *Ibid.,* página 8.

[8] Lydia Cabrera: *La laguna sagrada de San Joaquín,* Madrid, Ediciones Erre, 1973, página 9.

la persistencia de un culto africano que los antiguos esclavos yoruba y después sus descendientes, siguieron practicando.

Recorrer estas páginas de Lydia es entrar en un mundo de magia poética. Su labor no se limita en sus libros de investigación (de su creación imaginativa nos hemos ocupado en otras ocasiones), a transmitirnos fichas acumuladas en el transcurso de los años, en sus obras predomina una intención estética, de ahí que Roger Bastide afirmara que en *El Monte* logró hacer "de un herbario de plantas medicinales o mágicas, un libro extraordinario en el que las flores secas se convierten en danzas de jóvenes arrebatadas por los Dioses, y en el que de las hojas recogidas se desprende todo el perfume embrujador de los trópicos"([9]). Lydia consigue crear en cada uno de sus trabajos de investigación la escructura verbal adecuada capaz de dotar de calidad artística el contenido de su obra.

Pierre Verger dice que con *Yemayá y Ochún* nos "abre un mundo encantado, el de las aguas primordiales, las saladas y las dulces, puestas por los lucumí bajo la potestad de estas divinidades." Leemos: "Sin agua no hay vida. De Yemayá nació la vida. Y del mar nació el Santo, el Caracol, el Ocha verdadero. El Santo que primero habló y le dijo a las criaturas lo que podían hacer"([10]). Yemayá es quien dio a luz a la Luna y al Sol, de su vientre salió todo lo que existe y alienta sobre la tierra. Ochún, su hermana menor, a quien Yemayá "crió a sus pechos," es la dueña del río, del amor, del oro, del coral y del ámbar. Las fiestas de Yemayá y Ochún se celebran, siguiendo el calendario litúrgico de la Iglesia Católica, el 8 de septiembre. Lydia describe los festejos de Nuestra Señora de Regla en La Habana y los de Nuestra Señora de la Caridad del Cobre en Santiago de Cuba. Nos da los diferentes nombres de Yemayá, explicándonos que no hay más que una, "una sola Yemayá, con siete caminos." Ochún es también una y múltiple. Análoga explicación ofrece la Iglesia Católica sobre las diferentes advocaciones de la Virgen María. Lydia nos dice que "nuestro pueblo cree que la vida hay que protegerla por medios mágicos, y que cuanto le ocurre, cuanto le preocupa o proyecta, lo consulta con el adivino: el Babalocha o el

---

[9] Lydia Cabrera: *Anagó, vocabulario lucumí*, prólogo de Roger Bastide, Miami, Colección del Chicherekú, Ediciones C.R., 1957. página 7.

[10] Lydia Cabrera: *Yemayá y Ochún*, Madrid, Colección del Chicherekú en el exilio, Ediciones C.R., 1974, página 21.

Babalawo"[11]. Cada persona está bajo la protección de un Oricha, ahora bien, no se escoge al Oricha, son ellos quienes eligen a los hombres. Destaca la autora la importancia que tiene para los lucumí, el sueño: "Eleguá provoca frecuentemente los sueños en sus hijos." Es el sueño el medio de comunicación que emplean los Orichas, los espíritus, para "ponerse en contacto con los vivos es decir, 'con el alma de los vivos' ."

En el capítulo que se ocupa de la imposición de los *ilekes,* collares, vemos que estos cumplen la misma función que en la religión cristiano-católica le adjudican los creyentes a los detentes y escapularios: protectores contra determinados males o peligros. En "El Asiento" nos explica en qué consisten los ritos de iniciación de los hijos de Yemayá y Ochún. Es interesante observar, como muy bien queda anotado en el libro, que en Nigeria cada devoto se dedica especialmente a adorar la divinidad de la que desciende, mientras que en Cuba y en el Brasil, el creyente debe rendirle culto a todos los Orichas. Las mujeres tienen en las ceremonias litúrgicas casi las mismas atribuciones de los hombres, no obstante, están excluidas del "sacrificio de animales de cuatro patas, preparar algunos eleguá y osain, y adivinar con *okuelé* e *ikis,*" ritos estos últimos, exclusivos del Babalawo. Cuando nos habla de la adoración a Yemayá y Ochún, dedica especial atención a "las piedras." A las piedras se les transmite poder mediante un proceso ritual, estas piedras "han de estar vivas... ha de verificarse que las anima una fuerza sobrenatural, la de un Oricha. Pues hay *piedras muertas,* en las que no se encierra un poder inmanente." Cuatro son las piedras que sirven de base a Obatalá. Cuatro o seis a Changó. Siete son las de Yemayá y cinco las de Ochún. Yemayá y Ochún, como otros Orichas, tienen sus platos y animales favoritos.

El estudio de los ruegos a los dioses, nos lleva de nuevo a la Iglesia Católica, poniendo una vez más de manifiesto, nuestro sincretismo cultural. Al hacer las peticiones se encienden velas de cera, "No hay rito sin fuego." "Se dice que fue Ochún la primera que utilizó una de sus calabazas para convertirla en lámpara. El

---

[11] *Ibid.*, página 101.

capítulo final: "La entrega. El último rito. Itutu," nos presenta a la muerte no como final sino como continuación, en otro plano, de la vida. Existe una unidad entre el mundo de los vivos y los muertos, una especie de interacción donde los segundos influyen sobre los primeros, ayudándolos o castigándolos. De nuevo, tenemos la misma relación entre lo que en la Iglesia Católica se denomina: Iglesia Militante, Iglesia Purgante e Iglesia Triunfante.

Mi amistad con Lydia Cabrera, su generosa petición de que prologue esta nueva edición de *Yemayá y Ochún,* me honra, al permitirme hacer en su nombre, la invitación a adentrarnos en las páginas de un libro que ha abierto para nosotros un capítulo más en las investigaciones "de las hondas influencias ejercidas por varios grupos étnicos africanos" en nuestra cultura, en el conocimiento de sus valores y tradiciones populares, "demasiado evidentes para que puedan ocultarse y demasiado interesantes como sujeto de estudio para ser rechazadas," lo que nos permitirá en definitiva, llegar a una mejor comprensión de lo que realmente somos.

ROSARIO HIRIART
Nueva York, verano de 1979

1 La Virgen de Regla, patrona del puerto de La Habana

El ocho de septiembre —antes de Castro— era una fecha importante en la devoción del entonces alegre y despreocupado pueblo habanero. Ese día, negros, mulatos y blancos acudían al Santuario de Nuestra Señora la Virgen de Regla, al otro lado de la bahía, en el pintoresco pueblecito de Regla.

El santuario, nos dice nuestro primer historiador, Arrate, se erigió en 1690 en un terreno perteneciente al ingenio Guaicamar, donado por su dueño al Alguacil Mayor Don Pedro Recio de Oquendo a un tal Hermano Antonio, llamado el "Peregrino", que construyó en él un humildísimo oratorio techado de yaguas, un bohío, que cobijaba una imagen pintada de la Virgen. El 24 de octubre de 1692, una fuerte tormenta acompañada de lluvias torrenciales, destruyó aquel precario oratorio.

Nuestros antecesores, que eran piadosos, les daban a las tormentas y temporales el nombre del Santo en cuya festividad ocurrían. Así quedaron registrados muchos huracanes: el de San Narciso en 1792; el 1794 el de San Agustín, que les ocultó el sol a los habaneros durante diecinueve días y derrumbó ciento cinco casas; el de Santa Teresa el 1768, año en que tuvo lugar la expulsión de los Jesuitas, —seguramente como castigo, pensarían sus adictos— derribó siete varas de muralla y en los campos mató cuarenta y pico de personas. Setenta y ocho años más tarde, precedido por la tormenta de Santa Rosalía (1842) y por el primer cordonazo de San Francisco de Asís (1844), el furioso huracán de San Francisco de Borja el 1846, dejaría un recuerdo imborrable en la memoria popular, pues aún en los comienzos de nuestro siglo, se narraban los estragos que hizo y las horas de terror que vivió la población. Aquella vez se desplomaron mil ochocientas setenta y dos casas, se perdieron veintitrés barcos, se vino abajo el Teatro Principal, los sólidos paredones de dos conventos y varios miles de casas de buena fabricación sufrieron desperfectos.

A la tormenta que arrasó el pequeño santuario de Regla se la llamó de San Rafael. Su ímpetu debió aterrar al "Peregrino", pues Arrate se cuida de decirnos que "debilitó su ánimo". En cambio movió el de un vecino montañés, Juan Martín de Coyendo —que debe considerarse el verdadero fundador— a constituirse en perpetuo servidor de Nuestra Señora y de su Santuario.

Este hombre que, como solía decirse entonces, tenía a Dios en las entrañas y no en las extremidades, con la ayuda que le prestara un comerciante habanero, Don Alonso Sánchez Cabello, dio comienzo, trabajando en ella como un obrero, a la construcción de una ermita de tapias, rafas y tejas, con tres habitaciones para hospedería, que se terminó el 1664.

En esa fecha arribó al puerto el Castellano de la Punta, el Sargento Mayor Don Pedro de Aranda, que traía de España una imagen de bulto de la Virgen, destinada a la ermita.

Nuestra Señora contó rápidamente con un gran número de devotos que el ocho de septiembre cruzaban a la margen opuesta de la bahía para hacerle fiesta.

En 1706 la ermita, que dependía desde hacía cinco años de la Parroquial de San Miguel del Padrón, a dos leguas de la capital, fue agregada a la de la Habana, y el 23 de diciembre de 1714 se proclamó a la Virgen, Patrona de la Bahía.

Era Capitán General de la Isla Don Laureano de Torres, Marqués de Casa Torres, buen administrador y gobernante, a quien se debió el establecimiento del Proto Medicato, mejoras en la ciudad, ensanches en las fortificaciones —no existía aún la Cabaña—, y la fundación de la ciudad de Santiago de Bejucal.

En presencia de los venerables curas y prelados regulares,

cuenta nuestro primer historiador, "habiendo pasado el Cuerpo Capitular con su respetable cabeza el Marqués de Casa Torres, al dicho Santuario, puso el Regidor Decano en manos de Su Señoría Ilustrísima el Obispo (Jerónimo Valdés), una llave de plata dorada, insignia de las armas y blasón de esta Nobilísima ciudad y su gran puerto, la cual pasó de manos de Su Señoría Ilustrísima a los pies de la sagrada efigie, en que hasta el presente permanece, celebrándose tan religioso como autorizado acto con repique general de campanas, salvas de la fortaleza y navíos ancorados en la bahía, y otras devotas manifestaciones".

En el 1717 a instancias de Don Gonzalo Vaquedano, electo Fiscal del Supremo Consejo de Indias, se colocó el Santísimo Sacramento en el Santuario reglano con gran pompa y asistencia de títulos, caballeros y oficiales de carácter que se hallaban de tránsito en la Habana.

No se le escatimaban las limosnas a la Divina Señora, y los ojos del buen Martín de Coyendo, su servidor, alcanzaron a ver su imagen cubierta de alhajas valiosas.

Este murió, ajeno a las amenazas y preocupaciones del siglo, el 1743 y fue enterrado en el templo.

Desde entonces, y con mayor esplendor y asistencia a fines del siglo XVIII, cuando Regla era apenas un caserío y no existían los importantes almacenes de azúcar de mediados del XIX descritos con admiración por Hazard[1] y otros extranjeros que escribieron sobre la ex-Perla de las Antillas, se celebraba en él la festividad de la Patrona del Puerto de San Cristóbal de la Habana. Nuestra Señora, que guardaba su simbólica llave, bien podía enorgullecerse de su puerto con capacidad para mil fragatas de guerra y del que no era exageración de Amalia Murray y de tantos autores, decir que en ningún otro "jamás le había sido posible contemplar tal aglomeración de embarcaciones interesantes"[2].

"¡Qué mundo de actividad marítima!" anotaba en su libro "To Cuba and Back" otro yankee, Richard Henry Dana al entrar en

---

[1] Samuel Hazard. "Cuba with pen and pencil." London 1871.

[2] Amelia Murray. "Letters from Havana, United States and Canada". Putnam & Co. New York, 1856.

la rada más bella del mundo, como era usual decir al referirse al puerto habanero. "Los mástiles forman un cerco de selva densa a lo largo de la orilla; todas las embarcaciones reposan de frente a la calle como caballos en un pesebre, mientras los buques anclados casi obstruyen las vías de paso a la bahía. Allí están las franjas rojas y amarillas de la España venida a menos, las azules, blancas y rojas —sangre hasta la punta de los dedos— de la Grande Nation, las cruces de la Royal Common Wealth, las estrellas y las rayas de la gran república, y banderas de Holanda, Portugal, Estados Unidos del Norte de Italia, de Brasil y de las repúblicas del continente español."

Junto a aquel bosque intrincado que dibujaban las arboladuras de las naves atracadas (más que caballos debían parecer aves posadas en la margen), los muelles estaban llenos de animación y atestados de mercancías, de bocoyes de mieles, cajas de azúcar, de café, de tabaco. "Apenas desembarqué en el hangar inmenso que se extiende sobre todo el emplazamiento en que se opera la carga y descarga de los navíos", escribe J. J. Ampère[3], "me encontré en medio de una muchedumbre bulliciosa en la que predominaba la población de color. Estos hombres medio desnudos dejan ver unas espaldas, pechos y brazos a veces de una gran belleza. Diríase que son estatuas vivientes de ébano y bronce. Ejecutan su trabajo en medio de gritos, risas y cantos; juegan y saltan como monos. Una singularidad que me llama la atención: durante los cinco meses que pasé en los Estados Unidos no recuerdo haber oído una sola vez cantar a un obrero. En la tierra de los hombres libres todo se hace en silencio. ¡Y aquí cantan los esclavos!"[4].

---

[3] Promenade en Amérique, Etats-Unis, Cuba et Mexique. París, 1860.

[4] Isidore Lowestern, Les Etats Unis et la Havane, París 1842, hace el siguiente comentario al desembarcar en La Habana. "Nunca había encontrado un lugar que me brindase más encantos. No conozco otro, fuera de Europa, en que desearía instalarme". Este libro abunda en juicios acertados sobre los Estados Unidos y algunos son tan actuales como los que hace en sus Memorias su contemporánea la Condesa de Merlin cuando los visita. Escritas estas líneas hace ciento veintinueve años, traducen la misma sensación que aún se experimenta al arribar a tierra norteamericana. "A América", nos dice Lowestern, "le falta prestigio, se admira su historia rica en presente pero sin un pasado que atraiga".

Sí, a la Patrona debía halagarle la belleza y actividad de su bahía que daba una gran impresión de riqueza, especialmente en los años de 1851-60, y que el Barón de Humboldt consideraba el puerto más importante de América. No hacía mucho que en el arsenal de la Habana se había construido un vapor de guerra, el Don Juan de Austria, el primero que se fabricaba en los dominios españoles.

Era famosa además, por su grandiosa fortaleza de San Carlos de la Cabaña, a escasa distancia del Castillo del Morro, una de las mejores del mundo, y... por la fiebre amarilla, regalo que según Pezuela, nos trajo a fines del XVII un barco procedente de la India. Predominante en las costas, "the fever of the West", como le llamaban los marinos ingleses, no atacaba a los criollos pero no perdonaba a los europeos y a los yankees. Para ella no había remedio seguro. Así eran siniestras las bromas que los viejos lobos de mar daban a los marineros y emigrantes que por primera vez —y acaso por la última— pisaban nuestros muelles. En el Hospital de San Juan de Dios y en el de San Ambrosio, no se descansaba en los meses de verano atendiendo a los enfermos; en el Camposanto del Obispo de Espada, donde hasta finalizar el siglo dejaron sus huesos miles y miles de extranjeros, un año se enterraron en un solo día tórrido de agosto, más de quinientos. Con frecuencia tripulaciones enteras enfermaban, y morían los que no eran suficientemente sólidos para resistir el mal.

(Esta bendita fiebre amarilla —"La Patriótica"— sería la mejor aliada con que, andando el tiempo, contarían los cubanos en la larga guerra de Independencia, que terminaría convertida de pronto en guerra Hispano-Americana, gracias a la cual pasamos de las manos inhábiles, pero familiares, de los españoles a las extrañas de los americanos, y de manos de los americanos a las de los rusos.)

Muy mala fama tuvo la villa de Regla a través de la historia, desde los días de la prohibición de la trata y hasta el presente, por aquello de cría fama y échate a dormir...

El capitán J. A. Alexander[5] que visitó La Habana en el tercer

---

[5] Sir James E. Alexander, Transatlantic Sketches, Londres 1833.

decenio del siglo pasado y durante su estancia en ella se asomó una noche a la vida turbia de las tabernas de nuestro Noble Puerto, califica de "guarida vil" al pueblo de Regla: "negro muro de La Habana en la orilla baja y cenagosa habitada por piratas, negreros y vagabundos de todas clases". Alexander se sentó a la mesa frecuentada por capitanes y sobrecargos españoles, rusos, franceses, americanos e ingleses, "indiferentes a los usos de la más elemental cortesía", en la casa de huéspedes de "Nick Stick", un manco oriundo de York, mitad tabernero y mitad sepulturero, según su expresión, pues tenía una "despensa" con sarcófagos en su establecimiento, para acomodar a sus clientes en caso necesario.

Otro súbdito de S.M. Británica nos dirá que en muchas partes de la Isla y especialmente en Regla, "la maldad del gobierno español" que está consciente de la existencia de hordas de piratas que practican la trata y que, bien armados y equipados, cruzan los mares y atacan a las embarcaciones que no enarbolan la bandera española. (Se había abolido la odiosa trata en Inglaterra. Ahora ya no le convenía por razones económicas aquel comercio inhumano del que tanto había usufructuado, y resolvió liquidarlo filantrópicamente[6].)

No obstante haber tenido siempre un carácter muy popular estas fiestas, la nobleza solía asistir ese día a la misa de precepto de la Natividad de la Virgen en su Santuario, que a G. Hallan[7] pareció "una linda iglesia murada a la orilla del agua, que más se asemeja a una fortificación que a un cementerio".

Estas fiestas fueron concurridísimas durante todo el período colonial. Ya en su tiempo, el viejo historiador Arrate nos cuenta que "el deleitable santuario, si excitaba la devoción para religiosas romerías, convidaba el ánimo para honestas recreaciones".

---

[6] "La necesidad, para un gran país productor, de impedir la competencia de una mano de obra gratis y transformarla en una masa asalariada, capaz de comprar sus productos, condujo a Inglaterra a ponerse a la cabeza del movimiento de emancipación en América". Roger Bastide, Le Prochain et le Lointain, París 1970.

[7] George Hallan. "Narrative of a voyage from Montego Bay to England across the Island of Cuba to Havana thence to Charleston" Londres, 1831.

Las honestas recreaciones duraban ocho días. Etienne Michel Massé[8] anota a principios del siglo XIX: "Se juega un juego horrible, se baila, se asesina, se ven confundidos militares, meretrices y monjes devorados por el polvo, se asfixia uno ¡pero es de buen tono ir a las fiestas de Regla!" Y no hubiera sido raro, o se olvidó de anotarlo, que mano a mano con un negro o un montero, apostando monedas de oro a la pata de un gallo o ante una mesa de Monte, se hubiese encontrado a alguno de los trece marqueses o de los dieciséis condes que le pagaban al gobierno sus derechos de Lanza.

Aquellos ocho días de fiestas continuaría disfrutándola el pueblo cuando ya hacía mucho tiempo que habían desaparecido de toda la Isla, en las de los Santos Patronos de pueblos, las Loas de sabor medioeval, las Cucañas y aquel "horrible juego" que menciona Massé sin explicarlo, y que sería sin duda las crueles y repulsivas corridas de patos, que consistían en arrancarle la cabeza a uno colgado por los pies de una soga tendida entre dos horcones en un escampado o plazoleta. Grupos de jinetes pasaban a galope y trataban de desprender la cabeza del pobre animal, que untada de sebo resbalaba de las manos, y vencía en este asqueroso torneo aquel que lograba arrancarla ya muerto el pato, por supuesto.

Y había fiesta de toros; Regla poseía una plaza de la que nos dirá J. F. G. Wurdermann[9] el 1844, que el lugar en que se desarrollaba aquel cruel espectáculo, un ancho anfiteatro octogonal de madera, "parecía indicar por su mal estado el declinar de la afición a las corridas". De éstas nos han hablado otros muchos autores, y advierten que eran más del gusto de los peninsulares que de los cubanos. No asistían a ellas las mujeres, si acaso algunas norte-americanas de las que iban a Cuba a ejercer, con provecho, la profesión de prostitutas.

No obstante, un escritor de lengua francesa, veinte años antes que Wurdermann, señala la afición de los habaneros por las coridas, aunque no se celebraban con mucha frecuencia. "Cuando no

---

[8] Etienne Michel Massé. "L'Ile de Cuba et la Havane". París, 1825.
[9] J. F. G. Wurdermann (Dr. Physician) Notes on Cuba. Boston, 1844.

hay corrida", dice, "se va a la Alameda", el pintoresco paseo junto al mar que reproducen algunos grabados de la época.

De la ermita reglana, entonces pintada de azul, que al entrar en el puerto llamaba la atención del viajero, el Dr. Wurdermann menciona un lindo altar, dos pinturas al óleo, unas pocas imágenes y un par de cuadros llenos de exvotos de plata; anclas, corazones, rostros, brazos, etc. Este apunte del Dr. Physician reproduce a más de un siglo y medio de distancia una escena que todos hemos presenciado en nuestra infancia: "Allí en la iglesia, una negra vieja arrodillada ante el altar reza con vehemencia en alta voz; amenudo se golpea el pecho con una mano mientras extiende la otra hacia la imagen de un santo, su traje harapiento colgándole en jirones. Cuando termina sus rezos y permanece en la misma inmóvil posición, con los ojos en alto, la negra parece la personificación de la desesperación."

Algunas viejas beatas de color nos han dicho que la Virgen de Regla, Yemayá, de noche suele recorrer nadando su bahía, (un ñáñigo pescador la ha visto) y que a eso se debe que algunas mañanas su ropa esté mojada, y Wurdermann no se olvida de apuntar que la frente de la Virgen transpira.

La "infame guarida", que además de albergar a Nuestra Señora tiene el honor de haber sido sede de la primera Potencia o Sociedad de Ñáñigos que se fundó en La Habana, era habitada en los días de la prohibición de la trata de contrabandistas, aventureros y vagos, pero en los nuestros lo era en mayoría inofensiva, por pescadores, obreros del puerto, marineros y soldados del Morro y la Cabaña.

Algunas santeros de renombre como Eshu-bí y Adechina tenían allí sus Ilé-Orichas o casas-templo, así como otros muchos los tenían en el vecino caserío de Casa Blanca y en la piadosa, conventual y añeja villa de Guanabacoa, lugar de temporada preferido antaño por la nobleza habanera. Era increíble, cuando nos marchamos de Cuba el 1960, el número de Iyalochas, babalochas, babalawos, Padres Inkisa, "ganguleros", espiritistas, ñáñigos, todos erróneamente calificados de brujos, que vivían en paz bajo el manto de "Mama Azul", a la vera del santuario.

Aunque no era necesario atravesar la bahía, bastaba con adentrarse en cualquier barrio de La Habana antigua y curiosear en las casonas señoriales convertidas en ciudadelas o en los nuevos repartos populares, para tener la sensación de pisar en tierra africana... pero ¿qué pedazo de suelo nuestro no estaba saturado de secretas influencias africanas? ¿dónde no vibraban viejas resonancias de un alma que era negra? Sin duda en Regla la marinera y en Guanabacoa la beata, estaban los bastiones más fuertes y seculares de la "Santería lucumí" y de la "brujería" bantú.

Si algún foráneo, en ayunas de esta influencia profunda que las creencias religiosas de los africanos importados a Cuba desde los albores de su historia han ejercido tenazmente en el misticismo de nuestro pueblo, se hubiera hecho transportar a Regla el ocho de septiembre con ánimo de presenciar una fiesta católica, su asombro no hubiese tenido límites al ver desfilar la nutrida procesión que, danzando al son de los Batá, los tres tambores litúrgicos yoruba, y entonando cantos *(oriki)* en "lengua lucumí", conducía una imagen de la Virgen desde la casa o Cabildo de una santera hasta las puertas de la iglesia, donde era recibida por un sacerdote católico, y de allí a la orilla del mar. Si se mezclaba a la muchedumbre de fieles y seguía su itinerario, los vería purificarse, lavarse brazos y rostro con el agua marina, que ese día, como la vegetación el Sábado de Gloria, tiene más virtudes —*Aché*—, es más sagrada, y una vez limpios, beber los tres sorbos tradicionales que aumentan sus fuerzas y los inmuniza contra todo género de males —enfermedades, brujería, mala suerte. La Virgen de Regla se transforma en el curso de esta festividad en una divinidad yoruba, en Yemayá, y todos la llamarían así en torno suyo. Quizá una frase repetida por alguna negra anciana, acompañada de un viejo gesto de adoración; los brazos abiertos, las palmas de las manos vueltas al cielo, se grabaría en sus oídos:

¡*Omí o Yemayá! ¡Omí o Yemayá! Fu mi lowó*...

y si preguntara para salir de dudas ¿quién es Yemayá? ¿por qué llaman a la Virgen Yemayá? cualquiera le hubiera respondido con ingenua sorpresa: "Yemayá ¿quién va a ser? ¡La Virgen de Regla!"

Aunque no hubiera sido muy observador, si en vez de tomar

un auto que lo llevara a Regla hubiese ido por mar, que era lo indicado, y cruzando a la otra orilla en una gasolinera, o mejor, en un guadaño, el típico bote de pasaje, romántico superviviente en aguas del puerto de su contemporánea la desaparecida volanta, de seguro que le hubiera intrigado las escenas que se presentaban a su vista en otras pequeñas embarcaciones o en la misma suya durante la breve travesía.

Hombres y mujeres arrojaban monedas al mar. A medio trayecto se pasaban un ave por el cuerpo —sin omitir ciertas partes—, un pato que algunos llevaban disimulado en un cartucho, otros al descubierto, y después de aquella operación extraña lo lanzaban vivo al mar.

Claro que no solamente en aquella fecha se "despojaban"; a diario se llevaban los *ebó*[10] de Yemayá a su bahía, y no era raro ver bogar en ella algunos patos encintados y asombrados, flotar gallos descabezados, pañuelos de colores, y salir de un bulto que zozobraba lentamente o se deshacía de pronto en la estela de una rápida gasolinera, las materias más heterogéneas. Pero todo esto era mucho más evidente los días próximos a la fiesta de la Santa.

Ninguna persona de color consciente y respetuosa de sus tradiciones, ningún creyente en los Orichas —en los "Santos lucumí"— atravesaba la bahía sin dejar caer en el agua siete centavos como tributo a la Diosa del mar. Purificarse, "despojarse" de malas influencias y de máculas, que recogía el ave, era, la víspera de aquel día, un rito elemental y de gran importancia.

Insistiremos en que no sólo eran los negros y los mestizos los que paseaban con ritmo africano la imagen de Nuestra Señora por todo el pueblo, deteniéndose en las casas de los grandes santeros para que recibiera una ofrenda de coco; en la Potencia Abakuá, el homenaje de los ñáñigos, fanáticos de la Virgen; en el Ayuntamiento, a saludar al Alcalde y en el cementerio a los Ikú —*los tata tilende*—, los Muertos; ni los que la víspera del ocho de septiembre —sin dejar de considerarse católicos— bañaban en sangre de carnero o de gallo el *otán*, la piedra sagrada, habitáculo de Yemayá, en los incontables Ilé-Orichas de la Isla.

[10] Ebó: ofrenda —frutas, viandas, dulces, etc. Sacrificio de animales cuadrúpedos y de aves, para obtener la protección de los Orichas.

La festividad de la Patrona del Puerto de La Habana, de la Santísima Virgen de Regla (Yemayá-Olokun) nos ofrece un ejemplo perfecto del sincretismo religioso de nuestro pueblo, de la equivalencia Oricha-Santo; de la persistencia en la Isla de un culto africano que los antiguos esclavos yoruba y los viejos criollos pudieron seguir practicando en ella sin coacciones, sin que siglos de enseñanza cristiana o de una contaminación que superficialmente se refleja en éste, le hubiera restado vitalidad y pureza; y de otra parte nos muestra la influencia sutil, incalculable, en un aspecto ontológico, que los africanos ejercieron y ejercen en innumerables cubanos de raza blanca.

2   ¿Quién es Yemayá?

Y ahora olvidemos a Nuestra Señora la Virgen de Regla, Patrona del Puerto, en su blanco santuario junto al mar, para oír lo que nos contaron de su doble africano, Yemayá, viejos depositarios del politeísmo lucumí[11] transplantado a Cuba.

Decía Oba Olo Ocha, un notable santero de la provincia de Matanzas, tierra sagrada de los descendientes de lucumí, quien para imponernos de su autoridad y señalar la distancia que mediaba entre él y los demás santeros, nunca dejaba de hacernos esta aclaración: "Yo no soy como ellos, uno de tantos, ¡yo soy Oba Olo Ocha!"

"Yemayá es Reina Universal porque es el Agua, la salada y la dulce, la Mar, la Madre de todo lo creado. Ella a todos alimenta,

---

[11] Lucumí les llamaron en Cuba a los Yoruba que ocupan la parte occidental de la Nigeria del Sur, con las provincias de Abeokuta, Lagos, Yebú, Ondó. Las subtribus importantes son los Oyó al N.O., de los que vinieron muchos a Cuba; los Nagos, a los que se le aplicaba el nombre genérico de lucumí, establecidos al Oeste, junto al Dahomey hasta Togo. Así los viejos al referirse a su nación de origen precisaban: desciendo de lucumí egbá o egbado, lucumí ekiti, de lucumí ondó, de lucumí yebu, de lucumí yesa, abeokuta, oyó, otá yobá, takuame, baribá, omadó, aralori, chágo, etc... Incluían entre los lucumí a los hausá y los biní... "vasallos que pagaban tributo al Oba de Ifé".

"Allá en Africa nuestros antepasados no andaban en cueros", nos decía un viejo informante. Todos sabían que "el reino lucumí había sido poderoso" y "el más civilizado de Africa".

pues siendo el Mundo tierra y mar, la tierra y cuanto vive en la tierra, gracias a Ella se sustenta. Sin agua, los animales, los hombres y las plantas morirían.

¡*Oyo so ko ni awadó!* No llueve... ¡maíz no crece!

Sin agua no hay vida. De Yemayá nació la vida. Y del mar nació el Santo, el Caracol, el Ocha verdadero. El Santo que primero habló y le dijo a las criaturas lo que debían hacer."

Así la definían también la vieja Cornelia de Armas, Yemayá-Omilekun, y Celestino Gaytán, Omí-Tomí, Omí-Toké, Omí-Lana y tantos otros, que eran hijos "legítimos" de Yemayá.

El enciclopédico Celestino Gaytán al explicarme la creación del mundo y el nacimiento de los Orichas, llamaba a Yemayá: "la Señora Madre y Criandera del mundo."

Cuando Olodumare, Dios Todopoderoso, andaba por este planeta, sólo había en él fuego (e imitaba el fragor de un incendio), fuego y rocas ardiendo.

Olodumare decidió entonces que la tierra existiera, con sus montañas, sus valles, sus sábanas. El vapor candente de las llamas que se había acumulado en el espacio, Olodumare lo convirtió en nubes. En las partes del roquerío donde el fuego había sido más violento, quedaron, al apagarse éste, unos huecos enormes y muy hondos. En el más profundo nació Olokun, el océano. Olokun, la Yemayá más vieja —Yemayá masculino —, raíz, *Orisón* de las demás, "pues Yemayá es una y siete a la vez..." Y como al viejo no le gustaba mentar a los grandes Orichas sin levantarse de su asiento en señal de respeto y sin pronunciar algunas frases en lengua, rezaba: *Yemayá Olokun atara mawá Oyu bedeke o ma won, ba li ko si sere si Iyá Omío*. O bien: *Yemayá Olokun atara mawá osaya bi, Olokun, Iyami Yemayá onuó oma kué te ro oké bembo le keló mi fon ma lo mi ma kué kué mi lodo kekere ya mofé ya emí ni ba tioko isilé Oricha fumi Iyá!*[12].

Así, continuaba, se cumplió la voluntad de Dios, y al extenderse el mar y salir las estrellas y la Luna de su vientre, éste fue el primer paso de la creación del mundo.

---

[12] "Yemayá Olokun, con tus poderes de mar, tierra y cielo, da a todos tranquilidad y que no nos falte el pan de cada día y ropas para cubrirnos".

¿Quién es Yemayá?

El fuego del planeta, la gran llamarada que ardía en sus entrañas de roca, era Agayú-Oricha muy temido y venerado antaño por los viejos lucumí— "parido por un volcán", y cuyas profundidades (misterios) no todos conocían ya en Cuba, pero que es "el que resplandece arriba en el firmamento y nos alumbra el día"[13]. *Omí lokun apá iná,* el agua apagó el fuego, las cenizas formaron con el agua el cuerpo de la tierra, y después de Agayú nació Orichaoko, el dios de las cosechas, el Labrador; pero al pudrirse las cenizas y volverse fango, nació de las miasmas del cenegal *(ofán),* Babaluayé, el dueño de las epidemias. Al fin se endureció la tierra y, como crece el pelo y se espesa, crecieron sobre ella las hierbas, las plantas, los árboles, se alzó *Iroko*[14] y nació Osaín, el dueño de *Ewe*[15]. Y Yemayá, que a todos daba vida y frescura, hizo los ríos en la tierra, enteramente sólida ya, "para que tuviese venas y el agua, que es su sangre, corriese por ellas". Y en el río nació Ochún, la diosa de los ríos.

"Otros Orichas, hembras y varones", advertía Oba Olo Ocha, "como Ogún, Oyá-Odo-Oyá, Oba, Naná, eran amos de ríos, porque en los ríos viven Santos y Espíritus, los *iwi,* y allí se aparecen los muertos, como los tengo visto". Por último, de las rocas altísimas que no destruyó el fuego porque eran de contextura indestructible, nació Oké, el dios de las montañas y colinas, y en el Monte nació Ogún, el dios del Hierro.

Obatalá, heredero, *aremi,* de Olodumare[16], cumpliendo sus órdenes, cuando éste empezó a apartarse del mundo hasta alejarse del todo, fabricó las criaturas. Parece que la evasión de Olodumare (que hoy vive detrás de *Orun,* el Sol) tuvo lugar después que Obatalá hizo al género humano, a juzgar por la relación de una trinitaria.

"Cielo y tierra no se habían separado. Pero cuando la tierra empezó a poblarse, la gente lo ensuciaba trajinando, y él no podía sufrir esto pues era muy escrupuloso. Lo sofocaba el humo

---

[13] En otras versiones es el dios o dueño del desierto, de las planicies de la tierra, de las sabanas.
[14] La Ceiba.
[15] Las hierbas.
[16] Olodumare, Olorum y Olofi, son sinónimos.

del fuego de leña que prendían para cocinar los alimentos, y al arrancar las hierbas que daban sabor a la comida, le sacaban tiras, confundido como estaba con la tierra. Un día una vieja cegata lo estrujó al limpiarse en él la suciedad que tenía en las manos; otro era un niño que lo salpicaba de diarrea, y nadie se cohibía de echarle la basura encima. No lo dejaban descansar, continuamente le venían con quejas, chismes y líos, porque con el hombre vino el litigio a la tierra. Y él se fue alejando... ¡a mí no me embroman más ustedes! Subió, subió, subió hasta donde está hoy, que nadie lo alcanza. Pero desde allí es el que todo lo manda, todo lo puede y todo lo ve; no se le escapa nada, y un día habrá que darle cuentas."

Otras historias recordaba Gaytán de los orígenes[17] y de "la bajada de los Santos que formaron el mundo, en número de dieciséis, con Ogún a la cabeza chapeando la manigua".

En una de ellas, Yemayá, mujer de Olorun, Yemayá-Yemu, "por camino de Obatalá", *achupá*, dio a luz a los Ocha, a la Luna y al Sol. Antes de que existiera nada, "estaba tendida boca arriba, cuan larga era" y exclamó de pronto: *Ibí bayán odu mi* —me duele el vientre—, y de su vientre salieron los Santos, la Luna, Las Estrellas, el Sol y todo lo que hoy alienta y vive sobre la tierra[18]. Si

---

[17] "Cuando no había mundo, todo era agua... Obatalá-Odudúa por mandato de Olorun, hizo el mundo con un poco de arena". "Cuando el mundo empieza a funcionar", nos dijo Até Borá". Los ocha están viviendo en la tierra en un pueblo que se llamaba Ile Ifé; pero antes la tierra era una ciénaga enorme pegada al cielo y en el cielo vivían los santos con Olodumare. A esa ciénaga ellos bajaban de vez en cuando".

[18] Debo esta otra versión a la amabilidad de una hija de Yemayá, Olawuni, actualmente en el exilio: "Obatalá tenía dos hijos, Agayú Cholá y Yemayá. Como Agayú vivía solitario en el desierto árido y Yemayá era la dueña del agua, Obatalá los casó para que el agua fertilizara la tierra. De su unión nació un niño bellísimo. Cuando éste se convirtió en un hombre, se enamoró de Yemayá. No pudiendo contenerse le declaró su amor pecaminoso y ella lo reconvino con dureza, exigiendo que la respetase como se respeta a una madre. Su pasión aumentó al correr el tiempo, y un día, ciego de deseo, intentó violarla. Yemayá escapó difícilmente de sus brazos y echó a correr. Su hijo la perseguía, y al fin, rendida, lanzó un grito y cayó al suelo. Entonces manaron de sus pechos dos manantiales que dieron origen a la Laguna, Osa. De su vientre, que se había hinchado y reventó, salieron Dada o Bañani, Oricha de los vegetales, Changó, el dios del Trueno; Ogún, el dios de los Hierros y de la Guerra, Olokun, del Mar, Olosa, la diosa de la Laguna (poco mencionada), Oyá, dueña del río Níger,

Yemayá lo abandonase ¿qué sería del mundo al faltarle el agua? "Del Rey abajo, de *Ayanakú* hasta zzziii... *bogan-bogan*[19], todos morirían." Y para enfatizar el poder y la bondad de Yemayá, Madre de la Vida, "Dueña de todas las aguas", Madre Nuestra que nos sustenta y desaltera: "Agua parí pescao pa tu ciná con agua..."[20]. La bebemos al nacer, la bebemos al morir y ella nos refresca el camino cuando nos llevan a enterrar." Porque de Yemayá es la frescura que apacigua el espíritu de los muertos y de los vivos. Por esto, cuando visitábamos en los pueblos de la provincia de Matanzas la casa de alguna Iyalocha tan tradicionalista como Mariata, se nos recibía derramando en el umbral de la puerta un poco de agua para que hubiera paz y, frescos los espíritus, no surgiese ningún desacuerdo entre nosotras.

Ofreciéndoles agua se recibe a los Orichas cuando bajan a bailar en compañía de sus hijos y devotos en las fiestas o en cualquier otra ocasión. Para "saludarlos" se les ofrece agua; una libación precede a un ruego.

Bamboché, el más inolvidable y castizo de mis informantes, me dedicaba desde temprano sus *Iyo-osé*, sus domingos. Habitualmente designaba por sus nombres lucumí los días de la semana. El lunes era *Oyo-awó*, lo regía Elegua, Ochosi y Oko; el martes, *Oyo-Ogún*, porque era "el día de la guerra", de Ogún. El miércoles, de *Chakutá*, reinaba "el negro majadero que tira las piedras desde el cielo y se planta en el cogollo de la Palma Real"; el jueves, *Iyaba*, —"los reyes se reunían"— le pertenecían a Olofi y a Obatalá; el viernes, *Yima*, "el de pagar los castigos", "día de la expiación", le pertenecía a Oba, Yewá y Yansa; el sábado, *Yokefa*,

---

Ochún, dueña del río que lleva su nombre; Oba, dueña del río Oba, Orichaoko, dios de la tierra y las labranzas, Ochosi, de la caza, Oké, de las montañas, el olvidado Ayé Chaluga, dueño de las riquezas, Babalú Champana, de la lepra y las viruelas, y Ochú, la Luna. Por esto es que Yemayá es madre de Santos".

Pero la versión más corriente y conocida en Cuba de la historia de este incesto es aquella en que el que la comete es Ogún, y su madre no es Yemayá sino Obatalá Yemu. En expiación de su pecado fue condenado a trabajar incesantemente.

[19] El Elefante y el Mosquito.

[20] No solamente el Agua da origen al pez para que el hombre lo coma, sino que le sirve a éste para que lo cocine.

de enamorar, porque Ochún se ponía el manto de burato y los aretes de coral; y el domingo, *Oyo-Olodumare*, "día de Dios, de las peticiones y del entendimiento". De las peticiones o del entendimiento, quiza porque me llevaba la lista de sus antojos: tabaco, anduyo, aguardiente, los dulces que le gustaban, algún dinero para el juego... No sé si esto obedecía a una consigna religiosa o a un capricho de viejo, pero los domingos, Bamboché hablaba con más libertad de sus dioses, sobre todo de ciertos Orichas, y le asignaba a Olokun un papel tan importante en la obra de la creación, como el que le corresponde a Olodumare, el Ser Supremo.

Contaba Bamboché: "Estos hicieron el mundo. En el principio no había más que Olorun y Olokun. Son los primeros. Olokun y Olorum tienen la misma edad. Olokun fue origen de Yemayá. De Yemayá y Agayú nacieron los demás Orichas, con quienes hay que entenderse", —los intermediarios entre el Creador y sus criaturas—, "pues Olorun está en todo y fuera de todo, desentendido del mundo..." Durante mucho tiempo Olorun y Olokun lucharon por el dominio de la tierra. Hubo muchas batallas entre los Santos. Cada vez que Olorun mandaba algo a la tierra, Olokun se lo apropiaba.

"—¿Por qué haces eso?, le preguntó Olorun a Olokun.

—Porque yo reino aquí abajo.

—¡Y yo arriba y abajo!

Entonces Olokun quiso demostrarle a Olorún su poder y fue el ras de mar. Hubo que hacerle rogación a Olokun para que la tierra volviese a existir."

Bamboché me confesaba que a él le inspiraba el mar un temor inmenso, y era de parecer que de Olokun, abismo insondable y soledad infinita, debía de hablarse lo menos posible, como de Aboku —la enfermedad— y de Yewá —diosa de la Muerte—, y al nombrarlos, tocar el suelo con la punta de los dedos y besarlos después. Y no menos peligroso es hablar por lo claro de ciertos espíritus ni nombrar a los que ya fueron a reunirse con sus muertos. "Oyen sus nombres y vienen adonde uno está." Cuando en Cuba había viruelas, para no padecerlas, se les llamaba lentejas o granos de maíz, y cuando la gente le tenía miedo al diablo, para que no se apareciera, se le llamaba Patillas, Cara de Conejo, el

Feo, el Rabudo, el Caballero. Para tratar de cosas sagradas, por elemental prudencia hay que emplear eufemismos, esto es: "disfrazar la conversación"...

Tan terrible y poderoso es Olokun que cuando Olorun se separó de él y se fue a lo más alto y Olokun quedó aquí abajo, Obatalá tuvo que encadenarlo con siete cadenas, porque en un acceso de furor podría ahogar a la humanidad entera y a todos los animales. Como ocurrió en los comienzos del mundo, cuando Olokun anegó la tierra y pocos hombres se salvaron, y éstos, gracias a Obatalá, que les tiró una escalera (en otras versiones, una soga o una cadena de hierro) para que subieran adonde él estaba, en una loma, *Oké*. Luego, hasta que vino Orula y empezó a adivinar, no se arreglaron las cosas en la tierra, arrasada por Olokun.

Olokun "es mitad hombre, mitad pez", y vive en el fondo del océano, junto a una gigantesca serpiente marina que dicen asoma la cabeza en luna nueva.

Si atado como está con siete cadenas, cuando se encoleriza hace estragos, ¡qué sería de nosotros, seres terrestres, si Obatalá no lo tuviera preso!

"—Obatalá, me has quitado la tierra y yo quisiera crecer cada día una pulgada más, le dijo Olokun, ya cautivo en lo profundo.

—Eso no puede ser, le respondió Obatalá, porque en el transcurso del tiempo volverías a tragarte la tierra.

—Entonces, si no me dejas crecer a toda mi medida, dame en compensación, por lo menos, una vida cada día...

—Concedido. Y por ese convenio del Santísimo y el Mar, alguna criatura se ahoga cada día."

La idea de terror que para Bamboché y sus contemporáneos entrañaba Olokun, pude observarla también en los santeros y fieles más jóvenes y "modernistas", quienes a juicio de los tradicionalistas y escrupulosos no eran "ni ratones ni pájaros". ("Fíjese que los negros no somos marineros.")

Olokun es tan poderoso y terrible que aunque se le "afama" y honra en las fiestas de Santo no se posesiona de sus hijos, "no monta", pues éstos sucumbirían, no podrían resistir su fuerza.

No se ve a Olokun. Una viejita que murió centenaria me confesaba que lo había visto en sueños dos veces en su larga vida, pues sólo en sueños puede ser contemplado. "La cara de la Luna llena es como la cara de Olokun", me habían dicho otros viejos.

Esta poderosa divinidad se representa por medio de una máscara sagrada[21] que se guardaba con mucho misterio, y con la que solamente en determinadas y grandes ocasiones bailaba un babalawo en ceremonias muy secretas a las que no tenían acceso los *aberikulá* (los que no están iniciados), en el Oro —o toque de tambor— consiguiente al sacrificio que Olokun recibe en alta mar. Pero no son frecuentes estos sacrificios, para los que hay que aventurarse en barcas de vela o en remolcadores, lejos de la costa, hasta perderse de vista la tierra. Existía la creencia de que siempre moría alguno de los oficiantes que intervenían en él, e inspiraba terror a los santeros, que pasaban muchos años sin que se arriesgasen a "darle de comer".

Las máscaras litúrgicas de Olokun, que en un tiempo se guardaban en una casa-templo del pueblo de Regla, se hallaban hace años en la ciudad de Matanzas, en el *ilé* de la desaparecida Iyalocha Fermina Gómez. Vi los siete tambores en forma de copa que se tocan en honor del dios, pintados de azul y blanco, pero no me mostraron las máscaras, que se consideran antiquísimas. Lo más probable es que no estuviesen allí, pues se rumoreaba que habían desaparecido de Matanzas. O que no estuvieron nunca.

Se dice que son imponentes, al igual que los cantos a Olokun en esa ceremonia secreta, que se corean llevando el compás golpeando con las manos las rodillas. Difíciles, largos y muy enrevesados.

Era sabido que el depositario de estas máscaras desconocía la liturgia y el manejo de ellas, y que ningún Babalawo, después del famoso, y ya difunto, Adechina, (iniciado en Nigeria) se había atrevido a bailarlas.

Aunque Olokun, el océano, "es hombre" —su mujer se llama Ayé y de ella tuvo un hijo—, es corriente que también se oiga hablar de él como de una divinidad femenina y bellísima, procedente de Oyó, lo que se debe a "la costumbre de referirse mayormente a *Yemayá-Awoyó* o a las otras Yemayá" que bajan y

---

[21] "Son dos máscaras las que lo representan", rectifica H. Alfonso, "y le pertenecen siete".

bailan en los wemileres o fiestas de Santos. También es cierto, me aseguraban mis más autorizados informantes como oído a sus mayores que "Olokun es varón y hembra", andrógino *(Okobo)*. Citando a Omí Dina: "De sexo anfibio"[22].

Para que yo lo entendiera de un modo más claro, copio: "Fundamentalmente es varón. Así se dice *El* Mar. Y hembra, *La* Mar, lo es en otros aspectos. Por eso, cuando se entra en el mar debe decirse: Papá, Mamá, Yemayá-Olokun."

Sin deformar esta definición encantadora e irrefutable, podemos imaginarnos a Yemayá emanada de Olokun, con su poder y sus riquezas, pero sin los caracteres tremebundos que lo asocian más a la muerte que a la vida, como su manifestación femenina —"Yemayá es muy maternal"— y benéfica. "Iyaré de la vida." "Y por eso es que los atributos de Yemayá, *la* Mar, son los mismos de Olokun, *el* Mar." A menos que no se prefiera esta otra explicación de carácter diríamos muy familiar, y de acuerdo con la tendencia que tienen nuestros viejos a establecer siempre las líneas de los parentescos divinos, a veces, muy divergentes:

"De Olokun, su raíz y Fundamento, nacen: *Yemayá Awoyó*, la mayor, la más vieja; *Yemayá Oketé (Oguté, Okutí o Kubini); Yemayá Mayaleo o Mayelewo; Yemayá Ayaba o Achabá; Yemayá Konlé; Yemayá Akuara y Yemayá Asesu.*" A *Yemayá Awoyó,* la Mayor de las Yemayá, la de los más ricos vestidos, la que se ciñe siete faldas para guerrear y defender a sus hijos, se le reza: *Yemayá Awoyó okere okun olomí karagbó Osa ya bio lewu eyintegbe awa si leku Yemayá obini ku wa yo okana kuana ke okun Iyá sa orí ere egba mi o...*

(*Yemayá Awoyó* que estás lejos en la mar, dueña del agua, tú que comes carnero, Madre de cabello de plata que pare a la laguna, Madre nuestra protectora, mujer perfecta, única, que extiendes el mar, Madre que piensa, sálvanos de la muerte, ampáranos.)

Cuando *Yemayá Awoyó* sale a pasear se pone los adornos de Olokun y se corona con el arco iris, *Ochumaré*[23].

---

[22] "Muy hombre el de los lucumí bini", agrega otro informante, "aunque macho y hembra. Lindísima Olokun en su "camino" (aspecto) de hembra".

[23] Ochumaré, el Arco Iris, de ambos sexos. "El más pequeño de los que se ven en el cielo es la hembra, el más grande es el macho".

Yemayá Akuara; de dos aguas. Yemayá en la confluencia de un río. Allí se encuentra con su hermana Ochún. Vive en el agua dulce; es bailadora, alegre, pero muy recta; no hace maleficios. Cuida a los enfermos, prepara remedios, amarra abikús.

Yemayá Okuté u Okutí: la de azul pálido, está en los arrecifes de la costa. "Portera de Olokun." Lo mismo se encuentra en el mar, en el río, en la laguna que en el monte. Yemayá es en este camino mujer del dios de la guerra y de los hierros, Ogún. "Come", (recibe sacrificios) en compañía de Ogún, y lo mismo los acepta en el mar que en la manigua: Cuando guerrea lleva colgados de la cintura, el cuchillo y las demás herramientas de Ogún. "Esta Yemayá trabaja mucho." Es una amazona temible. El ratón le pertenece. Con él le envía mensajes a sus Omó (hijos) o suele transformarse en ratón para visitarlós, y le teme al perro. Es de genio violento, retador; muy severa y rencorosa. Vive internada en el monte virgen o en parajes desolados. Es hechicera, experta en preparar "afoché", polvos para embrujar. Le gusta bailar con un majá enroscado en los brazos. Esta detesta el pato y le encanta el carnero —agután. Son suyos los corales y las madreperlas.

Peligrosísima, la sabia y voluntariosa *Yemayá Achabá* o *Ayabá*, la que lleva en el tobillo una cadena de plata. Su mirada es irresistible, su aire altanero. Fue mujer de Orula, y su palabra la acata siempre Ifá a pesar de lo ocurrido entre ellos, historia que contaremos más adelante. Para oír a sus fieles suele volverse de espaldas. Sus amarres no se desatan nunca. Un Babalawo nos dice que es secretaria de Olofi. Otros la consideran "la Mayor de las Santas, porque le dio vida a las criaturas, que nacen y mueren como la luna. Cuando a uno de nosotros se nos cumple el término, es a Yemayá a quien manda Olofi que nos haga una cruz con cascarilla en la frente".

Yemayá es más temible y, desde luego, mayor en jerarquía que Oyá, la dueña del Cementerio, de la Centella y del Vendaval, concubina de Changó.

Yemayá Konlá, la de la espuma. Está en la resaca; enreda enredada en una manta de limo. Naviera, vive en las hélices de los barcos.

Yemayá Asesu: mensajera de Olokun, la de agua turbia, sucia.

Muy seria. Va al caño, a las letrinas y cloacas. Come pato. Recibe las ofrendas en compañía de los Muertos. Es muy lenta en complacer a sus fieles. "Cuando se le pide algo, olvídese de lo que pidió." Se pone a contar meticulosamente las plumas del pato que se le sacrifica. Si se equivoca en la cuenta vuelve a comenzar, y esta operación se prolonga indefinidamente.

Yemayá Mayaleo o *Mayalewo*: vive en los bosques, en una poceta o en el manantial, —que su presencia hace inagotable. En este camino se asemeja a su hermana Ochún *Ikolé*, porque es bruja. Tiene estrechas relaciones con Ogún.

Para mejor comprensión, el lector deberá retener siempre que "no hay más que una sola Yemayá. Una sola con siete caminos", (avatares).

También se le nombra según donde se encuentre y de acuerdo con lo que hace. Por ejemplo: cuando se le llama Ibú Odo, se refiere a que ella es Dueña del añil. "La que es la Mar profunda color azul añil."

Yemayá Okotó: en mar de fondo rojizo de costa, donde hay conchas.

Yemayá Lokún Nipa: que tiene la fuerza del mar.

Yemayá Atara Magwá onoboyé: cuando está linda, luciéndose en la fiesta y recibiendo elogios.

Owoyó Oguegué Owoyó Olodé: "cuando se le está reflejando el cuerno de la luna."

Yemayá ye ilé ye lodo: cuando como su carnero en la casa o en la orilla del mar o del río.

Ayaba Ti gbé Ibú Omí: Reina que vive en lo hondo del mar, Madre de Reyes, de Changó, Rey de Ima, Tulempe, Oyó, Koso, Nupe y otras tierras.

Yemayá Atara magbá anibode Iyá: cuando se interna en el monte virgen, en los parajes solitarios.

Yemayá Iyawí Awoyómayé lewó. Nuestra Madre, Awoyó, la que tiene vestidos suntuosos, la del ajuar rico y las siete sayas.

Yalode: dándole su título de Reina, porque Yemayá es una Reina poderosa.

Yemayá Awó Samá: cuando manda a las nubes que llueva.

A título de curiosidad, pues sólo lo he oído una vez, mencionaré el nombre de *Yamí Onidá*, que una viejita le daba a Yemayá.

Los egbados, de los que hay muchos descendientes en Matanzas, nos hablan de *Yemayá Agana*, "muy caminadora", y a la que los arará magino dan el nombre de *Afreketé*. *Yemayá Agana* baila agachada y es un poco coja. *Afreketé* (de Dajomi) se arrastra y "tiene majá", es decir, utiliza al majá como vehículo.

En los comienzos del mundo, Orichas y hombres se confabularon contra Yemayá, que entraba en la tierra, la barría continuamente con sus olas y a todos imponía respeto. Olorun le dijo a Obatalá: ve a ver qué acusación le hacen a Yemayá. Elegua, que oyó la orden que había recibido Obatalá, le dijo a Yemayá: Consulta con Ifá para que confundas a todos tus enemigos. Yemayá siguió el consejo de Elegua, consultó con Ifá y éste le indicó que hiciera un ebó (sacrificio) de carnero. Llegó Obatalá a Ilé Ifé, el pueblo de los Ocha y de los hombres, y mientras todos hablaban, Yemayá salió del mar y avanzó hacia el gran Oricha mostrándole la cabeza del carnero. Obatalá pensó: ¡Es la única que tiene cabeza! y confirmó su poder y grandeza.

Ola wu mí retiene de esta historia la versión siguiente: Elegba fue casa por casa comunicando una orden de Olodumare. Llegó al ilé de Yemayá que se hallaba en aquel momento matando un carnero. Elegba le dijo: Olodumare quiere ver a todos los Orichas reunidos y tienes que ir al pueblo al lugar donde los ha convocado. Yemayá se apresuró a cumplir aquella orden, y por temor de llegar tarde, y sin tener otro regalo que llevar a Olodumare, colocó la cabeza del carnero (ogután) en un recipiente y la llevó consigo para ofrecérsela. Cuando Yemayá llegó a la reunión ya estaban allí todos los Orichas. Al ver Olodumare que ella era la única que le ofrecía un presente pronunció estas palabras: *Awoyó Orí dorí re*. Cabeza traes, cabeza serás. (Cabeza que piensa por sí misma...) De ahí un dicho muy corriente no sólo entre los Omó de Yemayá: "mi cabeza me salva o me pierde."

En el mismo punto en que surgió del mar Yemayá, se vio durante un tiempo flotar en la superficie algo extraño, indefinible. ¿Una piedra, un okután? No sabían qué era aquello que veían moverse a flor de agua. Era un manto inmenso de plantas acuáticas, *Ewe eleri lodo*, que cubría la cabeza de la diosa.

"Al irse fomentando el mundo, Yemayá se quejó a Olodumare de que las gentes le echaban basuras y la escupían. Olodumare le dio potestad para que las arrojase de nuevo a la tierra, lo que ella hace, pues le gusta tener su casa limpia."

Una vez en la tierra, donde quiera que Yemayá pisaba brotaba un chorro de agua. Aunque tiene su *afin*, un magnífico palacio en el fondo del mar, vivía también en la tierra, en *Ilé Ifé*, como todos los Orichas.

Los minas decían que de día estaba en la tierra y de noche en el mar.

En el agua es una sirena. La Yemayá más vieja tiene escamas nacaradas de la cintura para abajo, cola de pez, los ojos blancos, saltones, redondos, muy abiertos, "las pupilas negras, pestañas como pinchos y los pechos muy grandes". En la tierra es "una negra lindísima y muy vistosa". Inmensamente rica, son suyos los tesoros que esconde el mar.

"Yemayá tiene el pelo plateado", dirá *Ola wu mí*, "es de edad madura y es madre, mujer fecunda en todas sus edades, *Oché abiomo Nigba Oge*.

En aquel tiempo en que empezaba el mundo y en el que los Orichas convivían con los hombres, los mares no separaban las tierras; caminos estrechos de agua que apenas medían un palmo de ancho las cruzaban. En una de aquellas tierras era reina la sabia y poderosa Yemayá. Tenía siete hijos. El primogénito, un negro hermoso como ella, y con el don de la palabra era el encanto de las mujeres, que se lo disputaban, y el preferido de Yemayá. Ya la envidia roía los corazones en el mundo y los Orichas también la padecían. Aquel hijo de Yemayá, su *Omolewa*[24], fue calumniado. Invantaron que había tramado el asesinato de su padre el Oba. Hasta sus propios amigos lo condenaron y de nada valió que Yemayá, sabiendo que era inocente, tratase de convencer a su marido y al consejo reunido, de que cometerían una gran injusticia si se atrevían a sentenciarlo. La envidia no oye razones, y con los grandes del reino, el pueblo, amotinado, pedía un castigo ejemplar.

---

[24] Lindo, adorado, predilecto.

Aquí explotó la ira de Yemayá Ayabá, y el mundo, aquella primera humanidad, supo lo que es desacatarla.

—"Esta tierra que usteden pisan", dijo, "¡la pisarán hasta que yo quiera! Si por vuestra maldad pierdo al hijo de mi corazón, los hombres no pisarán más sobre ella. Todo será agua salada y de mi agua dulce no beberán."

Manteca de cacao, de corojo, cascarilla, siete cocos, siete manillas, una soga de siete varas, hilos de todos los colores... Yemayá arrojó en un senderito de agua sus siete manillas y los siete cocos y desencadenó el mar, que inundó la tierra. Esta se fundía en el agua como un terrón de azúcar en una taza de café, y los hombres perecieron todos ahogados, incapaces de dominar las olas que se abalanzaban sobre ellos como toros bravos, y al retirarse para volver a embestirlos, se desmoronaban los terrenos más altos en que se refugiaban.

En otra ocasión también el mar estuvo a punto de tragarse la tierra si no es por la rápida intervención de Obatalá. Se preparaban grandes fiestas en honor de los Orichas. Yemayá Ayabá estaba en su *afín*[25] y no le llegaron noticias de que fuese a celebrarse ninguna fiesta en su honor. Resentida con la humanidad que no le rendía el homenaje que merecía su Majestad, resolvió castigarla sepultándola en el mar. A sus órdenes, olas inmensas comenzaron a invadir la tierra y a arrasar cuanto hallaban a su paso. La mar se hinchó ennegrecida, infinita, y los hombres que vivían más lejos de las costas vieron, aterrados, un horizonte de montañas de agua correr hacia ellos. Imploraron a Obatalá para que intercediera con Olokun, y a tiempo, pues las moles ensordecedoras de agua ya casi los alcanzaban. Obatalá se interpuso entre Olokun y sus criaturas. Yemayá Olokun iba sobre una ola inmensa, llevando en la mano un abanico, un *abebé* de plata. Obatalá levantó su opadé, su cetro, y le ordenó que se detuviera. Yemayá respetó a Obatalá y éste la hizo prometer que abandonaría su designio de aniquilar a la humanidad. Pero cuando el mar está picado, cuando se alzan olas amenazadoras, porque Yemayá está enojada, se piensa que si Olokun no estuviera encadenada se tragaría la tierra.

[25] Palacio.

34   ¿Quién es Yemayá?

Yemayá fue mujer de Babalu Ayé, el dios de las enfermedades, el Dueño de la lepra, las viruelas, la sífilis, el cólera; de Agayú, "que es el verdadero padre de Chango"; de Ifá; el Adivino; de Oko, el Labrador y de Ogún, el Herrero.

De su enlace con Agayú, al que regaló un río, nació Changó, el Trueno, "el que cuanto más grita es más grande" y uno de los Orichas más populares, quizá el más popular de cuantos se adoran en Cuba. Aunque para muchos de mis informantes más viejos es incuestionable que Yemayá es la madre de Changó y que Agayú es su padre, otros aseguran con igual firmeza que lo es sólo de crianza, que abandonado por Obatalá —en su aspecto femenino— Yemayá lo recogió y amamantó.

Otros cuentan que Yemayá recibió en su delantal, precipitado de un cielo tormentoso, una bola de fuego que era un niño envuelto en llamas. Ella lo cuidó como a un hijo. Ese niño incandescente era Changó.

"Yemayá le cría los hijos a las demás Santas"; a Ochún, que los abandona, a Oyá, que no los quiere.

Los que sostienen que Obatalá sólo fue la madre adoptiva de Changó cuentan que éste no sabía quien era su verdadera madre cuando llegó a Oyó, la tierra de Yemayá. La enamoró y ella le dio cita en el mar con idea de castigarlo. A punto de ahogarlo se presentó Obatalá y le reveló a Changó que su verdadera madre era la Dueña del Mar.

Y aún corre discretamente otra historia que atribuye la maternidad de Changó a la diosa Yewá[26] —"legítima dueña del Cementerio"— y a Yemayá su crianza y adopción.

Pretende esta narración que Olofi tenía una hija doncella llamada Yewá que era su orgullo. Sabia, inteligente y linda como una flor, de todos adorada, nunca había demostrado la menor inclinación amorosa hacia los jóvenes de su edad hasta que llegó al *afín* de Olofi un joven, Boromú que asombraba por su sabiduría.

Un día Elefún —"un Obatalá"— le advirtió a Olofi:

—Me parece que Yewá está en amores con Boromú.

[26] Catolizada unas veces Nuestra Señora de los Desamparados y otras Nuestra Señora de Monserrate.

Olofi se echó a reír. Confiaba ciegamente en su hija y le respondió: —Yewá es tan pura y recatada que no se concibe que descienda a tener contacto con ningún hombre.

Pasó algún tiempo y una gran tristeza empañó el rostro de Yewá. No se la vio sonreír más. Su mirar dejó de ser claro y dulce y a todos preocupó un abatimiento tan evidente. Olofi la llamó y a solas con ella le pidió que le confesara su pena, cual era el motivo que parecía contrariarla; qué era lo que deseaba. Yewá le respondió con firmeza que nada le ocurría, nada la contrariaba ni deseaba nada.

—Yo te concedería cuanto se te antojase, insistió Olofi, con tal de saber que eres feliz.

Los Orichas celebraron grandes fiestas para distraerla; pero Yewá era como una luz pálida que al anochecer arde a lo lejos, y Olofi volvió a pedirle que le abriese su corazón. Para hacerla salir de su abstraimiento dispuso que visitase la tierra, y con honores de princesa, Yewá-Binoyé, paseó por el mundo su desgana. Mas no tardó en regresar al palacio de Olofi en *loké*[27]. Es que Yewá, la virgen, el símbolo de la pureza, llevaba un hijo en las entrañas. Una noche, desesperada al sentir un amago de dolor en el vientre, decidió marcharse para siempre del lado de Olofi.

Cuando los omodó —los criados— descubrieron su ausencia después de buscarla por todo el *afín* y sus alrededores, corrieron alarmados a reportarle al oficial de guardia que Yewá no había pasado la noche en su alcoba, y éste se lo notificó a Olofi.

Olofi ordenó que continuasen todos buscándola por los cielos y la tierra y que ninguno se presentase ante sus ojos sin traerle a su hija.

Al saber la fuga de Yewá, Boromú partió en su busca y al fin fue él quien la halló tendida en la manigua, inconsciente, semidesnuda, cubierta de la cintura abajo por una falda adornada de caracoles. Recuperado el sentido, Yewá le dijo que ya no era digna de presentarse ante su padre; había dado a luz un niño. Lo había puesto a su lado en el suelo envuelto en la pieza de vestir que le servía de blusa y le preguntó si había visto al recién nacido. Bo-

---

[27] En la cumbre de la montaña.

romú respondió que no. Boromú mentía. Boromú imaginando lo que había sucedido y deseoso de que Yewá volviera al palacio de Olofi, había recogido al niño y lo había dejado abandonado en un lugar oculto en la espesura. En el colmo de la desesperación, Yewá seguida de Boromú se internó en la selva clamando por su hijo perdido. No lejos del sitio en que Boromú había dejado al recién nacido, había un ojo de agua al que solía ir Yemayá. Oyó el llanto, descubrió la criatura y la tomó en brazos compadecida:

—*Lufé; Omodé kourí kekere nifé...* ¡Qué lindo! un varoncito. Yo te quiero. Te han abandonado para que las fieras te devoren; pero yo seré tu madre y tú serás mi hijo.

Tiempo después Yewá fue a implorar el perdón de Olofi. Su padre no la perdonó, la echó del palacio, y ella se marchó avergonzada tapándose la cara con su saya bordada de caracoles.

Desde entonces Yewá vive en el cementerio, entre las tumbas y los muertos.

Pasaron días, meses, años, y el hijo de Yewá crecía junto a Yemayá que lo quería más que a las niñas de sus ojos. Ya era un mocetón muy apuesto cuando los Orichas le ofrecieron una fiesta a Olofi para reanimarlo. Olofi empezaba a envejecer y no tenía los bríos ni la energía de antes.

Yemayá llevó a la fiesta al adolescente que todos consideraban su hijo, y éste fue la admiración de la concurrencia apenas comenzó a bailar. Olofi lo contemplaba deleitado y todos observaron cómo se alegraba su rostro y sonreía placentero siguiendo con atención los movimientos de su danza. Luego llamó a Yemayá y le preguntó el nombre de aquel muchacho tan gallardo y buen bailador, y si era su hijo.

—Se llama Changó Alafi y no es mi hijo; pero lo es... aunque otra mujer lo parió, le respondió con orgullo la divina Iyalé; y le contó la historia de su hallazgo en el corazón del monte.

Esta historia, especifica la Iyalocha que me la cuenta, es secreta y no se divulga. Veremos más adelante cómo es desmentida por otro relato en que Ochún calumnia a Yewá.

Refuerza las fuentes que consideran a Yemayá madre de Changó esta otra narración que nos dictó un devoto del Oricha Inle:

Yewá, bellísima, vivía aislada en el castillo de su padre Odua[28], que la quería entrañablemente.

La fama de su belleza y de su castidad llegó a oídos de Changó que apostó seducirla.

Un día dejó su castillo de bronce y se introdujo en el de Odua y allí se puso a arreglar las flores del *ogba* (del jardín). Yewá se asomó a una ventana. Nunca había visto a un hombre tan apuesto. En su mirada se entregó a Changó...

No especifica esta historia si bastó la mirada cautivante del Oricha mujeriego para fecundar a Yewá. Es posible que Yewá sólo pecara un instante con el pensamiento, se manchara su alma y no su cuerpo; pero Odua descubrió su falta. Avergonzada y arrepentida le pidió a su padre que la enviara adonde jamás hombre alguno pudiera verla. Odua la hizo reina de los muertos. Es ella quien, en el cementerio le entrega a Oyá los cadáveres que conduce Babalú Ayé para que Oricha-Oko se los coma.

Yemayá tuvo amores con el Oricha-Oko, Dueño de la tierra, de la agricultura y del Ñame. Ella lo sedujo porque codiciaba el secreto del Ñame para dárselo a Changó. Este sagrado tubérculo, —*Ichu*— que habla de noche y hace hablar en sueños a la gente dormida, sólo Orichaoko lo cosechaba, sembrando secretamente la simiente.

Aunque se sabe que en un principio Orúmbila era el Dueño de los Tambores, el verdadero propietario de éstos era Obatalá. Changó los codiciaba y Yemayá estaba deseosa de complacer a su hijo. Sucedió que el viejo Oko, que tenía *epó gán gán* —testículos que colgaban hasta el suelo—, que era muy puro y muy misterioso en todas sus cosas y vivía retirado en su finca sin dejarse ver de nadie, se enamoró locamente de Yemayá; le dio el secreto del Ñame y se olvidó de sembrarlos. Yemayá "amarró" las nubes, se adelantó la sequía, y Oko no tuvo un solo Ñame que mandarle a

---

[28] Odua "es Obatalá, pero el antiquísimo; su mujer es Odudúa. Odu-Odudúa es la pareja de Santos que bajó a la tierra dentro de un güiro". Erú Ayé: es una hija de Olofi "casada con el Obatalá más joven, Ayáguna".

Obatalá. La situación era grave para Obatalá, que no podía privarse de su alimento preferido "y que lo necesitaba para hacer elubó"[29] y crítica para Oko, pues no podía pagarle su tributo a Obatalá que se lo exigía.

Yemayá no había perdido el tiempo. Tenía un saco lleno de la vianda que había aprendido a sembrar y se lo entregó a Changó para que a cambio de los Ñames, Obatalá le traspasase la propiedad de los tambores. Y así fue como Changó se hizo Dueño de los Batá, y por qué a Yemayá se le llama en las fiestas Reina del Tambor, compartiendo este título con su hermana Ochún.

Yemayá gozaba de la confianza absoluta de Oko, y demuestra a qué punto la diosa, tan recta habitualmente, ama a Chango, lo complace y hasta encubre sus faltas, que una vez que éste fue a robarle los ñames de su cosecha al viejo Oko, lo hizo en complicidad con Yemayá. ¡Ella lo llevó sobre sus hombros al campo de Oko para que sólo quedasen en la tierra las huellas de sus pies y no las del verdadero ladrón![30]

Se cuenta también que Changó... *óle*, le robaba a Yemayá que tenía su *ilé* atestado de tesoros.

Fue Yemayá quien lo enseñó a bailar. Era ella quien lo incitaba a bailar en los toques; vivía engreída de su arte y, llevada de su pasión, llegó a prohibirle bailar con otras mujeres. Pero no siempre fueron armoniosas su relaciones. La glotonería proverbial de Changó fue motivo de algunos serios disgustos entre madre e hijo. Su afición desmedida por *Oguedé* —los plátanos—, hizo que una vez el dios le faltase el respeto a Yemayá delante de todos los concurrentes a una fiesta.

Al precipitarse sobre un hermoso racimo que colgaba de una soga y que llamó inmediatamente su atención, Yemayá impidió que se apoderase de él porque sabía que se los comería todos y no dejaría un solo plátano para los invitados; él la rechazó con violencia y en la desesperación de su gula, cegándose, cometió la falta que no tiene perdón: ¡abofeteó a su madre! Yemayá lo echó

---

[29] Atol o polvo de ñame.

[30] En otro relato Changó le roba a Ogún y Yemayá borra sus huellas de manera que el dios del Hierro no pueda identificar al ladrón.

de su casa y Changó pagó su culpa durante mucho tiempo. Andaba miserable —*alakisa*— y de todos malquisto.

"Changó", comenta Oreladí, una Iyalocha de Sagua la Grande que nos narra esta historia, "era una bala perdida, rumbero, pendenciero, chulo, maldito, brujo, el primer brujo de Africa... pero su mala conducta con su madre, eso no se lo toleró nadie; todos le volvieron la espalda, donde quiera que iba estaba mal visto, y pasó muchas calamidades después que la ofendió.

Pero nadie puede vivir sin madre, y menos con la pena de haberla maltratado", continúa Oreladi, "Changó se avergonzó y arrepentido le pedía perdón. Yemayá no quería saber de él. Cuando alguien venía a decirle: Mire Mamá que su hijo está arrepentido; mire Mamá que tuvo un mal momento; Yemayá, que es muy sostenida, callaba o se volvía de espaldas. Entonces Changó recurrió a los Ibeyi".

Yemayá adoraba a sus nietos los Ibeyi —mellizos—, hijos de Changó y "dicen" que de Oyá Yansa. Aquí volvemos a tropezar con una de las muchas divergencias o confusiones que se observan en las genealogías divinas, pues algunos Babaochas y Mamaochas versados en la historia de los Orichas, tienen a los Ibeyi por hijos de Ochún y de Changó. El sabio Sandoval Herrera aseguraba: "Son nietos de Obatala; hijos de su hijo predilecto Changó con Oyá." Sobrinos o nietos de Yemayá, la diosa los idiolatraba, y Changó se valió de ellos para forzar el perdón de Yemayá. Vigiló el momento en que estaban solos jugando en un placer, les llevó frutas y confites, habló con ellos, que lo quieren mucho, y les pidió que mediasen a su favor con su Iyá. Los niños al regreso de Yemayá le rogaron que perdonase a su padre, pero no lograron ablandarla. Yemayá los escuchó sin desplegar los labios, frunciendo el entrecejo y aventando las narices como acostumbra cuando está colérica. Pasaron unos días y Yemayá fue a *ilé lo kun*, el mar, por unas horas. Changó, que acechaba por los alrededores esperando una de sus ausencias, secuestró a un Ibeyi. Yemayá al volver a su casa y advertir que le faltaba un *omoloyú*, se volvió loca.

—¿Y tu hermano?
—Babamí dijo que se lo iba a llevar a Yewá.

—¡Mi *beyi*, mi *beyi* nene *oro!* gritó Yemayá, y recorrió todo el pueblo preguntando de puerta en puerta dónde estaba su Ibeyi. Mientras la Santa lo buscaba llorando a lágrima viva, Changó se llevó al otro Ibeyi.

Su Elegua le contó a Yemayá que Changó tenía a los jimaguas escondidos en la minagua. Yemayá reunió a todos los Ocha, al pueblo, a los animales, y fueron todos al monte. Un majá le indicó el escondite entre unos matojos, donde se encontraban los niños. Allí los Santos intercedieron por Changó.

—¡Perdónalo, Yemayá, perdona a tu hijo!

—¡*Toto jun!* suplica Changó, y le hace *foribale*, se echa a sus pies.

—¡*Iyá to wa mí!* ¡*Iyá to wa mí!*

¡Qué escena tan conmovedora!

Los Ibeyi contentísimos se abrazan a Yemayá; ella los carga, los salta en el aire, deja uno, toma otro, los aprieta contra su pecho y les dice: —¡*Te mi fe bu kán, mokenkén!* Y perdona a Changó.

Hemos mencionado a los Ibeyi, "los jimaguas del Cielo", niños adorados de Yemayá, Cástor y Polux del panteón lucumí, —San Cosme y San Damián— objeto de una de las veneraciones yorubas más extendidas y vivas que echaron raíces en Cuba.

Asociados a Yemayá, "trabajan mucho con ella", es decir, que la diosa unida a los Ibeyi auxilia con frecuencia a sus devotos, y como madre le complacen las atenciones y cuidados que se le prodigan a los niños, en los que ve representados a los Ibeyi.

Changó, tan arrogante, le teme a Yemayá. Ella es Madre Agua, él es Fuego. Mas el Agua apaga el Fuego. Así en una fiesta a la que convidaron a todos los Ocha, sólo había por comida una brasa ardiente. La primera que llegó a la fiesta fue Yemayá. Le presentaron el plato de fuego y en atención a su hijo lo rechazó. —Yo soy agua, no puedo comer fuego sin apagarlo. Vino Ochún y repitió la misma frase. A medida que llegaban los demás Santos y les presentaban el plato, declaraban cual era su elemento y no lo tocaban alegando sus razones. Hasta que bajó Changó y al brindársele su propia substancia se echó a reír y dijo: Si no hay *abo* —carnero— y eso es todo lo que hay, me comeré la candela. ¡Yo como candela! Y se la comió.

Por experiencia sabía Changó que lo que había dicho Yemayá era verdad. Una vez Yemayá, molesta con él, lo empapó de pies a cabeza. Changó *Ocha Iná*, el dios de la Candela, se escondió y no se atrevió a salir hasta que estuvo seguro de que *omí*, el agua, no lo alcanzaría.

Aquella vez los reconcilió Obatalá, que como los Ibeyi, tampoco logró una paz duradera entre los dos.

Con arte impresionante, Bamboché mimaba una de aquellas trifulcas habidas entre madre e hijo.

"Changó andaba haciendo mucho daño por el mundo, robando, matando, quemando. Yemayá fue a verlo y le afeó su conducta, lo que puso a Changó tan furioso que le salían borbotones de fuego por las narices, los ojos, los oídos. Así ardiendo se adelantó a responderle a su madre, que se creció ante él, le clavó los ojos, movió los vuelos de su bata y levantó unas olas inmensas que lo aterraron de tal suerte que echó a correr gritando: —¡*Onón komí!*[31]

Hijo también de Yemayá, nos dijeron de fuente cienfueguera, es Oro: "el que fue cazador y hoy es *Egun*, espíritu. Oro estaba en Oyó cuando las tierras se dividieron y vivió en muchos pueblos. Los carabalí lo conocieron. Le gustaban mucho las mujeres, y casó con una que lo traicionó y abochornó y a la que no ha perdonado. Por eso Babá Oro cuando viene no quiere ver a ninguna mujer y las mujeres no pueden verlo." Ya de rareza se representa si se invoca a Oro en las ceremonias fúnebres. Se manifiesta en el zumbido que produce una tablita fina en forma de pez, amarrada a la punta de un cáñamo, que se hace girar aceleradamente en el aire. "Ese zumbido es Oro, y Oro es el mismo muerto en su velorio."

Debo aclarar que esta historia, y otra muy confusa por cierto, que me contó un viejo matancero, son las únicas menciones que encuentro sobre Oro, como hijo de Yemayá. En la información del matancero, Oro andaba en compañía de un vago personaje que es su hermano.

---

[31] ¡Me das miedo!

Yemayá y Orula

Hemos dicho que Yemayá fue mujer de Ifá, pero esta unión duró poco. Yemayá sabía demasiado. Como le dijo Ifá a Olofi, al que elevó sus quejas y que anuló su matrimonio, "no quería mujer que supiese más que él"... La ruptura final, pues ya habían tenido sus rozamientos, ocurrió al volver Orula de un viaje y encontrar que su *até* —tablero— y sus utensilios de adivinar no estaban como él los había dejado.

En otra versión de esta historia, a Orúmbila, ausente, llega la fama de una mujer que adivina en su pueblo y hace milagros. Esta mujer, gracias a sus augurios infalibles está ganando una fortuna. Orula regresa a su pueblo, se disfraza y va a su casa, que encuentra llena de gente. Espera su turno, paga el derecho, el precio de la consulta. Yemayá le dice: *Aborí Bocha Abochiché.* Eres mi *okó* —marido— pero yo no me iba a morir de hambre. Orula la arroja de su casa, y es ella quien va a quejarse a Olofi.

"Orula tuvo que asistir a una reunión de dieciséis *awós* que convocó Olofi. Ella quedó en la casa, y a cuantos iban a consultar a su marido, en vez de decirles que esperasen a su regreso, los hacía pasar y les adivinaba. Tuvieron tanto éxito sus vaticinios, tan buenos resultado sus *ebós*, que la gente comenzó a decir que Yemayá era tan competente o más que Orúmbila. De modo que al volver éste, todos le pedían que los mirase Yamayá. Orula les explicaba que las mujeres no pueden tirar Ifá. Se marchaban y... no volvían.

Un día que Yemayá fue a burcar leña al monte, Orula se sentó en la estera para averiguar por qué ya nadie lo solicitaba y sin embargo, ni el dinero ni la comida faltaban en su casa. De pronto vio asomar dos ojos por un agujero que había en el piso. Se levantó y descubrió que aquellos ojos eran los del Conejo, y observó que éste parecía imitar con sus patitas lo que él hacía con sus *ikis* y su *okpelé*[32]. Lo hizo salir de su escondrijo y lo amenazó con castigarlo si no le explicaba qué significaban esos gestos. El Conejo le contó que copiaba a Yemayá, quien recibía a sus clien-

---

[32] Ikis y Okpelé, instrumentos de adivinar del Babalawo.

tes, que la consultaban cuando él no estaba en casa..." Algunos Babaochas rectifican que no era un conejo sino un mono el animal que tenía Yemayá en su casa cuando era mujer de Orula. Este imitaba cuanto veía hacer a su dueña, a la que como a Obatalá, divertían las gracias del mono. En ese momento Orula sentenció que el mono debía vivir en el monte, "porque el que imita fracasa".

Se deduce de otra versión, que Yemayá por compasión desobedeció a Orula cuando vivía en su *ilé*. Orula, que era médico de todo un poblado, se fue a pescar a un río distante. Le encomendó a Yemayá el cuidado de su *opón-ifá* y le prohibió que lo tocase; ni ella ni nadie, bajo ningún concepto podía manipularlo. Pero en ausencia del *Awó* llegó muy alterado un compadre de ambos preguntando por Orula. —No está, explicó Yemayá, se fue de pesquería; pero dime qué te sucede. —¡Ay! Yemayá, respondió el compadre echándose a llorar, ¡que mi hijo se me muere y nadie me lo podrá salvar! Yemayá trató de calmarlo; el Compadre lloraba sin consuelo y el corazón de la diosa tan maternal, no resistió el impulso de ayudar a aquel pobre hombre que iba a perder a su hijo. Y por salvarlo, Yemayá se olvidó de la prohibición de Orula. ¡No dejaré que esa criatura muera desamparada estando yo aquí para curarlo!, se dijo, y bajó el *até* y comenzó a leer los signos de Ifá. Marcó el *ebó* correspondiente al *odu* que salió y dijo al compadre que regresara junto a su hijo.

Volvio Orula. Yemayá sabía que había cometido una falta imperdonable, mas no le dijo nada. Pocos días después apareció el Compadre. Una sonrisa de felicidad iluminaba su cara. Saludó a Orula. —¡*Aboru aboyé abóchiché*!

—¿Cómo estás Compadre, qué te trae por aquí? le respondió Orula.

—Vengo a darle las gracias a Yemayá que le ha devuelto la vida a mi hijo, por ella está sano y salvo.

No se hizo esperar el estampido de la cólera del Adivino. Yemayá estaba en la cocina y la llamó a gritos.

—¡Es increíble que te hayas atrevido a trabajar con mi tablero siendo mujer y habiéndotelo prohibido terminantemente. Más que yo, Orula Agbamiregun, no puede saber una mujer; aquí en esta casa no cabe más que un sabio y ése soy yo. Lárgate de este pueblo inmediatamente y quítate pronto de mi presencia... ¡Fuera! ¡fuera!

Yemayá se marchó, y durante algún tiempo permaneció en el pueblo disfrazada, vendiendo fríjoles de carita en el mercado.

También se dice que estos Orichas se separaron porque Orula tenía un cliente muy rico a quien diariamente hacía *ebó*, el cual se presentó inesperadamente a ver a Orula y no hallándose éste en casa, Yemayá le echó los caracoles y le marcó un *ebó* muy sencillo con el que resolvió rápidamente su problema. Gracias a Yemayá consiguió lo que quería y no volvió más. Pasó tiempo y Orula no tuvo qué comer.

—Yemayá, ¿qué será del *Isowo*[33] que no viene?

—No viene porque con el *ebó* que yo le mandé sus asuntos se arreglaron.

—¿Y ahora qué vamos a comer? le preguntó.

—Chinas pelonas.

Yemayá recogió unas piedras. Las preparó, las puso a hervir en una cazuela. Las chinas pelonas se ablandaron como papas y se las presentó a Orula. Este quedó asombrado de lo que podía hacer Yemayá y aquel día se separó de ella por lo mucho que sabía.

Ifá la admira, la respeta, y observa un Babalawo que cuando ella habla Orula la escucha, no pone objeciones y la deja hacer.

"¿Y cómo no ha de respetar el Babalawo a Yemayá? si Olofi en presencia de Orúmbila le dijo: La única que llevará *Okuelé* de *Ifá* serás tú, *Achabá*, y todo lo que digas será *ebó fí eboada*, es decir, sucederá lo que predices, y por eso es que los Babalawos, cuando sale su *Odu* cantan: *Mamá yoko da wa mí*, tocan el tablero con la frente y lo besan rindiendo homenaje a Yemayá."

Sólo por ser mujer, Yemayá, que es adivina, no está autorizada por Olofi a predecir con *Okuelé* y los *Ikis*, pero los lee tan bien como Orula, al que a veces saca de apuros, y cuyos maleficios se atreve a anular. ("Y hay quien dice que ella le enseñó los *odu* a *Ifa*.")

No omitiremos una versión que pretende que Yemayá se dis-

---

[33] Isowo, hombre de negocios y que tiene dinero.

gustó con Orula porque descubrió que era *adodi* (pederasta); que la abandonaba por Ogún y que la diosa indignada le escondió el *até*, y Orula pasó algún tiempo sin poder adivinar. Lo cual no es una mancha tan terrible para Orúmbila: Obatalá Odua también tuvo amores con otro *Adó y* vivió con él a la sombra de un algodonero.

Yemayá amó locamente a un andrógino, el bellísimo Inle. Para satisfacer la pasión que el joven dios le inspiraba, lo raptó, lo llevó al fondo del mar y allí lo tuvo hasta que, saciado del todo su apetito, se aburrió de su amante y deseó regresar al mundo, a la compañía de los demás Orichas y de los hombres.

Inle había visto lo que ninguna criatura divina o humana. El misterio insondable del mar, lo que oculta en lo más profundo. Y Yemayá, para que Inle a nadie lo contara, antes de emprender el retorno a la tierra, le cortó la lengua. Adviértase que es Yemayá quien habla con Inle en el Dilogún.

Yemayá y Ogún

En su enlace con Ogún Alaguedé, que recuerda tanto al Hefaisto de la mitología griega, se repite que Yemayá fue muy desgraciada.

Ogún era un negro montuno, irascible, brutal, cruel como Changó, borracho casi siempre y la golpeaba a menudo. No obstante ser Yemayá una negra bellísima y muy femenina, nos decía Omí-saya: "más mujer que todas las mujeres juntas, más madre que todas las madres, puede ser tan varonil como el macho más macho", y de ahí ciertas afinidades de la diosa con Ogún, el fiero dueño de los hierros y de la guerra, "un Ocha de los más viejos de tierra Oyó que respetan todos los lucumí".

A Yemayá le gustaba cazar, chapear, manejar el machete. En este camino es marimacho y viste de hombre. Pero a consecuencia del mal trato que recibía de Ogún en la intimidad, Yemayá, que es indomable y rencorosa, no tardó en serle infiel.

"Un día, el perro de Ogún siguiendo su rastro por la manigua, la encontró en brazos de su amante Agróniga (Ayé). El perro corre en busca de su amo, que ese día no ha salido de caza y está en la fragua. Lo lleva al lugar donde se daban cita Yemayá y Agróniga y la sorprende in fraganti. El perro se lanza furioso sobre ella y la muerde." (Esta es la causa del terror que le inspiran los perros a Yemayá.)

O la ruptura se produce cuando Ogún descubre al verdadero autor de algo que hería profundamente su vanidad: mientras Ogún dormía, Yemayá se levantaba y se marchaba a chapear el monte. Al día siguiente Ogún se encontraba que alguien tan fuerte y que chapeaba tan bien como él, había realizado su trabajo. Se puso a vigilar y vio... que era Yemayá, que manejaba el machete con la misma destreza y rapidez que él. Esta humillación no pudo sufrirla el Dios-Machete y se separó de ella.

Yemayá es a veces varonil hasta volverse hombre. "Lo que se dice una *Obiní ologún*, una mujer que sabe pelear como un soldado." En muchos de sus altercado con Changó "se hundía en el mar y se transformaba en hombre": por lo que también se dice en la Santería que "Yemayá tiene siete sayas pero nadie sabe lo que esconde debajo" cuando se enoja y reacciona como un varón.

Así lo prueba la historia en que aparece acompañando a Ogún en una guerra cruenta.

Ogún Aladá estaba lejos de obtener la victoria. Su ejército se hallaba diezmado, y una noche, en el maniguazo en que se había refugiado para dormir unas horas y reponer sus fuerzas, escuchó un ruido. Amedrentado de pronto, le dijo a Yemayá que descansaba a su lado:

—¡Un ejército... ahí viene un ejército a atacarnos!

Yemayá, sin inmutarse, prestó oídos.

—¡Bah, un ejército de ranas! Son las ranas cantando.

Sin dominar la indignación que le causó el temor de Ogún, lo jamaqueó de lo lindo y le gritó cobarde. "Dicen que le cortó la cabeza de un tajo."[34]

[34] La lógica induce a pensar que la cabeza retoñaría, o tornaría a ocupar su puesto en el cuerpo inmortal de Ogún. No es este el único caso en que un Oricha agredido, pierde la suya. A un Obatala, otro "Obatala guerrero", en una lucha violenta le corta con su machete varias veces la cabeza, que éste vuelve a ponerse, ("a encasquetarse").

Yemayá y Ogún   47

En otro relato muy conocido referente a la disolución del matrimonio de Yemayá y Ogún, nos enteramos que la humanidad le debe a ésta el dormir bajo tierra el sueño de la muerte.

Ya habían bajado los Orichas y precisamente Ogún, con su machete, había cortado troncos y malezas para facilitarles el paso, "abriéndoles el camino". Obatalá había hecho a los hombres, los hombres se habían multiplicado y construido sus casas; *Ikú* la muerte, se llevaba a los que se les había cumplido el término fijado por Olorun y debían dejarle sitio a los que nacían. Pero los cadáveres no se enterraban.

De acuerdo con su amante, Yemayá, que entonces era mujer de Ogún, decidió librarse de él. Fingió con tal perfección los caracteres y la rigidez de la muerte que Ogún la amortajó y la llevó como era costumbre, a un gran árbol —*iroko*— bajo cuyas ramas enormes se depositaban los cadáveres. Apenas éste se marchó, el amante, que esperaba escondido, desató las cuerdas del sudario y se llevó a Yemayá.

Pasó algún tiempo y Yemayá volvió tranquilamente al mercado donde antes solía vender bollos, olelé y ekrú. Yemayá tenía una hija con Ogún, Achamadina. Una mañana Ogún la mandó al mercado a comprar maíz finado. ¡Cuál no sería su espanto al encontrar a su madre en la plaza vendiendo sus frituras como si estuviese viva! Achamadina corrió en busca de su padre y le dijo temblando:

—¡Iyamí está en la plaza vendiendo *olelé* y *ekrú*!

—No puede ser, la reprendió Ogún con una mueca. Tu madre es *egugun*.

Días después la envió de nuevo al mercado y allí estaba Yemayá atareada en su venduta. Esta vez Achamadina, sin temor, la observó detenidamente y quedó convencida. ¡Su madre no era un *egun*! Su madre era viva. Y esta vez volvió al mercado con Ogún, quien apoderándose por sorpresa de Yemayá, asida fuertemente por las muñecas la llevó arrastrada a presencia de Olofi y le contó lo ocurrido.

Olofi ordenó que se diera sepultura a los muertos en el seno de la tierra, y a partir de aquella fecha tan lejana se enterraron los muertos. En otra versión de la misma historia es Orula el marido de Yemayá y tienen un hijo. Yemayá se enamora de un *Ochono* —brujo—, por lo que inducida por éste se finge muerta, y con él vive un tiempo. Pero el Ochono muy pronto la abandona y Yemayá se ve obligada a ganarse la vida vendiendo en el mercado. Un día Orula al "abrir el día" —consultando— supo que debía hacer un *ebó* con quimbombó y envió a su hijo al mercado a comprarlo. El muchacho reconoció a su madre, emocionado compró el quimbombó y le habló a Orula del extraordinario parecido de la vendedora con la muerta. Orula no le puso atención, pero al día siguiente al consultar, el signo se repitió ordenándole otro ebó con quimbombó. Volvio el muchacho al mercado y esta vez la contempló largamente, y convencido, le dijo a su padre que la vendedora era Yemayá en persona. Orula le contestó que a los muertos no se les miraba. Pero al tercer día, él Adivino vuelve a necesitar más quimbombó y se dispone a compañar a su hijo. Encuentra viva a su mujer y le propone que regrese a la casa a reanudar su vida con él y su hijo. Yemayá aceptó, vuelve con ellos y en la casa muere de verdad. Orúmbila venció al Ochono, y desde entonces los muertos se entierran.

Menos Obatalá, que condena las prácticas de hechicería, todas las diosas son más o menos brujas. El conocimiento y la afición de Yemayá por la magia explican también sus nexos con el belicoso e insociable Ogún, que es un gran hechicero. Así, pese a los continuos desafíos de éste con su amado hijo Changó, Yemayá trabaja con Ogún, "come con él" y a veces, como hemos visto, guerrea a su lado. En los tiempos en que Yemayá era mujer de Ogún Echibiriki, la enemistad entre el dios del Trueno y el dios de los Hierros llegó a ser tan violenta que la diosa se vió obligada a desplegar toda su fuerza para reducirlos a razón, pues Ogún, siempre celoso del amor que Yemayá profesaba a su hijo Changó, le declaró a este una guerra sin cuartel. Es sabido que Ogún es un guerrero cruel, sanguinario, que la sangre lo ciega y enloquece, y que en la guerra su ferocidad y su arrojo no tienen igual. Yemayá, atenta a la batalla que libraban su marido y su hijo, vio llegar el momento en que Changó peligraba. Antes de que el machete de Ogún, que se precipitaba sobre Changó tambaleante y extenuado pero sin dejar de echar fuego por la boca, le cortase de un solo tajo la cabeza, se convirtió en un agua impetuosa que los separó y arrastró en direcciones contrarias, inundando el campo de batalla.

Changó se salvó abrazado a un madero que lo condujo a la orilla; Ogún, a duras penas trepó por los árboles hasta la cúspide[35] de una loma que rodearon las aguas. De esta manera Yemayá cercó a Ogún, que no podía bajar al llano a continuar la pelea. Aquella guerra entre los dos poderosos Orichas se había prolongado demasiado tiempo. Los demás dioses deseaban la paz; Yemayá considera que Ogún ha escarmentado y deseosa de que reine la armonía en Ifé, la tierra de los Orichas, empieza a retirar las aguas. Pero Ogún no ha desistido de su empeño; aún quiere aniquilar a Changó y se prepara a recomenzar la guerra. Sólo espera impaciente a que se seque y solidifique un poco el terreno. Yemayá se indigna al saberlo; remueve el mar, produce otra inundación, y Ogún permanece mucho tiempo aislado sin más compañía que la de sus perros y los animales silvestres que viven en la loma cubierta de espesa vegetación. Mas Ogún es necesario, imprescindible; Olorun, Orúmbila y los Orichas reunidos deliberan sobre la manera de reintegrarlo a la sociedad, que no puede privarse de sus servicios. Hacen falta cuchillos, machetes, picas, calderas, anafes. Hay que tener en cuenta que él es el Sacrificador y que sin sacrificios no hay salvación ni prosperidad, ni seguridad. Además, los dioses no pueden prescindir de la sangre de los sacrificios, que aumentan sus energías. ¡Los Orichas tienen que alimentarse!

Ogún se vio forzado a acatar la voluntad de Olofi, volvió al redil e hizo las paces con Changó, aunque siempre han de pelear.

"Yemayá sabía que la guerra de Ogún era injusta", nos comenta un italero, —narrador de la vida de los dioses in illo tempore—, "y por eso, para terminar aquella calamidad inundó la tierra".

Sus castigos son duros, su cólera terrible y justiciera; cuando estallaba su ira y anegaba la tierra, los Orichas se aterraban como simples mortales, —igual que los dioses babilonios durante el diluvio.

[35] Orí-Oké.

Mas esta señora que en un arrebato arrasa con todo nunca deja de mostrarse compasiva. No olvidemos "que su corazón es el de una madre".

Unos ejemplos: Orun, el Sol, no dormía de día ni de noche y llegó el momento que, de cansancio, ¡pobre Sol! estaba a punto de apagarse. Esto era gravísimo, y los Orichas se reunieron para tratar de remediar la situación. Si el Sol moría, si privaba de su luz a la tierra, aunque ésta sufría mucho entonces de quemaduras, todo quedaría en tinieblas. Cuando el Sol, extenuado, se quedó casi sin fuego en mitad del cielo, Yemayá, que había recogido sus rayos y los guardaba entre sus siete sayas, los proyectó sobre la tierra. Yemayá dijo: que Orún descanse de noche para que recupere las fuerzas que pierde de día; Ochukua, la Luna, alumbrará de noche y su luz fría refrescará a la tierra y a los hombres. Y así fue, por la sabiduría y la bondad de Iyamí Yemayá, la Luna vela, sus hijas las estrellas velan, mientras el Sol, que da vida y calor a la tierra con sus llamas, duerme de noche.

Según enseñaba V. Alfonso, "Olokun alimenta a la Luna".

Ilustra también su misericordia este Pataki de Iroso. Iroso era el más chico de tres hermanos, hijos de un rey poderoso. Estos lo envidiaban porque el rey lo prefería, y llenos de odio, decidieron perderlo. Encargaron a un carpintero que les hiciera una caja que pesara mucho, del tamaño de Iroso, y que la depositara en un lugar que le indicaron a la orilla del mar. Cumplida la orden, los dos hermanos, con permiso del rey, que no podía sospechar la maldad de sus hijos, invitaron a Iroso a pescar.

Pescando fingieron una discusión y se fueron a las manos. Iroso quiso mediar entre ellos y apaciguarlos, y en la confusión de la riña, los hermanos se echaron sobre él, lo ataron, lo metieron dentro de la caja, clavaron la tapa y entre los dos, con gran esfuerzo, la arrojaron al mar. Todo esto lo vio Yemayá, que sintió una lástima infinita por Iroso y le dio su aché: la caja en vez de hundirse flotó ligera y navegó mucho. Iroso no cesaba de cantar[36], y cuantos desde la ribera veían bogar la caja y escuchaban

---

[36] En la rogación que ordena este Odu, se contesta el rezo emitiendo un sonido con la boca cerrada.

Yemayá y Ogún

la voz que salía de ella, decían que por el mar iba una caja encantada. Entre tanto el rey de otra nación murió sin dejar herederos y sus Babalawos consultaron a Ifá para saber quien reinaría en ella. Ifá dijo que Olodumare y Olokun-Yemayá les enviaban un rey que llegaría a sus playas dentro de una caja. Los hombres de aquella tierra ansiosos por tener su rey le llevaban ofrendas al mar y continuamente montaban guardia en la costa, esperando su arribo. En efecto, las corrientes dirigidas por Yemayá condujeron la caja y la depositaron en la playa.

Acudió el pueblo entero, y los mayores de aquel reino la abrieron llenos de respeto creyendo que estaba encantada, pues Iroso hasta aquel momento, durante toda su misteriosa travesía, no había cesado un instante de cantar.

Echándose al suelo, Iroso dio gracias a Olodumare y a Yemayá-Olokun por haberlo salvado de la muerte; luego a los hombres, las Cabezas Grandes, que le contaron por qué desde hacía tiempo se hallaban allí esperándole, les dijo: —Yo mismo soy el rey que Ifá les ha anunciado.

Se dice que Iroso es el único que conoce el misterio profundo de Olokun, el misterio de la muerte, pero juró no decirlo jamás. Yemayá le confió el secreto gracias al cual le fue posible vivir herméticamente encerrado en una caja.

Yemayá es sensible a las atenciones o bondades que espontáneamente se tienen con sus criaturas. Se cuenta de un Babalawo que era tan famoso en su tierra que llegó a inspirarle envidia al Rey. Este buscó un pretexto que justificase su muerte y lo envió a un pueblo lejano donde se celebraban unas justas en las que debía triunfar y traerle el premio que se acordase al vencedor. De lo contrario ordenaría que lo decapitasen. El Babalawo se puso en camino sin saber a lo que iba ni cómo debía actuar. Sólo llevaba un saco con frijoles de carita. Andando, andando, halló una laguna llena de patos pequeñitos. Abrió el saco y se entretuvo en dar de comer a los patitos, lanzando al agua todos los frijoles que llevaba. Conmovida de su generosidad, Yemayá se le mostró y le dijo que en cierto lugar tropezaría con un gallo. Que lo montase, y cuando cumpliese la orden de Oba, volviese a dejarlo en el mismo sitio que lo había encontrado.

Babalawo dio las gracias a Yemayá y andando, andando, tropezó con un gallito, lo montó como ella le había indicado, y éste, a medida que avanzaban aumentaba de tamaño hasta llegar a adquirir proporciones imponentes. Así llegó a su destino en el momento preciso en que comenzaban unas luchas de las que salió vencedor. Dejó el gallito donde lo encontró y compareció ante el rey entregándole el galardón de la victoria. Este al verlo se aterró... y le cedió su trono.

Yemayá también aprecia y recompensa a los que son respetuosos y considerados con ella. A un pobre hombre que había consultado a Orula y hecho *ebó*, éste le dijo que tuviese cuidado pues iba a perder algo. Aquel hombre fue a bañarse al río y efectivamente perdió una moneda de plata —su único haber— que llevaba en la boca. Buscándola por el río llegó hasta el mar, y como había anochecido pidió respetuosamente permiso a Yemayá para pasar la noche en los arrecifes. Las voces de las olas y del viento, el parpadeo inquietante de las estrellas, la dureza de las rocas, y unas sombras que venían del mar y pasaban sobre él, le impidieron conciliar el sueño y no pudo cerrar los ojos en toda la noche. Sin embargo, cuando Yemayá le preguntó al salir el sol, que tal había dormido, él inmediatamente le contestó: ¡Muy bien! Yemayá satisfecha de su respuesta, que revelaba humildad, lo colmó de bienes.

"Un aprendiz de Orula recibía de éste, diariamente, un medio para sufragar su comida. (Esa suma la simboliza hoy el medio (un nickel) que, con un peso, se le paga al Babalawo y al Babalocha por una consulta con los dioses.)

Aquel aprendiz todas las mañanas iba a la orilla del mar a saludar a Olokun. Un día alguien lo vio y se lo contó al Babalawo, que lo vigiló y pudo comprobar que el muchacho le hablaba al mar. Le pagó y lo echó de su casa.

Solo, sin familia, pasó muchas miserias, su hogar era la calle. Pero no desmayó, siguió yendo al mar a adorar y pedirle protección a Olokun. Algún tiempo después se encontró un hombre que le ofreció un trabajo con la condición de que lo realizara con los ojos vendados. Aceptó y el desconocido lo llevó de la mano a una casa, le entregó la llave y, siempre con los ojos vendados, le hizo limpiar muchos objetos que eran de oro. Le pagó generosamente y lo despidió.

Aquel hombre murió sin dejar hijos ni herederos y el *olú* del pueblo ordenó sacar sus pertenencias, pobres al parecer, a venta pública. El muchacho pagó por ellas mucho más de lo que otros ofrecían, y con la llave que el hombre le había dado entró en la casa y abrió tres puertas falsas de tres habitaciones que estaban abarrotadas de tesoros.

El muchacho se hizo rico, inmensamente rico. Supo que su maestro el Babalawo estaba pasando trabajos y le regaló un medio, lo mismo que le pagaba el Awó por los servicios que él le prestaba. No le cegó su buena suerte y siguió religiosamente saludando a Olokun. Todas las mañanas iba a la orilla del mar y le daba gracias por los bienes que le había otorgado.

Así se dice que Yemayá "con dos manos da la riqueza y con una la retira", que Yemayá "no deja que se derrumbe la casa del bueno". Yemayá siempre se inclina del lado de la justicia y defiende al que es víctima de un atropello.

La madre de un príncipe, abrigando en su corazón presagios que la torturaban, con dolor lo veía partir a un país lejano en el que iba a reinar. Trataba el hijo de consolarla asegurándole que todos los hombres de su séquito eran de su entera confianza; los había elegido teniendo en cuenta la fidelidad que siempre le habían demostrado, y se marchó sin dudar de la devoción de cada uno de sus acompañantes. Andando llegaron a un territorio junto al mar que era necesario atravesar internándose por unas grutas. El príncipe penetró solo en una de ellas y sus "fieles" amigos, que lo envidiaban, tapiaron la salida con una peña. Yemayá vio la traición de aquellos hombres. Se hinchó el mar, las olas chocaron furiosas contra el obstáculo que cerraba la apertura de la gruta arrastrándolo lejos, ahogó a los malvados y el príncipe pudo escapar y llegar sano y salvo a su destino.

Cuando Yemayá era mujer del poderoso Agayú, éste estaba en pique con Obatalá. Obatalá era el dueño de las cabezas porque las modeló y las fijó en los cuerpos, que no tuvieron cabeza hasta que él las hizo. (Olorun es el dueño de lo que hay dentro de las cabezas, del pensamiento.) Agayú las codiciaba y pretendió disputarle su potestad a Obatalá. Yemayá no tomó partido por su marido, cuya ambición era injusta. Reconocía y acataba el derecho divino de Obatalá, escultor de la forma humana por encargo de Olodumare, y, sin actuar contra Agayú, aconsejó a Obatalá que fue a consultarla. Le dijo: —Elegua, que cambia las situaciones, arreglará el asunto sin que degenere en una conflagración universal.

Agayú, para entorpecer a Obatalá, había llenado los montes de serpientes; éstas, retorciéndose, alargándose, ondulando, tan numerosas como las hierbas y matojos, reptaban entre ellas, silbaban enroscadas en los troncos de los árboles, o colgadas de las ramas. Nadie se atrevía a internarse en maniguazos de serpientes a cazar las palomas blancas que se necesitan para ofrendarle su sangre a *Orí*[37].

Obatalá utilizó a Elegua. Este le brindó pérfidamente su apoyo a Agayú, lo emborrachó con otí —aguardiente— y le cerró los caminos. Cambió la situación, Agayú pensó otra cosa y Obatalá continuó siendo el amo de las cabezas.

En todo momento grave los Orichas piden consejo a Yemayá, la Diosa progenitora, muy sabia y dueña del más precioso de los principios vitales.

Iyá nlá, Iyá Oyibó, Iyá erú, Iyá, mi lánu...[38]

---

[37] Orí, cabeza.
[38] Madre grande, Madre de los blancos, Madre de los negros, misericordia.

3 *Ochún*

A Yemayá Olokun, inmensamente, inagotablemente rica, le debe Ochún, su hermana menor, la amable y pródiga dueña del Río, del Amor, del Oro, del Coral y del Ambar, su proverbial riqueza.

Sería imposible al hablar de Yemayá en la Isla de Cuba, silenciar y menos separar de ella, a la popularísima Ochún, con quien comparte el dominio de las aguas. Es mucho lo que Ochún debe a Yemayá.

"Cuando necesites *owó* —dinero—, tómalo de mi casa", le dijo al hacerle don de los ríos. Usufructuaria de la riqueza incalculable de Yemayá, dispone de ellas a su antojo, pero no es como se pretende "la dueña del Oro". Citaremos a Bamboché: "sus cinco manillas, sus *odani* (adornos de cabeza), eran de cobre en la tierra de los lucumí Yesa donde nació. Le pertenece el cobre, no el oro." Que Ochún sea manirrota, que gaste mucho en lujos, en sedas, en esencias, en abanicos de nacar, en ambar y en corales, no significa que sea más rica que Yemayá; y copio del famoso Sixto Samá, que en sus tiempos instruyó a muchos matanceros, "ni que Oyo-Chaluga, el dueño de la riqueza". (Pocos lo conocen actualmente, por eso nunca se le mienta, como ocurre con Chugudú, "el dios perverso".)

Porque el cobre originalmente le pertenecía, y era dadivosa y complaciente, los lucumí la identificaron con Nuestra Señora de la Caridad del Cobre, que se adoraba en la iglesia parroquial de la villa del Cobre, en zona abundante en minas de ese metal, a cuatro leguas de la ciudad de Santiago de Cuba. Lo mismo que la habanera Virgen de Regla, la Caridad del Cobre, al otro extremo de la Isla, tuvo por primer santuario una rústica ermita de guano en el hato de Verajagua, que mandó construirle el administrador de las minas.

La historia de su aparición ocurrida en la segunda década del siglo XVII, fue escrita el 1703 por su capellán Don Onofre de Fonseca, documentándose en los datos que se conservaban en el archivo del santuario. El Presbítero Don Bernardino Ramón Ramírez confeccionaría más tarde un comentario de este manuscrito, que publicó en 1828 Don Alejandro de Paz y Ascanio. Creo que todos los cubanos conocen la historia de la Virgen del Cobre, que a petición de Obispos y Veteranos de la guerra de Independencia, declaró Benedicto XV Patrona de Cuba, el 10 de mayo de 1916. Dos indios, Juan de Joyos, Juan Moreno, y Rodrigo, un negrito criollo, habían ido a pie a buscar sal a la bahía de Nipe. Embarcados allí en una canoa, vieron en horas del alba, una forma que blanqueaba a lo lejos en la mar. Remaron hacia lo que en lontananza les pareció un bulto, y se encontraron con la imagen tallada en madera, de la Santísima Virgen María, que flotaba incólume sobre una tabla. Nuestra Señora llevaba en el brazo izquierdo al niño Jesús, y una cruz de oro en su mano derecha. Yo soy la Virgen de la Caridad, rezaba en la tabla una inscripción con grandes letras, que leyó el indio Juan de Joyos.

La iconografía popular de la Virgen del Cobre no ha cesado de reproducir el momento en que los dos indios y el negrito, "los tres Juanes" —representación de las dos razas oprimidas—, se arrodillaron en la canoa para adorar la milagrosa aparición de la Madre Divina para quien todos los hombres son sus hijos, y preferentemente los más desdichados, sus hijos más amados. Los tres Juanes recogieron la imagen, que medía 15 pulgadas, y "llenos de unción religiosa" la condujeron al hato de Varajagua. Se contaba que un cacique indio había conservado una imagen de la Virgen que dejó Alonso de Ojeda a su paso por la provincia de

Cueiba, mas temiendo se la robasen la arrojó al río. De esto hacía mucho tiempo. Si no era la misma, como creyeron los primeros fieles, el hallazgo se consideró tan extraordinario que al santuario del Cobre acudían peregrinos de toda la Isla.

Mientras en La Habana se celebraba la fiesta de Nuestra Señora de Regla, el mismo ocho de septiembre, los santiagueros celebraban la de Nuestra Señora del Cobre[39]. Allí también duraban ocho días, y algunos años se prolongaba hasta el mes de octubre. La devoción alternaba en éstas, como en las fiestas de Regla, con

---

[39] Se festejaba en esta fecha a la Virgen de la Caridad del Cobre en toda la Isla. En Santa Clara, en la derruida iglesia del Buen Viaje —o de los Pilongos—, los negros, que decían que aquel templo les pertenecía, celebraban en grande la fiesta de la Caridad del Cobre. Venían de todos los ingenios de la jurisdicción, y en el "placer" o terreno baldío que rodeaba la iglesia, la víspera del ocho de septiembre, de mañana, al son de los tambores hacían "la chapea", cortaban las hierbas, que recogían las negras, en canastas pequeñas, bailando y bebiendo aguardiente. Por la tarde, en una procesión, desfilaban el Rey y la Reina del Cabildo de los Congos (que predominaban allí) bajo un enorme parasol de cuatro metros de diámetro que llamaban "el tapasolón" y tras ellos, bajo otro "tapasolón", los que se decían príncipes. Los seguía el numeroso séquito de sus acompañantes o vasallos. Todos los hombres vestían levita y pantalón y lucían bombines, al cinto un sable de juguete y calzado de cuero de vaqueta. Presidían el cortejo, delante del gran parasol, los tambores, rústicos troncos de madera de metro y medio de largo. Cuatro o cinco tambores con sonidos distintos, que se llevaban entre las piernas amarrados a una cuerda que pasaban por el cuello. El Cabildo tenía su casa en un terreno propio junto a la iglesia, que los P.P. Pasionistas adquirieron más tarde en los comienzos de la República, cuando todavía en aquella fecha continuaban celebrándose esas fiestas, y era tradicional el baile que tenía lugar en el Cabildo. Bailaban allí los negros una especie de Lanceros; colocados en dos filas, frente a frente, los hombres separados de las mujeres, ejecutaban figuras y se movían al compás de los tambores. Avanzaban unos y otros siguiendo el ritmo, y al encontrarse, sonaban las palmas y retrocedían. Estaba terminantemente prohibido tocar rumba. Cuando los criollos en la procesión de los congos, insinuaban un toque de rumba —esa era música profana— la indignación de los viejos se hacía sentir. Era típico en las festividades villaclareñas de la Virgen de la Caridad, repartir entre los concurrentes negros que asistían con sus Reyes, y los devotos blancos —todos en la mejor armonía— el Agualoja, una bebida compuesta con agua, albahaca y maíz quemado, que como la frucanga o zambumbia y otras, pertenecen al pasado. Para asistir a la misa, los negros muchas veces vestían enteramente de blanco y llevaban siempre —¡ya proclamada la República y en plena euforia de Cuba Libre!— una bandera española. Este detalle que me relató un testigo de vista villaclareño, el señor Luis A. Muriedas, no es de asombrar, en cambio lo era, no hallar en los negros viejos el odio ciego, irreflexivo, a España, que era corriente en la mayoría de los cubanos blancos, hijos o nietos de españoles.

cierto desenfreno... De los peregrinos, Jullien Mellet[40], que visita el santuario cuatro años antes de publicar Paz y Ascanio su librito, nos dice: "me atrevería a afirmar, pues de ello estoy seguro, que es más por diversión que por devoción que hacen este viaje (los peregrinos) y que durante los ocho días que duran las fiestas, se divierten más que en todo el resto del año. La bebida y el libertinaje ocupan más a los devotos que Nuestra Señora, y no hay día que no se termine con querellas sangrientas en las que se hace uso del cuchillo de caza. Este caserío se aprovecha de todas las ocasiones para cobrar a precios enormes los caprichos de los peregrinos. Los víveres son tan caros que una gallina asada me costó trece francos setenta y cinco céntimos. Los habitantes, altaneros, de un orgullo extremado, tienen por lo general mal carácter y los mismos vicios que la gente de Bayamo." No le habían gustado los bayameses.

Mellet sólo ve en la festividad de la Virgen del Cobre un pretexto para comer, divertirse y emborracharse, y juzga severamente a los orientales, que no salen muy bien parados de las páginas de su libro. Pero no hay duda que en ellas se mezclaba el agua bendita al aguardiente. Era una característica de todas las fiestas religiosas y profanas en Santiago de Cuba.

Más tarde, otro francés, Hippolyte Piron[41] nos describe la fiesta del Cobre: comienza con una solemne procesión que aguarda la multitud aglomerada en la ermita y sus alrededores. En ella desfilan señores santiagueros vestidos con levita negra y pantalones blancos y llevan con unción cirios encendidos. Piron, que contempla desde lo alto la escena, escribe refiriéndose a la muchedumbre que al paso de Nuestra Señora se pone de rodillas: "los trajes, en los que predomina el blanco forman un tapiz salpicado de flores; todas las cabezas inclinadas ofrecen el espectáculo de una piedad conmovedora y solemne. Los más insensibles se emocionan. La música militar hace oír aires tristes que contribuyen a que la emoción sea general. Descienden la montaña con la Virgen, la pasean por la ciudad en medio de la multitud devota-

---

[40] Jullien Mellet, L'Ile de Cuba, Masson et fils, París, 1834.
[41] Hippolyte Piron, L'Ile de Cuba, Plon et Cie. París, 1876.

mente puesta de hinojos y regresan al santuario. Las fiestas duran quince días en un exceso de alegría y de locura. Los días comienzan con paseos a caballo, continúan con largos almuerzos y numerosas libaciones, juegos, y terminan con bailes y todo género de diversiones. De noche la ciudad adquiere un aspecto mágico. En las calles principales se alinean mesas alumbradas por velas bajo fanales o fijadas por la cera a las mismas mesas. Se venden golosinas calientes y refrescos. Detrás de estos mostradores llenos de tentaciones, los españoles fríen en grandes sartenes, buñuelos, empanadillas, escabeches, etc., y los criollos chicharrones y pastelitos que se venden con éxito. El juego se instala en un gran número de casas y se exhibe descaradamente en plena calle; por donde quiera se ven mesas con ruletas y la fiebre de jugar, de ganar, es tal, que se apodera hasta de los más indiferentes, que ese día arriesgan una moneda de oro apuntando al rojo y al negro. Las fisonomías de los jugadores se tornan extrañamente siniestras a las luces que proyectan las bujías y las llamas de los fogones. Los niños, saltando de alegría por encima de las llamas, mezclan sus risas a los juramentos y maldiciones que lanzan los jugadores que no tienen suerte. Un cuadro digno del pincel de Rembrandt. Los bailes envían a lo lejos el incentivo encantador de sus músicas. Los hay en todas partes, bailes de blancos, bailes de mulatos, bailes de negros.

El quinto día el Gobernador de Santiago honra las fiestas con su presencia. Con gran pompa su colega del Cobre viene a su encuentro y lo cumplimenta. Recibe diputaciones de blancos, de mulatos y de negros y acoge sus felicitaciones con aire aburrido. A partir de ese día parece que un nuevo impulso se comunica a las pasiones ardientes; se divierten con ímpetu, no se duerme, pues se le robarían minutos al placer.

Recorro los bailes con ávida curiosidad. Los de los blancos, el baile de la Filarmónica que es el más animado. Allí el Gobernador hace una corta aparición. Con los mulatos uno se abandona al placer de la danza, se entrega a ella con frenesí. Los de los negros se celebran en las casas y al aire libre en los patios. Las mulatas jóvenes se hacen notar por su tipo exótico y por una gracia llena de coquetería que es sólo de ellas. El traje de las negras es de una tela ligera, —el traje de las grandes ocasiones— con un chal en los hombros un poco al desgaire y atado en el seno, en la cabeza un pañuelo de Madrás. Algunas calzaban zapatos sin medias, pero muchas llevaban los pies desnudos.

La orquesta de los blancos era imperfecta pero completa, la de los mulatos se componía de un violín y de una flauta; la de los negros se reducía a los tambores que golpeaban con furia acompañando canciones cubanas y españolas. Poco a poco me ganó el entusiasmo general y a pesar mío comencé a cantar. Gritos, canciones, petardos, músicas con repiqueteo de castañuelas, zumbidos monótonos de tambores, exclamaciones de alegría y de dolor, todo ese tumulto, toda esa agitación, tantos ruidos confusos y diversos me aturdían y me seducían a la vez con el extraño encanto de su sabor local. Sentí que me subía a la cabeza algo semejante a la embriaguez deliciosa de un vino generoso."

La misma animación incansable que describió Piron, caracterizó en el presente a todas las fiestas santiagueras, en las que predominaba, como en los tiempos de la colonia, el elemento africano. La población negra en la provincia de Oriente, superó siempre a la blanca[42]. Piron observa que en la parte occidental de la Isla se trataba mejor a los negros: "en Santiago de Cuba están convencidos de que hay que ser duros con ellos. Necesitan cuero." No obstante conviene en que la ley española reconocía a los esclavos "derechos humanos que contrastan con las leyes bárbaras puestas en vigor en las colonias francesas y sobre todo en las inglesas", y aunque duda que esas leyes se cumplan, no pudo ignorar la cantidad de negros libres que había en Santiago, y reconoce que "el derecho a la coartación es lo más feliz que se ha decretado para ellos". Como resultado inevitable de la esclavitud, señala fuertes prejuicios de color en los blancos orientales: "la aversión que inspira el africano se extiende a su descendiente el mulato", que en algunos casos, aunque fueran ricos no podían

---

[42] En proporción sorprendente. Por ejemplo, en 1827 —censo ordenado por el Capitán General Don Francisco Dionisio Vives— había en Santiago de Cuba 9.302 blancos. Negros libres 10.032. Esclavos 7.404. Esto es, 17.416 negros por 9.302 blancos. "Crónicas de Santiago de Cuba" recopiladas por Emilio Bacardí y Moreau, Tomo II, p. 238.

pasearse por la Alameda, paseo que se extiende por el borde de la bahía.

"Los prejuicios de Cuba no se parecen a los de Estados Unidos, donde hay tres castas: blancos, mulatos y negros. En Cuba hay sólo bancos y los que pueden pasar por tales, que son los cuarterones, los mulatos y los grifos, nacidos de negra y mulato. Los blancos aceptan sus adulaciones, pero a la primera dificultad los ponen en su lugar llamándolos ¡mulatos! Los mulatos se vengan con los negros."

Con respecto a los mulatos esto era cierto, aún en nuestros días. Pero ¿le tenía aversión el blanco santiaguero al africano? No lo parece; por lo menos esa aversión no existía en la clase alta, y el mismo Piron se contradice al decirnos que en Santiago, (la observación es válida para toda Cuba) "desde la más tierna edad los niños crecen rodeados de negros". A esa familiaridad, que sólo en algún monstruo engendraría aversión y no afecto, le achaca el francés la "naive credulité" (la ingenua credulidad) de muchos blancos que creían en el vaudú[43] y de ella nos conserva en su libro una muestra interesante: "esta hechicería ha sido im-

---

[43] Vaudou (vodú). Muchos esclavos del reino de Dahomey, que hizo de la venta de hombres su industria nacional, pasaron a Santo Domingo, y el término vaudou tiene su origen en Vodú, que significa dios, y es conocido en Cuba por todos los adeptos de cultos africanos como sinónimo de Oricha. Nuestros araras (aradá) "que tienen vodús" eran procedentes del Dahomey. En Santo Domingo (con el nombre aradá, en el siglo XVIII, se designaba a los dahomeyanos) fundaron el vaudou, que fue desde muy atrás la verdadera religión de los negros haitianos, pues allí, únicamente los esclavos domésticos tenían oportunidad de familiarizarse con la católica. El Código Negro (1685) obligaba a los colonos a bautizar a los esclavos y era esa la única ordenanza que con respecto al adoctrinamiento del esclavo, se cumplía. Como en Cuba, los africanos se apropiaron las creencias de los amos cristianos, las mezclaron con las suyas y le dieron al bautizo en la iglesia de los blancos, la misma enorme importancia. También como en Cuba, la trata llevó a Santo Domingo negros de muchas "naciones": yorubas, senegaleses, fulas, wolofes, bámbaras, minas, congos, angolas, mayombes, etc., pero dominaron, como en aquella, los sistemas religiosos de los dajomis —dahomeyanos— y de los nagos (lucumí).

El voudú le debió su mala fama a varios libros escritos en el siglo pasado, como el de Gustave Allux, el de Spencer St. John y otros autores, y en el nuestro a la leída "Isla Mágica" de Seabrook, la obra bella y falsa de un mitómano, como lo llamó Alfred Metraux. Con la fuerza poética que no puede negársele, su fantasía refuerza las exageraciones de los antiguos colonos sobre sus ritos secretos, de una crueldad que eriza los cabellos. Muchos fieles esclavos de amos

portada de Haití por el pueblo bajo, se ha aclimatado fácilmente en Cuba y ha conquistado una parte de la sociedad criolla, la parte corrompida. Hay señoras distinguidas en apariencia y bien recibidas, que pertenecen a esa secta infame. Yo asistí a una de las sesiones de esta asociación gracias al hijo de una dama de quien jamás hubiese sospechado semejante cosa. En su misma casa, se reunían aquella noche miembros de la secta. Su hijo me hizo entrar en un gabinete en el que la puerta carcomida y agujereada por numerosas fisuras me permitía ver lo que iba a pasar en la habitación destinada a las brujerías. Otra puerta, de la cual me entregó la llave, me dejaba en libertad de escapar si el espectáculo me desagradaba. No tenía que temer ninguna sorpresa. El gabinete estaba vacío y un cerrojo me protegía.

Una vez en mi sitio, tuve que soportar una larga espera. Al fin se aclaró la pieza, que era una amplia habitación de dormir, muy sencilla. Su mueblaje consistía en un lecho con baldaquín y mosquitero, una mesa redonda en medio, un gran armario y unas sillas. La dueña de la casa apareció la primera, ataviada con un negligée, sosteniendo en la mano una lámpara antigua. La seguían doce matronas y tras ellas una jovencita de unos dieciséis años que cargaba dos gallinas, una blanca y otra negra, y un paquete. El centro de la mesa lo ocupaba una gran batea que contenía una materia humeante que no pude apreciar lo que era desde mi sitio, por la oscuridad. Sobre la mesa había trece cucharas de madera en hilera. A la luz vacilante y pálida de la lámpara todos los objetos ofrecían un aspecto fantástico y las figuras una apariencia siniestra. La muchacha arrojó en un rincón el paquete y las gallinas, tomó un tamborcito, se sentó y le arrancó unos sonidos que eran como el preludio de la fiesta. Después se puso a tocarlo bruscamente con las dos manos. Me acordé entonces que ese ruido del tamborcito se oía a veces de once a doce de la noche, y que me decían era la música favorita del vaudau.

franceses se refugiaron con ellos, llevando su voudou y su patois a Santiago de Cuba, cuando la revolución de Haití (1791).
  La "brujería de los haitianos", numerosos en los ingenios de aquella provincia, es muy temida de los negros habaneros, que tienen a los negros orientales en concepto de brujos peligrosísimos.

Las trece mujeres danzaron entorno a la mesa y luego, cada una tomó una cuchara, la introdujo en la batea y la llevó a su boca, y así continuaron comiendo sin detenerse en su ronda cabalística. Cuando terminaron, la más joven abandonó su tambor y se arrodilló ante ellas. Las mujeres se limpiaron las manos en sus cabellos, que se desanudaron y cayeron en negros bucles sobre sus hombros. Terminada esta operación la dueña de la casa tomó la gallina blanca por el cuello y le cortó el pescuezo con un cuchillo afilado. El pobre animal lanzó un chillido ahogado, su sangre fue recogida en un vaso que la señora llevó a sus labios y lo pasó enseguida a su vecina, que hizo lo mismo y fue pasando de mano en mano. La gallina negra corrió la misma suerte e igual se hizo con su sangre. Después fueron contemplados los dos vasos con atención, sin duda con el fin de deducir algún pronóstico; se les arrojó un polvo gris y se les puso de lado para algún uso misterioso y culpable. Una de las mujeres tomo el tambor y tocó con frenesí. Inmediatamente la jovencita se quitó la ropa y su cuerpo descarnado apareció ante mis ojos sorprendidos. No tuve tiempo de compadecer su delgadez, pues inició un baile desenfrenado. Sus miembros estaban dotados de una elasticidad prodigiosa, a veces parecía empequeñecer, otras crecía y su cara alargada y regular tomaba una expresión extraña. Del paquete que había quedado en el suelo se deslizó una culebra, se acercó a ella, se enrolló sobre sí misma formando tres anillos y se quedó inmóvil. El baile cambió súbitamente; ahora era de temblores y saltos caprichosos. Tan pronto corría alrededor del triple anillo formado por el cuerpo de la culebra, como saltaba ligera sobre él, todo esto con una rapidez maravillosa y sin rozar el inmundo reptil encantado.

Los ojos de la bruna jovencita brillaban en la oscuridad de un modo espantoso. Sus brazos delgados, caídos hasta entonces a lo largo de su cuerpo, comenzaron a hacer gestos que acompañaban y exageraban el carácter extraño de todos sus movimientos. Pronto comenzó a recorrer la habitación lanzando gritos de angustia, gritos que parecían provocados por una tortura inexplicable. Las trece mujeres los repitieron al compás del tamborcito en el que los golpes redoblaron de acuerdo con la progresión del movimiento de la danza. De repente se enderezó la culebra y enlazó a la joven bruja formando numerosos anillos en torno a su cuerpo. Entonces fue intensa la expectación de la asamblea, que observaba atentamente; cada posición que tomaba la cabeza y la cola del reptil, era un pronóstico, un presagio que ellas interpretaban con ansiedad. Al fin, después de un pataleo febril, la bailarina cayó presa de un ataque de epilepsia. Cada uno de sus movimientos nerviosos era una revelación del presente o del porvenir, que se leía con avidez.

No pude soportar más y escapé horrorizado"[44].

Cuando Hazard visitó el Cobre en 1870, los milagros que ha hecho la Virgen son tan notables que su iglesia recolecta treinta mil pesos al año, cifra nada despreciable para la época, y van a erigirle un nuevo templo. Otros autores nos hablan de su trono transportable adornado con oro, concha, marfil y plata, y doce esculturas de ángeles con incensarios en torno, que se colocaba en el centro de la nave. Lo cubría un manto azul de tafetán cuajado de exvotos y ofrendas.

Hippolyte Piron nos describe a la pequeña imagen en su altar, y la capilla, que sorprende por su riqueza: Nuestra Señora "está vestida con una suntuosidad que deslumbra. En su frente brilla una corona de diamantes, lleva un collar de diamantes con una cruz de esmeraldas bellísimas, brazaletes, sortijas, y en su traje y en su manto ornamentos de oro y plata."

Acaso la fama de la riqueza que africanos y criollos le atribuyen a Ochún tuvo su origen en las joyas y en la guardarropía de la Virgen de la Caridad del Cobre, ya que "la millonaria, la de los tesoros, no es ella sino Olokun".

---

[44] En la escena que nos describe Piron, nos parece reconocer en la culebra la representación de Dambalá-Wédo, uno de los "loa" o dioses más populares del panteón vaudou, en el que Legbá (Elegua) es también el primero y "abre el camino"; y en las trece matronas, trece hounsis, Mambos y acólitos. Un "choual" (de cheval), caballo, medium, de Dambalá, en la jovencita trigueña, cuyas contorsiones, carreras y saltos podrían atribuirse a la posesión del dios Serpiente.

Hasta ayer, la Caridad del Cobre, que secretamente se declaró anexionista en 1868, e insurrecta en 1895, continuó obrando milagros, y sus favorecidos de todas partes de la Isla, siguieron visitando su santuario para implorar su ayuda, o en acción de gracias para cumplirle la promesa tradicional de subir de rodillas la escalinata de su templo.

Los enfermos que han llegado pidiendo a Vos la salud, todos por vuestra virtud enteramente han sanado: esto lo ha experimentado el que os llama en realidad. Líbranos de todo mal... Cojos, tullidos, baldados, frenéticos y leprosos si os suplican fervorosos quedan por Vos remediados líbranos de todo mal...[45]

Milagroso era, aún cuentan las beatas que iban a vestir la imagen de la Virgen, que nunca Nuestra Señora se dejaba desnudar completamente: debajo de cada pieza de ropa que le retiraban, inmediatamente aparecía otra.

Mas sería demasiado larga la enumeración de sus pequeños y grandes milagros. Si nos remontamos al pasado, en esta región en que el suelo tiembla con frecuencia, veremos que la Virgen del Cobre interpuso siempre su misericordia y salvó a sus fieles cuantas veces la ira divina tronaba en las entrañas de la tierra y la sacudía espantosamente.

Los habaneros, que sabemos de ciclones pero no de terremotos, no podemos hacernos idea del pavor que los santiagueros experimentan sólo al evocarlos. Todos coinciden con Don Miguel Estorche[46], que dejó descrito uno que fue largo tiempo recordado por el pueblo, ocurrido en Santiago de Cuba el 20 de agosto de 1852[47], en que no hay palabras para definir lo que se siente al es-

---

[45] De una novena muy eficaz del siglo XIX compuesta por el Presbítero Bernardino Rodríguez.

[46] Apuntes para la Historia sobre el Terremoto que tuvo lugar en Santiago de Cuba y otros puntos el 20 de agosto de 1852. Cuba, 1852. En la Imp. de don Loreto Espinal, calle de S. Pedro N.º 51.

[47] Ese año fue funesto para la ciudad de Santiago de Cuba. En el mes de novlembre, aún medio en ruinas la ciudad, volvió a temblar fuertemente la tierra durante veinte segundos, en la oscuridad de la noche. Al mismo tiempo hacía estragos una epidemia de cólera —que al revés de la fiebre amarilla, atacaba a los cubanos y a los negros—. En las calles llenas de escombros y fogatas, fue menester colocar en hilera los féretros de los muertos de cólera, que se obligó a cargar a los presidiarios.

cuchar una especie de rugido sobrecogedor que antecede al sisma, ni el horror que produce la sacudida de la tierra, que se levanta y se hunde.

Ese famoso temblor que vivió Estorche y que puede presentarso como... modelo, se produjo sorpresivamente en una de aquellas mañanas glosiosas de Cuba, sin una nube en el azul purísimo del cielo. Al primer temprano estremecimiento sucedieron otros tres hasta las diez de la mañana; dos entre la una y las tres de la tarde, y a las cinco, un sacudión tan fuerte que poca gente quedó en la ciudad. Unos corrieron a refugiarse en los campos, otros en los buques anclados en el puerto. Todos pasaron la noche en espera de un nuevo temblor, y a las tres de la madrugada hubo otro, que aunque breve, fue muy violento.

La noche del 20 y 21 fueron horribles:[48] pero no terminó ahí el pánico y la angustia expectante de los santiagueros, pues hasta el 28 o el 29 de agosto, aunque disminuyendo en intensidad los estremecimientos, tembló la tierra en Santiago.

Los estragos causados fueron enormes. Se vinieron abajo iglesias, cuarteles, hospitales; Estorche enumera cien casas derrumbadas y quinientas deterioradas, pues se cayeron antepechos, cornisas y balcones y muchos pisos altos, demostrando que les sobraba razón a los antiguos para no añadirlos a sus casas de planta baja, cuyas paredes sabían encajonar sólidamente entre horcones y maderos cruzados que resistían las ondulaciones y saltos de un suelo tan traicionero, y así fue que las que no echó abajo el temblor fueron las que tenían tejado de tejamaní.

Sin embargo, entre tanta destrucción no se registraron pérdidas de vidas humanas. Sólo un párvulo —un angelito que voló al cielo— fue víctima del terremoto. ¿Extraño? No, si se tiene en cuenta que fue tanto lo que la gente rezó y pidió a Dios, a la Virgen y a los Santos durante el temblor —y eso era lo que entonces se hacía con provecho en cualquier calamidad— que Nuestro Señor y los Santos que invocaron acabaron por escucharlos. Sin distinción de clases, la población empavorecida se apiñaba y

---

[48] "Noche fatal" —la del 21 de agosto— "creí que había llegado el último día de Santiago de Cuba, y acaso no me engañé en el sentido que no volverá a ser lo que ha sido y era hace unos días". (Estorche).

oraba en común; rogaba de hinojos en las plazas, en los muelles, o iba en procesión con los pies descalzos rezando en alta voz. Y como en todas las procesiones de Cuba, los negros figuraban en gran proporción, entre las anécdotas divertidas que se contaban después del terremoto —en nuestro país siempre lo trágico ha de mezclarse con lo cómico— vale la pena recordar ésta de la negra Dolores, que recogió para la posteridad el Licenciado Estorche.

Marchaban devotamente los negros en una de aquellas procesiones rezando en coro las letanías de la Virgen. Todos llevaban colgado del cuello cuadros con pinturas o estampas de Santos. La negra Dolores se destacaba portando un busto de yeso muy blanco que oprimía con fervor contra su pecho. Otra negra, que no reconoció aquel Santo, se le acercó curiosa y le preguntó qué Santo era. Dolores le respondió siguiendo la letanía: —Ora pro nobis. No lo sé. Ora pro nobis. Sea quien sea, ¡Ora pro nobis!

La negra, en la confusión y el miedo, no halló a mano ninguna imagen religiosa y se apoderó de aquel busto que fue lo primero que encontró.

Era... el de Napoleón Bonaparte.

Lo que dio pie a un francés de los muchos que había en Santiago, testigo del incidente, para decirle a la negra: —¡Tienes razón; también él hizo temblar la tierra!

En ningún lugar se sintió el terremoto con mayor intensidad que en el Cobre. Allí, con la Virgen de los Dolores, la Virgen de la Caridad hizo el milagro de salvar a cuantos estaban trabajando en las minas debajo de su santuario. En la de San José, los mineros quedaron sepultados entre los escombros en la galería subterránea, respirando azufre, ¡y todos, por su intercesión, salieron ilesos!

No menos asombroso este otro milagro que ha de atribuirse a Ochún, la Caridad del Cobre: la ausencia de mortandad en las dotaciones de los cafetales de la Sierra Maestra, aunque muchos de ellos quedaron arruinados, como el "Sofía", cuyos cafetos devoraron los chivos después del desastre, la "Siberia", el "Desierto", las "Gracias", el "Obispo", "Sitges"... Enormes piedras, cuando se movieron las montañas, cayeron desde el Turquino y el Ermitaño arrasando caseríos pero sin matar a nadie. Más evidente se hizo la intervención de la Virgen en el caso en que salvó la vida a un negrito de meses en el cafetal de Jacas. Este dormía en una canasta de guaniquique[49]. Al temblar la tierra se desprendió un ladrillo que cayó sobre el borde de la canasta volcándola, e inmediatamente se desplomó un tabique que la cubrió. La madre corrió a rescatarlo apartando los escombros, y encontró al niño dormido debajo de la canasta.

En dos ocasiones había dado la Virgen las muestras más evidentes de amor a su santuario construido sobre un filón de cobre. Nunca otro lugar le había gustado. Así cuentan que transportada su imagen a la antigua iglesia de los Dolores en tiempos en que era la Metroplitana, Nuestra Señora desapareció de modo inexplicable. ¡La hallaron en el Cobre en la rama de un naranjo!

Una de las minas debajo de su Capilla era propiedad de unos ingleses. Estos pretendieron desplazar el templo para dar mayor extensión y profundidad a las excavaciones. ¡Imposible! Pleiteó la iglesia consciente de la voluntad de Nuestra Señora, pero los ingleses ganaron el pleito. ¿Qué hizo Nuestra Señora? Sencillamente puso a temblar la tierra demostrando que contra su divina voluntad nada podía la ley...

Pudimos comprobar en un recorrido demasiado breve por la provincia de Oriente la devoción que sienten los santiagueros por su Virgen. Recuerdo que en Bayamo nos dijo un comunista: "Nosotros no creemos en Dios, pero a la Caridad del Cobre la respetamos."

Caridad nombre sagrado
Caridad nombre querido
Que acude al desamparado
y que levanta al caído.

Así comenzaba el piadoso tridúo a la Virgen de la Caridad impreso por Martínez a fines del siglo pasado que rezaba Niní, una

---

[49] Un bejuco que se emplea para tejer canastas y que habitualmente servía de cuna a los pequeños de las negras.

conocida Iyalocha que se ocupaba tanto de los Santos de la Iglesia como de los Orichas y Vodús de sus antepasados. —¡Ochún era en Yesá, decía ella, tan misericordiosa y accesible como en Cuba con el nombre de la Virgen de la Caridad!

De corazón sensible, Ochún, se apiada fácilmente del que le ruega, y lo mismo asiste su misericordia al que le implora en el río al aire libre, que en el altar bajo techo... Es el más acogedor de los Orichas. "Muy compasiva"; pero la asimilación de Ochún con la Virgen María, inocente y sin pecado, inmaculada, santa de alma y de cuerpo, que floreció como un lirio entre las espinas, desconcertará a cuantos oigan decir que "Ochún, la Virgen de la Caridad, es coqueta, enamoradísima y correntona..."

Ochún, Yeyé, "Cachita" —la Caridad— dista mucho de parecerse, en el concepto popular, a "la Santísima Virgen y Reina dignísima de los espíritus angélicos por la pureza con que se aventaja a todos ellos", y a la que en una oración se le pide: "alcánzanos Señora, una conciencia limpia y pureza de vida y costumbres tales que no desdigan de hijos de tan pura Madre."

Los taitas que se preciaban de hablar el lucumí *(soro anagó)* no titubeaban en aplicarle regocijantemente, el calificativo de panchaga —ramera— sin creer faltarle el respeto ni atraerse su cólera, al describirnos su temperamento lascivo y narrarnos algún episodio picante de su vida.

En vez de panchaga, matanceros descendientes de egbados, como Atilano, la llamaban *Afaradí Iyá,* que quiere decir, según él, Puta Madre. Estos le atribuían las formas plenas, los rasgos finos de la nariz, la boca carnosa, los ojos vivos —*oyú fofo*—, que les habían pintado los viejos como el tipo ideal de las mujeres de su tribu.

En este al parecer irreverente sincretismo la diosa yesa, originalmente de piel oscura, aunque no de un negro tan profundo como el de la piel de Yemayá, terminó siendo para los criollos una réplica, en el cielo, de la famosa mulata de rumbo del siglo pasado, cuyos mantones de burato, igual que la cinta que rozaba el pecho de Afrodita, tenía el poder de alebrestar al más indiferente.

Yeyé[50] infunde y protege el amor. "Da alegría." Cuando se manifiesta ríe siempre. Y sin embargo la encontramos, a pesar de su loca afición por las fiestas y diversiones, en el Campo Santo con otras diosas de la muerte. La Dueña del amor y del río —de la fertilidad— fue en un tiempo la única dueña del cementerio. Como Afrodita, es también diosa de la Muerte. Pero lloraba incesantemente entre los muertos; sufría al ver llegar en parihuelas los cuerpos inanimados de los hombres que ella amaba, y le traspasó las mayores responsabilidades de tan triste señorío a Oya-Yansán.

A Ochún la crió a sus pechos Yemayá, y al igual que ésta, es una y múltiple. Tiene varios "caminos", actividades y apelativos: *Ochún Yeyé Moró o Yeyé Karí, Ochún Kayode, Ochún Aña, Ochún Yumú, Ochún Gumí, Bomo o Bumí, Ochún Akuara o Ibu, Ochún Ololodi u Olodí, Ochún Funké, Ochún Edé, Ochún Kolé-kolé o Akalákalá, Ikolé, Bankolé, u Ochún Ibú Kolé, Ochún Awé o Akué.*

Ochún Yeyé Moró o Yeyé Karí: la más alegre, coqueta y disipada de todas. Continuamente está de juerga. Panchaga. Se pinta, se mira en el espejo, se perfuma... "Hasta con los muertos coquetea."

Ochún Kayode, como *Yeyé Moró,* "se pasa la vida de rumba en rumba". Alegre, dispendiosa, servicial.

Ochún Miwá: observa la misma conducta. "Ligera de cascos."

Ochún Aña: la de los tambores.

Ochún Yumú, Ochún Gumí, Bomó o Bumí, son aspectos serios de la diosa. Teje mallas, jamos y cestos para los pescadores. Yumú, vieja y sorda, fabrica jarros de barro. Es la más rica de todas. "No le gustan las fiestas." Muy severa. Tiene relaciones con el dios Ogún. Gumí está asociada a los muertos; "sale del río y maneja la pica y el azadón en *Isoku*" (el cementerio). Se mece en una mecedora, una comadrita, en el fondo del río.

Ochún Sekesé, sumamente seria.

Ochún Akuara o Ibú: vive entre el mar y el río, "esta es la de agua salada y dulce". Es también buena bailadora y de carácter alegre; trabajadora, le gusta hacer el bien, atiende a los enfermos

---

[50] Yeyé, otro nombre de Ochún. Madre en yoruba.

como Yemayá, amarra a los abikús y se niega, en este avatar, a hacer maleficios. Sólo "llamativos y amarres" y filtros de amor. La música la apasiona. Una santera muy anciana nos dice: "Esta es de rompe y rasga. Mujer de estatura y de mucho arreglo, gastadora, callejera, arma líos. Como Akuara, la codorniz, es loquita."

Ochún Fumiké, muy buena, relacionada con Obatalá. Le concede hijos a las mujeres estériles. Quiere mucho a los niños.

Ochún Ololodí u Olodí: como Yumu vive en el fondo del río. Borda y teje sumida en el agua con sus peces, una estrella y la media luna. Es una sirena. Muy sorda, cuando se le llama tarda en responder. Es menester agitar con fuerza un agogó, una campanilla[51], "que antes era de cobre y hoy es de plata", o llamarla como a Atití, con una trompeta en forma de cuerno del mismo metal. Muy casera. Señora de respeto. Solo se ocupa de suntos serios. No baila.

Ochún Funké: sabia. Tiene grandes conocimientos y enseña. El Olorisa Sandoval Herrera la llamaba la Ochún Instructora.

Ochún Edé: elegante, gran señora, le gusta la música, concurre a las fiestas pero es juiciosa y mujer de su hogar.

Ochún Niwé: vive en la manigua.

Ochún Kolé-Kolé o *Akalá-kalá, Ikolé, Bankolé* u *Ochún Ibú kolé:* en este camino, la risueña y seductora Ochún, que ha caído muy bajo, "se arrastra en el fango del arroyo", es una hechicera empedernida, inseparable del Aura Tiñosa (Cathartes Aura), y de ahí el sobrenombre de *Ibú-Kolé*. Se halla en una miseria abyecta, posee un solo túnico que era amarillo —su color emblemático— y que de tanto lavarlo se tornó blanco. Come lo que lleva el aura. Vuela con ella o en ella, y todas sus obras son malas.

Ochún Awé —quizá otra denominación de Ochún en este mismo episodio tenebroso— es, según un viejo de la ciudad de Remedios, la más relacionada con los muertos. En este camino (Ochún Awé) la diosa del amor no se parece en nada a la mujer

---

[51] "Una santa sorda de la familia de agua de las Ochún que en la Iglesia figura como Nuestra Señora de Loreto". La representa en casa de las santeras, una muñeca que se tiene en una repisa bien alta en la pared, porque "Atití no puede tocar el suelo".

exhuberante de vida y de alegría, limpia y perfumada que "corre como venado para llegar a la fiesta" cuando escucha repicar los tambores y que el viejo también llamaba Ochún Galadé. "Ochún Awé es Ochún afligida junto al Ikú (muerto), Ochún con la ropa sucia."

Hace pocos años Pierre Verger publicó un artículo muy interesante, como todos los trabajos de este investigador infatigable, titulado "Grandeza y Decadencia del Culto de Iyamí Osoronga, (Mi Madre Bruja). Nunca habíamos oído en Cuba a los que hablaban lengua llamar Osoronga a las brujas. Tampoco recuerda esa voz un Babalawo refugiado en Miami, con buena memoria y formado en la escuela de los más tradicionalistas de La Habana. Pero las Iyamí Osoronga de Verger no parecerán extrañas a un *Ogugú*, un *Alafoché* o a un *Ochó* de la que fue nuestra Isla: cualquier *Isayu* —devoto— reconocerá en ellas a *Ochún Kolé* o una faz terrible de su Oricha Iyá cuando ésta se violenta y castiga, o se convierte en hechicera inclemente.

"En un país yoruba, escribe Pierre Verger, las actividades de las brujas, ayé, están ligadas con las de las divinidades, Orishas, y con los mitos de la creación del mundo." Las Iyamí Osoronga tienen rasgos comunes con nuestras negras brujas, cuanto más viejas más temibles. Vuelan empleando los mismos procedimientos: el espíritu de la bruja abandona su cuerpo, —vulnerable también a la pimienta y a otras substancias ardientes— y se introduce para hacer daño en un pájaro de los que en Cuba llamamos de mal agüero, por ejemplo la lechuza, o lo envía con el "trabajo", —chiche—, maleficio. Eiyelé, los pájaros, son los encargados de llevar los "daños" que preparan estas malas brujas.

(En un tiempo los pájaros actuaban como policías. Un protegido de Ochún huía de la justicia, y ella lo ocultó en una casa que untó enteramente de liria. Pero los pájaros lo vieron, se presentaron a prenderlo y fueron ellos los que quedaron todos presos en la liria. Le rogaban al hombre que estaba escondido que los pusiese en libertad, cuando apareció Ochún y los ordenó que guardasen secreto de lo que les había ocurrido. Les derramó miel en las patas, pudieron desprenderlas fácilmente y volaron a decirle a Obatalá que en aquella casa no habían visto a nadie.)

Las brujas abundan en Cuba, y del mismo linaje de las Iyamí Osoronga. Siempre había en el campo alguna pobre negra vieja, aislada en su bohío, sospechosa por su mal carácter o su laconismo, a la que se le hacía responsable de una plaga, de una muerte repentina, de cualquier desgracia o accidente que ocurriese en sus alrededores. Estas viejas van de noche a las ceibas, —Iroko— "y allí se ponen de cabeza y salen volando como lechuzas"... Las teníamos también que volaban como en Europa, cabalgando en escobas o sentadas en sacos de henequén; pero éstas eran oriundas de las Islas Canarias. No eran negras. Dentro de la tradición española, con algún aditamento africano, las brujas de la ciudad de Trinidad, en Cuba, volaban a las lomas y celebraban allí sus aquelarres, saludando al Diablo como es sabido. Llevaron una vez con ellas un invitado, cierto zapatero, tan inconveniente, que no dejó la lezna en su taller. La empleó con tan buen pulso en el trasero de Satanás que pudo exclamar satisfecho: ¡el que besó aquí, no volverá a besar más!

Iyalode[52] —este título se le da corrientemente a Ochún— es, en el sórdido episodio en que se convierte en *Ochún Ibú Kolé*, una bruja que recuerda muy de cerca a la Iyalode jefe de las Iyamí Osoronga de que nos habla Pierre Verger. También en Cuba guarda en un güiro su secreto. Su *eiyelé (kolé,* el Aura Tiñosa), su pájaro mensajero, simboliza a ojos de todos los fieles, el tiempo en que "Iyalode comía carroña, volaba y hacía cosas malas". Pero Ochún la bruja nefaria no desmerece a *Yeyé Kari aberí yin lado moró otá,* la linda Ochún que alegra, brilla, anima y que todos ensalzan cuando aparece moviendo su *abebé* (abanico) de plumas de pavo real. Es que Ochún y todos los Orichas son como las fuerzas de la naturaleza, buenos y malos según las circunstancias y sus "caminos".

Se debió a Ochún, en todo el brillo de su juventud y su belleza que Ogún saliera de la selva donde vivía solo, sin más compañía que la de sus perros. Se escondía de los hombres y únicamente

---

[52] Escribe Pierre Verger: "Yyalode es, en una aldea yoruba, la que está al frente de las mujeres de la comunidad, especialmente de las que venden en el mercado y que las representa en el palacio del Rey y en el Consejo". En Cuba, Iyalode es Ochún; y reina, señora importante, mujer instruída.

veía a Ochosi Odé Mata, el dios de la cacería, dueño de los animales silvestres.

Hacía mucho tiempo que no se sabía de él, cuando una mañana un gato hambriento que buscaba en el monte una lagartija o un pajarito que comer, oyó el rumor de una conversación. A través de unas ramas tupidas vio a Ogún con su machete y a Ochosi con su flecha. Se acrecó y afinó el oído.

—Ogún, allá en el pueblo hay un viejo que ha dicho que es tu padre y el mío.

—¡No tengo padre!

—Ni yo tampoco. Sin embargo, voy a ir a su casa, tocaré a la puerta y si me responde; *Ochosi Odé Mata,* ese viejo, de veras es mi padre. Si no me contesta así, es que no es mi padre y lo mataré.

—¡Bení! Yo también iré a verlo. Si no me dice *Ogún Obaniré,* lo mato.

Los dos Orichas se separaron. Un venado con una cruz en la frente seguía a Ochosi.

El gato atrapó su pajarito, durmió una siesta y fue a contarle a Babá (Olofi) lo que había oído.

Un día, ¡tan, tan! Ochosi tocó a su puerta.

—*Ochosi Odé Mata,* gritó el viejo.

—La bendición Babamí.

Tres días después, ¡bán, bán, chárra chárra!, la gente de Ifé se aterró al verlo pasar con sus machetes, su cuchillo, la mandarria, el yunque, todos los hierros y Ogún llegó al ilé de Babá.

—¡Ton, ton!

—*Ogún Obaniré,* respondió el viejo.

—La bendición Babamí.

—Ogún, le dijo el viejo, debes quedarte aquí conmigo. Te necesito.

—¡Ah no Babamí! Algún día vendré a verlo, pero ahora mismo me vuelvo al monte.

Ochosi iba a visitarlo; Ogún no iba nunca.

Ogún hacía mucha falta en *Ilé Ifé.* ¿Qué nos hacemos sin hierros? se quejaba Olofi, ¿qué va a ser del mundo si Ogún no aporta sus herramientas, madres del progreso? ¡Y a Ogún nadie era capaz de sacarlo del monte! Se cansó el viejo de mandarle emisarios. Eleguá no logró convencerlo. Los Orichas varones le ofrecieron sumas cuantiosas a cambio de que abandonase su bestial reclusión; las mujeres fueron a tentarlo, pero salvaje y desconfiado, huía de ellas y se internaba más lejos en la manigua.

En esta narración, que tiene muchas variantes, Ogún es virgen. Ochún declara que ella lo sacará del monte y lo llevará al pueblo. Llenó una jícara de miel, se ató cinco pañuelos a la cintura y sonando sus cinco manillas de cobre llegó donde estaba Ogún, que al verla corrió a esconderse bajo unas zarzas. Ochún canta. La voz de Ochún es tan dulce que Ogún se queda quieto escuchándola. Se arriesga a asomar la cabeza y ella, rápida, le unta en los labios un poco de oñí, de la miel que lleva en la jícara. Luego Ogún se aventura a dar unos pasos fuera de los matojos. Ochún baila y le brinda miel. Ochún no cesa de cantar con su voz dulce y poco a poco el dios se amansa. Esta operación de ofrecerle, rehusarla y untarle la miel, que Ogún se lame con delicia, la repetirá Ochún durante cinco días. Su voz lo encanta, "oñí lo endulza". Al fin se va tras ella embelesado, la sigue en largos rodeos que lo alejan insensiblemente de la selva y conducen al ilé de Olorun, que lo ata con una cadena y lo retiene cautivo en el pueblo.

Los Orichas celebran el acontecimiento con una comida a la que Yemayá aporta la sal, Ochosi los animales, Orichaoko las viandas, Ochún el agua de la fuente, el propio Ogún su machete, el caldero y el anafe y Changó las brasas.

Ogún domesticado no variará; seguirá siendo el montuno díscolo, inflamable, sanguinario, que descarrila los trenes, provoca los accidentes de automóviles, y que en los viejos trapiches cubanos, en cualquier descuido, se bebía la sangre de algún esclavo. Pero después que probó la miel, —"probó mujer"— no pensó más en enterrarse en la selva, se dedicó a guerrear y a trabajar en su fragua.

Con su "angel" y la miel que endulza y deleita, Ochún obtiene lo imposible: una guerra feroz que asolaba las naciones, aniquilaba tribus enteras, parecía no tener fin. Muchos hombres concienzudos habían ido a pedir clemencia a Olofi, pero al acercarse a los muros de su palacio los soldados les cerraban el paso y los obligaban a retroceder.

El hambre se hacía sentir en todas partes y los viejos, las mujeres, los niños, morían depauperados, cuando no eran pasados a cuchillo por el enemigo. Nadie podía entrevistarse con Olofi, que parecía no querer saber nada de aquellas carnicerías y atrocidades que estaban cometiendo los hombres y Ochún decidió visitarlo.

—Los soldados no dejan pasar a nadie, le dijeron los sabios que habían intentado verlo.

—Yo pasaré.

Y preparó "lo que los viejos llamaban *Akará fule*, que ya no se hace". Frió ciento un bollos que empapó en su miel, los colocó en una canasta y puso en ella cinco carreteles de hilo y unas agujas.

Rumbo al palacio de Olofi, un *yagún*, un soldado le dio el alto.

—¿Cómo? le preguntó Ochún paseando sus lindos ojos por el soldado, ¡tienes la ropa ripiada!

(Yagún no había visto nunca mujer tan bonita y retrechera.)

Ochún le ofreció un bollo que el hombre saboreó con delicia, y le cosió el traje.

Continuó su camino y se encontró con otros; a cada uno le regaló un bollo y remendó la ropa. Al fin llegó a las puertas del palacio de Olofi donde veinticuatro soldados montaban la guardia.

Ochún se hizo admirar, alzó la canasta y derramó los bollos, sobre los que se precipitaron los veinticuatro soldados, y se coló en el palacio.

Al verla Olofi le dijo complacido.

—Algo extraordinario ocurre cuando has venido.

—Si, Tata. ¡Algo horrible! Sucede que los hombres se despedazan guerreando, que los campos están abandonados, los pueblos destruidos, la gente muerta de hambre. He venido a suplicarte que intervengas y termine la guerra, Babá, ¡piensa que son tus criaturas!

—Concedido, dijo Olofi. Todo volverá al orden con la paz. Los muertos, muertos, y vivirán los que están vivos.

Así es que cuando en una consulta con dilogún (caracoles), se presenta el *odu orí ocha oché*, el consultante deberá sufragar un ebó de bollos, miel de abeja, cinco carreteles de hilo y agujas, para lograr su empeño con la ayuda de Ochún.

Babalú Ayé recuperó la vida gracias a la miel de Ochún. Esta leyenda, por su marcado sincretismo, debió elaborarse en Cuba: "Babalú Ayé era muy mujeriego. Andaba continuamente de juerga, incapaz de someterse a la vida ordenada que le aconsejaban sus mayores.

Un Jueves Santo Orula le advirtió: —Hoy domínate y no forniques.

Por la noche, desoyendo el consejo de Orúmbila, se acostó con una de sus muchas amantes y amaneció enteramente cubierto de llagas purulentas.

Las mujeres fueron a pedirle a Orula que intercediera por él con Olofi, quien se negó a perdonarlo. Babalú Ayé murió.

Orúmbila pidió de su miel a Ochún y la regó en el palacio de Olofi.

No se hizo esperar el efecto.

—¿Quién ha derramado esa miel deliciosa en mi casa? le preguntó Olofi.

—Ha sido una mujer, le respondió Orúmbila.

Olofi llamó a todas las Santas y a todas las mujeres.

—¿Quién ha sido la que derramó la miel? ¡quiero más! les dijo Olofi.

—No ha sido ninguna de nosotras, contestaron las Santas y las mujeres.

Faltaba Ochún y Ochún fue convocada. A la pregunta de Olofi respondió Yeyé: —Es mi *oñí*, mi miel, la que tanto te ha gustado.

—¡Quiero más! repitió Olofi.

—Devuélvele la vida a Ayé y te daré más *oñí*.

Gracias a la miel de Ochún Yeyé Moró, Olofi resucitó a San Lázaro[53].

Nos han dicho que Ochún, antes de enfermarse Babalú Ayé, había sido su amante. La diosa se apartó de él pues, según consta en un *Patakí* (historia) de Ifá *(Metanla)*, "era tan crapulosa la vida de Chakuana, que todos le volvieron la espalda. Llagado el

---

[53] Sinónimo de Babalú Ayé —San Lázaro. Se le identifica también con San Roque.

cuerpo, apestoso a carroña, andaba solo apoyándose en un bastón, evitado por los Olorichas y por sus propios hijos. El único que lo compadecía y no le temía era Echu. Abandonado de todos, inspirando terror al pueblo, decidió marcharse a otras tierras. Echu Alaguana, su guardián y su guía lo llevó a casa de Orula en Ifé, quien tras hacerse rogar consintió en "registrarlo" (vaticinarle). Le ordenó hacer *ebó*, tener siempre un perro junto a sí y le pronosticó que en otras tierras sería muy venerado. Esta vez obedeció a Orula. Echu le dio un perro que le pidió a Ogún y Ayé se puso en camino. Por los lugares por donde pasaba, la gente derramaba agua sobre sus huellas y se purificaba... Andando, andando llegó a tierra Dajomi y allí todos le rindieron homenaje. Vivían los dahomeyanos maldiciendo a su rey, que sin compasión mataba a sus súbditos. Este, al encontrarse con Chakuana se echó a sus pies, besó el polvo y le pidió que perdonase sus maldades. El pueblo adoró al dueño de las enfermedades, y Olofi, por indicación de su consejero Orula, mandó un fuerte aguacero que limpió a Chakuana de todos sus pecados y de todas sus ñáñaras. Debajo de él se abrió la tierra para que el Oricha echara dentro todos sus males. Y así fue como el lucumí Ayé instauró su reino en Dajomi".

Por eso es que el otán, la piedra en que se materializa y es venerado este poderoso y temido Oricha, se le entrega al iniciado en un recipiente herméticamente cerrado: "como en la tierra quedó encerrada su enfermedad."

Ogún fue el marido que por un tiempo también se le conoció a Ochún; "no por que a ella le gustase y no pelease con él, sino porque el Herrero ganaba el dinero que ella necesitaba para sus lujos".

Cada vez que Ogún se escapaba a la manigua Ochún iba a buscarlo, lo "endulzaba" y lo traía. Es su eterno enamorado.

Aunque los amantes de Ochún, como las estrellas, no pueden contarse, tuvo los mismos maridos que su hermana Yemayá.

"Cuando Ochún era una pollita preciosa, Obatalá dijo que se la daría al hombre que adivinase su nombre. Elegua que oyó lo que dijo Obatalá, se lo informó enseguida a Orula. Este adivinó el nombre de la jovencita y casó con ella. Ochún sólo quería bailar y no perdía una fiesta. En una de éstas se encontró con Changó que había ido a bailar a Yesá. Ochún se enamoró de Changó y Changó de Ochún y se la quitó a Orula."

Ochún es sirena de río. Despertó el amor de Agayú cuando éste, al cruzar de una orilla a otra, vio aquella mujer tan linda asomar a la superficie. (Agayú tenía potestad para atravesar la corriente.) Le ofreció dinero, pero Ochún se hundió en el agua sin hacerle caso. Recurrió a la fuerza, y cuando iba a apoderarse de ella, se presentó para defenderla un Elegua chiquito, de río, que era su custodio. Ella se ríe, aparta a Elegua y le alarga los brazos a Agayú, que la lleva a la orilla. Agayú quiere retar a Elegua, pero Ochún le dice que su deber es defenderla y que la quiere como a una madre. (Este Elegua se representa a los efectos del culto, por una piedra porosa.) Agayú lo reconoce y le pide al *kekeré* que los acompañe a su casa. Elegua se resiste a entrar en el ilé de Agayú, pero consiente en quedarse a la puerta, y allí, era el primero que comía en la casa."

Ochún es, con Oyá y Oba, mujer de Changó. Oba, dueña de un río y la *Aré,* mujer principal de Changó, como la egipcia Isis, es la encarnación de la fidelidad conyugal.

Ochún se prendó de Changó viéndolo bailar *aluyá*[54].

"Estos Santos, "contaba Niké", se quisieron a rabiar..." Changó no salía del ilé de Ochún, y Oba, que adoraba a su marido, lo echaba de menos. Tenía celos de Ochún, que más que Oyá, era la causa de su alejamiento. Un día, la misma Ochún le aconsejó que para "amarrar" a Changó, se cortase una oreja y se la diese a comer en "kalalú"[55], que tanto le gusta a Changó.

Oba se cortó una oreja, preparó el kalalú y se lo presentó a Changó. Se había cubierto la cabeza con un pañuelo blanco para que él no viera la herida y no sospechase lo que había comido.

---

[54] Ritmo muy rápido de tambores que se repican con palos, que el dios danza blandiendo una espada en cada mano.
[55] Caldo con quimbombó, harina de maíz y plátano verde.

Ochún delató a Oba y Changó, arrancándola el pañuelo, confirmó que Ochún no mentía. La herida horrible estaba fresca.

—¡No quiero mujer sin oreja, le dijo, aunque serás siempre mi Aré!

Es la mujer que respeta Alafia, la principal, pero no cohabitó más con ella[56].

Esta mala pasada que Ochún le jugó a Oba, otros se la atribuyen a Oyá.

"Oba abochornada se cubrió la cara con una máscara. Lloró tanto su desgracia que de sus lágrimas nació un río caudaloso, junto al cual fabricó su casita." Según otro relato, "Oba se retiró un tiempo al fondo del mar, cerca de Olokun, y luego se convirtió en diosa de la muerte que guarda las tumbas".

Podemos agregar a la historia muy conocida de la traición de Ochún induciendo a Oba a cortarse la oreja para ligar a Changó, esta otra en que es Elegua, de tácito acuerdo con Ochún, quien la traiciona.

"Changó", oriundo de Nupe, como decían los viejos, "fue de una tierra en otra, a parar a Koso, donde se hizo rey y reinó con Oba. Allí vio a Oyá lavando en su río y se enamoró de ella. Oyá vivía celosa de Oba y Oba de Oyá y de Ochún. Oba no sabía qué hacer para alejarlo de sus concubinas. Eran muchas las mujeres que se entendían con Changó, pero sus predilectas eran ellas dos.

Para contentar a Changó, Oba le regaló un caballo blanco. Changó apreció el presente y se distraía mucho con su caballo. Un día se fue a guerrear y llevó con él a Oyá, que peleaba a su lado como un hombre. ¡Cuando Oyá halaba del machete para cortar cabezas o caía en medio de un combate disparando rayos y centellas, le salía barba y bigote!

Seis meses pasó Changó ausente y en el ínterin Oba, desesperada, fue a consultar a Orula. Este le mandó a colgar un rabo de caballo del techo de la sala, para atraerlo. Oba le encargó a Ele-

---

[56] En otra versión de esta historia Oba —"que es de tierra bíni"— acompañaba a Changó en sus campañas para prepararle la comida. En una ocasión, imposibilitada de procurarse un carnero, que es el alimento predilecto de Changó, se cortó sus dos orejas y se las sirvió con quimbombó. Changó la repudió al descubrir que no tenía orejas.

gua que le trajera el rabo de un caballo; pero Elegua, inducido por Ochún, le cortó el rabo al hermoso caballo de Changó y se lo llevó a Oba. Terminada la guerra, Changó regresó a casa de Oba. Vio el rabo de su caballo guindando del techo, se indignó y no quiso saber más de Oba".

Diríase que a la invirtuosa Ochún le molestaban las mujeres virtuosas... Yewá, dechado de pureza, halló en el bosque una niña perdida; la recogió y la llevó consigo para cuidarla. Ochún lo supo y la calumnió. ¡Yewá no es virgen! aseguraba Ochún, ¡Yewá no es virgen!

Llegó a oídos de Yewá aquella infamia y fue a quejarse a Olofi, quien le dijo que se marchara tranquila, que la niña encontraría a su verdadera madre y la verdad resplandecería. De regreso a su ilé Yewá halló en ella a Yemayá:

—Yo soy la madre de esa niña que se extravió en el monte y tu recogiste.

Yewá le contó la calumnia lanzada por Ochún y Yemayá la llevó a Ifá que le hizo *ebó* con una lengua de pato, una lengua de res y una lengua de gallo. Luego, la cabeza muy alta, Yewá paseó por todo el pueblo con la niña y Yemayá, que proclamaba que aquella niña era su hija y que Yewá era virgen. Ya todo aclarado y resplandeciente su proverbial castidad, Yewá se trasladó a Egbado, "la tierra que adora tanto a Obatalá".

Este es el origen de la incompatibilidad de estas dos diosas. El cesto o la tinajueta en que, —"entre nácares y cauris"— se adora a Yewá, la severa diosa de la muerte, ha de estar apartada del *otán*, la piedra en que se le rinde culto a Ochún. Cuando una Iyawó recibe a Yewá, no puede hallarse presente en el *igbodu* o "cuarto de los Santos" en que tiene lugar la ceremonia, un Omó-Changó ni un Omó-Ochún. Las adoradoras de Yewá deben someterse a la más rígida austeridad. Esta fúnebre y virginal deidad, como Orichaoko, no admite que sus sacerdotisas tengan marido. Ochún tuvo sus más y sus menos con Oyá. Rivalidades, celos de su amor por Changó. Celos tan violentos por parte de Oyá que una vez lo tuvo prisionero en su ilé, guardado por espíritus de muertos que le inspiraban un terror indecible a Changó. Ochún acudió en su auxilio. La cara pintada de blanco, logró con sus coqueterías debilitar la incesante vigilancia de los Muertos al mandar de Oyá, y aprovechando la distracción de los fantasmas carceleros, seducidos por los encantos de la diosa, pudo Changó escapar disfrazado[57].

A pesar de estas nubes, "Ochún y Oyá se aprecian..." En un curioso relato que comienza, "el Río tiene muchas compliaciones", se asevera que "el Rey" tenía una hija a la que llamaba Ala. Quería casarla con un príncipe muy poderoso, pero ella tenía un amante del que estaba embarazada. El rey decidió matarla. La llevó en una barca hasta la mitad del río, —que era el río de Ochún—, y la echó al agua. El rey tenía un loro que llevaba a todas partes. El loro, sin chistar, presenció aquella escena. Unos pescadores encontraron una alforja, y asustados por lo que vieron dentro, la dejaron abandonada en la orilla. Poco después pasó por allí otra embarcación y los que iban en ella oyeron llorar una criatura en la ribera. La recogieron y se la llevaron al Rey que había ahogado a su hija. Al Rey le agradó; aceptó el regalo y se hizo cargo de aquella niña que era su nieta y no lo sabía. El loro miraba y callaba. El Rey quiso presentarla a sus vasallos como si fuera su hija... Cuando todos estaban reunidos, el loro habló. Dijo: "Rey, traigo un mensaje de Olofi. Esta niña no es tu hija. Es la hija de tu hija, la que tú mataste. Yo lo vi todo. Esta niña nació en la casa de Ochún y hay que entregársela a Ochún. Aquella niña era Oyá. Le fue entregada a Ochún y creció junto a ella."

Lo que explica que, aunque peleen, Ochún y Oyá "ligan", tienen relaciones armoniosas y en algunos momentos son inseparables.

Hemos dicho que Yemayá había colmado a Ochún de riquezas. Como a ésta le ofendía el fuerte olor de los mariscos, le había regalado un río y una canoa para que remase en él; la quería como

---

[57] De los vivos lo libró también en otra ocasión poniendo en juego sus encantos. Changó se hallaba solo, cercado por un número considerable de enemigos. Ochún, que se dio cuenta de la situación crítica de su amante, corrió rápidamente a auxiliarlo. Comenzó a cantar y a bailar. Su canto y su baile atrajo de modo irresistible la atención de todos los soldados, que se olvidaron de Changó y éste pudo evadirse.

a una hija y la mimaba. Ligera y caprichosa en su primera juventud. Yemayá le daba buenos consejos y fingía ignorar muchas de sus aventuras, cuando no se prestaba a encubrirlas, y se hacía cargo de los hijos de Ochún, que eran frutos de sus rumbantelas.

"Hubo un tiempo en que Ochún, tan correntona, quería hacerse pasar por señorita... y la señorita tuvo un hijo. Se lo entregó a Yemayá para que se lo criara y siguió aparentando seriedad; pero aquel parto suyo se descubrió en el mercado y todos se rieron de sus melindres. Oyá molesta porque Ochún y Changó se gustan siempre, le echó en cara su falta. Las dos santas se liaron la manta, se pusieron nuevas y no hubo trapo sucio que no sacaran a relucir.

—¡Anda, reputísima... que yo sé!
—¿Qué sabes tú, marimacho?
—¡Que el hijo que pariste escondida es de Ogún!

En ocasiones las mordacidades y disenciones de los dioses lucumí y su léxico, recuerdan las de ciertos típicos y no muy pacíficos solares.

Entre Ochún y su tolerante hermana Yemayá hubo serias desavenencias. Cuando Yemayá era *abileko* de Orúmbila, se apercibió de las coqueterías de su hermana con su marido, reunió a todos los Orichas y los condujo a un pozo rodeado de calabazas, donde sorprendieron a la Venus lucumí pecando con Orula.

Las relaciones de Ochún con Akalá, el Aura Tiñosa, sus brujerías, disgustaron mucho a la recta Yemayá, que en esa época se distanció de su hermana y reprobó su conducta. La perdonó después, cuando Ochún, abandonada de todos, volvió a refugiarse en sus brazos.

Al fin, la fibra maternal predomina siempre en Yemayá. A pesar de sus arrebatos de cólera, de sus castigos, su corazón de madre se inclina a perdonar y así nos lo revela esta historia: "después de sus correrías, triste porque nadie la quería, enferma, el cuerpo lleno de llagas, Ochún le pidió amparo a Yemayá, y Yemayá la perdonó y consoló. La cargó en sus brazos como cuando era una niña y la metió en una batea que llenó de agua de mar para curarle las bubas. Ochún lloraba y gritaba de dolor porque la sal le ardía en las llagas abiertas, y para que no sufriese tanto, Yemayá convirtió el agua salada en agua dulce."

Cómo resurge Ochún de aquella etapa tenebrosa en que la diosa, antes tan presumida, sólo poseía un vestido, como hemos dicho, que a fuerza de lavarlo, de amarillo que era se había vuelto blanco, nos lo cuenta una de sus hijas: "iba por el campo indigente y vagabunda. Vio a lo lejos un bohío y, rendida de fatiga, se dirigió hacia él. No podía más y a poco sufrió un desmayo y cayó en la tierra recién arada por Orichaoko. Este fue a socorrerla, y como la mujer tenía perdido el conocimiento, la cargó y llevó a su casa. Allí Ochún se reanimó y aceptó la comida que le brindó Orichaoko. Luego se quedó profundamente dormida. Oko la registró y encontró en su cuerpo una marca que él mismo le había hecho. ¡Oko no la había reconocido! Tan mal estaba la linda entre las lindas. Cuando despertó le preguntó su nombre. Ochún quiso ocultarle quien era y le dio otro.

—¡Mientes! le dijo Oko. Ochún tuvo que confesarle la verdad. Oko le pidió que se quedara con él. Invitó a los Orichas a su casamiento y Ochún se presentó ante ellos de espaldas y con la cara cubierta por unos hilos largos de cuentas que le caían hasta los hombros. Todos quisieron saber quien era esa *obiní* (mujer), y Ochún se dio a conocer."

De aquella gran penuria que muchos achacan al rigor de Yemayá después del escándalo del pozo, la libra su buen amigo Elegua, el Dueño de los Caminos. Lo hemos mencionado muchas veces, pero si algún lector no está familiarizado con la mitología lucumí, será necesario que aclaremos un poco la personalidad y las funciones de Elegua, Legbá, Elégbara, —Echu—, el más exigente, susceptible, quisquilloso y voluble de todos los Orichas. Y no se olvide; el más peligroso y temible. Como dicen los isayos y olorichas, "el más chiquito y el más grande". (Es el hijo más pequeño de Olofi.)

Echu es ineludible, porque de él dependen los éxitos o los fracasos de los hombres. El es quien allana los caminos de la vida o los eriza de obstáculos infranqueables, porque "Olofi le dio la llave de los caminos". Tiene también, a juicio de algunos viejos, —de Anastasio Lucumí— "la llave del camino por el que van los muertos de la tierra al cielo". Sus relaciones con éstos son estrechas. De su poder, de sus triquiñuelas y enredos, no se libran los mismos dioses, que tienen muy buen cuidado de no chocar con él, pues a ellos también les cierra el camino, entorpece su acción, inutiliza sus trabajos, los coloca en situaciones difíciles. (No obstante, "tiene un pacto de amistad con Yemayá y Ochún y las quiere mucho.") Presente en todas partes, se traslada de un lado a otro, atraviesa distancias enormes con la rapidez del pensamiento; ve cuanto se hace, oye hasta lo que se dicen las hormigas al oído, e inmediatamente le informa a Olofi. Podría decirse que es su espía y un supervisor —chismoso y versátil— de lo que ocurre aquí en el mundo a todas horas. Se mete en todo, miente, confunde, enmaraña, desfigura a veces las cosas a su capricho y tuerce el Destino. "Es un bromista", y con frecuencia, como el azar, un bromista cruel.

Perverso, —*Buru*— los africanos al tomar contacto con el cristianismo lo equipararon a nuestro Diablo, pero la comparación no es exacta. Echu no es inexorablemente malvado. Celoso de sus prerrogativas, a condición de que se le alimente, se le atienda, se practiquen escrupulosamente los ritos que le acuerdan las primicias de toda ofrenda, ("es el primer ocha que come, y después de Olorun, que no necesita comer, el primero a quien se saluda") puede ser un aliado eficacísimo, un protector insuperable.

El privilegio de comer el primero le fue otorgado por Olorun en agradecimiento a sus servicios, y esto nos da una idea de la posición que Echu ocupa en el panteón lucumí, de la importancia y necesidad de su culto, que no descuida ningún adepto.

No presenta nuestro Diablo, interesado exclusivamente en perdernos, ese otro aspecto benévolo y servicial de Elegua que nos proteje y se convierte en una divinidad que defiende el hogar. Satanás es enemigo por antonomasia. Elegua es enemigo y amigo.

Los Eleguas son muy numerosos, con su jefe *Añagui*, que tiene dos caras y vive dentro de un coco. Los hay niños como *Barakikeño, Kié, Eboríkeke, Kinkene, Alayiki, Olanki, Mbemberekete, Osaiká*; adultos como *Oguanilebe*, compañero de Ogún, al que le procura sangre, y *Baraíñe*, asociado a Changó, y otros viejos como *Alaleilú, Marimayé, Okuboro*, etc... ("Hay más de cien Elegua.")

Elegua Laroye era el Elegua que protegía a Ochún. Ese se encuentra en las orillas de los ríos. "En aquellos días en que Ochún no hacía más que llorar y lamentarse, Changó era el único que la consolaba y socorría, Changó y Elegua.

Elegua la encaminó a casa de Orula, éste le hizo un *ebó* y le ordenó que lo llevase a un lugar determinado. Ochún partió con el *ebó*, y andando, al doblar el camino, se halló frente a un palacio. A las puertas de este palacio estaban unos *Ibeyi* y un *Idou*[58] disputando acaloradamente. Los tres hermanos también la vieron y quedaron un momento asombrados y en silencio. Un Ibeyi aprovechando la sorpresa del otro, sacó un puñal y lo mató. Ochún horrorizada, dejó caer el *ebó* y corrió a darle cuenta a Orula de lo que había presenciado. Ochún saludó a Elegua. Orúmbila le dio de beber y la obligó a descansar de aquel mal rato. Después la mandó al mismo lugar con otro *ebó*. Un güiro con agua de río, una calabaza y un *akukó-jío-jío*, (un gallito). Ochún iba temblando: allí estaban todavía a la puerta del palacio, discutiendo vivamente, el Ibeyi y el Idou. Al verla se batieron y el Idou mató al Ibeyi. De nuevo el *ebó* se le cayó a Ochún de las manos, y volvió a contarle a Orula lo que había visto. Ochún saludó a Elegua; bebió agua, reposó un rato. En tanto Orúmbila preparó otro *ebó*. Un chivo, diez palomas, un género amarillo, *akoidé*[59], apopó[60] (diez varas de tela), *apolowó*[61], una freidera y una güira. Y Ochun llevó el ebó. Esta vez el Idou le salió al encuentro. —No huyas, le dijo, yo soy el dueño de este palacio que está lleno de riquezas. Voy a morir, y te las doy. ¡Son tuyas!

Por supuesto, si Echu no hubiese sido favorable a Ochún, el trabajo de Orúmbila no hubiera surtido efecto, pues Echu no es un "servidor" incondicional de Orula, como tienen la ligereza de insinuar "algunos charlatanes", es su socio, su aliado, lo cual es muy distinto, y de él cuida esmeradamente el Awó.

[58] El que nace después de unos mellizos.
[59] Manilla.
[60] Pieza de tela.
[61] Saquito con dinero.

Ochún 87

Se dice también que Ochún volvió a ocupar el rango que le corresponde en el concierto de los dioses, gracias a Orúmbila. Si un pozo fue su verguenza, otro pozo fue su salvación. Orúmbila había caído en uno seco y daba voces sin que nadie lo oyera. Pasó una mujer. Esa mujer era Ochún. Ató sus cinco pañuelos, los trenzó como una soga, y la dejó caer al fondo, permitiéndole a Orula trepar y salir del pozo. Agradecido porque le salvó la vida, se casó con ella.

En otra versión de esta historia son sus mismas trenzas las que le sirven de escala al dios; y en otra, Ochún reconoce la voz de Ifá, que ha caído, no en un pozo sino en una trampa preparada por sus enemigos. Allí Orula entona los *suyeres* (cantos) que ella le oía en otro tiempo. Lo busca, lo encuentra, pero sola no puede alzarlo del hueco en que se halla. Vienen en su ayuda Oyá, Yemayá y Obatalá, y entre todas salvan al Adivino[62].

Se cuenta además, que cambió su suerte al encontrarse con Orula que cargaba con dificultad un jolongo, un saco pesado que ella le quitó de las manos y lo llevó hasta su casa. Al despedirse le preguntó quién lo cuidaba. Nadie, le respondió Orula, y Ochún se quedó atendiéndolo.

También se dice que una vez Orula lanzó al fondo del río su até, sus ikis y todos sus instrumentos de adivinar. Ochún los rescató y se los devolvió intactos al dios, que la nombró su *apesteví*.

Otro gran amor de Ochún fue el Oricha Inle[63] patrón de los peces y dueño de río. ("Inle es un río que se echa en brazos del río de Ochún.")

Médico, cazador y pescador, es para muchos una divinidad andrógina, Inle Ayayá vive en la tierra y en el agua. Hemos contado su historia con Yemayá, y algunas Iyalochas viejas lo asociaban más a Yemayá que a Ochún, al extremo de llamarle Inle-Yemayá, por eso, cuando a Inle le falta agua va a buscarla al manantial de

---

[62] Cuando en el Itá o lectura del porvenir le sale al neófito que se inicia el signo Irete meyi, en recuerdo de este suceso, se le pone una banda atravesada en el pecho con los colores emblemáticos de las cuatro diosas y de Orula —blanco, azul, amarillo, rojo y verde.
[63] Catolizado San Rafael.

Yemayá Mayelewo. Un Oloricha matancero tenía a Inle, como creían sus antecesores, por una divinidad esencialmente femenina y muy delicada, "amiga o parienta de Ochún, y que vive en su propio río".

Su atributo es un pez; se viste de azul y blanco y su cetro, más pequeño que el de Obatalá, se adorna con caracoles. Inle vivía solitario haciendo favores y cuidando enfermos. A las mujeres que acuden a él para que aumente su prole o las haga concebir porque son infecundas, nunca las defrauda. Es el Médico Divino y remedia todos los males. "Cazaba monos, y cuando monta, su caballo baila con una flecha en la mano."

Muchos negros viejos recordaban bajo el dominio español, una epidemia de cólera en la que Inle se dedicó a salvar a los niños administrándoles agua de río, aceite de almendras y aceite tranquilo, y poniéndoles una cadena en el brazo como la que llevan sus fieles. Más tarde, en la primera década de la República, con el mismo remedio, Inle conjuró un conato de epidemia, que no fue, como se temía, de peste bubónica. Ya en esa fecha, la intervención americana había decretado la muerte de los mosquitos, y no se presentaban en la estación del verano las grandes epidemias de vómito negro o fiebre amarilla, fatal para los viajeros y emigrantes. La de cólera morbo, que de la ciudad se metía en los ingenios, no respetaba a los cubanos, blancos o negros, ni a los chinos.

Todavía en 1910, Inle —o Erinle o Eínle, como pronunciaban algunos viejos— era un Oricha importante con el que se contaba. Ultimamente, más de un Babá octogenario se lamentaba de que Inle "había pasado de moda" porque los modernos no sabían tratarlo. Otro tanto ocurre con el Oricha Oko. No conocían bien sus ritos. Tan relegado se hallaba Inle, por lo menos en La Habana, que para "asentarlo" tenían que venir viejos santeros de Matanzas, donde su culto, como el de otros "santos lucumí", no se había echado en olvido.

Inle y su hermano Abatá son inseparables de Ochún, (como lo es de Yewá, Boromú, "su secreto").

Ochún sedujo a Inle, que siempre había estado enamorado de ella, platónicamente, y lo forzó a seguirla.

—Si quieres ser mi marido, sígueme, le dijo, y lo llevó a una eminencia que bordeaba su río. Mira... y le enseñó abajo el agua verde y limpia. Empezó a cantar y bailar los lindos cantos de Inle; luego se echó de cabeza al agua y tras ella se lanzó Inle para unirse en el fondo con Ochún. Era la primera mujer que conocía Inle. Pero Ochún no fue feliz con Inle, del que tuvo un hijo. La maltrataba y todo le iba mal. Un día, muy afligida fue a quejarse a Orula y éste le ordenó que hiciese *ebó* con cinco gallos, cinco gallinas y cinco calabazas. Y su suerte cambió. Le aconsejó que en cada nueva casa que habitase sacrificara un gallo.

Hay que incluir entre los hombres que amó Ochún, al cazador Ochosi, "Oricha adorado por las mujeres".

No es Ochún como Yemayá, "la madraza", —el principio de maternidad— que sus hijos y devotos nos describen: Ochún, junto a su hermana la gran diosa progenitora, es la Amante, la personificación de la sensualidad y del amor, de la fuerza que impulsa a los dioses y a todas las criaturas a buscarse y a unirse en el placer. Por eso Oñí, la miel, que simboliza su dulzura, es uno de los ingredientes de su poder.

Examinados los diversos aspectos de ambas diosas, nos ocuparemos de su culto, no sin recordar antes, otro de los favores que Ochún le hizo a la tierra y a la humanidad.

Una vez, al llevarse Olodumare las aguas y retenerlas en el cielo para castigar a los hombres, los ríos se volvieron pedregales, las plantas se secaron y los hombres y los animales se ahogaban de sed. ¡Se moría la vida! Entonces Ifá llenó un cesto con bollos, huevos, hilo negro y blanco, una aguja y un gallo; y Ochún compadecida se encargó de llevarlo al cielo.

A medio camino se encontró con Echu, y a petición suya le entregó los hilos y la aguja. Luego se encontró con Obatalá, y le dio los huevos. Obatalá le señaló la puerta del cielo. Allí Ochún se encontró un enjambre de niños. Les repartió los bollos, y Olodumare conmovido por esta escena perdonó y accedió a dejar caer el agua, que fertilizó la tierra. Los ríos, las fuentes se hincharon y volvió a reinar la abundancia.

Y no fue esta la única vez que por intervención de Ochún, en la tierra agostada, revivió la vida.

Por eso, cuando se prolonga una sequía y al campesino le urge que llueva, se hacen rogaciones a Ochún y a Yemayá.

Una de mis viejas amigas santeras del campo, por cierto, hija de Ochún, se jactaba de conocer la fórmula de un secreto de la diosa, gracias al cual podía atraer la lluvia. Claro que no nos reveló su secreto africano, ni pretendimos averiguarlo; sólo nos dijo que entre las cosas que necesitaba para que "el trabajo" actuase enseguida eran indispensables cinco naranjas de china.

En su Nouveau Voyage aux Isles de l'Amérique, (París 1772), el Père Labat en el capítulo en que se refiere en particular a la magia de los negros, nos dice, "sé que hay mucha gente que considera puras imaginaciones y cuentos ridículos cuanto atañe a los brujos y su pacto con el Diablo, pero yo creo que hay que convenir en que no todo lo que se cuenta es enteramente falso, aunque tal vez no sea enteramente cierto. Estoy persuadido que existen hechos de una verdad incontestable y he aquí uno del que fui testigo ocular". Y refiere esta historia en que operan sólo tres naranjas y nos recuerda lo dicho por nuestra santera: "uno de nuestros religiosos de la provincia de Tolouse llamado el Padre Fraisse había traído a la Martinica del reino de Judá en Guinea, un negrito de nueve a diez años.

Algunos meses después de llegar, este niño oyó a nuestros Padres quejarse de la sequía que agostaba su jardín. El negrito, que comenzaba a hablar francés, les preguntó si querían una lluvia copiosa o ligera, asegurándoles que la haría caer. Esta proposición sorprendió mucho a nuestros Padres, que se consultaron entre sí y por fin venció la curiosidad sobre la razón y consintieron que el niño, que aún no estaba bautizado, hiciera caer una lluvia discreta sobre el jardín. El niño fue enseguida a un naranjo y desprendió tres naranjas que puso en tierra un poco distantes unas de otras; se postró ante cada naranja con un respeto y una atención que asombró a nuestros Religiosos; tomó inmediatamente tres ramitas del naranjo y, tras postrarse de nuevo, las colocó sobre las tres naranjas. Recomenzó lo mismo por tercera vez diciendo algunas palabras con mucha atención y respeto, y levantándose después con una ramita en la mano, miró al horizonte en todas direcciones hasta que percibió una nube pequeña muy clara y muy ligera; extendió entonces la mano en dirección a la nube, que al instante produjo una lluvia fina que duró cerca de una hora. Tomó las naranjas y las ramas y las enterró. Podrá juzgarse el estupor de nuestros Padres cuando vieron este prodigio y advirtieron, al cesar la lluvia, que no había caído una gota fuera del espacio del jardín. Le preguntaron al niño quién le había enseñado aquel secreto y dijo que unos negros de su país, durante la travesía que hicieron juntos desde Guinea a la Martinica. A este negro le pusieron por nombre Amable, y me ha servido algún tiempo."

4   Omo-Orichas

Los lucumís, al igual que los babilonios, se consideraban hijos de las divinidades que veneraban. Esta creencia la conservan fielmente sus descendientes y la comparte la gran masa devota del pueblo cubano.

Antes de nacer, a cada persona se le ha trazado en Ilé-Oloff[64] el destino que le espera en la tierra, y ya antes de nacer pertenece, es hijo de algún Oricha, cuyas características se reflejarán inequívocamente en su personalidad a medida que ésta se desarrolle.

Para dar una idea a los profanos de la relación de filial dependencia que tal convicción establece entre el creyente y la divinidad que adora, de la ilusión perfecta que se forja de una convivencia familiar y cotidiana con su Oricha, que se inmiscuye continuamente en su vida, relataremos lo que nos ocurrió al comenzar a estudiar la religión de los negros cubanos que por la sangre o por la fe se tenían por lucumí. En una ocasión le llevamos de regalo a un viejo una botella de ron. Nos habían asegurado que sabía mucho, que era comunicativo y afable y no se negaría, como otros, a contestar nuestras preguntas. En efecto, el viejo nos recibió amablemente, nos dio las gracias por el

---

[64] Casa de Dios. Se dice también Ilé-Olorun, y es la manera corriente de llamarle al cielo.

obsequio y nos aclaró, complacido, que éste sería para "su papá", a pesar de que su bebida habitual era el aguardiente, porque a él, su papá le tenía prohibido, por motivos de salud, beber alcohol. ¡Ni una gota! Y si no lo obedecía, le había anunciado que lo mataría...

Aunque no son raros los casos de asombrosa longevidad[65] en los negros, me pareció increíble que el padre de aquel anciano viviese todavía y le pregunté ingenuamente qué edad tenía su papá. ¡Su papá era Ogún!

Cuando entramos en materia aquel viejo me explicó que yo también, aunque lo ignorase y por muy blanca que fuera, tenía, como todo el mundo, un Santo y una Santa que "sacaban la cara por mí", me protegían, porque eran mis padres.

Descendemos de los dioses.

Estos escogen a sus hijos al enviar Olofi las almas a encarnar en la tierra; pero ¿cómo se sabe de cierto de cual de los Orichas se es hijo? Es posible que uno conozca en sueños a su padre divino, ya que los sueños son fuente de revelaciones y advertencias que ellos utilizan, —en particular los tienen los Omó-Yemayá, a quienes esta diosa "manda muchos sueños". Más exacto, de Olofi y de Obatalá proceden los sueños. Pero todos los Orichas los envían, y también los muertos, los antepasados, que no abandonan nunca a sus descendientes y de los que hay que cuidar con tanta atención como de los Orichas. Debemos subrayar el temor que inspiran los "Mayores", los antepasados. Por eso, ni en el rito más sencillo, en la plegaria matinal a Olodumare y a los Orichas, que repiten al ponerse el sol, se deja de "saludarlos". Toda ceremonia comienza con un *ayuba*, una reverencia a los muertos, que se extiende hasta los

---

[65] Conocimos en 1928, una conga que tenía ciento quince años y buena memoria, y a otros centenarios que aún bailaban con ella. Mas no era exclusiva de la raza de color la longevidad en nuestro país. En el siglo pasado se conocieron casos tan notables como el del Dr. Nerey, que conservaba tan joven el corazón que casó ya cumplidos los cien años. En cambio otra centenaria mayor que él, Doña Josefa Valcárcel, murió virgen a los ciento veintitres años, en la villa de Guanabacoa.

Aquí está en el exilio, la mente despejada, una memoria asombrosa, Doña Herminia Cape, de ciento seis años de edad.

antepasados más remotos, que no conocieron, "a los que vivieron y murieron en Guini"[66], que sí los conocen a ellos y que también, como los más cercanos, pueden intervenir en sus vidas, protegerlos o importunarlos. Interesadamente, por los mismos motivos que en todo momento se procura ganarse el favor de los Orichas, es necesario halagar y propiciarse a los Ikús.

"Aunque los hombres de corazón nunca olvidan a sus muertos y éstos al sentirse queridos y recibir sus atenciones velan por ellos, otros los entierran y los dejan que se pudran abandonados en el hoyo." A esos los muertos no los perdonan y tarde o temprano se vengan de ellos.

Temible, sobre todo, es el fantasma del que en vida fue un enemigo. Y hay que ponerse en guardia contra las almas en pena, "espíritus oscuros", errantes y mal intencionados.

¡Los muertos son más fuertes que los vivos!

Elegua provoca frecuentemente los sueños en sus hijos, y éstos son tan soñadores como los de Yemayá. Y "Echu manda las pesadillas".

Ninguno de los devotos que hemos interrogado ponía en duda la realidad de sus sueños. Nuestro pueblo, —blancos, negros y mestizos—, les da una importancia enorme. Muchas decisiones se toman a veces después de un sueño; por ellos se saben de antemano muchas cosas de interés capital, y también, gracias a un sueño, se acierta en el juego. Así casi siempre pudimos observar que lo que soñaban y recordaban al despertas, jamás les parecía ilusorio, y el sueño más disparatado, oscuro, indescifrable, encerraba para ellos algún significado. El sueño de Francisca, una anciana que nos había rogado la llevásemos al Asilo, nos parece digno de relatarse.

A pesar del gran deseo que mostraba por terminar sus días al cuidado de las Hermanas de la Caridad, en el pulcro Asilo habanero de Santovenia, temíamos que no pararía mucho tiempo entre ellas. En general, los negros viejos detestaban los Asilos y preferían, a la disciplina de estos planteles, que en Cuba eran modelo, el infortunio de una indigencia callejera, sin techo

---

[66] Guinea.

fijo, pero con libertad y con alternativas de "bachatas y bembés".

Pasaron unos meses y tuvimos noticias que Francisca, lejos de añorar su independencia, se hizo útil y agradable a las Hermanas. Cuando al año o más, de su ingreso en el Asilo vino a vernos luciendo una bata de blancura impecable, pensamos que había ocurrido lo de siempre: desertaba, incapaz de soportar una existencia monótona y ordenada, más abrumadora para ella que sus años. Pero no fue así; Francisca había visto en sueños el entierro de su única hija. Una hija monstruosamente egoísta que jamás se había preocupado por ella. Con permiso de la Superiora, que le concedió en premio a su buena conducta tres días de libertad y tres pesos para sus gastos, había ido a casa de su hija que, en efecto, acababa de morir. Mi pobre Francisca regresó inmediatamente al Asilo, donde murió a la edad de ciento dos años, "tranquila y sin molestar a nadie", como ella quería.

Igualmente interesante es el sueño de un anciano que había sido el sirviente preferido de Doña C. A. Nos lo refirió la heredera de esta señora, que lo mantenía a él y a una hija que lo cuidaba con verdadera abnegación. Un día este viejo, que no se hallaba enfermo y había amanecido de muy buen humor, le dijo a su hija al despertar: "Yíja, vísa pronto tó lo gente pa depedí, que me va hoy mímo con la Niña Consita. Niña Consita dice que yo viví batante. Niña dice yo arregla que me bucá a la sei." (Hija, avisa a todos para despedirme que hoy mismo me voy con la Niña Conchita. Vísteme, que la Niña me dijo que vendría a buscarme a las seis.)

"Me reí de su ocurrencia", le contó su hija a la Señora X. al comunicarle el fallecimiento del viejo, "nada vi en mi padre que pudiera inquietarme. Se empeñó en vestirse con la mejor ropa que tenía, me obligó a avisarle a todos sus amigos y a algunos parientes; se despidió de ellos. ¡Estaba divinamente! A las seis viene la Niña Consita, repetía, y como si fuera a una fiesta preguntaba la hora a cada momento. A las seis en punto, hablando, murió de repente".

No a todos los sueños, claro está, se les da el mismo valor; unos son más claros y comprensibles, menos importantes que otros. Todo el mundo sabe que soñar con dientes presagia que alguien en la familia va a morir. Soñar con caídas anuncia igualmente desgracia. Si el que se cae es el que sueña, "la muerte lo está mirando" y va a enfermar de gravedad. Si cae en un pozo o en un hoyo, ¡malísimo! No tendrá salvación. Sólo un negro "renegado" o de mentalidad científica, uno solo, es verdad, despreciando la sabiduría o la credulidad de los suyos, me dijo: "los sueños son pamplinas; se crían en el estómago por una mala digestión y de ahí se suben a la cabeza."

Aceptando que "los manda Obatalá", que el sueño es un medio que emplean los Orichas, los espíritus y los muertos para ponerse en contacto con los vivos, es decir, "con el alma de los vivos", la explicación que nos dieron todos los que consultamos sobre este misterio, es, más o menos, la siguiente: "el alma sale del cuerpo mientras se duerme, va adonde quiera, se encuentra con vivos y con muertos, oye y ve cosas de este mundo y del otro."

Esta observación es de Gaytán: "despierte a alguien de pronto. Llámelo por su nombre para que no se asuste. No lo toque nunca. Tardará unos segundos en responder. Abre los ojos extrañado. Es que de repente no sabe dónde está, hasta que el alma, que donde quiera que se encuentra oye, vuelve a entrar en el cuerpo. Una vez que el alma entró y se instaló en la persona, ésta comprende, contesta, bosteza, se estira y se levanta."

Para el alma no hay límites en el espacio ni fronteras entre la vida y la muerte. "El alma no muere como el cuerpo; cuando el cuerpo se pudrió, se hizo polvo, ella sigue viviendo." Y el alma, que no pesa, "vuela como pájaro, y lo mismo anda por tierra que por mar, se va al fin del mundo, sube al cielo. Yo no he salido de Cuba, pero soñando he visto otros países y he conocido a difuntos de mi sangre que habían muerto muchísimo antes de que yo naciera".

Copio de un Omo-Yemayá, que de niño soñaba frecuentemente con una negra negrísima, de pelo gris brillante, de senos abultados, dentadura perfecta, tiposa, vestida con traje de tela a cuadros azules, muy descotado, sin mangas y con vuelos blancos en los bajos de la falda. Apenas se dormía, esta negra "granadera"[67]

---

[67] Se llamaba así a las negras robustas, saludables y buenas nodrizas.

venía a buscarlo y se lo llevaba en brazos a una playa llena de conchas y caracoles. Con la mayor naturalidad contaba él aquellas visitas nocturnas, hablaba de las conchas tan bonitas con que jugaba en la orilla del mar, donde "la señora" lo llevaba, y cuando transcurrían varios días y no se repetía el sueño, lloraba temiendo que no volviese. Su madre, inquieta, consultó con el Babalawo. ¡Era Yemayá la planturosa negra de sus sueños y fue necesario "Asentarlo" al cumplir los siete años de edad! Tenía setenta y cinco este informante al contarme su historia, y sabía, Yemayá se lo había anunciado, que sólo le quedaban dos años de vida.

En su adolescencia, mi fiel acompañante N. M. la nieta de Omí-Tomí, fue curada en un sueño por la misma Yemayá. Se hallaba seriamente enferma: insomnio, fiebres, "un cinturón de dolor" con punzadas en la boca del estómago. Pero una mañana despertó llena de energías, "como nueva". —¡Nena, que bien está! le decían. N. M. nos confió aquel sueño:

"Vinieron a avisarme que una prima mía había muerto y fui a la calle de Zanja, a un solar muy grande donde ella vivía. Para llegar al cuarto de mi prima tuve que andar mucho. No se veía a nadie, las puertas trancadas, un corredor que no se acababa nunca y en lo último el cuarto mortuorio. Pero la difunta no era Margot, sino una negra gorda que estaba tendida en una cama de hierro con cuatro pilares. No había en el cuarto más que un viejo barrigón y rechoncho, sentado a la cabecera de la muerta, con un bastón entre las manos. Me acerco a darle el pésame y la muerta me habla. Me da tal horror que no entiendo lo que me dice, más que: este es tu padre el congo. No sé en qué momento desapareció la cama y vi a la muerta en pie con un collar o un rosario de cuentas gruesas y oscuras, en las manos. Empezó a pegarme con aquel rosario, dándome golpes por todo el cuerpo, sobre todo por el vientre. ¡Pero los golpes no me dolían! Era como si me despojase[68], y yo gritaba, no de dolor, sino de miedo. Cuando se cansó de pegarme me llevó a un rincón del cuarto donde había muchos hábitos de promesas: de la Virgen de la

---

[68] "Despojo", quitar un mal. Es también sinónimo de purificación.

Caridad, de la Candelaria, de San Lázaro, y la negra escogió uno de listado azul de la Virgen de Regla. Me ordenó, ¡póngase eso! y ¡Ya te puedes ir!

En cuanto desperté me puse un vestido de listado azul que tenía en mi casa, y todo el barrio preguntándome ¿qué has hecho que tienes tan buena cara?

Le conté mi sueño a mi abuela y a dos Iyalochas comadres suyas que estaban pasándose el día con ella, y las tres me advirtieron que a nadie hablara de mi sueño, pues era Yemayá en persona quien me había hecho la limpieza para quitarme del cuerpo la fiebre y los dolores y me había puesto la promesa que llevé mucho tiempo."

Esta y otras historias parecidas que omitimos, nos hacen pensar que los Orichas como los Dioses griegos curan una enfermedad durante el sueño de un paciente, asisten a los que aman o a quienes "les da el capricho de ayudar", aunque no sean sus hijos, como en el caso de A. M., que no era hija de Yemayá sino de Oyá.

Otras veces los Orichas les comunican a sus servidores y devotos lo que desean de ellos, o los instruyen. Un santero, en tono confidencial y entornando los ojos, me relató cómo había aprendido a leer el Dilogún.

"—¡Ay, qué cosa más grande! Yo no sabía nada de esta religión. Las superficialidades nada más. Era muy devoto, eso sí. Tenía a las Mercedes, mi Mamá, en un altar. La cuidaba, le ponía flores, le ofrecía su fuente de merengue, su guanábana. Adornaba su altar con mucha gracia porque soy muy hacendoso y, aunque esté mal el decirlo, tengo buen gusto. Le hacía primores. Pero nadita de tirar los caracoles, ni otras cosas. Sobre eso no tenía ningún conocimiento. Trabajaba *espiritual*, era medium. ¡Y qué mediunidad más linda la mía! Criado en casa de gente rica, me venían muertos elevados. Yo era cocinero, y un día ¿qué se cree? me dice en sueños la Virgen de las Mercedes que ella ¡no era cocinera! Terminantemente. Tuve que dejar la cocina para dar consultas espirituales, y me puse a trabajar de medium nada más, sin acercarme a un fogón ni de broma, para que la Virgen no se molestase.

Después, otra noche vuelve a visitarme las Mercedes para decirme que ella tampoco era *espiritera*. ¿Qué hago? ¡Ay, Mamá! ¿me va a quitar el sustento? ¡Ni cocinera ni espiritista! ¿Cómo me gano la vida? Pero me entró conformidad y me dije: ella sabrá, me pongo en sus manos.

Un día que estaba triste, con el estómago vacío, sueño con Oyá. Oyá traía una estera. La tiende en el suelo, saca del bolsillo de la enagua un saquito colorado. En el saquito tenía caracoles. Se sienta en la estera y me dice: Ven Isma, siéntate. Mira, hijo, toma los caracoles y esparrámalos. Así es bueno, así es malo. *Iré... Osobo...* y cuando me estaba enseñando, viene la Mercé. Oyá me dice bajito: siéntate encima de los caracoles para que no los vea y no se encele. Usted sabe lo celosos que son los Ocha. Pero las Mercedes se llegó al altar, lo miró y se fue satisfecha. Oyá siguió explicándome todos los caminos, (signos).

Al otro día le pregunté a mi vecina, que tenía Santo hecho y sabía mirar[69], dónde vendían caracoles. Me dijo dónde y los compré, pidiendo prestado. ¡Entonces valían cincuenta centavos nada más! Ella me dio unos caracoles viejos que ya estaban preparados y se quedó con los míos. Empecé a practicar. A los tres días vino a consultarse conmigo una de esas salpiconas que no salen de casa de los Santeros, y yo a leer las letras del caracol talmente como en el sueño. Se fue encantada, y desde entonces ha llovido. Vivo bien en mi cuarto muy coquetón, mi radio, mi agua de Colonia, mi buena ropa, y no hago más que lo que quieren mis Santos."

Estos son buenos sueños, pues de sobra se sabe que los hay malos y peligrosos, empavorecedores, y se explica, pues "cuando el alma de uno anda de noche vagando, se tropieza con cosas malas, con diablos, con espíritus oscuros, almas atormentadas de suicidas, de criminales", y para que esos encuentros no perjudiquen conviene estar prevenido. Por eso antes de dormir se debe rezar, hacer la señal de la cruz, echar agua en la puerta, tener puesta una medalla, un azabache, amén del vaso de agua que aleja las malas influencias, y no descuidar la atención que se debe

---

[69] Vaticinar.

a Eledá, el Angel de la Guardia. Si se sueña con un muerto de la familia o amigo, es señal de que necesita comida o... misa. Si es un extraño y nos habla, no se le responderá. Si nos toca, practicar cuanto antes una limpieza. Pero todo sueño o pesadilla macabra debe consultarse con el Santero.

Cuando los Orichas no se valen de los sueños para expresar su voluntad, se manifiestan tomando posesión de aquel que su maternidad o paternidad reclama. Este fenómeno tan corriente en los negros, mestizos y mestizos espirituales de Cuba, —"subirle el Santo", "dar el Santo"— se produce en cualquier momento, y es así como el propio Oricha, directamente, "pide una cabeza". Se posesiona de su elegido y proclama que es su Omó. Este pierde totalmente la conciencia y no recordará, pasado el trance, nada de lo que ha dicho el Oricha por su boca. Es en un toque de tambor, durante una fiesta de Santo, cuando los Orichas "bajan" a bailar en sus "caballos" o mediums, donde más "tumban"[70] a los que quieren para sí; o bien, en posesión de sus "caballos" se dirigen a determinado asistente y, espectacularmente, lo abrazan, lo acarician y ponen en conocimiento de todos que aquella persona, niño o adulto, le pertenece: *¡Omó mí!* Después de tal revelación no le quedará más remedio a ese *Omó*, si es juicioso, que aceptar la voluntad del Oricha y prepararse a servirlo.

De otras muchas maneras se valen las divinidades para imponerse. Una enfermedad, rarezas inexplicables en la conducta de quienes han sido elegidos por ellas, insomnios, ausencias, excitabilidad, estados angustiosos o depresivos, contrariedades y tropiezos de índole material, son signos indudables de la impaciencia de un dios o de una diosa, que exije el reconocimiento de su hijo.

En Cuba, toda mujer de color embarazada sabía, antes de dar a luz, a qué divinidad pertenecía la criatura que llevaba en el seno, y no pocas veces su Oricha exigía que le fuese inmediatamente consagrada, practicándose entonces el ritual de un Medio Asiento, en el vientre de la madre. Esa criatura viene al mundo con "Santo hecho". Sin embargo, de poco tiempo acá, por negli-

---

[70] Tumbar el Santo, caer en trance.

gencia, censura un Babalawo, la consultación suele hacerse cuando el niño ha cumplido un par de años o si algo anormal se presenta. Lo procedente es consultar los oráculos en los meses mayores de un embarazo o tres o cuatro días después de nacida la criatura, para saber a ciencia cierta cual es su Oricha y lo que convenga hacer en consecuencia. Si el niño viene al mundo para ser Olocha, inmediatamente lo presentan a los Orichas o le hacen Medio Asiento. Cuando llegue a adulto, o antes, se completarán los ritos de su Asiento[71].

Nuestro pueblo cree que la vida hay que protegerla por medios mágicos, y cuanto le ocurre, cuanto le preocupa o proyecta, lo consulta con el adivino: el Babaocha o el Babalawo. Este le indica lo que ha de hacer en cada circunstancia para atraer la suerte o recobrarla, protegerse; desviar o librarse de un mal, y, si es necesario, para contra atacar o agredir con éxito a un enemigo peligroso.

De este modo, los dioses lucumís, por mediación de los Olorichas y Babalawos que leen los signos —*odu*— del *Dilogún* y de *Okpelé*, especifican la ofrenda indispensable, orientan y asisten a sus devotos y modifican la suerte adversa con que vienen algunos individuos a este mundo.

Los que no tienen en cuenta las predicciones y amonestaciones de una lectura acuciosa del *Dilogún* o del *Okpelé*, los que no satisfacen las demandas de un Oricha, no tardarán en sentir los efectos de un castigo. No sólo Yemayá y Ochún cobran caro las faltas en que incurren sus devotos; todos son igualmente quisquillosos y la desobediencia los enfurece. No existen acreedores más exi-

---

[71] Lo tradicional es bañar al recién nacido con las hierbas consagradas a la divinidad a que pertenece. "Lo ponen en una batea y la Madrina le echa el Omiero, mientras el Padrino, ante el Oricha del niño, sostiene una vela encendida. Ese Omiero se echa luego bajo un árbol que dé buena sombra. Después, el niño será bautizado en la iglesia por un cura".

En una cazuelita se guardan todos los atributos de su "Santo", hasta que crezca y pase por los últimos ritos de la iniciación.

Aún se acostumbra en el campo, en pueblos matanceros, presentarle el recién nacido al sol para que reciba su "aché", y Olofi, con sus rayos, lo bendiga. También ante el canastillero u opotiloricha se le presenta la criatura al otá de Obatalá y a los demás dioses.

gentes; con ellos las promesas incumplidas se pagan, al fin, hasta con la vida, o con la felicidad, que vale más que la vida.

Todavía antes de marcharnos de Cuba, se decía de alguna vieja recalcitrante y montuna, que guardaba entre los objetos del culto, en su bohío, siete látigos, cada uno forrado con una cinta del color de un Oricha, para azotar a sus ahijados que no cumplieran un compromiso de tipo religioso. Así dicen que procedía Fermina Gómez y acostumbraban los predecesores, y fue usual en los Cabildos y casas-templos lucumí en tiempos en que eran muy estrictos los Olorichas. Si el acusado por alguna falta negaba la culpa o mentía, se le sometía a ordalías para saber si era inocente. Un viejo nos mostró la huella de una quemadura producida al introducírsele la mano en una vasija de aceite caliente, que no le hubiera quemado si no hubiese sido culpable. Otra de las pruebas consistía en meter la mano en un recipiente lleno de alacranes que no picaban al inocente, o en la ingestión de algún brebaje que sería inocuo o produciría al pecador vómitos y fuertes dolores de vientre.

Los antiguos criollos eran, como sus padres lucumíes, excelentes "olukonis"[72] y, al contrario de lo que hoy se estila, acostumbraban instruir a sus hijos con historias ejemplares y aconsejarles con refranes que nunca se olvidaban.

Con el siguiente relato conocido en toda la Isla, ilustraban el peligro que supone no cumplir la obligación que se contrae con un Oricha.

Una mujer deseaba tener una hija y se la pidió a Iroko[73], Oricha que habita en las ceibas. Le prometió que si se la concedía se la daría al nacer. ¡*Obinigó!*[74] Iroko aceptó el compromiso y la

---

[72] Oluko, olukoni, "el taita que conoce y enseña las cosas de la religión". El negro que en tiempos de la colonia sabía leer e instruía a sus compañeros, se llamaba Oluko y también se decía "que era moyé". Francisquilla Ibáñez, de Pedro Betancourt, llamaba "Musiú moyé" a Pierre Verger, que la conoció dos años antes del desastre de 1959. Para Francisquilla, moyé era "el que tiene mollera", inteligencia.

[73] En Cuba, Iroko, "el dueño de la Ceiba" se asoció a la Virgen María (véase, Lydia Cabrera, El Monte, Cap. VII). Es un árbol templo en el que se adoran y reciben ofrendas todos los Orichas. A él van también los Ikús —los muertos. Iroko, dicen en Cuba, que tiene una mujer, Abomá y una hija, Ondó.

[74] Obinigó: mujer tonta, estúpida.

mujer dio a luz una negrita preciosa. Loca con su hijita olvidó enseguida, o se arrepintió de su ofrecimiento. A los tres años de esto la mujer tuvo que pasar cerca de Iroko, que no había olvidado lo que le debía. Apenas la niña vio el árbol echó a correr hacia él y a la sombre de Iroko empezó a cantar afeando la conducta de su madre, mientras la tierra se abría bajo sus pies. La mujer desesperada al ver que su hija se hundía poco a poco en la tierra, le suplicó a Iroko que le devolviera la niña; le juró llorando a lágrima viva que le haría ebó con todo lo que tenía con tal que no se tragase a su hijita. Iroko no hizo caso. La niña se hundía cada vez más; ya sólo le quedaba de fuera la mitad de la cabeza... y la mujer rogando, llorando, prometiendo, hasta que la tierra de Iroko se quedó con la niña. Se la tragó."

En una de las variantes de esta historia es Ochún Yeyé Kari quien inflige a una mujer que le pidió concebir una hija, el mismo castigo implacable. Como era un regalo de la diosa, aquella niña jamás debería comer huevos, que es uno de los Euó[75] que han de observar algunas Omó de Ochún. Por descuido de la madre o por maldad o celos de una vecina, la niña probó el alimento prohibido y, también, al cruzar cerca de un árbol que le pertenecía a Ochún, corrió hacia él sin que la madre pudiera retenerla. Se repite la escena de la narración anterior, y la diosa inmisericorde no escucha los ruegos de la mujer, que canta enloquecida: *Ero ti lo Yeyé*, o *Yeyé iyá ya mí si ere kikawó*, o *Yeyé oro kika*.

En fin, jamás ha de prometerse a un Oricha, a un espíritu, lo que no se le ha de dar, y no insistiremos más en punto tan importante.

Es pues el *Dilogún* de Elegua, bien leído, el que dirá y la cadena o los *ikis* de Orula confirmarán, a qué Oricha se pertenece, quién es nuestra *Iyá Oro* y quien nuestro *Babá Oro*[76].

Los dioses fijan su atención en unos hijos más que en otros. Con algunos son más exigentes, más celosos, acaparadores; los desean con mayor vehemencia y con más énfasis los conminan a que se les entreguen, ya para que los adoren privadamente,

---

[75] Tabú, prohibición. Los hay, como veremos, de muchas clases: de comidas, de bebidas, de vestuario, de lugares, de colores, etc.
[76] Oro, cielo. Babá, padre. Iyá, madre. Nuestros padres del cielo.

—"los cuiden"— o para que atiendan al culto y desempeñen las funciones del sacerdocio en bien del prójimo. Son estos últimos, porque están predestinados, han nacido para ocuparse de las cosas sagradas, los más urgidos por ellos y los que no escapan a su sino. Tarde o temprano, contra su voluntad los más renuentes y aún descreídos, como se ha visto tantas veces, habrán de someterse al largo y costoso proceso de la iniciación y a dedicarse luego, por entero, a la religión. Las rebeldías son inútiles, a la actitud intransigente del individuo solicitado por los dioses, cuando más esfuerzos hace por esquivarlos, sucede otra de humildad y sumisión que sorprenderá a cuantos sabían de su repulsa a la Santería.

En opinión de un Oluwo[77] Omó-Yemayá, de larga experiencia, es ella la que con más fuerza exige la consagración de sus hijos predestinados al sacerdocio, y la más intransigente en aceptar cualquier motivo que la dilate, por aceptable que parezca. La iniciación es ineludible en casos de enfermedad, y muchos "Asientos" se hacen para curar o salvar de la muerte a una persona. Diríase que con éstos, si no se dispone de recursos suficientes, el Oricha se muestra más tolerante y consiente en esperar sin castigarlo, aunque sus familiares harán por ellos sacrificios a veces increíbles para costear su Asiento.

Si Yemayá, Ochún u otros Orichas han de esperar mucho tiempo, existe el peligro de que se aburran "y ya no quieran esa cabeza". Entonces será menester "asentarle" a Obatalá, dueño natural de todas las cabezas.

Pero a veces la salvación de un Omó pobre para afrontar los gastos considerables de una iniciación —o la solución de otros problemas económicos— depende de que el Oricha, "o un muerto", le acuerde la gracia de acertar un número de la Lotería. Gracias a la lotería por la intervención de un Santo, muchos esclavos se libertaron en tiempos de la Colonia, y en los nuestros, muchos indigentes lograron satisfacer un apremio o "hacer Santo".

Todos los Orichas pueden ser reconocidos por un número.

---

[77] Olúo u Oluwo: sacerdote, dueño.

Recuérdese a los vendedores de billetes que en lo más céntrico de La Habana anunciaban el cinco o el quince de la Caridad del Cobre, el cuatro o el seis de Santa Bárbara, el siete de la Virgen de Regla, cuando éstas y otras "marcas de Santos" aparecían en primer lugar en el billete que solían llevar puesto en la frente como una visera, o en la hoja tentadora que mostraban al transeunte. El que soñaba con excremento, que presagia suerte y dinero, pisaba realmente la porquería de un perro, lo ensuciaba un gorrión o sufría algún accidente de este género, era seguro que le apostaba al siete, pues aunque parezca extraño, el siete, a la par que representa a la opulenta diosa del mar, es símbolo de excremento; y excremento ¡de dinero!

Diríase que los devotos de los Orichas han situado el juego en un plano religioso. Los números son emblemas, signos de los dioses, y en relación con los sueños han elaborado una simbología de los números que les sirve, a los efectos del juego, para interpretar el mensaje que contienen.

La identificación de una persona con una cifra, que es también muy corriente, se basa igualmente en una experiencia onírica. Por ejemplo: el Oluwo Talabí, a los pocos días de conocerme, me vio en sueños entre unas palomas blancas. Le apostó al veinticuatro y ganó. Para aquel viejo quedé inseparable de esta cifra, correlativa de paloma y de Obatalá. Su superstición llegó al punto de no dejar de probar la suerte, y de creerle, con éxito, cada vez que me veía. Muchas personas se creen que representan algún número, y no es raro oírles decir que "se dan" de diecisiete, de once, etc. Estas atribuciones que por lo general los sueños determinan, aunque no tienen su explicación exclusivamente en ellos, se pretende que siempre son confirmadas por algún acierto. En cualquier incidencia, en la más banal, esforzándose un poco, se descubre una relación oculta con alguna divinidad, una señal que incita a jugar con fe a la lotería, a la bolita, y, retrotrayéndonos a los días en que los cubanos eran libres, a la famosa charada.

Los elementos, los lugares, las cosas, los animales, que también suelen simbolizar a los Orichas —culebra a Yemayá, a Ogún, a Naná Bulukú; toro, carnero, a Changó; venado a Ochosi; pescado a Inle; pavo real, canario, aura tiñosa, a Ochún, etc.—, dignidades, oficios, profesiones, estados de ánimo, situaciones, todo puede traducirse a números. La lista es muy extensa, sin contar con los equivalente o asociaciones que cada individuo establece de por sí de acuerdo con una "inspiración" basada, como hemos dicho, en una experiencia onírica. Muchos saben de memoria la popular Cartilla de los Sueños, que continúa vendiéndose y consultándose en el destierro. Tan corrientes eran, y no hay que hablar en pasado, son, en el lenguaje popular cubano las figuraciones por medio de los números, que antes de conocerlo no alcanzábamos a comprender muchas cosas. En una ocasión, una pobre mujer se nos quejaba de que su hija "le había salido una grandísima ¿sabe usted?, ¡número doce![78]; en otra, nuestro jardinero nos advirtió que en el centenario mamey de Santo Domingo, de la quinta San José, había "un veintiuno[79] larguísimo".

Para referirse a los órganos genitales, las partes pudendas que decían los viejos, una persona recatada del pueblo los designaba con el número veintiocho, (femenino) o el treinta, (masculino).

La charada o Chifá, importada a Cuba por la emigración china en el siglo pasado, divulgó un lenguaje simbólico de los números, que era imprescindible conocer para entender muchos eufenismos y expresiones del habla popular. Mi asombro estaba justificado por mi ignorancia la vez que en una farmacia oí decir a una muchacha que hacía uso del teléfono sin darse cuenta de que hablaba a gritos, como muchas cubanas: —¡Mala pata, chica, me tupí! Elefante que anda por los tejados y no rompe las tejas... ¡y se me fue! ¿Habráse visto cosa igual?

El elefante que anda por los tejados tan delicadamente que no rompía las tejas no era elefante sino gato, el número cuatro, y se refería a la apuesta que había perdido por no haber tenido en cuenta el acertijo de la Charada.

Funcionando en cada barrio habanero, supuestamente clandestina pero no perseguida; a pesar de los moralistas siempre triunfante y extendida por toda la Isla, la Charada, negocio ex-

---

[78] Ramera.
[79] Majá, serpiente.

clusivo de los chinos bajo el dominio español, y de algunos políticos en la república, no cabe duda que era un cáncer incurable de la economía popular.

"Se colgaba el bicho", —se jugaba— dos veces al día, por la mañana y por la tarde.

El mecanismo, tan simple como desvergonzado de aquel juego que durante más de un siglo hizo las delicias de nuestro pueblo, y que nadie ignoraba, era el siguiente. Recordarlo conmoverá a ciertos exilados que allá en Cuba vivían pendientes "del número que salió en la Charada".

El banco escogía uno de los treinta y seis números de que consta el juego, lo escribía en un papel y, a la vista de los puntos, lo suspendía de un cordel atado a una argolla en el techo. A esta operación se le llamaba "colgar el bicho". Nadie más que el banquero sabía qué número estaba escrito en el pedazo de papel. Pero ya no se guindaba del techo como antaño. Se escondía en cualquier lugar que el banquero considerara seguro. Del techo se colgaba cuando eran los chinos los únicos que tiraban la Charada o "Rifa Chifá", y las figuras del juego se dibujaban en papel o se recortaban en madera, y se vendían papeletas con los nombres —caballo, marinero, gato, jicotea, caracol, muerto, cachimba, pescado grande, pescado chico, gallo, mujer, pavo real, perro, Luna, majá, sapo, barco, paloma, monja, avispa, anguila, chivo, ratón, etc.— dibujados en caracteres chinos.

Una vez ingresado el producto de todas las apuntaciones, de acuerdo con su conveniencia, el banquero "descolgaba el bicho", es decir, sacaba el papel de su escondite y si el número que había elegido para premio "estaba muy cargado", lo sustituía por otro que tenía pocas apuestas.

Generosamente en una frase enigmática, en algún verso abracadabrante —"el versito de la Charada"— el banco insinuaba a los puntos el número afortunado. En el versito o "letra" de la Charada, no había parado mientes aquella muchacha que se lamentaba por teléfono, de su distracción.

Esos enigmas que a los legos en la materia nos parecían indescifrables, los interpretaban los entendidos con una lógica... que no nos extrañaría que algún lector de ceja arqueada y juicio infalible, la rechace por inadmisible. (Como si no existiera una lógica de lo absurdo.)

Cuando en un sueño, nos explicó un apuntador, un Santo o un muerto no inspira al jugador, éste tiene que reflexionar: "para jugar a la Charada hay que pensar. Vamos a suponer que la letra dice que un elefante mata cochino. Tigre lo propone, pero sapo lo pone a vender y el venado carga el bulto... ¿Qué enredijo? No, ¡fíjese bien! El elefante tiene trompa, y bien visto, el cochino también es trompudo. El sapo es brujo y el venado es el mandadero del brujo y carga con el bulto de la brujería que hizo y cobró el sapo, para llevarlo adonde haya que llevarlo. Está claro. ¡Y qué linda tirada se da! Lo lógico es que el que apunte al venado, al 31, lo coja... porque el venado sale corriendo..."

También, si se ignoraban ciertas creencias y ciertas prácticas de magia, era difícil acertar aquellas adivinanzas.

"Un pájaro que pica y se va." ¡Facilísimo! Este enigma era, para el apuntador que me ilustraba, de una claridad meridiana. No había que romperse la cabeza para adivinar "letra" semejante. Pájaro, muerto; los muertos vuelan. El muerto de por sí o enviado por algún brujo, pica, daña, (hichiza) o mata a un vivo y se va. Se impone jugarle al ocho que significa muerto[80].

"Un Santo del que todos huyen." Nadie quiere morir, y la Candelaria, Oyá, está en el cementerio con los muertos. Se le apuesta al ocho y hay posibilidades de ganar.

Si el banco propone: "Perro que todo lo muerde", puede que se refiera a las malas lenguas que atacan, muerden, calumnian y desprestigian.

"Una luz que todo lo alumbra": el once, el gallo, porque cuando sale el sol, que lo alumbra todo, él canta.

"Playa donde hay muchas piedras bonitas", sin duda se refería al 28, el chivo, —por la playa del Chivo, próxima a La Habana.

"Un payaso que sólo se pinta de blanco", inclina de nuevo a jugarle al ocho, pues cuando una persona muere se le envuelve

---

[80] Cuando alguien conocido moría, se jugaba a muerto. Si el muerto fue en vida un personaje... era de notarse que, sin distinción de clases, todo el mundo apostaba al ochenta y ocho, "muerto grande".

en una sábana blanca. O alude al cadáver de un ñáñigo en el que se trazan con yeso blanco los signos de la confraternidad.

"Una dama muy seria que no le hace caso a nadie": el cinco, la monja.

"Un rey que todo lo puede", será el dos, la mariposa, que representa el dinero. Y era así, guiándose por la brújula de un sueño, y a falta de inspiración por perspicacia o intuición, —"¡por la lógica!" como proponía mi apuntador— que se jugaba a la Charada.

Nos hemos permitido esta larga disgresión sobre los números y el juego porque, complicados de continuo con los sueños, la religión, el espiritismo y la magia, reflejan singularmente la índole del misticismo de nuestro pueblo, que atribuye sus ganancias, su suerte, o su desgracia, no al azar, sino a la acción de un dios, de un muerto, o de alguna brujería.

A lo largo de su historia, la pasión por el juego fue común a la mayoría de los cubanos. Estaba prohibido, pero desde el rico al indigente, todos jugaban. Y no se quedaban atrás las mujeres. En cambio no tuvimos borrachos. "Nunca he visto en el campo ni en la ciudad a nadie que pueda llamarse borracho", anota uno de los muchos extranjeros que escribieron sobre Cuba e hicieron, sorprendidos, la misma observación. Entonces ya imperaba el café, se bebía chocolate, deleitaban los refrescos de limón, de naranja, de guanabana, la orchata, la zambumbia, la garapiña, el agualoja, el agua con panales, que en La Habana se enfriaba con nieve, después que ésta hizo su aparición a principios del siglo pasado. Los borrachos, lo que se entiende por borrachos, surgieron mucho después —y no por cierto en la masa del pueblo—, como un producto de la influencia norte americana, que en algunos aspectos de la vida nos fue nefasta.

El simbolismo de los números se había divulgado hasta en las esferas más altas, y es curioso oírle decir a un profesional o a una señora del gran mundo, que su número afortunado es la jicotea, la avispa o el marinero.

De la importancia que dan a sus sueños los adeptos de las sectas africanas, —y nuestro pueblo en general— era fácil darse cuenta por poco contacto que se tuviese con ellos; y a un observador le hubiera bastado con visitar de mañana, a su despertar, un solar o un mercado, que eran fuentes riquísimas de información folklórica. O subir, como hicimos tantas veces a uno de aquellos viejos y escasos tranvías que esperando su retiro funcionaban hace más de tres décadas, y poco después, teniendo la precaución de persignarse antes de entrar, a unas "guaguas"[81] que se llamaban irónicamente la Dichosa y la Precisa. Dichoso era el pasajero que salía de ellas ileso. La Precisa, si chocaba era indudable que chocaría con precisión mortal, y así lógicamente terminó sus recorridos hecha pedazos, descalabrados cuantos iban en ella.

En esos tranvías habaneros que encantaron nuestra infancia más que el Milord, el faetón familiar, el "auto", —no se decía "carro"— y en esas primeras "guaguas" fantásticas, surealistas, se escuchaban las cosas más inverosímiles y divertidas, y a la par que se reía, se temblaba por los quites que despreocupadamente iban dándole a la muerte.

En ellas alguien relataba siempre algún sueño, aunque Santeros y Paleros aconsejan que no deben contarse, y los malos, jamás antes de las doce del día; y se hablaba de números, del que no se había acertado o del que se había acertado por premonición o por la revelación de un sueño, y del que estaba a punto de salir... ¡Y qué diálogos inimaginables se cruzaban a veces de un extremo a otro del vehículo, a gritos, entre dos conocidos o desconocidos; qué dicharachos y ocurrencias ingeniosas! Por supuesto, la hora indicada de utilizar estos vehículos y obtener notas curiosas era la de la primera mañana, cuando el pasaje se componía de cocineras, trabajadores, empleados públicos y alguna señora de edad, de apellido antiguo y rasgos finos, una nueva pobre en la nueva Cuba enriquecida, que con velillo de encaje negro legítimo y gastado, iba temprano a misa.

En ellos oímos a una mulata "sazoná", como llaman en Bayamo a las cuarentonas largas, que advertida dos veces por un sueño de un percance que le ocurriría en la colocación, aunque se hallaba muy a gusto en ella, iba enseguida a pedir su cuenta; y

---

[81] Omnibus.

a una joven de aspecto enfermizo, quizás una predestinada: "si el Santo quiere que yo me Asiente este año, ya me dará un número..."

Los que piden orientaciones a los Orichas se predisponen a recibir de ellos sueños esclarecedores mediante lavados de cabeza.

Acaso la siguiente oración para ganar a la lotería —"era oración de la gente vieja"—, pueda ser útil al jugador que no sueña, y del que los números se burlan con cruel ironía.

Es el regalo de una anciana muy católica, que la ha conservado con sumo cuidado. En el papel amarillo de años pero intacto, se lee: "Para ganar la lotería es preciso, antes de acostarse, rezar devotamente esta oración, después de lo cual la colocaréis debajo de la almohada. Durante el sueño el espíritu que preside vuestra vida, descendiendo del planeta bajo el cual nacisteis, se aparecerá a vuestro alrededor y os indicará la hora, el lugar y si sois de los elegidos para el premio de la lotería, indicándote así mismo hasta el número que debe tener vuestro billete.

Oración

"¡Oh misterioso espíritu! dirigid todos los hilos de nuestra vida; desciende hasta mi humilde morada. Ilumíname para conseguir por medio de los secretos azares de la lotería el premio que ha de darme fortuna, el bienestar y el reposo. Penetra en mi alma, examínala. Ve que mis intenciones son puras y nobles, y que se encaminan en bien y provecho mío y de la humanidad en general. Yo no ambiciono las riquezas para mostrarme egoísta y tirano. Deseo el dinero para comprar la paz de mi alma, la ventura de los que amo y la prosperidad de mis empresas."

5 *Omo-Yemayá*

De dar crédito a los hijos de Yemayá, es tan grande su prestigio y la devoción que inspira la diosa del Mar, que la mayoría de los que van a iniciarse en el culto de los Orichas querrían "tenerla por Madre". Acaso esta afirmación es exagerada o lo parecerá a quienes no son Omó-Yemayá. Sin embargo, hace años un Oloricha se nos quejaba de que todos los fieles que él tenía que "Asentar" (consagrar), deseaban ser Omó-Yemayá. Anhelo que entraña muy serios peligros, pues empeñarse en ser hijo de una divinidad porque ésta sea la que más guste, tiene consecuencias fatales para el neófito y para el Santero. No se escoge a un Oricha; son los Orichas quienes eligen a su prole. A veces un Santero por complacencia o por un interés imperdonable le consacra al neófito el Oricha de su devoción y no el que le está destinado por el Cielo. Al "trocarle el Santo" a una persona, ésta comienza a padecer una serie de trastornos, mentales principalmente, que no tendrán remedio.

Con los dramáticos relatos de casos de locura, accidentes, muertes violentas y otras desgracias que son los efectos de "Asentar" un Santo por otro, se llenarían muchas páginas, y aquí en el exilio, en Miami, Tampa, Puerto Rico y Nueva York, se conocen algunos lamentables, debidos a la notoria impericia de Santeros improvisados o a la ausencia de escrúpulos de los que llama un inteligente informante "Santeros comerciantes". Comentando un asunto tan delicado y trascendental para los neófitos, se sacaba a colación como ejemplo de honesta intransigencia digna de ser imitada, la conducta de Obadimeye. Obadimeye —Rey dos veces—, fue uno de los Olorichas más notables y respetados que hubo en Cuba. Como Latuá, la ilustre Iyalocha lucumí, su contemporánea, que embarcó de Lagos para Cuba el 1887, cuando la trata ya estaba abolida, dejando la guerra encendida en su tierra. Se decía de Obadimeye que era tanto su prestigio que "adonde quiera que se presentaba, hasta los blancos de cuello y corbata le besaban la mano". Obadimeye discutía, aclaraba, rechazaba el error en que incurrían los Santeros reunidos en Itá[82]. "Los obligaba a ir al fondo de las cosas", a dilucidar cualquier ambigüedad que se presentase. Se recuerda que una vez, antes de Asentarse en La Habana, pues Obadimeye era matancero y vino a "coronarse"[83] en la capital, porfió violentamente con un Omó-Obalufón.

Obalufón, "el que le dio al hombre la palabra" es un Obatalá muy viejo que es preciso cubrir cuando se manifiesta, como a otros avatares de esta gran divinidad, —Orichánla, el Dios más grande— con una sábana inmaculada. Aquel hombre que, indiscutiblemente, era hijo de Obalufón, pretendía que le "Asentaran" otro Oricha. El que a él le gustaba. A los gritos de Obadimeye que cayó en trance, "¡oté son (usted es) Obalufadei!", el hombre se atemorizó, y para suerte suya le Asentaron su verdadero Oricha. En otra ocasión, en el Asiento de la hija de un amigo suyo, todos los santeros de acuerdo iban a "hacerle" Agayú. "¡Oreja no pué pasá cabeza!"[84], saltó Obadimeye —contaba un testigo de aquella escena— "poné Changó cabeza muchacho, tu té (todos ustedes) va trastorná su Eledá, ¡calajo!". Precisamente aquellos mismos Olochas "habían hecho" un supuesto Omó-Agayú, poniendo directamente sobre su cabeza la piedra de

---

[82] Reunión de Babalorishas e Iyaloshas para comunicarle al iniciado los pronósticos del oráculo. Véase más adelante.

[83] Iniciarse.

[84] Este refrán, tan corriente en la Santería, significa que el hombre no puede oponerse a lo que dispone una divinidad. Ni el inferior imponerse al superior.

este Oricha en vez de apoyarla en su hombro izquierdo, pues jamás la piedra de Agayú se pone sobre la cabeza del neófito como la de otros Orichas. Así sucedió después que al sentar a éste en el trono el llamado "día del medio" del Asiento, para recibir las felicitaciones del sacerdocio, de parientes, amigos y *aleyos* (visitantes), se hundió con Agayú la parte del suelo de madera de la habitación donde se hallaba el trono. Fatales fueron las consecuencias de aquel trastocamiento. No sólo para la Iyawó "que anduvo dando tumbos, ¡pobre Isidora! perdida por el mundo", sino también para toda su familia.

Yemayá, que siempre le parecen pocos los hijos que cubre con su manto, Yemayá "golosa de hijos", será implacable con los que pretenden evadirla.

Podrá el hijo de un Orisha, como ocurre amenudo, sentir predilección por otro Oricha y éste a su vez corresponderle; quererlo de un modo especial, protegerlo tanto o más que su "Santo de cabecera" o su "Santo de Fundamento"[85]. Mas se tendrá buen cuidado en mantener secreta tal preferencia. Las divinidades africanas son como hombres y mujeres de carne y hueso y sus reacciones son las mismas de aquellos que los conciben a su imagen y semejanza, como los griegos crearon a sus dioses.

Susceptibles, apasionados, celosos en extremo y vengativos hasta que se les pasa el enojo, no es prudente despertar sus celos o herir su amor propio.

La devoción a Yemayá en esta década trágica para Cuba dicen que ha aumentado; la mayoría de los Asientos que allí se efectúan, pese a la escasez y a todo género de dificultades, son de Yemayá ("que en botes de remos y hasta en balsas de goma, ayudó a sus hijos a salir de aquel infierno") y lo mismo se observa aquí en el exilio. Pero estos datos que tengo de un Omó-Yemayá, no difieren gran cosa de los que nos proporciona una Omó-Ochún, y seguramente de los que podrían darnos los hijos de otros Orichas, ya que para cada uno de ellos su Santo es el mejor.

Sólo confirmado concienzudamente por los Adivinos —por Orula, cuyos fallos son definitivos—, que es Yemayá, suma de

---

[85] El que se recibe en el Asiento como divinidad tutelar.

Omo-Yemayá 115

perfecciones, o que es Ochún, "la *obini dara*[86] que alegra el mundo", la que reclama a su devoto, estos podrán proclamar con legítimo orgullo: ¡*Iyá Yemayá to bi mí*, o *Iyá Ochún to bi mí!*[87].

Con los hijos de Yemayá y de Ochún hay que indagar meticulosamente a cual de las dos divinidades pertenecen, porque Yemayá acostumbra robarse los hijos de Ochún, haciéndoles favores. Los acompaña y complace tanto que siembra la confusión, no ya en el que se cree su omó, sino en el mismo Santero cuando éste le echa los caracoles. Durante largos años una hija de Ochún vivió convencida de que era hija de Yemayá. En vísperas de Asentarse, aquí en el destierro, el buen Babalawo que la asistía, que por cierto era hijo de Yemayá, le preguntó a Orula a cuál de las dos diosas pertenecía aquella mujer y Orula, que no se equivoca, afirmó que su verdadera madre era Ochún. A su gran sorpresa y a la de todos, que la consideraban Omó-Yemayá, le fue consacrada Ochún dos días después de oído el vaticinio del Oricha Ifá, diputado de Olofi en la tierra.

Se nos ha dicho que un Omó-Oricha refleja fielmente el carácter de su Santo. Por lo general las hijas de Yemayá son fuertes, voluntariosas, sostenidas, estrictas, altivas, a veces impetuosamente arrogantes. Tienen el sentido de la jerarquía, son autoritarias, formales, se hacen respetar, se imponen a los demás. Valientes, luchadoras, animosas, cuando se empeñan en obtener algo no vacilan en echar todo al agua. No las apocan las dificultades, y en la adversidad son admirables: hijas del mar, no zozobra la barca de sus vidas, que pilotean con habilidad cuando las olas la embisten con más fuerza. Inteligentes, comprenden rápidamente, y son decidoras, persuasivas. Celosas en sus afectos, no sufren desvíos ni inconsecuencias que tardan en perdonar, y si las perdonan no las olvidan del todo; pero se compadecen de las penas ajenas y hacen favores.

Muy maternales, serias, hogareñas, dedicadas a sus hijos y maridos, pero temperamentales y apasionadas. De sus apreciables aptitudes, una de las cuales es el don de naturaleza que algunas

---

[86] Obini dará: mujer bonita, seductora, graciosa.
[87] La madre que me ha parido es Yemayá —o es Ochún.

poseen para curar, es de admirarse su dominio del arte culinario. Casi todas son excelentes cocineras. Lo que explica que sean las encargadas de guisar en los Asientos y fiestas de Ocha y que se diga que nadie supera la sazón y el punto que dan a los manjares que condimentan.

En su vida amorosa, por intensa que sea, es raro que una Omó-Yemayá pierda su dignidad, se lance al arroyo como ocurre a menudo con las hijas de Ochún.

Presumidas, aman el lujo, las galas de precio. "Las estrellas son las joyas del manto de Yemayá", que acumula las perlas, los zafiros, los diamantes, las esmeraldas, todas las piedras preciosas que en los atardeceres pone a brillar en sus aguas. El boato atrae a sus hijas e hijos, a quienes encantan las telas azules suntuosas, las buenas alhajas, y que desprecian las baratijas. A nadie gusta tanto como a las Omó-Yemayá rodearse de cojines, hundirse en almohadones de pluma, reposar en colchones mullidos. Todas aspiran a una existencia cómoda, a tener su *ilé* confortable y en orden, y la alacena, perdón, el refrigerador bien provisto.

"Por instinto" comentaba Obá-oló-Osha, "los hijos de Yemayá tienden a la grandeza". No en balde se nace de tan poderosa soberana, propietaria de las tres cuartas partes del mundo, aunque en la vida real se sea, como era él, un pobretón.

Ni en los tiempos peores, cuando el negro era esclavo, ni obligado por su miseria a pedir limosna, un legítimo hijo de Yemayá depone su orgullo.

La afición a contemplar el mar, eso sí, desde lejos, porque éste les infunde terror[88]; la predilección por el color azul, es señal, aparte de otros rasgos del modo de ser de un individuo, de su vinculación espiritual con Yemayá. Podría decirse que delata la existencia de este vínculo un sello señorial, una manera ondulosa de andar, un vaivén cadencioso de caderas, como un ritmo de onda lenta en los movimientos, una airosidad peculiar y envolvente en los gestos. Prosaicamente se dice que "las hijas de Yemayá caminan como pato". Anadean. No siempre, me atrevería a objetar. Es vox populi que los hombres no pueden faltarles al

---

[88] Apenas se hallará un negro que sirva para marinero, observaba el licenciado Barrera y Domingo, a fines del siglo XVIII.

respeto porque la diosa no se los consiente. Los *banle*, los chulos, por ejemplo, los clásicos rufianes que viven de las mujeres y tienen por hábito pegarles por gusto o para hacerlas entrar en razón, no se arriesgan a tener relaciones ni tratos con una hija de Yemayá. ¡Estas son intocables! "No hay chulo que les levante la mano." Se acepta como un dogma en la hamponería de Cuba el respeto que se las debe y, creen, saben por experiencia los "souteneurs", que maltratarlas les trae desgracia.

Mucho se teme al mal de ojo y contra los aojadores se toman precauciones; se habla menos de las lenguas malas que de los ojos malos y sin embargo éstas son tan nocivas, tan destructoras como los malos ojos. Las maldiciones que lanzan son flechas certeras que traspasan a quienes van dirigidas. Sin desfallecimientos marcha la imprecación y alcanza su objeto, dice Esquilo; y Yemayá le da potestad a sus hijas para que se cumplan sus maldiciones. Razón por la cual las hijas de Yemayá no deben maldecir nunca. De la efectividad de sus maldiciones abundan ejemplos y el vulgo las teme.

Al señalar la facilidad de palabra que suele admirarse en las Omó-Yemayá, tenemos que agregar que muchas no guardan secretos —"Yemayá no es baúl de nadie"—, les encanta oír chismes y a veces repetirlos, a semejanza, particularmente, de Afreketé, un avatar de Yemayá "por camino Arará", según nos dijo un asiduo al Cabildo arará de la famosa ña Pilar, ya difunta.

Omo-Ochún

Presentan notables semejanzas morales y físicas con su Iyá Oro, ya en el aspecto liviano, descocado de la sexual Ochún Yeyé Moró, ya en el grave y circunspecto de Ochún Yemu o de Ochún Olodo, que "no reconoce querindangos y rechaza las sinvergüencerías". Pues sería error pensar que Ochún es "panchaga" en todo tiempo, y no obstante su divinidad, una alegre y despreocupada mujer de la vida. Subrayando sólo su liviandad se comete el pecado de faltarle al respeto, sobre todo si no se entiende, como nos recalcó un viejo adorador de Ochún, "que su putería es sagrada".

Esta diosa le traspasa a sus hijas su "gancho", su sandunga, y es fácil reconocerlas a simple vista por el salero y la desenvoltura. Casi siempre son bien parecidas, retrecheras, alegres, con un agrado peculiar. Ochún las dota de una hermosa y abundante cabellera negra... mientras las hijas de Yemayá tienen tendencia a que se les caiga el cabello. Se cree que esas "matas" envidiables de pelo, las profundas cabelleras de las hijas de Ochún, el gusto por los abalorios y peinas, las argollas y aros de oro, por las chancletas con que en un tiempo hacían música sus pies, les viene porque "en un camino Ochún fue gitana". (Un "camino" de la diosa yesa que sin duda se trazó en Cuba.)

Tienen las Omó-Ochún grandes disposiciones para las tablas, la coreografía, el canto, y para las artes de la aguja. Son modistas sobresalientes. Algunas, diríase que nacen con conocimientos de magia, —de magia amorosa— y con una vocación definida por la cartomancia. Nadie echa mejor las cartas que una hija de Ochún... a menos que no sea otra de Yemayá. Más que pródigas, son dilapidadoras cuando se trata de satisfacer sus antojos. Se vuelven locas por féferes y modisturas, sobre todo por los perfumes. Caprichosas, ardientes, venáticas, se enamoran fácilmente y olvidan fácilmente. Pero el amor rige sus vidas, y una pasión, por efímera que sea, las lleva a cometer los mayores disparates. No sienten escrúpulos en conquistar los novios, maridos o amantes de otras mujeres aunque éstas sean sus amigas.

—"No me gusta juntilla con algunas Ochunes", nos confesaba una santera, "desde que una me llevó mi marido". Pero esto le ocurrió porque no era hija de Yemayá. Es bien sabido que los encantos de las Omó-Ochún se estrellan cuando pretenden quitarle el marido a una Omó-Yemayá.

Es convicción de innumerables hijas de Ochún que la diosa del amor les hace derramar muchas lágrimas sin dejar de protegerlas. Un devoto de Ochún se nos quejaba, refiriéndose a sí mismo: "¡Qué misterio! Con tanto oro, tan rica la madre, y tiene a su hijo en la miseria."

Por su parte creen los de Yemayá que los favores de su *Iyá* son inseparables de pruebas o de castigos transitorios. "El mar se encrespa y se calma." Iyá Yemayá pega y consuela. Ochún enjuga las lágrimas que provoca; la dureza con que los trata depende en ocasiones de los pecados y pecadillos que van acumulando sus hijos hasta rebosar la medida de su paciencia. Más que todo, cuando se desoyen sus consejos o deliberadamente se desobedecen sus órdenes.

"Los revolcones que nos dan los Santos, bien merecidos nos los tenemos", confesaba el difunto Jorrín-Adagba.

6 *Imposición de collares*

A veces es posible calmar la impaciencia del Oricha y evitar los rigores de su enojo con la imposición de los *Ileke*[89], de cuatro collares sacramentados en un rito en que ofician las Iyalochas. Estas, antes de prepararlos, cumplirán con sus difuntos, "les darán de comer".

El devoto debe mantenerse casto veinticuatro horas, por lo menos, antes de ingresar, temprano, en el *Ilé-Oricha*. Traerá una muda de ropa nueva que vestirá para recibir los Ileke e inutilizará la usada. Al declinar el sol, la Santera le practicará una "rogación de cabeza". Dormirá esa noche bajo su techo y al día siguiente, purificado el cuerpo con *omiero*, le pondrá los collares en el *igbodu* o cuarto de los Santos y durante tres días vestirá de blanco. Algunas Santeras los obligan a dormir tres noches en el *igbodu*, en el suelo.

Los devotos de Yemayá reciben, con el collar emblemático de esta diosa, el de Obatalá, el de Changó y el de Ochún; y los de Ochún, con el de Obatalá, que es el primero que siempre se pone, reciben el de Changó, Yemayá y Ochún.

Los *Ileke* se "bautizan", se lavan separadamente con las hojas

---

[89] Ileke o eleke se llaman las cuentas de vidrio con que se confeccionan collares. De ningún modo se ensartarán las cuentas con el moderno e impermeable nylon, sino con el tradicional hilo natural.

Imposición de collares 121

consagradas a estos Orichas, hojas que poseen su *aché,* —sus virtudes— y cada Oricha recibe un sacrificio de ave[90]. En la sangre del ave preferida de cada uno y que tradicionalmente se les ofrenda, se dejan sumergidos un rato, para que se saturen con las virtudes de las hierbas y la fuerza de la sangre.

No es necesario en este rito, relativamente sencillo, que se acompaña con rezos y cantos, sacrificar animales de cuatro patas.

Para lavar los collares la Iyá invoca a Olodumare:

Olodumare nina orun nina ile,

y reza e implora la bendición de Obatalá, de Echu, de los muertos y de los Orichas. Les pide, como siempre que se dirige a ellos, que se muestren benévolos con su Omó, que le aparten calamidades y duelos, le sean favorables, lo acompañen y protejan:

Oba barigbá yeyé ibe Echu iba ilé ofo ko ye ri iba ota bi diga kata kikán ma ché Iyami, kinka ma ché pa da kinka ma ché gbogbo alabá Orun aba mi mi ché aba mi ara Oremi kinka mana agbe emi ko chocho.

Otros dicen:

Aketó nire ori awó we aketoniré ori awó wé la fi cha ra omilosan omí ta we la fi cha ra omí ta wé.

Mama bo ki bo ba mayán yiya eye ko kodoroba aye mio ayé kuyé wu re ochó ko tu arayé ko fe ta mu tu.

Los *ileke* son para quienes los reciben "un paso adelante en el camino que lleva al Santo" —a la iniciación— un reconocimiento de su nexo con la divinidad: "algo así" —se nos ha dicho— "como el anillo de compromiso que el novio le da a la novia".

Que no se vea en ellos un simple adorno. Tienen un poder, una vez sacramentados, que ata al creyente a la divinidad que adora. Y se da el caso que una vez en posesión de sus collares, el Oricha se muestra satisfecho con él y lo socorra sin exigirle más de inmediato.

Actúan como nuestros "detentes" o escapularios y todo *isayu* o practicante de la Regla de Ocha debe llevar siempre puesto el *ileke* de su Oricha tutelar como distintivo y protección, para po-

---

[90] Palomas para Obatala —Gallo o pato para Yemayá— Gallo, para Chango, Gallina para Ochún—. Y otras ofrendas gratas a estos orichas.

derle decir: *"Elemí emí ko chocho"* (Dios mío, protégeme, no me dejes solo).

Sin embargo, fuera de las fiestas y ceremonias, tanto los sacerdotes, que no se distinguen por su indumentaria ni por ningún signo exterior, como los fieles, los ocultaban, pues hasta hace muy poco, eran despectivamente llamados "collares de negros brujos" y aún hoy, para no llamar la atención, olochas y practicantes en su mayoría los sustituyen por la cadena y vistosa medalla de oro macizo de 18 k. de un Santo católico dúplice de su Oricha. Sólo en un tiempo las negras y negros viejos los exhibían.

A través de los años estos collares de cuentas de vidrio no perdieron una estilización evidentemente africana. Los que han estudiado en Cuba la llamada Santería, les deben el capítulo que no se ha escrito sobre ellos, y sobre otros objetos de la liturgia en los que no se había desvanecido de un todo el sello africano.

Producto de ocupaciones efectuadas por la policía a principios de este siglo, se conservaba una gran variedad de elekes antiguos en un conato de museo polvoriento instalado en una casona colonial de la calle Habana. Mal expuestos, arrinconados, los raros visitantes que recibía el museo no reparaban en ellos. A la creación del Museo de Bellas Artes por el último gobierno de Cuba libre, fueron trasladados allí. Demasiado codiciables para el público y el personal encargado de su custodia, desaparecieron como por encanto en las semanas subsiguientes al triunfo de la revolución, el 1959. Quedaron sin inventariar, y es lamentable que no hubiese habido tiempo de fotografiarlos, con otras viejas piezas que se exhibían en la sala afrocubana cuya instalación y ordenamiento nos fue confiada por el hombre que soñó con dotar a La Habana de un museo, el Dr. Octavio Montoro.

Generalmente es la Iyalocha quien confecciona los collares empleando el número y múltiplos de cuentas que exige la "marca" o cifra de cada Oricha, pero también son muchos los Babalorichas que exceden en este arte.

El clásico *ileke* de Yemayá (mar y cielo), se compone de series repetidas de siete cuentas de cristal transparente llamadas de agua, y siete azules. El de Yemayá Okutí, de agua azul ultramar, azul pálido y un coral. El de Yemayá Ayabá, azul pálido y agua. El de Yemayá Asesú, azul oscuro y perlas opalinas o "cuentas de jabón". Los de Olokun son variadísimos y en algunos predominan las perlas cristalinas y de distintos tonos de azul, verdes y rojos; y en otros de azul añil, —*eluleke*— se combinan con cuentas rojas, ópalos y coral. Antiguamente, los collares de Olokun, de gruesas cuentas de un azul intenso como el lapizlázuli, —que se ensartaban en un hilo de hierro—, procedían de la costa de Guinea y eran estimadísimos.

Los *ileke* de Ochún llevan sólo cuentas de ambar o cuentas amarillas llamadas *iyeyé*. Los de Ochún Olodó, Ochún Ibu Akuara y Ochún Gumí, cuentas rojas, verde esmeralda y amarillas de un tono mate. Los de Ochún Ikolé, rojo y ámbar. Las sartas de corales solos, —*Iyón*— le pertenecen a las dos diosas. Los rojos son también emblemáticos de Oyá. Las cuentas con que se confeccionan los collares de esta diosa se llaman "cuentas de Oyá" y se alternan cada nueve cuentas con malipó[91]. Hay quien les ensarta corales o cuentas rojas.

Enteramente blanco es el *ileke* de Obatalá, señor de la pureza, dueño de los corales blancos, el primero, como hemos dicho, que recibe el Omó. Los que corresponden a avatares masculinos de esta divinidad, —"Obatalás machos"— como Obalufón, Ayáguna, Achó, presentan cuentas rojas, mientras los femeninos, —"Obatalás hembras"— como Elefuro, Obanlá, Yemu, Aguema, etc., —"que son muy delicadas"— demandan perlas blancas, marfil y nácar.

En los collares de Ayáguna, Ochagriñán, Ochalufón, se ensarta cada veinticuatro cuentas blancas, un coral y admiten caracoles. En el de Obamoró el coral o la cuenta roja se sustituye por una de color morado, el color de Jesús Nazareno, lo cual es, como observa Odebí, una intromisión católica.

El collar de Ochánla, es enteramente blanco, de marfil o nácar, y cada dieciséis cuentas, como el de todos los Obatalá lleva cuatro color cacao. Solamente para Aguema se combinan cuentas blancas con verdes.

El de Odúa, "el Obatala más viejo" son dieciséis perlas de nácar o de marfil y corales y dieciséis caracoles.

[91] Malipó, cuentas de color marrón, carmelita, como decíamos en Cuba.

El *ileke* de Changó se compone de cuentas rojas y blancas alternadas, o para darle mayor lucimiento se disponen en serie contrastando las blancas con las rojas.

El de Dada es semejante al de Changó, —Dada y Changó son hermanos— y de tramo en tramo se le ponen caracoles, "porque Dada es riquísimo y los caracoles eran el dinero de los lucumí". El de Oba, mujer de Changó es todo de malipó, y a veces se le añaden cuentas moradas.

Los collares de Agayú varían según la tradición del *Ilé* que los confiere. Se advierten diferencias en los que confeccionan los Santeros matanceros.

En La Habana, entre otros "ensartes", es corriente el de color cacao, malipó, una perla azul turquesa, otra roja y a veces, una amarilla o verde.

Elegua: para este dios travieso y temible se estilan dos collares además del que es todo de perlas negras. En uno alterna una cuenta roja con otra negra —que puede variar alternándose tres rojas con tres negras— y de tramo en tramo se le pone un caracol. El otro es igual que el anterior pero las cuentas blancas se alternan con negras, y simboliza a Afrá, un Elegua de tierra arará. (Fon.)

El *ileke* de Ogún, que suele acompañar el de Yemayá, consta de siete cuentas de un verde mate claro y siete negras al que sigue un tramo alternando una y una con un caracol. En total siete caracoles. En otros tiempos solía ponérsele un colmillo de leopardo. En Matanzas hemos visto collares de Ogún rojos y morados. En La Habana, morados.

El de Ochosi, que ostentan los Olochas de este dios, —a sus *omó* no iniciados sólo se les da una cadenilla— consta de dos hilos de cuentas de color azul prusia, y de tramo en tramo una de ámbar pasada por los dos hilos. Lo rematan cuatro caracoles separados de dos en dos por una cuenta de ámbar. También los hemos visto de ámbar, colmillos de leopardo y caracoles.

El genuino collar del Oricha Inle, —"santo de agua como Yemayá, Ochún y Naná"—, según el Santero Carlos Menéndez y en concepto de mi amigo Odebí, se combina con siete cuentas azul añil y siete amarillas. Pero en la clásica Matanzas, las cuentas de

Imposición de collares 125

Inle son de un verde oscuro transparente; además lleva algunos corales y otras cuentas, ya muy raras, amarillas a rayas verdes y siena. A Inle se le adorna con un collar de corales, siete azabaches y un pescadito de metal. La típica cuenta de Inle es amarilla jaspeada. El de la Santera matancera Echubí tenía cuentas blancas jaspeadas de negro.

Orichaoko: siete cuentas rosadas y siete azul turquesa pálido. Como a todos los Orichás, puede adornársele con corales. Cuentas blancas rayadas de rojo se utilizan también para el collar de este Oricha.

Babalú Ayé: sus *ilekes* son muy variados y dependen del "camino" o avatar en que se adora. Los más corrientes, los que se imponen con más frecuencia son los de Asomayá, Asoyí, Afimayé, Asojún, Negué (ararás). Todo color de terracota, —malipó—; con diecisiete azabaches, el de Asoyí. El de Asomayá, de malipó predominando las cuentas blancas a rayas azules y se le engarzan algunos cauris. El de Afimayé consta de veintiuna cuentas blancas rayadas de azul, siete de malipó, canutillos de malipó y termina con otras veintiuna cuentas blancas.

Nos llevaría muy lejos una descripción minuciosa de los diversos tipos de estos collares llamados "de Santos", en los que a la par que el conocimiento de las raíces de cada Oricha, sus "caminos", sus enlaces o relaciones con otros, juega un papel importante la imaginación y la sensibilidad artística de quienes los confeccionan. De ahí su gran variedad. Solamente el Ileke de Orula no admite otra combinación que la de cuentas verdes y amarillas.

A menudo la Iyá, para imponer los collares a su protegido, aprovecha la celebración de un Asiento, de un toque de tambor o "fiesta de Santo" en que se hacen grandes sacrificios a los Orichas. Previamente los collares son lavados, como es de rigor, con los ewes pertenecientes a cada Santo. Los de Yemayá con siete de sus *ewes,* por ejemplo: mazorquilla, cucaracha, filigrana, uva gomosa, verdolaga, paragüita y nelumbio, *(achibatá* que algunos Osainistas consideran exclusiva de Yemayá). Los de Ochún con cinco de las suyas: botón de oro, coralillo, hierba niña, romerillo, sauco amarillo.

Ese día los *Iiekes* de los Asentados se introducen en las soperas en que los Orichas, incorporados a su *otán*, reciben la ofrenda de sangre, y se santifican y fortalecen con la de animales de cuatro patas —"que es como la sangre humana".

Después de haber "comido con el Santo" y saturados de su *aché*, vuelven a lavarse con *omiero* y a untarse con manteca de corojo, —*epó*—. El de Obatalá se unta con manteca de cacao.

A la muerte del devoto sus *ilekes* se entierran con él. Los de los Santeros los acompañan a la tumba; otros pasan con sus piedras sagradas y demás objetos del culto a manos de un ahijado que lo merezca, su sucesor, y de acuerdo con la voluntad de los Orichas, "se les da el camino" que ordene el Santo en la ceremonia del *Ituto*. A veces se deshacen y se echan al mar los de Yemayá, los de Ochún al río.

No es raro que al morir la Madrina que puso los collares a un ahijado, a éste se le quiebren espontáneamente. Es menester entonces ensartar las cuentas de nuevo, lavarlos con omiero y "darles de comer".

De tiempo en tiempo se refrescan y alimentan.

Si desgraciadamente el ahijado pierde sus *ileke*, debe considerarse tal pérdida como irreparable, pues "un Santero honrado, respetuoso de su religión, jamás le echará los collares dos veces a la misma persona". Esto, que nos advierte una Iyá tradicionalista, ha ocurrido en el exilio.

Se comprenderá, en consecuencia, el pesar de aquellos fieles que, víctimas de la persecución del gobierno comunista de Cuba, empeñado desde hace años en destruir los cultos africanos, han sido desposeídos en el aeropuesto, al marcharse en los Vuelos de la Libertad, de sus collares o de su *Kofá*[92].

Sólo los que salieron de la Isla a comienzos del triunfo marxista, trajeron al exilio sus *ileke* y sus *otá*, —piedras sagradas.

¡Actualmente, ni en la misma Habana, hay cuentas para hacer collares!

---

[92] La manilla de cuentas verdes y amarillas que reciben los hijos de Orula, y por medio de la cual Orula protege a otros hijos de Orichas.

Imposición de collares

No todas las Iyalochas, para Asentar a un ahijado o imponerle los ileke, han tenido la suerte de ésta, de quien nos cuenta una amiga suya el hallazgo milagroso que hizo, indudablemente propiciado por los mismos Orichas.

En noviembre de 1970 un grupo de muchachas, entre ellas dos jóvenes comunistas, la habían invitado a comer en un restaurante, en "El Polinesio". Para comer, entonces, en uno de los dos restaurantes de La Habana, en éste o en el "1830", se hacía cola temprano en la mañana y presentando el carnet de trabajo, se obtenía un turno para esa misma noche. Luego, fue preciso solicitarlo con un día de anticipación, y en el presente, la reservación debe hacerse por teléfono, el cual está siempre ocupado, porque se descuelga.

En honor al exotismo de su nombre, el "Polinesio" luce en su interior unos cortinajes con hilos de cuentas de colores, verdes, blancas y amarillas. La Iyalocha, que carecía de *ileke* para el Asiento de una ahijada, y que no había comido hacía tres días, estuvo a punto de desmayarse, no de hambre, sino de emoción, al ver aquellas cuentas de colores tan próximas a la mesa que les fue destinada.

A expensas de que los llevaran presos a todos si el camarero los sorprendía infraganti, una de las muchachas, la que me refiere lo ocurrido, en complicidad con las demás y especialmente con los dos jóvenes comunistas que facilitaron la operación, zafó cuidadosamente los hilos y las cuentas rodaron silenciosas en sus manos. Cuentas blancas para Obatalá, verdes y color de ámbar para Oshún, la madre de esta sacerdotisa, que parece haberle trasmitido a su hija muchos de sus dones de seducción.

Por otra parte, esta historia nos demuestra una vez más, cuán difícil es que la mayoría de los "comunistas" cubanos asimilen el materialismo de Marx y Lenin, y estén convencidos de que la religión de sus Orichas sea, como todas, "una de las formas de opresión espiritual que pesa sobre las masas".

7 *El Asiento. Ocha Yokodi Eleda o Kari Ocha*

En líneas generales la iniciación de los hijos de Yemayá y Ochún es igual a la de los hijos de otros Orichas, esceptuando a Babalú Ayé.

A la serie de ritos a que se somete el neófito en la vivienda del Babaloricha o la Iyalocha durante determinado número de días, los lucumí ladinos[93] le dieron en español el nombre de Asiento, en la acepción de contrato y obligación, de "anotación de alguna partida que se apunta y escribe para que no se olvide". Definición que concuerda con el de un viejo informante que jamás abrió un diccionario.

Es un contrato en que el Oricha conviene en proteger a su hijo, y éste en servirlo, —"adorar es dar para recibir"— y es también obligación, porque al ser consagrado *Iyawó*, esposo del Oricha, no podrá rehuir ninguna de las que contrae con él y con cada uno de los Orichas. Quien ha pasado por los ritos secretos de la iniciación en la Regla de Ocha, místicamente muere y renace. Muere a la vida profana por la acción de los ritos y "renace en Santo", en la religión, unido para siempre a la divinidad. Terminadas las ceremonias, "es un recién nacido que se asienta con nombre lucumí en el libro de partidas de nacimiento de la religión de los Orichas".

---

[93] Ladino era el africano que hablaba castellano.

Otros Santeros opinan que se llama Asiento[94] a las ceremonias de la iniciación, por referirse esta voz al preciso momento de "asentarse, ir poniendo los Santos, las piedras" (cultuales) "sobre la cabeza del Iyawó". Por lo que se dice que a fulano "le van a asentar Santo", si va a iniciarse, o que "tiene Santo asentado", "se asentó", después de haber pasado el proceso ritual que culmina en el acto de sostener en orden sucesivo los otán Orichas sobre su cabeza. Esta larga ceremonia se llama en lengua *Ka ri Ocha*[95] y *Lerí Ocha*[96].

Decidida la fecha en que aproximadamente tendrá lugar el Asiento, el neófito se traslada a la casa del Babalocha o de la Iyalocha que ha escogido como Padrino o Madrina de Santo.

La vivienda de cada oloricha es el santuario de un grupo más o menos numeroso de fieles emparentados místicamente, "de una familia de Santo", como suele decirse, constituida por los que se han asentado en él, y por los *aberikolá* que lo frecuentan asiduamente.

El Babá y la Iyá, hijo y dueño de la divinidad a que rinde culto preponderante, es el jefe, el Pater, "la Cabeza" —olorí— de esa familia espiritual que él atiende y protege y de la que no es solamente cura de almas sino tambien de cuerpos.

Los miembros o ahijados de un mismo *ilé-Oricha* contraen lazos equivalentes a los de un parentesco sanguíneo, con todas las obligaciones que éste implica. Familias de varias generaciones de Santeros han tenido su origen en el Santo de tal o cual difunto Babalocha o Iyalocha cuyo Oricha heredó un hijo, un nieto, un sobrino o alguno de sus más dignos ahijados: "un Santo pare otro Santo." Hay pues abuelos, padres, hijos, tíos, hermanos, sobrinos y primos de Santos...[97]

---

[94] Ciñéndonos al viejo diccionario: "Asiento en los edificios y fábricas se toma por firmeza, seguridad y consistencia". Exactamente lo que es el culto para el iniciado, la base, el firme asiento en que descansará su vida.

[95] Ka, poner; ri, arriba; orí, cabeza. Ocha, dioses.

[96] Lerí, coronilla; ocha, Oricha.

[97] Conservamos algunas notas sobre esos parentescos que algunos informantes nos dictaban con la misma complacencia que pone un genealogista al ilustrarnos sobre su familia. Copiamos de una de estas fichas. "Rama de la Pimienta y Rama de Munda Rivero. Las dos ramas lucumí, de la misma tierra, tenían sus

Algunos viejos se enorgullecían de pertenecer a una familia de Santo en la que el fundador había sido un personaje vencido en combate y vendido al negrero o un Olocha eminente, famoso en toda su provincia, y puede hablarse con respecto a linajes de Matanzas y de La Habana de una aristocracia de Santería de la que aún quedaba descendencia.

Hoy, como ayer en la Cuba de los Taitas legendarios, trasluce en todo genuino *iworicha* un íntimo orgullo de esencia aristocrática... por no decir divina. ¿Ser confirmado hijo de un dios y de una diosa no eleva al máximo la jerarquía de cualquier individuo?

No ocurre en Cuba como antaño en Nigeria, que cada Oloricha se dedique especialmente a adorar a una sola divinidad, aquélla de la que desciende.

En Cuba debe rendirle culto a todos los Orichas. A reserva de recibir en el transcurso del tiempo las piedras cultuales de otros dioses, al Iyawó se le entregan los llamados "Santos de Fundamento" o "Santos de entrada" a la vida religiosa, que son: Obatalá, Changó, Yemayá y Ochún.

El mismo fenómeno se ha producido en el Brasil. Roger Bastide, que ha estudiado acuciosamente las religiones africanas en ese país, señala el deber que tienen allí las Iyá y los Babá de venerar a todos los Orichas a la vez que a su Oricha tutelar, y también como en Cuba, en cada ilé se rinde culto a todos los dioses lucumí. "En Africa cada divinidad, Changó, Omolú, Ochún, tiene sus sacerdotes especializados, sus conventos y luga-

---

ilé en la misma calle y frente a frente. Así fue cómo enlazaron estas ramas: un omó de la acera de la Pimienta recibió Santo en la acera de Munda y mi bisabuela Florentina Ruiz alias Finao, de la Pimienta, le dio un ahijado suyo para que fuese su oyugbón. El Padrino de Florentina era Pimienta. Se llamaba Panchito, alias la Vená. De los tres primeros ahijados de la Vená, una fue mi bisabuela la Finao, de la que salió Juan, Manolo, Leonor, Yeya mi tía que es Iyalocha en Regla, Juana, dos hijos de Ochún que viven todavía y mi abuelo Ñengo. Leonor hizo diez Santos, Manolo, seis, Ñengo asentó a treinta y dos. Yo soy nieto del primer asentado de Ñengo, que tiene setenta y pico de nietos. Una de sus hijas tiene diez y mi Padrino doce. Tengo treinta y dos primas de Santo, y entre ellas, la verdad que dos son de encargo, casi siempre están en la cárcel."

Por Tita, de la Pimienta, vino el enlace con la rama de Munda Rivero, a quien asentó un lucumí. Esta rama hoy se llama de los Villalobos y la rige Cecilia la Moñuda."

res para el culto. Aquí, aún en las aldeas negras de la costa, era imposible para cada 'nación', demasiado débil numéricamente, volver a encontrar y revivir esta especialización. Las sectas se convertirán en una imagen, en pequeño, del conjunto del país perdido"[98].

Hay tantos templos como casas de Padres y Madres de Santos. Puede serlo un bohío, la habitación de una ciudadela, una casa pobre y desmantelada o la cómoda y espaciosa de un Santero floreciente. En esto se continúa la tradición africana, pues en Africa los cultos se practican en las mismas casas de los sacerdotes. Las religiones animistas de Africa no cuentan con templos propiamente dichos, lo que entendemos por templos en términos de arquitectura.

Si el Oloricha es muy pobre, las piedras sagradas, sus Santos, ocupan, guardadas en soperas como hoy se acostumbra, un espacio limitado de la habitación en que vive. De lo contrario se le destina una habitación en la que se practican los ritos, que llaman en Cuba "el Cuarto de los Santos" y en lucumí, *igbodu. Iyara,* también le dicen algunos.

Estos "cuartos de los Santos", por las imágenes católicas que siempre encontramos en ellos, la del Niño de Atocha, (Elegua), San Lázaro (Ayé), Nuestra Señora de las Mercedes (Obatalá), de la Candelaria (Oya), de la Caridad del Cobre, de Regla, Santa Bárbara, etc., —las soperas con las piedras del culto y los atributos de los Orichas se disimulan en un armario que se continúa llamando "canastillero"— nos traen a la memoria aquella otra habitación a media luz, impregnada de olor a cera, que servía de oratorio y nunca faltaba en la antigua casa cubana. Allí estaban las estampas e imágenes de bulto de los Santos de la devoción de la familia; allí, en el "cuarto de sus Santos", se recogía la señora de la casa para rezar sus oraciones, y si tenía capellán, para confesar y recibir la comunión.

Con la ausencia de templos salta a la vista del observador el

---

[98] "Les Religions africaines au Bresil. Vers une sociologie des interpretations des civilisations". Press Universitaires de France. 1960. Otros libros de Roger Bastide son igualmente indispensables para el estudio comparativo de las religiones africanas en los países que él llama tan acertadamente las Américas Negras.

carácter doméstico e independiente, marcadamente individualista de este sacerdocio de la "Regla de Ocha" que no se pliega a ninguna autoridad máxima y centralizadora que lo rija, y en el que nada recordará comparativamente la organización de nuestro clero. "¡No tenemos Papa!", nos han dicho.

Cada Iyá, cada Babá no reconoce más autoridad que la de sus Orichas y la suya propia. Sin embargo, "respeta la edad", es decir, se reconoce la jerarquía basada en los años de sacerdocio y "se da a los mayores en el Santo[99] la consideración que se merecen". Lo que puede estimarse como un vestigio de la sociedad jerarquizada en que vivieron los antecesores.

Los Olorichas no son muy solidarios entre sí y con frecuencia se hacen una guerra sorda o declarada. Lo que no deja de ocurrir también entre los Babalawos, que podemos considerar un tanto aparte y a la cabeza de este clero, ya que Babalorichas e Iyalochas se ven en la obligación de consultarlos y acatar sus oráculos en casos de duda o disparidad de criterio, como hemos tenido ocasión de subrayar, y en principio, no pueden prescindir de ellos, aunque se les hayan usurpado algunas de sus prerrogativas. Esas rencillas, esos odios a veces furibundos son típicos de la Santería y han existido en todos los tiempos.

En las prácticas del culto se notarán ciertas diferencias, aunque ligeras, sólo en los detalles, de un *Ilé-Oricha* a otro: "cada casa de Santo tiene sus costumbres, cada maestro su librito", su tradición. Varían también de una provincia a otra, pero nunca afectan al fondo común de las creencias, al culto ni a la técnica del ritual.

Ebó de entrada

Cuando el elegido de Yemayá o de Ochún, pues sólo de estas diosas nos ocupamos aquí, ha reunido el dinero necesario para los gastos y "derechos" que importa su Asiento, y tiene listo su ajuar de futura Iyawó, lo entrega todo a la *Iyaré*, la Madrina, que administra los fondos.

---

[99] En la religión.

Ebó de entrada   133

Veamos una lista de lo que antes se exigía a los menos favorecidos por la suerte para un Asiento modesto de Yemayá o de Ochún.

Ropa: siete mudas, camisa, refajo, enaguas, etc., un par de zapatos blancos y unas pantuflas. Seis pares de medias blancas. Dos túnicos de zaraza o seda. Seis tohallas grandes, seis chicas. Seis sábanas. Cinco varas de tela punzó, cinco blancas, cinco azul, cinco amarillas. Siete cojines. Dos docenas de platos. Una vara de zaraza. Seis pañuelitos. Una vara de seda bordada. Dos chales de seda (para salir la Iyawó). Dos jarras, dos platos, dos jicaritas, ocho cazuelas grandes, cuatro pequeñas, dos palanganas para fregar, cuatro cubos pequeños. Tres fuentes llanas, una fuente honda, cuatro pinceles, media libra de cascarilla, de manteca de corojo y de cacao, de aceite de comer y bija. Una barra de jabón amarillo, una de jabón blanco de Castilla, ocho manos de caracoles; las herramientas de los Santos[100], una espada, una batea para Changó, soperas, manillas, siete para Yemayá y cinco para Ochún, campanillas, cencerro, güiro, dos esteras, una sillita, media libra de cuentas del color de cada Oricha. Una cruz, siete plumas de loro para Yemayá y cinco para Ochún.

La Iyaré o Madrina de Asiento tiene la prerrogativa de fijar la cantidad que estime conveniente para hacer un "Santo". Retrocediendo a la tarifa establecida por la Santería en las capas populares, antes del comunismo, el precio de un Asiento oscilaba entre doscientos o trescientos pesos, y se suponía que el Oricha era quien lo determinaba. Actualmente, en el exilio, en Miami, Nueva York, California, Puerto Rico y otros centros de refugiados, el costo del Asiento no baja de dos mil a tres mil dólares y aún más... Esta cantidad que hoy parece exhorbitante no impide que aumenten por día los Asientos, y que en la ciudad de Nueva York, donde son más costosos, se practiquen por lo menos, según los cálculos de un *Iworo* de mi amistad, cinco o seis Asientos al mes. Lo que permite concluir que la profesión más lucrativa en el exilio es, sin duda, con la de médico, la de Santero, mayombero, y medium espiritista. Las llamadas Botánicas, que suministran

---

[100] Los atributos, en metal y madera, de los Orichas.

hierbas, semillas, caracoles, "herramientas" (atributos) de los Orichas, collares, estampas, imágenes, oraciones, precipitados, aceites, perfumes, velas y otros artículos para el culto y la magia, representan también un negocio considerable: existen en Nueva York centenares de estos establecimientos, muchos de los cuales pertenecen a portorriqueños, que proveen a una innumerable clientela "poltorriqueña" que practica un espiritismo mezclado de hechicería.

De la cantidad que pide una Iyalocha para un Asiento [101], se asigna una parte para su Oricha y el resto lo aplica a los "derechos" (honorarios) que perciben el Babalawo, el Oriaté, la Oyugbona y las Iyalochas invitadas y encargadas de oficiar en algunos ritos de la ceremonia, y los "mandaderos" que llevan los ebó o rinden cualquier servicio.

Los animales que se sacrifican a cada Oricha y la comida que consumen las Santeras —"la sangre para el Santo, la carne para el Santero"— corren por cuenta del neófito, que comprará los mejores en venta para que sean del agrado y dignos de los dioses.

"Todo el mundo gana en un Asiento; la repartición es de ley en nuestra religión", nos recalcaba una viejita. "El que no cobra, come; ningún Santero se va con las manos vacías. El Santo nos da a todos; por todo lo que se hace en un Asiento se paga derecho."

Estos derechos importaban $ 1.05, $ 2.10, $ 3.15, $ 3.75, según las listas que conservo de años anteriores a la tiranía comunista, en que una consulta de Dilogún, una "vista" de Ifá se estipulaba en $ 1.05, una "rogación de cabeza" en $ 2.10, etc.

[101] Un cálculo por lo bajo de lo que cuesta actualmente una iniciación, arroja las siguientes cifras basadas en lo que recientemente ha pagado en el exilio un hijo de Changó: ebó de entrada, $ 32.00. Madrina: $ 700:00. Santeras: $ 20.00 ó $ 30.00 cada una. Oyugbona: $ 110.00. Herramientas: $ 140.00, —de Agayú: $ 15.00—, Changó seis platos, dos para la Madrina, dos para la Oyugbona y dos para el neófito. Para cada sopera de Oricha, seis platos. Un plato hondo y uno llano. Una tinaja para ir al río. Una tijera de barbero. Dos peines blancos. Una canasta grande. Ropa: siete pares de medias blancas. Una gorra blanca y zapatos blancos. Siete calzoncillos blancos. Cinco pantalones blancos. Siete camisas de mangas largas y cortas blancas, dos trajes blancos. Yerbas: $ 20.00. Animales: $ 300.00. Comida: $ 175.00. Sin contar gastos imprevistos, el costo de un Asiento no baja de $ 2,172.00 a $ 3,000.00.

Al recibir la Madrina de manos de la Iyawó el dinero del Asiento, toma de esta suma dos pesos y cinco centavos, y con dos cocos y una vela, los pone delante del Oricha. Claro que antes de comprometerse a asentarla ha consultado con sus dioses y obtenido su consentimiento y la promesa de su protección para que en el curso de los ritos no haya entorpecimientos ni sorpresas desagradables.

Si la Iyaré se halla en edad de menstruar, tendrá mucho cuidado al fijar la fecha del Asiento para que no coincidan sus reglas ni las de la novicia, con los siete días en que tienen lugar los ritos trascendentales, porque en tales condiciones ninguna mujer puede acercarse a los Orichas ni a nada sagrado sin cometer un sacrilegio. En un Asiento, las consecuencias serían fatales para ella, la neófita y cuantos asisten a la ceremonia. Es esta una de las interdicciones más rigurosas que han de acatar Santeras y devotas, y puede decirse que ninguna mujer de color o perteneciente a cualquiera de las sectas africanas que han sobrevivido en Cuba, se atrevería a transgredirla. Tan fuerte arraigo tiene en todos los creyentes este viejo concepto de la influencia nociva de la sangre menstrual. "Sucia", una mujer no asiste a un toque de tambor donde se manifestarán los Ocha y se codearán con sus hijos; ni traspasa el umbral del cuarto de los Santos. Si alguna irresponsable se arriesga a quebrantar este *kawó*[102], como ha sucedido alguna vez, no tarda en ser descubierta: "allá en mi pueblo cuando una mujer venía con su regla a casa de Naná le cantaban *Agán ya kuma ka ya konisé ¡Naná Bulukú ta limpio, ló, ló!* y la botaban como a un perro." Y si por desgracia la sorprende el periodo y una gota de sangre cae al suelo en la habitación en que se tiene a los Orichas, quedará menstruando el resto de su vida...

Hemos conocido a un "caballo" de Yemayá, a la vez muy católica, que tampoco permitía a sus nietas ir "sucias" a la iglesia: "ofenderían a Jesucristo", serían castigadas con la suspensión de sus reglas para siempre, enloquecerían o perderían la vista. Se nos dice que muchos casos de locura y de ceguera tienen su origen en no haber respetado esa prohibición. Al mismo castigo se expone la mujer poluta que amortaja a un cadáver.

[102] Prohibición, tabú; euó, prohibición de alimentos.

Al padre de uno de mis viejos informantes, su mujer no le cocinaba ni servía mientras menstruaba. No se sentaba a la mesa con él. Se creía, se cree firmemente que en esas condiciones las mujeres hacen daño. Prueba de ello es que entonces, un objeto frágil se rompe espontáneamente en sus manos. Y no dudan las mujeres blancas que sustentan estas creencias, —y lo mismo las negras— que algunos platos de cocina, muy particularmente la mahonesa, un merengue, se estropean cuando se intenta hacerlos durante las reglas. Un tambor se parte si se le acerca una mujer en tal condición. Si las tocan, las flores se secan y no darán frutos los árboles recién sembrados. Sin embargo la sangre menstrual, como veremos, se utiliza con magníficos resultados en "trabajos" de magia amorosa. Unas gotas no más, en la comida, en el café o en cualquier bebida que no sea incolora, "amarra" a un hombre. Pero este ligamen que tomamos del formulario mágico de una hija de Ochún, no es sólo africano, se conoce bien en Francia, en España y en otros países.

Cuando todo ha quedado convenido entre la Madrina y el Omó que la ha escogido, éste va a instalarse al *ilé-Oricha* y allí pasa un tiempo de reclusión previo al Asiento. Pero las imposiciones de la vida moderna fueron acortando, sobre todo en La Habana, para obreros y empleados, los días que el neófito permanecería en la casa de la Iyá o del Babá, "recibiendo influencias del Santo", preparándose reposadamente para el gran acontecimiento de su vida[103]. Ya desde años antes de pasar Cuba a poder de Rusia, cuando la prosperidad económica del país, los altos salarios, el auge de pequeñas y grandes empresas privadas multiplicaba los Asientos, aumentando asombrosamente el número de partidas de los nacidos en Ocha, no le fue posible al neófito recluirse, como antaño, por tiempo indefinido en la casa del Santo. El número de dieciséis[104] días reglamentarios se acortó a siete y aun a tres en algunos casos.

[103] Antes el neófito se instalaba en casa del Santero por lo menos un mes con anterioridad a la realización del Asiento. El Oricha determinaba el tiempo de su reclusión.

[104] Dieciséis son los Orichas, dieciséis los caminos, dieciséis las letras del Dilogún...

La duración del Asiento de las hijas de Yemayá y de Ochún es igual a la de los demás Santos. La neófita, si es casada o "arrimada", no habrá tenido contacto sexual con su marido o amante setenta y dos horas antes de penetrar en el ilé-Oricha. Si el candidato es un hombre observará la misma conducta con su mujer. Considerado como impuro el acto sexual la abstinencia es otra imposición ineludible para los que van a someterse a ritos que tienen por objeto eliminar todo género de máculas. Así, el primero que se practica al comienzo del Asiento es el "ebó de entrada", con la limpieza consiguiente del omó, y ésta debe encomendarse a un Babalawo.

El término *ebó*, como hemos dicho, comprende todo tipo de sacrificio y ofrenda de alimentos, bebidas y cosas. Significa también súplica, ruego. La idea de purificación —*Iwemo*— está implícita en el ebó, que incluye necesariamente la "limpieza" del oferente. Indistintamente se dice "hacer una limpieza", una "rogación", por "hacer ebó". Cuanto se le pide a un Oricha se acompaña de un *ebó*. *Ebó* se hace al nacer y al morir, y en todas las circunstancias de la vida. "Toda necesidad se remedia con ebó." A todo rito precede un *ebó*. Para poner los *ilekes*, para entrar en Ocha, (en religión) para escapar de un peligro, de una enfermedad, de la muerte; para obtener la realización de un deseo, para mejorar de situación, triunfar en cualquier empeño. Para esquivar la brujería o anonadarla, aplacar la cólera de un Oricha, conquistarlo, alejar, apaciguar algún muerto que perturba, "atrasa" o amenaza con llevarse a la sepultura al vivo que persigue.

El repertorio de los *ebó* es inagotable e innumerables los ejemplos que aconsejan su práctica. Comprende desde el más sencillo, "el que no es más que un regalo, una prueba desinteresada de cariño que se da al Santo", la ofrenda modesta y voluntaria —*eboré*— que queda a elección del devoto, no prescrita por el *Dilogún* ni por *Ifá* que consiste por ejemplo, en un dulce, una fruta, una libación —*ebosila*— o en la comida que más le agrade, hasta los más importantes y costosos —*eboyí, Ebowonú*— que exigen la inmolación de víctimas de cuatro patas. El *ebó* es fundamental en toda tramitación con los Orichas. Los dioses necesitan alimentos, sangre. Eyé, la sangre acrecienta sus energías, los mantiene potentes, eficientes y satisfechos de sus adoradores, y eyé beneficia al que la ofrece y a cuantos participan en el sacrificio infundiéndoles aché, un renuevo de fuerzas y vitalidad.

El Babalawo, consulta a Ifá, y especifica los componentes de este "ebó de entrada" que necesita el neófito para propiciarse a los Orichas, hacerse perdonar las faltas que haya cometido y limpiarse de las suciedades que la vida profana ha acumulado en él. Estas lacras las recogen las aves —pollo, gallina, gallo, paloma, guinea— con que lo "despojan".

En el *ebó* de entrada están presentes la Madrina y su asistenta la Oyugbona.

El Babalawo le entregará a la primera el *yefá* y el "secreto del Santo" —*osu* y *kolá*— para la ceremonia del Asiento.

En todo *ebó* son elementos permanentes la jutía, el pescado (ahumado), el maíz, polvo del suelo, pedacitos de hoja de malanga, aché de Orula (polvo de ñame), coco, agua.

Tanto el Babalawo como la Iyalocha y el Babaloricha rezan en lengua. "Aunque los Orichas, como Santos poderosos y sabios que son, entienden todas las lenguas, lo correcto es hablarles en la suya, que es el lucumí. Muy poco vale el Santero que no les hable Anagó."

Para presentarles el *ebó* y rogarles, el oficiante deberá siempre emplear el lucumí. La palabra es esencial en todo rito. Es menester nombrarles a los dioses cuanto se les da, y explicarles lo que se quiere de ellos. A veces las plegarias son cortas, las más rudimentarias y personales; otras son largas, según el conocimiento y la buena memoria de la Iyá o del Babá, y a juzgar por las traducciones que ellos mismos nos facilitan, consisten en elogios al Oricha, en protestas de adoración seguidas de peticiones, de "los *fu mí*"[105], —los dame—, como decía Bamboché.

En el fondo, estas plegarias no difieren de las nuestras; ¡no son menos materialistas nuestros anhelos y demandas!

---

[105] Fu, dar; mí, a mí.

La purificación en el río.
Wo ti omorisha luwe odo

Efectuado el *ebó* de entrada, a la hora en que el sol va de retirada, se lleva al *omó-Oricha* al río. En algunos *ilé* se prefiere la noche al atardecer, y la purificación por el agua viva se practica a la luz de la luna o de las estrellas. La conduce la *Oyugbona*, segunda Madrina de Asiento, asistenta de la *Iyaré*, o si se quiere, "la criada del Santo". Para este oficio de la mayor responsabilidad ha sido escogida o aceptada por el Oricha, y a ella se confía el cuidado del neófito hasta el momento en que ya consagrado, convertido en *Iyawó*, —"con Santo hecho"— regresa a su propia casa trasladando a ella sus piedras sacramentadas en las que por virtud de los ritos, en cada una se ha fijado un Oricha.

La Oyugbona, que además será responsable de todo lo concerniente al lugar en que se concentrarán las fuerzas sagradas, del Cuarto, del *Igbodu*, va a entrar ahora en funciones: acompañada por lo menos de dos Iyalochas mayores, conduce a la neófita al río.

Sin "saludar", rendirle homenaje a la dueña del río, sin purificarse en sus aguas, no se efectúa ningún asiento.

El neófito suele llevarle a Ochún una cazuelita con *ochinchín*[106], uno de sus manjares predilectos, u otras ofrendas de boca igualmente gratas a la diosa, y le paga un derecho, que era en Cuba, —en la castiza provincia de Matanzas— de cinco centavos.

Después se *moyuba*. De *yuba* —rendir pleitesía— hicieron los criollos "moyubar"[107].

Ochún yeyé mi ogo mi gbogbo ibu laiye nibo gbogbo omorisha lowé mo to si gbá ma abukón ni. Omi didume nitosi oni Alafia atiyó obinrin eleré aché wawo atiré maru achó gelé nitosi yo Ayaba ewá ko eleri riré atiyó. Betonichó nitosi komo nigbati wa ibilu obinrin ikú oko Olofi odukué[108].

---

[106] Guiso de camarones, acelgas, tomates y alcaparras.
[107] Mo, yo. Yuba, respetar, venerar.
[108] Ochún, madre de gloria absoluta, inmortal, Reina bellísima y adorada, hacia tí van todos los hijos de Orichas, a tu lado los afligidos por una desgracia o defi-

Después de saludar a Ochún y de explicarle la Oyugbona por qué motivos va a asentarse esa omó, la novicia deposita la ofrenda en el río. La despojan de sus ropas ripiándoselas en el cuerpo y queda enteramente desnuda.

Los Babalochas se ocuparán del baño de los neófitos.

Asistida por las otras Iyalochas que presencian la lustración implorando para la futura esposa mística la protección de la diosa del río, la Oyugbona la baña. Le lava cuidadosamente la cabeza con jabón[109], la frota, le lustra el cuerpo con un estropajo, la envuelve después en una toalla nueva y la seca.

La ropa hecha girones, las medias, los zapatos, el estropajo y el jabón se abandonan a la corriente. La toalla se guarda. Para esta purificación se escoge un lugar del río en que corran las aguas y se lleven los "despojos"[110].

Vestida de limpio regresa al *ilé* llevando una tinaja llena de agua.

La Iyaré la recibe tocando el *agogó*, la campana de Obatalá, de forma curva y sonido más apagado que el de la campanilla con que se llama a Ochún y a Yemayá. "El agogó dice tan, tan, y la campanilla, tlín, tlín."

Si la persona que va a asentarse está muy enferma y el objeto de su iniciación es recuperar la salud, se la exime del baño en el río, pero irá acompañada de la Iyaré y de la Oyugbona a saludarlo y a depositar la ofrenda y el derecho.

ciencia física (abukán) a lavar su cuerpo y purificarse en tu agua. Te rogamos, te hablamos, que tu corriente se lleve la miseria. Concédenoslo. Mensajera de los muertos y de Olofi. Muéstrate alegre, contenta, mujer que tienes cinco pañuelos para bailar.

[109] Hace muchos años, para éste y otros ritos, los Santeros elaboraban con hierbas y hiel de vaca un jabón que llamaban Osha eweno o simplemente eweno. "Limpiaba todas las suciedades" y tenía a la vez aplicaciones medicinales. Aún el 1946 lo preparaba un viejo Santero de Pogolotti a quien debo esta referencia. También decía que la esponja para el baño de los novicios, se fabricaba, tiempo atrás "a la manera lucumí", con fibras vegetales.

[110] Al comienzo del gran éxodo a Miami de cubanos de las clases más modestas, estas ropas y zapatos de los Asientos abandonados flotando en las negras aguas de los canales, dieron mucho que hacer a la policía, que sospechaba pertenecían a ahogados o a víctimas de los numerosos asesinatos que se cometen aquí.

En caso de enfermedad grave, cumplir este requisito irrecusable queda al buen juicio de la Iyaré, que se guiará por lo que dispongan los dioses.

Con el agua que lleva del río la Oyugbona la bañará en la casa.

Es costumbre en algunos ilé no bañar en el río a los neófitos, aunque éstos irán a ofrendarle y a recoger el agua con que luego se les baña.

En Matanzas se lleva al río la piedra del Oricha tutelar que le será consagrada al omó. Allí le pregunta la Iyá.

—¿A qué has venido?

—A buscar Santo.

—¿Qué Santo?

—A Yemayá, o a Ochún.

—Pues busca. Y lanza la piedra de modo que la encuentre sin dificultad.

La piedra se introduce en la tinaja y se lleva a la casa.

Siempre se recoge una piedra en el río, que se lleva dentro de la tinajuela.

Es costumbre de la Oyugbona, al oficiar en el río, encender una vela para protegerse. "Para cubrir el paso", como suelen decir. Apartar lo malo.

Ebori Eledá. Eledá mo yuba olorí.

Ese mismo día por la noche la Oyugbona le "ruega la cabeza" *Orí*[111], la cabeza, será a lo largo de la vida de Olorichas y devotos, objeto de especial cuidado. Porque... "la cabeza manda al cuerpo". Radica en ella algo divino.

El que la atiende, la refresca, la alimenta, no irá dando traspiés por el mundo. "Es sagrada porque en ella está Eledá."

Eledá, a quien todas las cabezas sirven de base o de altar, no es un Oricha. Es el "Angel de la Guardia", guía y protector divino de cada persona. Algo así como el genio de los romanos. Los lucumí debieron valerse de la comparación con nuestro Angel de la

---

[111] Algunos dicen Erí.

Guardia para explicarle lo que es *Eledá,* y su importancia, a los blancos que desde muy atrás solicitaban sus auxilios.

Revisando informaciones recogidas hace largos años sobre *Eledá,* bastará con reproducir esta curiosa definición: "No es un Santo, es cosa de Dios que se tiene en *lorí*"[112]. Cosa de Dios... entiéndase un atributo, una esencia o principio divino localizado en el medio de las cabezas humanas, "o un poquito más atrás de la cocorotina". Por orden de Olofi, el Creador, las cabezas fueron modeladas, así como los cuerpos, ("los derechos y los torcidos") por su hijo Obatalá Alafunfún, el Orichanla.

Recordemos que Obatalá hizo con sus manos al género humano, estructuró los cuerpos, armó huesos, los sujetó con tendones, rellenó de sesos los cráneos, y luego que Olodumare los animó con su aliento, "les puso el alma", el entendimiento, y les dio el sentido de la orientación, "pues se movían sin saber si caminaban hacia adelante o hacia atrás", y "les puso Eledá en la cabeza". Una parcela de su divinidad.

Con lo dicho se comprenderá la necesidad de rendirle culto, "de tener contento al Angel", a *Eledá,* que siempre vigilante, —nunca duerme— nos acompaña hasta la muerte. Un *Eledá* abatido, desnutrido por negligencia de su protegido, abandona su cabeza, y el insensato que no lo alimenta queda indefenso. Hambriento, impaciente, nubla su inteligencia. Con esto *Eledá* provoca el accidente, a veces incomprensible, que le procura beber la sangre de quien, obligado, le ha negado la sangre de un sacrificio. *Eledá* senderea la vida de cada individuo, y es indudable que de tener un buen Angel o un mal Angel, un *Eledá* lúcido, alerta y previsor "porque está bien cuidado", o un *Eledá* distraído, indolente, porque se le descuida, dependen aciertos o equivocaciones, bienandanzas o quebrantos.

Sin *Eborí Eledá,* —rogarle, sacrificarle a *Eledá*— ningún rito importante puede efectuarse. Para la rogación de cabeza que tradicionalmente se hace ya anochecido para no exponerla al calor del sol, —buen cuidado tenían los viejos de resguardarla en todo

---

[112] Para designar esta esencia divina —"Dios en lorí"— nuestras fuentes se servían indistintamente de las voces Orí o Eledá.

momento de las inclemencias del tiempo— se utilizan, con las palomas que se le sacrifican, las siguientes especies: cascarilla de huevo *(efún)* en sustitución de la arcilla blanca que se importaba de Africa para consumo de la Santería. Dos cocos, *(obí meye)*; manteca de cacao, *(erí)*. Algodón *(oú)*; maíz molido *(ekó)*, cocinado sin sal porque Obatalá no come sal. Pan *(akará)*; pimienta de Guinea *(atá)*; dos velas *(atana meyi)*; pescado ahumado *(eyá)*; jutía *(ekuté)*; babosa *(igbin)*. Una tela blanca y un plato hondo y otro llano *(awó)*[113].

El rito es sencillo. Las especies se depositan en los platos, que la Oyugbona coloca en el suelo ante las soperas que contienen las piedras sagradas mientras *moyuba,* pide permiso a los dioses y a los *aré ikú,* los *egbón* o difuntos, los Mayores, que la han precedido en el ejercicio de su sacerdocio.

El neófito se sentará en una sillita baja o en un cajón, los pies descalzos, descubiertas las piernas, las manos apoyadas en las rodillas presentando las palmas hacia arriba.

La Oyugbona vierte tres chorritos de agua en el suelo y dice: *Omí tuto, ana tutu, tutu laroye ilé tuto*[114]. Y continúa: *Olodumare ayuba. Bo wo ebe elese Olodumare ayuba bai yé bayé to nu*[115]. Reverencia a los Mayores difuntos Olorichas e Iyalochas, a los *ikús,* y de nuevo pide a Olodumare: *Ibayé bayé tonu bowó okú be lese Olodumare mo yuba. Ibayé bafayayé. Kosi ikú, kosi arón, kosi iña, kosi eyé, kosi faya, kosi ofó, Arikú Baba wa*[116].

Saluda a la que fue o es su Madrina de Asiento y a las Iyalochas que se hallan presentes: Oyugbona, *Oyugbona aché bo wo Iworo, aché Yalocha.*

Le reza a los Orichas comenzando por Elegua: *Elegua laroye akí loyú té té anu apaguda akamá sese arale tu se aba mu li omu bata*

---

[113] Son elementos imprescindibles en todo ebó: ekó, eyá, epó, obí, omí.

[114] Agua fresca para que todos tengan fresco, se sientan bien, haya comprensión y benevolencia y el ilé esté tranquilo y fresco.

[115] Olodumare te rogamos, a tus pies Olodumare, permiso Muertos, permiso Olodumare, que se vaya ¡fuera lo malo!

[116] Fuera lo malo, que no haya muerte, ni enfermedad, ni tragedia, ni derramamiento de sangre, ni lágrimas ni verguenza, a tus pies te pedimos. Olodumare, danos a todos suerte, Padre nuestro.

otolo ofofó ñiñi okoló to ni kanu ofó omó korogún oyona alayiki, ayuba[117].

Terminados los rezos toma los dos platos, y de frente al neófito dice: *Emí borí,* (hago ebó a la cabeza) y pronuncia el nombre y apellido del Omó. Repite a continuación el ruego *kosi ikú kosi aro, kosi iña, kosi eyé, kosi ofó. Arikú Babá wa.*

Enumera las especies, *obí meyi, atana meyi, efún,* etc., y presenta los platos ante los pies, las rodillas, las manos, los hombros, la frente y la nuca del Omó. Al presentarlo a *Orí,* la Santera R.A.M. decía: *Awé bo to awé omó awé arikú Babá wa osí we o weo awé to mi re*[118].

En este momento se reza también la oración que comienza: *Ibá Babá eleyí*[119],etc. O esta otra muy conocida: *Orí etié opedé,* etc., en la que se le pide a Babá que *Orí* cuide a la persona que hace *ebó,* Elegua lo defienda y Olodumare y todos los Orichas lo amparen.

La Oyugbona deposita los platos en el suelo, vierte un poco de agua en una jícara, se moja los dedos índice y del medio de su mano derecha y con ellos humedece la frente, el cuello (la hoyita), la nuca, las palmas de las manos, las rodillas, y ligeramente, los pies del neófito. Luego los unta con manteca de cacao, que le está consagrada a Obatalá. Para secar las partes que ha humedecido, la Oyugbona emplea *Oú,* algodón, igualmente consagrado al Orichanla por su blancura.

Con *Efún,* la cascarilla, le traza en cada mejilla tres pequeñas rayas horizontales si es varón el Oricha que se le va a asentar, tres verticales si es mujer. Estas marcas —*kiyesi*— se le hacen también en la frente, en las manos, en las rodillas y en los pies. Inmediatamente la Oyugbona toma cuatro pedazos de coco, y con las uñas separa un fragmento de cada uno, rogando: *Obí no ikú,*

---

[117] De frente y a tus pies Elegua, te veneramos y adoramos de verdad. Acepta lo que te damos por separado, sé benévolo, te pedimos no obstruyas lo que hacemos.

[118] Awé, misterio, plato. Bo, sacrificio, ofrenda. Awé omó, misterio, hijo. Arikú, suerte Padre nuestro. Para salvarnors los necesitados —osiwé— aweo awe, lo sagrado, el misterio, verdadero, valioso, to, lo, veo.

[119] Suerte para esta persona, Padre (Babá).

(fuera, váyase la muerte) *Obí nó aro* (fuera, váyase la enfermedad), *Obí nó eyé*, etc. Empuña los pedazos de coco y apoya su mano cerrada en la frente, en la nuca, en los hombros, en el pecho, en las manos, las rodillas y los pies del neófito, que no dejará de mantener la misma posición. Luego con los nudillos de la mano da unos golpecitos en el suelo, se toca la frente y dice: *Ilé mo ku ko* (casa mía no hay mal —muerto— ni falsedad). *Orí mo ku ko* (cabeza limpia gobierna, no hay mal en la cabeza). Junta las dos manos y lanza al suelo los pedazos de coco, repitiendo tres veces la tirada y diciendo: *Obí aremí* (coco para fortalecer, para bien).

Se sitúa detrás del Omó y dice: *Ekaorun* o, más frecuentemente, *Kekueku*. Se introduce en la boca pedazos de coco y manteca de cacao, y masticando ambas sustancias y demás ingredientes, forma una pasta que deposita en medio de la cabeza del novicio. Esto, que producirá un poco de asco al que nunca le ha dado de comer a su *Eledá*, se hace porque la saliva, como otras secreciones del cuerpo, contiene mucho aché y la Iyalocha se lo traspasa al *Omó-Oricha*. Pero las religiones evolucionan, avanzan y, alegan algunos Santeros modernos, las ideas de higiene no han dejado de penetrar e imponerse en los *ilé-Orichas* con devotos blancos y pudientes a quienes esta operación pone los pelos de punta, y a muchos es inútil explicarle la acción benéfica que ejerce *Iwato*, la saliva.

Sin embargo, ninguna Iyalocha responsable renunciará a dar su *aché* en este rito esencial extrayendo de su boca las materias de la rogación, bien ensalivadas y poniéndolas en la cabeza del omó, como lo aconseja una antigua y respetable tradición.

Así nos explica someramente una anciana Santera de Villa Clara la técnica del *eborí*, que repetimos con sus propias palabras:

—"Yo coge palomita branca bonito. Va cogé do, son dó. Una libra de agodón, una vara género branco con dobladillo, un riá manteca cacao, cacho cola e pecao con *obí*. Yo ñama a Olofi, Odua, Ochalufán, tó. Apoya palomita en cabeza cristiano y arranca cabeza palomita. ¡Ajá! *Ogún soro soro eyélé ba ekaro...* Yo máca, ¡y fata diente! yo maca coco, cascarilla, rosita. Maco *obí*, pone granito pimienta guinea, to lo pone coronilla bien salivao. Saliva pa salú, da potencia a hijo."

En tono de censura otra viejita, hoy exilada, nos informa que en algunas casas de Santo en Nueva York, emplean para triturar el coco, no ya la mano de mortero que usan los Santeros complacientes que cobran bien sus concesiones, sino ¡una batidora eléctrica! Y contándonos de otras reformas sacrílegas, concluye melancólicamente que la religión de los Orichas durará lo que duren los Santeros que "peinan canas y conservan la vergüenza".

La prendición

Practicado el *ebó* de entrada, pagado el tributo al río, purificado el neófito en el agua viva y "rogada" su cabeza, las esquinas y puertas del *ilé* mágicamente preparadas, en cualquier momento tendrá lugar el acto que llaman "la prendición". Al narrarnos este episodio, Bamboché, tan expresivo, decía con su voz plena abriendo los brazos como si sorpresivamente fuese a apoderarse de alguien: ¡*fi agbarabá omó loricha!*

Este episodio al que hoy algunos Santeros dan el nombre de *Abodu* es el preludio de la gran ceremonia secreta, inaccesible a los *aberikulá*, que pronto se desarrollará en el cuarto sagrado.

Cuando más distraído se halla el neófito y menos lo espera, la Iyalocha se le acerca y le pone, como a todo el que va a hacer Santo, el collar de mazo *(inafa)* de cuentas blancas de Obatalá. A esto se llama la primera prendición. Inmediatamente se le sienta en una especie de apartado que se hace con sábanas blancas, en una silla —debería ser en el suelo, como antaño— frente a la pared y se le deja solo, aislado, a que repose y "vaya tranquilizando su corazón". Desde ese momento no deberá pronunciar una sola palabra. Si habla, la voz imperiosa de alguna Iyalocha lo manda a callar.

En tanto en el *ilé* reina una actividad regocijada. Las Iyalochas se han puesto en movimiento. Estas han sido invitadas con anticipación. *Achedín*, ("levantar a la Iyalocha") se llama la visita de cortesía que se les hace para pedirles que asistan a un Asiento. Se les lleva dos cocos un peso y cinco centavos. En Cuba, si los fondos para los gastos del Asiento no eran muy abundantes, se les ofrecía cincuenta y cinco centavos y los dos cocos, y en último caso, veinticinco centavos. Hay que contar con dieciséis, veinte, o más Santeras para un Asiento, y a la novicia, que ya comienza a llamársele Iyawó, imposibilitada de moverse ni de hablar con nadie, pues se encuentra como decía el viejo Venancio, *aratubo* (presa), le llega el barullo de las conversaciones y las risas. En los Asientos se divierten mucho trajinando las buenas Mamalochas, que no se distinguen cuando ofician por su gravedad o circunspección. Un Asiento es un acontecimiento solemne y a la vez alegre, "como el nacimiento de un niño".

Dentro de una hora todo estará listo para la consagración. Iyawó, aunque comienza a perder la noción del tiempo, diríase que sus ideas son más confusas desde que volvió de saludar el río, siente angustiosamente la proximidad de una experiencia misteriosa sobre la que no ha cesado de interrogarse un solo día de los que ha pasado en el *ilé-Oricha*. ¿Qué va a sucederle allá dentro, en el *Igbodú*? Aunque muchos secretos concernientes a la iniciación se han divulgado, se supone que un neófito lo ignore todo, por lo menos, habrá un último, impenetrable secreto que deben guardar celosamente los Santeros. Y... "si algo se sabe, es como si no se supiera", pues al más sabichoso ahora le late de prisa el corazón.

—"Desde que a uno lo prenden", nos confía un Omó-Changó recordando su iniciación, "yo no sé qué pasa, pero no se es la misma persona. Y lo que a ratos se siente ahí esperando contra la pared... ¡uno sólo lo sabe!

Se hace Osaín

Osain alawo niyé
Kamariko kamarano
Kosiyá kosiku kosiano
Kosi aroye Osain Alawaniyé Babá
Osain awaniyé eleseckó ewe lere mi ye oyo pe ebe bi yé
Ma ri wo yo Osain wa ré kini kini mo be re ma ri wó oyo Osaín.

*Oi le Sái bo wo
Babá bo wo o ile sái sái.
Osajín tini wo mi oka Baba tiri wo lo omó
Osain awó niyé tibi tibi la wa di iré sa
Kekere meye mo yé lu kokán meye ilese
Ko mo arugbó wan wa lo ko lon abó wo ewe
Ayuba...*

Osaín es el dios de *Ewe*, de las hojas. *Olojún, igbo*, dueño de los bosques y maniguas. Médico de los Orichas entre quienes repartió las plantas por mandato de Olofi y a los que enseñó, especialmente a Orula, a utilizarlas para curar. Después los Orichas enseñaron a ciertos hombres que eran *omónimó*, los más inteligentes. Y esto fue "cuando el mundo se despoblaba, la gente moría a montones por falta de remedios".

Hará a lo sumo veinte años, un viejo osainista matancero que me acordó su amistad, me aseguraba que aún Osain "en persona", instruía a aquel de "corazón en pecho" que se internaba en un monte virgen a buscar *ewe*[120].

Osaín vive en la manigua, en las arboledas, es su guardián, y allí se va a determinadas horas, puro, cumplidas las setenta y dos o veinticuatro horas de abstinencia sexual que deben observar cuantos desempeñen una función religiosa o se acerquen a una fuerza sagrada, a pagarle tributo para que permita llevarse cuantas hojas se necesiten sin retirarles su poder[121].

"Nada se coge sin pedir licencia, ni de balde, pues todo tiene amo y todo tiene precio."

Porque "Orula y Osain son uña y carne", el Babalawo se encarga de proveer las *ewe* que son indispensables para "hacer Osain", la operación de romper y desmenuzar las hierbas, que incumbe a las Iyalochas. Por lo general éste delega en un "osainista" o "yerbero" de probada experiencia y de toda su confianza que va a buscarlas al campo. Es costumbre en algunos *ilé*, cantarle al que sale a recoger las *ewe: Fe du le oyu meko abi awó*.

[120] "Osain es un Ocha eleseke (cojo), y como también es manco podría decírsele Koniyipa, y tuerto, Oyuokan".
[121] Véase El Monte. Igbo Finda. De Lydia Cabrera, pág. 70 y siguientes.

Se hace Osaín 149

Cuando los mazos de hojas frescas llegan en cestas a la casa en que va a tener lugar el Asiento, el Babalawo tocará a la puerta y dirá: *agó ilé egbe onareo, agó ilé,* y los entregará a la Iyaré, que los recibe y le abona (le abonaba) un derecho de $ 3.15. Los mazos se depositan sobre una estera en el *igbodu*. Se les ofrenda agua y coco y el Babalawo las escupe para darles su *aché: Aché Olofi, aché Olodumare, aché lowó, aché omó.*

Frente a la estera se colocan siete *ikoko,* cazuelas de barro, que a veces se pintan con los colores simbólicos de los Orichas, y los mazos se reparten entre siete Iyalochas descalzas, con sus pañuelos atados a la cabeza, sus *ilekes* y manillas, todas con un delantal, que se acomodan cada una ante la cazuela destinada a contener las hierbas de su Oricha.

Una Iyalocha mayor, —mayor de acuerdo con los años que tenga de asentada— los entrega a otra menor que, de rodillas en la estera, los recibe y los alcanza a las demás. Cada vez que una toma el mazo de *ewe* consagrado a su Oricha, repite la tradicional invocación a los antepasados y a los dioses.

Distribuidas las hierbas, la Oyugbona y la Iyaré alzan la estera sosteniéndola por los extremos, pero antes la Oyugbona ha recogido cuidadosamente los residuos benditos que han quedado esparcidos en ella y que no deben caer al suelo. Acto seguido se presenta en escena el *Oriaté* u *Orité.*

Para ripiar las hojas, entre las que no habrá ninguna espinosa ni de dos colores, —las espinosas llenarían la vida de espinas, las de dos colores, de traiciones—, el *Orité,* —Oloricha que dirige la ceremonia— recita las oraciones que se le rezan a los muertos, a Olodumare, a los Orichas y al dios del Monte, e inicia, comenzando por los de Elegua, los dieciséis cantos rituales —*suyeres*— que se entonan en honor de Osaín, haciendo una marca con yeso en el suelo al terminar cada canto para no perder la cuenta.

Las Iyalochas tronchan los gajos, desmenuzan las hojas, corean los rezos del Oriaté, y al finalizar cada canto, dos de las más jóvenes, las aguadoras, vierten agua en los recipientes. La Oyugbona es la última que echa en la cazuela las hierbas privativas del Oricha que le va a ser consacrado al novicio. En ella arrojará un puñado la Iyaré. Las últimas que se depositan son *Ewe Peregún*

(Yucca Gloriosa, Lin.) y *Ewe ereyeyé* (Abrus, Lin. W. F. Wight, Abrus precatorius, Lin.).

1
Kama aiya Iyá iyá kama eni eni
Kama aibo ibo ibo
Asa mo Osain
Saín Ewe aye

Ibara bo agó moyuba
Si omode koni kosi ba rabó
Agó mo yuba Elegua, Echu lona
Ichón chón abe ichón chón abe odara
Kolorí le yo Babá semi ichón chón abe
Asa mo Osain
Saín ewe aye

2
Kuru kuru be ke maribó sain
Sai boné maribo. Asa mo sa
Asa mo sa, ewe aye.

3
Bé ne be ni to bene bénito bé
Akaka oma be le ye bé ni to bé
Asa mo Saín, ewe aye.

4
Mo mura mo fi ye mo mura Babaló
Roke mo mura mo fin yé mo mura Babá Laroke
Asa mo Osain
Saín ewe ayé

5
Ku ku ru ku ku ru ti wi oro mi
Ye ra ti wi ti wi
Asa mo Saín
Saín ewe ayé

6
Abera abéra mai abera bera mai
Babá lubo mi Osain abera bera mai
Yeyé Babá fo molé Babá fo molé
Babá lubó fo molé ayenyé
Asa mo Saín
Saín ewe ayé

Se hace Osaín

7 *Oñiki ñiki otalo, mio Oñiki ñiki otalo mio*
   Oñiki ñiki okumá oñiki ñiki otalo mio
   Asamo sain
   Saín ewe ayé.

8 *Eche wowo, eche wowo ade fún fún*
   Eche' wowo ewá adefun fún eche wowo
   Ewa wo ade fún fún
   Asamo Osain
   Saín ewe ayé

9 *Ite eyo omi awona yo omi ochinchí*
   Iyo mi be kum ba ye, wa lo ro ba
   Asamo Saín
   Osain ewe ayé

10 *Ewe mo si bo ro ñu ewe ma si bo ro ró*
   Ban ke oke yo masi boroñu masi bororo
   Asa mo Saín
   Saín ewe ayé

11 *Ewe oku ma la wa ewe okumá*
   Okumá okumá lawá ewe, okumá lawá
   Ewe okumá
   Asamó Osain
   Ewe ayé.

12 *Atiponlá Ifá buro atipolá Ifá buro*
   Ifá omó Ifá omó atipola Ifá buro
   Asama Saín
   Saín ewe ayé.

13 *Adaradara ma de o adaradara mada o*
   Ni bo odá ma bo daradara ma da o
   Asamó Saín
   Osain ewe ayé

14 *Ilé ilé ilé o ilé Osain be lodo*
   Oma oma oma Osain belodó
   Asamo Osain
   Saín ewe ayé.

152 El Asiento

15   *Ba se semi uro uro uro omo oguiguí*
     Awa ba ro ko oguiguí awa loro ba
     Asamo Saín
     Saín ewe ayé

16   *Titirí ba wa titirí ba wa obola meyi*
     Te bi yo ti tiri ba wa titiriba wa tibiyo
     Asamo Sain
     Ewe Ayé.

Para "cerrar", dar fin a los cantos, cuando han terminado su tarea las Iyalochas, se repite:

Kukuru kukuru tiwi tiwi oro mi
Ye ra tiwi ti wi
Asamo Sain
Osain ewe ayé.

De un *Ilé* de Cienfuegos, y con palabras lucumí que un Oloricha matancero considera "extrañas", provienen los siguientes *suyere*:

1   *Eye gu yeke tete awa oyeke oyijene jeisá ye bi otani.*

2   *Kururu kururú tié tiré ako bera tibiré.*

3   *Be ga nise mi be ye mi tene eki kereyo ekike awa to mi no.*

4   *Tu tu tuminaya lenguera oerí iña lueke la bi ni iña luke lariche iwá.*

5   *Moyá gugué me yara oke le bine ewe leyá Echu ekemeye re akukupán are ku funi wapán are se*

6   *Wa be ti eni kinibité nari aroye Osain keyeé na rugé.*

7   *Ma osiera mo fi yen akura la fanenke:*

8   *Badé ri Babá de la se yadé omi kitao.*

9   *Eti pila yifá bururu Ifá awe Ifá iré ete pela Ifá bururá o.*

Se hace Osaín

10   *Pelepó te be palebé ite bé Kakue palebo palebe bebe.*

11   *Guyé awa elegó tó te nité*

12   *Peregún la wa wo titú ma Babá ko mo de Babá jere niré "Perro chino" lewé*

13   *Olu ilún cheke benena licheke.*

14   *Asé fen arí se lifuno kue ofún.*

15   *Chu ku ela adule oran chu ku nla te ba chú ga ti bá chugá.*

16   *Eke ka re de te mi lemí ni yo lemí.*

Los que cantan en el *Omiero* la mayoría de los Oriaté, son los cantos que comienzan:

Kamaya Iyá iyá

Kamaya ibo ibo.

Kamaya enu enu

Kamaya epó epó

Ibarabó ago moyubara, Ibarabó agó muyubara omudé koniko ibarabó agó moyubara.

Elegua Echu Olona.

Ichón chón abé, ichón chón abé odara olorí eru Babá semí

Laroye inkio, abukenke abukenke.

Bara yo re unkere inyere

Echu o Eleguara ahé, Eleguara moforibale Eleguara ahé

Agó Elegua bukenke agó Elegua bukenke.

El Asiento

Asokere kere meye Alaroye kilaboche.

OSÍN OSAÍN...

Kuru kuru bembe mariwó osain mariwó rere mariwó.

Morura mofiye, morura babaloro ke.

*Oyigui yigui otalonio oyigui yigui otaloni
oyigui yigui iya okuma oyigui yigui otalonio.*

*Abera bera ma, abera bera ma.
Baba dima oluosain
Babá fomole ewe.*

*Bobo titilagüa tareko, bobo titilagüa tareko
epó loguo epó polense
bobo titilagüa tareko.*

*Seku boro degüao
Seku boro ewe dundun.*

*Atipolá ifauro, atipolá ifauro
ifa owo ifa oma
atipolá ifauro.*

*Baise ise mi eyuoro uro mi
ewi wi ewe yaroko
ewi wi ewe tinibu.*

Osaín un bodo boba meyi sokuta.

*Peregún ewe botutu, peregún ewe botutu
Peregún ewe bomire, peregún ewe botutu*

*Omiokán poroyo poroyo omi yen ye
Omiokán poroyo poroyo omi yen ye*

Se hace Osaín

Titilato titilato ke
Ayauma ima titilato ke
olo motigüa, ayauma ima ete.

Ewere were nitobleo ewere were nito bleo
akaka okuma felewe, ewere were nitobleo

Titiribamba titiribamba
Ewe nameyo fereyo.

Kukuru kukuru
Tigüi tigüi abo mi lena tigüi tigüi.

Moya ewe mosara o moya ewe mosara
ekelobini ekeloyani
moya ewe mosara o.

Eya tutu ferabo, eya tutu ferabo
mobo osaín elebo
eya tutu ferabo.

Ewe masiboroyu ewe masiboroyu
bantioke yo masiboro yu masiboroyu.

Ewe okumá la wá
o ewe okumá
okumá okumá la wá

Es rico el repertorio de cantos que acompañan la labor de estrujar las hierbas. El lector iniciado recordará otros muchos que omitimos aquí, por ejemplo:

Duro duro bembe mariwó Osaín re re mariwó.
Ewe masi koro yu ewe masi koro yu bambi o keño masi koro yu masi koro yu.

Ala mái mái titilato ke ala un mái mái.
Peregún gba taleko peregún gba taleko epó epó epó bolense peregún gba taleko.
Ewere were tutu bleo were were tutu bleo Ewe tutu ewe Osain ewere were tutu bleo.
Atipolá Ifá atipolá Ijá Uro. Ifá owó Ifá ona atipolá Ifá urc, etc.

El Omiero

Se hace Osain para componer el *Omiero*, "agua sagrada" que purifica, regenera y cura, pues en ella se concentra el poder mágico y medicinal de las plantas y las influencias de los Orichas que les infunden sus energías. Los negros, como los antiguos romanos, asocian una divinidad, un espíritu, a cada matojo, a cada árbol. Quizá esto ayude a comprender vagamente a los que aun conociendo la botánica ignoran ese mundo sobrenatural, prodigioso, que constituyen las plantas, el valor que les atribuye nuestro pueblo, la importancia capital de las hojas como agentes de los dioses en la liturgia lucumí y el mágico potencial de fuerzas que se acumula en el Omiero.

En el rito de la iniciación se utilizan las que en número y especie pertenecen a cada divinidad. La conciencia y autoridad de un buen conocedor de ewé impedirá la omisión de algunas indispensables y la nociva introducción de las que no se emplean en el Asiento, o la sustitución de unas por otras, olvidos o yerros que en la elaboración del *Omiero* pueden ser graves y acaso fatales. De ahí el dicho "Santo que no se lava con buena hierba no tiene buen camino". Viejos *Olosain* sostienen que el número necesario de ewe para las lustraciones del Asiento asciende a más de un centenar. Pero pueden reducirse a las más importantes de cada Oricha. "Hasta a dieciséis", opina A., basándose en que "el número dieciséis es sagrado".

Antes que nada se lavan por separado con sus *ewe* correspondientes, las piedras de los Orichas y sus atributos, sus caracoles e *ileke*, y se secan con lienzos blancos. Cada Iyalocha lava "su Santo", es decir, la piedra en que lo invoca y lo adora. Así se "bautizan", se divinizan las que recibirá la Iyawo para rendirles culto. Una piedra se convierte en la divinidad, o dicho con las mismas palabras de un informante "el Santo entra en el *otán* y allí se quedará", cuando se la somete a los ritos adecuados. Por la consacración, es decir, por el traslado de una fuerza sobrehumana a un objeto, éste cobra personalidad, adquiere el poder, el *aché* del dios o del espíritu que se fija en él.

Se comienza el lavatorio por el *otán* o piedra de Elegua con las hierbas siguientes: rabo de zorra, sabe lección, ateje, guayaba, mastuerzo, lengua de vaca, atipolá, kioyo o albahaca de hoja ancha, grama de caballo, escoba amarga, travesera, espartillo, aroma, pata de gallina, etc.

Después sigue la de Ogún con albahaca morada, bledo, abrojo, apasote, agrimonia, mariposa, vinagrillo, pata de gallina, hierba de la sangre, pegojo, hueso de gallo, algarrobo, etc.

La de Ochosi con alacrancillo, tapa camino, albahaquilla, hierba buena cimarrona, hierba mora, romerillo, filigrana, eucalipto, prodigiosa, higuereta, etc.

De Obatalá con almendra, algodón, siempre viva, colonia, guanábana, peregún, albahaca de anís, prodigiosa, campana, maravilla blanca, salvia, lirio blanco, bledo blanco, hierba de plata, corazón de paloma, hierba Cuba, aguinaldo blanco, ayé, jagua blanca, altamisa, bayate, altea, etc.

Changó con álamo, laurel, caisimón, maravilla roja, San Diego, ruda, baría, iroko, rompezaragüey, cedro, paraíso, ponasí, itamoreal, zazafrá, platanillo, etc.

Agayú con ensalada del obispo, toronjil, jobo, salvadera, hueso de gallo, acediana, malvaté, alaguí, cogollo de palma, etc.

Yemayá con flor de agua, mora, mazorquilla, zargazo, mejorana, culantro, malanguilla, berro, verbena, chayote, meloncillo, hierba añil, paragüita, cucaracha, malanga, uva gomosa, sabila, achibatá, carquesa, resedá, canutillo, majagua, guamá, etc.

Ochún con imo, helecho, botón de oro, saúco amarillo, berro, hierba Luisa, ewe nené (hierba la niña), panetela, Mari Lope, geranio de olor, etc.

Oyá con caimitillo, cordobán, manto, mil flores, piscuala, galán de noche, crotos, higuereta morada, pepino cimarrón, pascua, coralillo rosado, franboyán, guara, etc.

Con las savias de las hojas estrujadas y repetidamente benditas por los rezos, las santeras le transmiten su *aché* con sus manos y sus palabras al *Omiero*, que contiene, además, *aché* de agua lluvia, de río, de mar, de coco, que es fruto sagrado de Obatalá, agua bendita de la Iglesia, y la que se recoge en algunos ilés tradicionalistas al amanecer del Sábado de Gloria y en los días de San

Pedro y San Juan. Se le vierte miel, aguardiente, aceite de corojo y se le echan pizcas de pescado aumado, jutía, manteca de cacao, cascarilla de huevo, granos de maíz tostado, pimienta de Guinea y Osu, erú tuché y obí kolá, las semillas imprescindibles e irreemplazables de la consacración en Ocha, importadas de Guinea. Los olochas las llaman "Secretos del Santo", porque en ellas se encierra la esencia del Oricha.

A este caldo sagrado que se deposita en una batea, se le deja caer una pequeña brasa de carbón envuelta en una hoja de malanga, o bien, la brasa se mete y se saca rápidamente diciéndose: "mejor morir ahogado que quemado." Va también en el *Omiero* la influencia del polvo de *Ifá* —*yefá*— y sangre de los sacrificios. El *yefá* es lo último que se echa y se dice: *Aché Olodumare, aché lowó, aché omó, aché gbogbo, iworo.*

El *Omiero*, divina panacea, tiene por objeto tonificar el cuerpo del Iyawó, revitalizarlo interiormente y prepararlo para recibir las potentes irradiaciones del Oricha, como veremos más adelante. Por esta razón la Oyugbona le administrará al despertar, durante los siete días de reclusión en el *Igbodu*, tres sorbos acompañados de un trocito de pescado ahumado y de jutía, y lo derramará también a diario sobre su cuerpo durante este periodo.

La segunda prendición

Ha terminado el Osain. En el *igbodu*, la Madrina, el Padrino y las Iyalochas mayores esperan a la novicia o al novicio.

La Oyugbona le arroja encima una sábana blanca que la cubre enteramente y la conduce a la puerta del cuarto sagrado. Allí le ordenan tocar con los nudillos en la puerta invocando el nombre de la Madrina. También se le ha ordenado que no abra los ojos.

Desde dentro del igbodú le preguntan:

—¿Quién es?

—Fulana.

—¿Qué desea?

—Santo.

—¿Qué Santo?

—Elegua.
—¿Qué Santo?
—Obatalá.
—¿Qué Santo?
Este cuestionario se hace en español, pues aún el futuro Iyawó no conoce la lengua lucumí.

La novicia los nombra a todos, y para cada uno, las Iyalochas entonan cantos de alabanza. El último que nombra es a su Oricha tutelar y la puerta se abre.

En ese momento se derrama en los pies del neófito la sangre de un pollito, para que el principio de suprema vitalidad que se encierra en la sangre fortifique "al espíritu que está en los pies", exactamente en el dedo gordo del pie izquierdo.

"Si la cabeza guía el cuerpo" los pies lo sostienen. Son la base de todo el edificio.

En el Igbodú

El neófito continúa con los ojos cerrados[122]. Ha sentido de pronto correr por sus pies una cálida y líquida substancia, seguida de la presión tranquilizadora de una mano que toma la suya y lo guía. Asida a ella, se adentra vacilante en el *Igbodu*, o *Iyara-Ocha*. La puerta vuelve a cerrarse. Si es una mujer, las Iyalochas salen a su encuentro, la rodean, mientras la Oyugbona la desnuda y pone de rodillas junto a una gran tina o batea de madera. Cada Iyalocha, una tras otra y por oden de importancia, con un pedacito de jabón, le restriega suavemente —kiri kiri— la cabeza. Después, de hinojos dentro de la batea, se le canta: *Agbe oro agbe loro omi ire agbe loro ire la mi gbé agbo*. La Oyugboa la baña con el omiero: *Ari kiri didé didé oku olona*. La seca con la misma tohalla que llevó al río y la viste de blanco.

---

[122] Antes se vendaban.

Preparación de la cabeza

Osu lodó awá orí efún da che su la uro.

Hasta aquí la finalidad que persiguen los ritos que nos han descrito ha sido la de depurar, acondicionar para la consagración el cuerpo del neófito.

A medida que éstos se desarrollan —*ebó*, lustración, la pureza exterior implica pureza interior— se va estrechando el lazo que atará definitivamente al Omó con su Oricha.

Ahora lo importante es preparar su cabeza. Para que el Oricha se asiente en la de su elegido, tome plena posesión de ella y "baje", —se manifieste— es preciso afeitarla, pintarla y ponerle los *aché* o "secretos" que son, como dice Fatumbi Pierre Verger, elementos vitales y sagrados de los Orichas.

Sin Osu, erú, tuché y kolá, "positivamente no puede hacerse Santo". Si se eliminan, —"aunque hay Santeros sin conciencia que le ponen al Iyawó cualquier cosa en la cabeza"— la consagración será un simulacro sin validez, pero perturbador para la mente del neófito.

Después del baño y lavada la cabeza con *omiero* el novicio o la novicia envuelto en una sábana blanca se sienta en un pilón. Ni uno de los cabellos que ahora van a cortarle debe caer al suelo y una Iyalocha extiende un delanal atenta a recogerlos. La Iyaré guardará los cabellos para el Ituto, la ceremonia fúnebre con que a la muerte del Asentado se despide su espíritu. ("Iro, el pelo, es sagrado.")

La Iyaré o una Iyalocha con años de experiencia toma una tijera nueva que, en un plato con una navaja, sostiene la Oyugbona. La eleva, pide la bendición de Olodumare y de los santeros mayores, describe con ella una cruz en el aire y puesta de plano la apoya en la cabeza de la Iyawo. Las demás, por orden de edad repiten el mismo gesto invocando a Olorun y a sus predecesores. La iyaré canta: *Ió ibo ei aché mi kolá Olofi efún Aladeo aché mi... Awañi ibo ei ei che wo, ibo la ofari lo fun alagwe aché dibó la.* Corta un mechón de en medio de la cabeza y la bendice.

A continuación las Iyalochas, siempre por orden de categoría, hacen uso de la tijera, —*alumoyí, somoba*— y cada vez que cortan un pedazo de trenza o una porción de pelo, formulan un buen deseo.

—Para tu salud.
—Para que tu Santo se presente fresco.
—Que tu Angel nunca te abandone.
—Para tu felicidad.
—La prosperidad y la suerte te acompañen, etc.

Las más viejas y versadas le dan su *aché* en *anagó*.

Luego el Orité, a quien en este momento podemos llamar Oba firé, le afeita enteramente la cabeza con una navaja, comenzando por la parte inferior en redondo, luego la parte superior y por último el centro.

Esta operación, como la anterior y las que le siguen, se realizan rezando y cantando: *Osun gbe e lerí lerí che ka ikola ba gba lo fun alabe o aché ka Ikola.*

Se nombran por orden los Orichas.

Ichore igbó ki aché digbola oloyo oni lofún alabé aché digbolo.

Los cantos invocando a cada Oricha se prolongan hasta que termina el *Orité*, que debe dejar la cabeza monda y lironda[123]. El Orité procede entonces a pintarla. A esta ceremonia se le da el nombre de *Finfín okán Osu*[124],"poner corazón en la pintura".

Se canta: *Finfín okán kini kini dekún Iyá, dekún Babá, dekún lonio Finfín Okán wi ni ki Elegua... Fifi ka gbiri ki de kun orío...*

Pinta en *arí orí*, en el medio de la cabeza, un redondel con el

---

[123] A veces la cabeza no se rasura totalmente. "El Santo se enamora del buen pelo de su Omó y no quiere que se lo corten. Entonces, plegándose a su voluntad, se le hace un redondelito en medio de la cabeza con la navaja para poner el aché, y basta". Cuando la novicia obligada por su trabajo, su profesión o su posición social, como sucede con las empleadas, los artistas, las mujeres de los políticos, etc., no pueden mostrarse en público después del Asiento ocultando la cabeza pelada al rape con un pañuelo blanco, "se compra la cabeza", es decir, se paga un derecho al Oricha y así se libra de una rapadura completa. Pero es de rigor afeitar la cabeza de los Iyawó —"sin dejar un pelo"—. Algunas Iyalochas guardan, indebidamente, el cabello de las ahijadas.

[124] Osu, color, la semilla colorante, roja, redonda como una avellana y de corteza áspera, importada de Africa, con los demás consagrantes. "Osu se le dice a la cabeza decorada", —al conjunto de colores en la cabeza del novicio. También se le llama Ori fifi.

color simbólico del Oricha que va a asentársele, azul para los hijos de Yemayá, amarillo para los de Ochún. Debajo y en torno pinta seis círculos concéntricos más abiertos que abarcan toda la mitad de la cabeza, dejando despejada la frente, las sienes, la nuca, y un espacio de dos pulgadas entre el último círculo y las orejas. Blanco, rojo, azul, amarillo, blanco, rojo, y el último círculo azul: *E finfín Okán ekún de Yemayá*... Se emplean los colores de los cuatro Orichas fundamentales que reciben los neófitos.

En la cabeza de los Omó Ochún el primer color que se pone es el amarillo, después blanco, rojo, amarillo, azul, blanco, rojo, amarillo.

Debajo de los círculos, en la frente, sienes y todo alrededor de la cabeza, las Iyalochas estampan con el pincel una mota del color de sus Orichas. Blanco las de Obatalá, rojo las de Changó, amarillo las de Ochún, azul las de Yemayá. La cabeza del Iyawó queda enteramente coloreada. En cada mejilla se le pintan tres rayas azules al Omó Yemayá, tres amarillas el Omo Ochún; verticales si es mujer, horizontales si es hombre.

El rojo se obtiene con el *Osun* pulverizado, el azul con añil, —*elu*— el blanco, —*efún*— con cascarilla de huevo y antes se hacía con una arcilla blanca que se traía de Africa; el amarillo, —*pupurusa*— con azafrán o unos polvos amarillos cuyo nombre no he podido averiguar. ("Se les llama yeyé.")

Apoti. El pilón.

De madera de cedro habitualmente, este asiento en forma de mortero es el típico sitial de la ceremonia de un Asiento del dios del fuego Changó. "Yemayá, Ochún, Obatalá, se sientan en sillas; Elegua, Ogún, Ochosi, Aye, sobre piedra, pero Obatalá, Yemayá y Ochún tienen derecho a sentarse en pilón porque son reyes y reinas."

Viejos Santeros nos han insistido sobre los cuidados que deben prodigársele al pilón, u *Odón,* como también lo llamaban. El apotí se lava meticulosamente con su omiero y se le ofrenda sangre de gallo, de guinea, codorniz o jicotea. Es un Omó Changó quien debe lavarlo, "como si fuese el mismo Santo". En su ausencia le está permitido hacerlo a una Iyalocha mayor que sea hija de Changó. Es sagrado como todo objeto perteneciente a un Oricha; su *apotí*, ¡nada menos que su trono! está saturado de su poder. Dicho por Salakó, "tiene la fuerza del Santo que se sienta en él". Es, atreviéndonos a hacer nuestras otras definiciones parecidas, el símbolo adorable de la realeza y magestad divina del Oricha.

Se pintan en el suelo, en el lugar donde será colocado el pilón, cuatro círculos —*kalé*— de color blanco, rojo, azul, amarillo, el último círculo será del color del Oricha que se va a asentar. En medio del círculo blanco se pone el dinero o "derecho" del Santo, que se envuelve con un poco de *aché* y de las hierbas machacadas, en un género del color del Oricha tutelar del neófito, y se cubre con una hoja de malanga. Encima se extiende la estera y se sitúa el pilón. Esta operación la realiza la Oyubona sin que nadie la vea.

La parada

Finalmente, con las hierbas trituradas y húmedas, se forma un rodete de consistencia pastosa que se coloca en medio de la cabeza, y en el centro se pone el "Secreto" o *aché: ero, obí, kolá*[125]. *Tuché* se emplea sólo en las consagraciones de Changó y de Oyá.

Cada Santera coloca en la forma consabida un pedacito de *aché*. Las últimas en hacerlo son la Oyugbona y la Iyaré[126], y se

---

[125] "Aché completo de Santo (de todos) comprende también cabeza de paloma, de jutía, de jicotea y guabina, cáscara de ñame bautizado, ewe —21— atikualá, tété, bledo sin espinas, hojas de mango, harina de maíz ligada con ñame. Obí, ero, kolá". Un oloricha matancero nos menciona como importada igualmente de Guinea una semilla excesivamente dura, color ámbar, que él llama Aridá, y que es un "secreto", aché, de Yemayá. No me ha sido posible averiguar nada más sobre este aché.

[126] "Como en este mundo lo bueno anda revuelto con lo malo", nos dice una Iyalocha muy viejecita, "hay Santeras pícaras que cuando hacen un Santo, para amarrar y dominar a su ahijada de modo que no pueda prescindir de ella, le ponen en la cabeza unos polvos con los Secretos. Ese afoché lo preparan con dos

comienza a *Kari Ocha* o *Ierí Ocha*, "a poner los Orichas encima de la cabeza".

Siete Santeros para los hijos de Yemayá y cinco para los de Ochún, sostienen cruzados y a manera de palio, cuatro géneros de los colores rituales, blanco, rojo, azul, amarillo, sobre la cabeza del Iyawó. Se presentan primero los Santos u Otán Orichas de la Madrina en sus respectivos recipientes descubiertos.

El Padrino, dirigido por el Orité, que debe conocer a fondo la liturgia, ayudá a sostener en alto las piedras, comenzando la presentación por las de Elegua y terminando con las del Oricha patrón del Iyawó.

Se reza y se cantan los cantos de cada uno, y por último se llama al Oricha que se le va a asentar. Estos cantos provocarán su manifestación y es importante que los "llamadores" —*apwón*— y el coro conozcan el mayor número posible y "pongan en ellos su corazón: *tokán tokán*"... Los viejos los llaman "cantos de raíz", para sacar a los santos del cielo por su raíz. "Los hay que son decisivos y se cantan hasta que el Oricha responde. "Los cantos son", nos explica una Iyá, "lo mismo que el pararayos, que atrae a los rayos. Los cantos atraen a los Santos". Secretos e innumerabls, varían a veces de un *ilé* a otro, de provincia a provincia y cada autoridad tiene su repertorio. Los hay muy antiguos, antiquísimos, recalcan nuestros informantes. Muchos que sólo se conocen en Matanzas, y sucede actualmente en New York que cuando oficia de *oriaté* un matancero nadie los corea porque no los conocen, y éste ignora muchos de los que se entonaban en La Habana.

La Iyawó no tarda en sentir que todo comienza a dar vueltas en torno suyo. Su respiración se hace fatigosa, las piernas le flaquean. Los cantos son cada vez más apremiantes, adquieren una

---

palomas que se hayan sacrificado a Obatalá. Se asan, se enfrían, se secan y se meten dentro de la sopera hasta que se hacen polvo. Cuando Asientan a su ahijada le echará un poco de este afoché en la cabeza, otro poco en el yefá del Babalawo, y en el jarro de beber el omiero." Menos condenable es cuando la Iyaré, con el fin de ayudar a la Iyawó, si es casada, en previsión de posibles disgustos o dificultades con su marido, le prepara un afoché con polvos del animal sacrificado al Oricha de ésta, para que se los administre con alguna bebida cuando crea necesario "ligar" al marido.

intensidad emotiva irresistible. La atmósfera del *Igbodú* está cargada de *aché,* los Orichas se hallan allí presentes, pero ningún Oloricha, ninguna Iyalocha "cae con Santo", sólo el Oricha tutelar de la Iyawó atraído por la fuerza de los cantos invocativos, los toques de la campanilla o del acheré que se agita premiosa junto al oído de su Omó toma posesión de ella. Se deja que la divinidad "la irradie" unos segundos. Rápidamente la Iyaré, diciendo: *Iyá ye kuma kue yu mao,* le arranca la cabeza a una guinea y le acerca el pezcuezo a la boca para que el Oricha, posesionado de su Omó, reciba la sangre. Enseguida le da un trocito de jutía y de pescado ahumado, pimienta, un poco de miel y la hace tragar un sorbo de *Omiero*. Con la parte sin filo de la hoja de una navaja, de modo que ésta no la hiera, le traza una cruz en la lengua. Hoy la sangre no aflora como antes, cuando se utilizaba el filo cortante de la navaja para dibujar la cruz en la lengua y se tallaban en la carne las marcas o tatuajes tribales. "Las tres rayitas lucumí."

La Iyawó, aún bajo la acción de su Oricha, abre los ojos, saluda, da gracias: *gbogbo koyú mo dupué,* decían antaño las que hablaban en lucumí.

El Oricha ha respondido, se ha manifestado, —"bajó"—, y la concurrencia de Iyalochas y Babalochas no refrena su alegría.

La Madrina y la Oyugbona y algunas Santeras mayores asisten a la Iyawó, que recobra sus sentidos. Tiene la sensación de llegar de muy lejos... Le zumban los oídos, todo es extraño y nuevo para ella, diríase que regresa de otro mundo. La Oyugbona le retira los *achés* de la cabeza con una tela blanca y los envuelve cuidadosamente en ella.

La matanza. Che bo

Inmediatamente después de la "coronación"[127] o sacramentación del Iyawó comienza la matanza, que dura varias horas o todo el

---

[127] Coronar un Santo se dice también por asentar. "Los Orichas son reyes", advierte S. de Cárdenas", y todos reinaron efectivamente en las tierras". A título de curiosidad, el Olocha S. de C. llamaba al rito de Kari-Ocha: Igbade lomó Ocha, coronación del hijo de Santo.

día. No es necesario repetir que el sacrificio es fundamental en el culto a los Orichas, —en todos los cultos africanos—, que a estos santos se les pide y agradece "dándoles de comer", ni aclarar al profano, con las mismas palabras de un Oloricha, que materialmente los santos "no comen. Son espíritus y sólo absorben el espíritu de la sangre".

Ruego y agasajo que se les ofrece en ocasión de un Asiento, es de los sacrificios más importantes por la trascendencia de la ceremonia que vincula al adepto con las divinidades. Supone una preparación minuciosa y exije, nos recalcan nuestros informantes más escrupulosos, que se practique estrictamente "como enseñaron los antiguos". Nada puede variar en la técnica del sacrificio; ceñirse a la tradición y continuarla fielmente garantiza su eficacia, y apliquese este principio a todos los ritos. ¡Ni olvidos ni innovaciones en materia tan delicada! Un descuido, un error afecta al Iyawó, perjudica al sacerdote y a cuantos participan en un *"ché bo"*. La sangre del sacrificio infunde nuevas fuerzas al recién nacido en Ocha, aumenta sus energías y defensas naturales. Mediante el sacrificio se comulga y se estrecha la unión con los Orichas, y los mismos beneficios alcanzan los que asisten en el *Igbodu* a la matanza impregnándose de la esencia sagrada y poderosa de la sangre que es, así nos lo definía el Omogún Maká, "vida de la vida".

Tienen potestad para sacrificar los hijos de Ogún. "Nacen con ese derecho", nos esplica el citado Maká, "de manera que a un hijo de Ogún no hay que darle cuchillo[128].Lo que se hace es confirmarles ese derecho. Por lo tanto es un hijo de Ogún el que le da cuchillo a otros hijos de Santo, y para esto una Iyalocha les sirve de Madrina", continúa Maká, "porque el hombre engendra pero todo nace de mujer. Directamente un Omó Ogún no puede dar cuchillo, se lo da a una Iyá para que ella lo dé a quien tiene que recibirlo".

A un hijo de Ogún, "porque este Santo que es de los más viejos, hizo los cuchillos y los machetes, arrancaba cabezas en la

---

[128] Dar cuchillo es autorizar el iniciado a que practique los sacrificios mediante un "derecho" o tributo. Las mujeres sólo pueden sacrificar aves.

guerra, descuartizaba animales en el monte, es carnicero, sanguinario, le corresponde matar".

Sin embargo, de la matanza debe encargarse a un Babalawo, y no a un Babalocha como se acostumbra hoy. Por su más alta jerarquía, por ser el representante de Orula, y Orula el secretario de Olofi y el Oricha Adivino que conoce a fondo los misterios, el origen y el por qué de cada cosa, el Babalawo confiere mayor prestigio a la matanza, su aché la santifica más[129].

Los animales, todos saludables, hermosos y bien alimentados, escogidos con el cuidado debido —"son mensajeros que van a reunirse con los Ocha"— se tienen fuera del *Igbodu* hasta el momento en que va a comenzar el sacrificio y se introducen ya purificados, cubierto cada cuadrúpedo con un género del color del Oricha a que será inmolado; las aves, palomas, gallos, gallinas, guineos, el pico y las patas lavadas con omiero.

Las soperas de los otán, destapadas, han vuelto a colocarse en el suelo y antes de proceder a la matanza se les hace una ofrenda de agua y de coco:

Omi tutu laro ero pesi labé koko lodo pe leri wi bo mó iga be ri iga boyá iga bo chiché ile mo koko mo péloni intorí iku mo peloni, intori ikú ayé mo pé loni, intori ofó. Mo da bi pé loni ebore ikú, obi aro, obi ayé, obi ofó, obi lebareo.

Se sienta a la Iyawó en el trono, en el pilón, y de allí no se moverá el tiempo que dure la matanza. Podrá ponerse de pie, y mientras se sacrifica permanecerá de rodillas.

Los sacerdotes que ofician en los sacrificios se despojan de sus collares.

Antes de inmolar al animal se le ofrecen hojas de un árbol consagrado al dios que ha de recibir su sangre. Si las come es señal evidente de que el Oricha lo recibirá con agrado.

---

[129] El Babalawo no presencia la ceremonia de leri Ocha si sólo es "hijo directo" de Orula, es decir, si no fue Asentado antes de iniciarse en el culto de Ifá. Si tiene "Santo hecho" como ocurre con frecuencia, puede asistir a todos los ritos secretos que se desarrollan en el Igbudú. Si oficia no puede afeitar a la Iyawó. Le está prohibido. Se limita a "moyubar", a rezar, y entrega la navaja "rogada" al ofari, oloricha que funge de barbero.

Al carnero se le canta:

> *Firolo firolo bale fi ro lo ba le*
> *Abo fi ro lo fi ro lo bale*
> *Abo fi ro lo fi ro lo bale*

Se le da a masticar a la Iyawó coco y unos granitos de pimienta, —siete para Yemayá y cinco para Ochún— que se le ponen en la frente, en los ojos y oídos a la bestia. La Iyawó toca tres veces con su frente y frota con los senos y las piernas la frente del animal; si es hombre la frotará con la frente y los testículos.

La víctima, atada por las patas, se arroja al suelo sobre un lecho de hojas de plátano, guayaba, álamo o jobo[130].

El Ochogún o el Babalawo armado del cuchillo, canta: *Yákina. Yákina.*

—*Bara yákina, yákina, yákina lo Bara yákina*, responden a coro los Santeros estirándose la piel del cuello.

De la incisión que practica en la yugular del animal mana abundante la sangre que se recoge en una vasija:

—*Ogún choro choro.*

Coro: *Eyé ba ré ka ro.*

—*Eyé Ogún moyú re ebima.*

Coro: *Ebima eyé Ogún moyú re ibi ma.*

—*Elegua dekún.*

Coro: *Eyé dekún yé.*

—*Olodumare eyé eyé.*

Cortada la cabeza se le pone en el pescuezo sal, aceite de corojo y miel.

—*Iyo iyo ma le ro*, canta dos veces el Oriaté al ponerle la sal.

—*Abala Iyo ma le ro. Abala iyo ma le ro*, responden los asistentes.

Al untarle el aceite de corojo:

—*Te epó epó ma le ro. Te epó epó ma le ro.*

---

[130] Para el sacrificio del carnero se traerán hojas de plátano. "Porque al rey no se le mata sobre la tierra. En la boca se le pone álamo, jobo o guayaba y se le canta: ié oriwó oriwó de mo de wa iño fereré". Este requisito no se cumple en la Habana; pero sí en la tradicionalista provincia de Matanzas. "Las hojas se deben coger del cogollo del plátano", nos dice un Babá matancero, "y sobre ese lecho fresco se acuesta y se le mata. Y antes de llevarlo al patíbulo se le limpia bien con álamo y guayaba. Es lo correcto". También se le purifica con dos gallos.

Y el coro: *Abalá epó epó ma le ro. Abalá epó epó ma le ro.*
Al poner la miel: *Ba ra i la wi oñí o. Ba ra la wi oñí o.*
El coro: *Odu ma ma la wi oñí o. Ba ra i la wi oñí o.*

Aproxima la cabeza decapitada a la boca de la Iyawó que lame la sangre fresca que gotea del cuello y luego escupe hacia arriba. Inmediatamente el Oriaté, el Babalawo o la Oyugbona baila con la cabeza antes de ofrecerla al Oricha, y canta:

—*Ato reo ato reo afori mawá orí o. Oba to ba ofori mawá. Adere mo ni o adere monio fa ra orí lorí elewa ode rere monio odere re.*

Los asistentes replican: *Ten ten fu mi fo bafo wa o.*

Y dice al colocar la cabeza frente al —*otán*— Oricha:

—*Ten ten lerí fu mi ba fo wa o ten ten.*

Inmediatamente después de muerto el animal se le retira del *Igbodu* asido por las patas y de frente a la puerta, "como se saca a los muertos de la casa. Se le coloca entre las patas traseras un gallo —un gallo, un coco o ekó— y el oficiante repite tres veces:

—*Wo ekún eni le.*

Ya junto a la puerta se voltea el cuerpo de derecha a izquierda como tiene por costubmre hacer *Ekún*, el leopardo, que le da una vuelta a la presa que acaba de matar, y se saca fuera del Cuarto sagrado.

Cada vez que se decapita un animal se coloca una jícara con sal para preparar el aché de los Orichas, y para diferenciar unas de otras se les hace una marca o se pintan del color emblemático que simboliza a cada Santo. Recordemos que Obatalá —y los Muertos— rechazan la sal.

Para refrescar el ambiente, que la sangre recalienta —la más fuerte es la del carnero— después de cada derramamiento se vierte un poco de agua en el suelo y se dice: *Iro ko suwo ogu osono.*

A lo que se responde: *Ero ero koisé ero arikú Babawá.*

Lo primero que se hace es desollar al animal. Se desprende el cuero —*ahoreo*— *(Aboreo kominikú)*, se extiende en el suelo y sobre él se van ehando los miembros del cuerpo según se le va descuartizando. Se canta:

—*Kumanché ni nio ma ché mio ni o elewá abé.*

Se le quitan las patas. Luego se abre a lo largo; se le saca "un redondel pequeño del pecho", una membrana, el llamado "collar" o *ayagualá*[131]; las faldas, las costillas, que se dividen en dos partes, las que están cerca del cuello y las de abajo; la rabadilla que también se divide en dos y una parte se arroja al tejado, y por último, las vísceras.

Para presentarle dos patas al Oricha se dirá: *elese meyi owo meyi, elebe abe*. También se dice *Apuá meyi*, al mostrarle las patas delanteras y *erenoyi*, las traseras. Las cuatro patas, según Sandoval Herrera: *itebe ese awa meyi*.

Para presentar las costillas: *igan niké niké te aboni*, o *igán nika. Nigate obuno*. O se dice: *Igaya igata igá eni enure aché*. En una vieja libreta aparece costilla como *Iké*.

Para las faldas, al presentar la del costado izquierdo el oficiante dirá: *Osí;* y *otún*, al presentar la del derecho. Sandoval decía: *Ifade otu efadori*.

La aguja: *guengueré aya*. Talabí la llamaba: *egungu jín*.

La rabadilla: *Baradío*. *Idi* le llamaba Oyadesi.

Al rabo: *guengueré oloni*. *Otoñi guengue iru*, dicen otros Olorichas.

Al cogote: *Gunuwaché*. El viejo Gabino: *Orogue oroguna lese*.

Ipako, lo denominaban otros, y también se le decía *Aiyakula* y *Orowá*, *Orogún ayere*, y *Ayabala*.

Al pecho: *ike ofu ayá. Iwé we ayá*.

Las mamas: *emugaga*. *Owokaiyá*, según la Santera Monikín.

A los testículos: *epón,* "aunque los criollos dicen *akón* y *okó*", y otros *Tin chomó okuni*, y *koropón*.

A los huesos: *egungú*.

A la gandinga: *inu*. A los intestinos: *efonino*. Estos se arrojan al tejado o a la azotea para que los coma *Kolé*, el Aura Tiñosa, vehículo de la diosa Ochún, como sabemos, en uno de sus avatares.

Los pedazos que se sacan del vientre se nombran: *ifado tu dosi aboñu*.

Cada vez que el matador mienta y presenta una parte del ani-

---

[131] "Al abrirse el animal", nos explicaba un anciano, "se encuentra una cosa blanca. Todos soplamos sobre ella y vuela y se queda pegada a la pared".

En opinión de los curanderos esta membrana del vientre del carnero es muy beneficiosa para los ojos.

mal los circunstantes responden: *Ka ma fé nifé elebé abe, Kamafé ni nío elebe abe*.

Era costumbre antaño en los sacrificios, medir con la soga con que venía atado el animal, la cintura de la Iyawó y de todos los asistentes, comenzando por los hombres y terminando por las mujeres. El Oriaté enredaba luego esta soga y la pasaba sobre la cabeza de cada uno repitiendo: *Orí o, Orí o...*

Esto se hacía al despedir al animal que iba a morir y que representaría a todos los presentes ante el Santo. La soga sola se despedía también y luego se llevaba a la manigua.

Hablando de una práctica del sacrificio que se ha abandonado en el exilio, un Babalawo me ilustraba hace poco sobre las peligrosas consecuencias que ello puede significar para la salud de la Iyawó: "Ya no se tejen las tripas del animal en el sacrificio del Asiento." Estas eran objeto de un rito preparatorio largo y engorroso que consistía en vaciarlas, hervirlas y trenzarlas para presentárselas a los Orichas. Así en todo sacrificio de animal los intestinos, tejidos como trenzas, se colocaban sobre la sopera del oricha que se estaba alimentando[132].

De las cabezas de los animales se saca "la cruz", un huesecillo que se añade a la mano de caracoles que se le entrega a los Iyawó y "que es testigo de que su Santo comió animal de cuatro patas".

A la matanza de "los animales mayores" sigue el holocausto de las aves, comenzando por el gallo, al que se le corta la cabeza con cuchillo. Su sangre se considera más fuerte que la de las demás aves y se mezcla con la del carnero. Decapitado, se le presenta al Oricha con estas palabras: *akuko mo kuá ara ayé*. A las demás, pollos, gallinas, palomas, guineas, se les arranca la cabeza con la mano diciendo: *ko si ku etí eyé otoko amú otoko epó*. O bien: *ko ikú eyé, ko ikú otoko ano ko ikú otoko afó*.

La Iyawó pasará la lengua por el pescuezo de todas las aves y cada asistente lamerá también un poco de *eyé*.

---

[132] En algunos ilé los redaños se conservan en alcohol para fricciones y antiguamente se conservaban los cueros de los animales y las plumas de las aves. "Cuando un Oricha pedía un animal y no había dinero para comprarlo, se le contentaba cubriendo la cazuela o el güiro en que se tenía, con el pellejo del animal que le agradaba y así se aplacaba. Por la misma razón se guardaban las plumas. ¡Ah! entonces la Santería era pobre y honrada".

Antes de retirar las aves muertas del *Igbodu* se toman por el pescuezo y juntando éste con las patas se toca tres veces el suelo con los cuerpos decapitados diciendo, *emi lo ku so osin Ogún lo kua*, cada vez que se echa uno fuera del *Igbodu*. Al ejecutar cada víctima —cuadrúpedos y aves—, el verdugo sacerdote se exime de culpas con esta frase que dice también en castellano: Yo no lo maté, el gran Ogún lo mató.

Las partes del ave, Gabino las llamaba así: ala derecha: *apotó to tín*. Ala izquierda: *ajari*. Muslos: *itareko*. Pechuga: *ayareko*. Rabadilla: *bradireko*. Cabeza: *orireko*. Huesos: *epá*. Hígado: *imu*. Corazón: *okán*. Patas: *elese, oró*. Alas: *apán*.

En cuanto a las plumas —*apaeiyé*—, menos las de pato, se ponen en las soperas que contienen las piedras sagradas. El Oriaté o el Babalawó, si es éste quien las arranca, aunque generalmente no lo hace, repite mientras ejecuta esta operación: *etie eku edeku, etié eyé edeyá to lo ma likuí ela popó ini eyé*.

Las plumas del ala derecha se nombran: *akuá otún*, las de la izquierda: *akuá osí*. Las de los muslos: *ibako*. De la pechuga: *ayaeni*. De la cola: *idiyo koré*. De la cabeza: *orí reko*.

La oblación de una gallina de Guinea concluye el sacrificio. Antes de arrancarle la cabeza, el Oriaté baila y canta: *Lo richa fin fe to, lo richa fin fe to ara bobo lo richa fin fe to, ara bobo*, y sosteniéndole en alto le da vueltas sobre la cabeza de la Iyawó y de los Santeros.

La sangrienta y laboriosa faena finaliza con las palabras rituales: *ero ko iché*, que expresa de acuerdo con varias traducciones que se nos han dado: "todo se ha hecho con facilidad y para felicidad y el bien de todos." O "con intención de que no haya penas sino victoria."

Las cabezas de los animales cubiertas con las membranas de sus vientres, la carne, los *iñale* —las vísceras— se dejan un rato, apenas una hora, ante los Orichas, quienes materializados en sus piedras, con los caracoles e *ilekes* que se entregarán a la Iyawó, consumen el *aché* de la sangre en que están sumergidos[133].

---

[133] Las soperas de loza y porcelana sucedieron "impropiamente", para guardar los Otán-Orichas, a las jícaras, güiros y cazuelas de barro.

Al terminar, el sacrificador ofrece coco a los cuchillos "para demostrarle a los Orichas que él no ha matado" y refrescarlos.

Después es preciso limpiar el *Igbodu*, lavar la sangre que ha caído al suelo, quitar las manchas y salpicaduras en las paredes.

Cuando ya han comido los Orichas, vuelven a lavarse con Omiero y comienzan los preparativos para la comida, que compartirán al día siguiente los iworo con los visitantes que vendrán a saludar al Santo, es decir, al "recién nacido en Ocha".

Pero el que mata no puede comer de los animales sacrificados por su mano.

Antes que se celebre el *Itá*, los alimentos que se ofrendaron a los Orichas serán "despachados" o "se les dará camino" depositándose en el lugar que exija cada uno. Al mar o al río las de Yemayá, al río las de Ochún.

El día del Medio

Rendida por la emoción y la fatiga, esa noche la Iyawó duerme en el suelo, "a los pies de los Santos", en la estera que se extiende para ella. A su lado, velando su sueño, se acuesta la Oyugbona, que estará atenta a todas sus necesidades. Ahora la Iyawó, repetimos, "es una criatura que acaba de nacer, no puede valerse por sí misma y hay que protegerla, cuidarla, vigilarla, darle de comer y beber, llevarla al excusado cubierta con una tohalla o una sábana blanca, bañarla, entretenerla"...

Allí en el suelo dormirá siete días consecutivos si el Oricha no dispone que sean más, pues a veces, sobre todo antes ("esto no siempre es posible en el exilio") ordenaba que fuesen dieciséis.

Interrogados algunos iniciados sobre su estado de ánimo después del Asiento hemos obtenido respuestas como éstas: "estaba en otro mundo, al principio no me daba cuenta de muchas cosas."

—"Es verdad que uno después de *lerí-Ocha* se siente como un niño. Se queda uno atontado, la cabeza vaga. Es algo extraño. Al principio no está uno en todo su juicio (claro que eso se pasa), y se tienen cosas que no son de persona mayor. Así es. Uno se vuelve aniñado, sumiso, se deja manejar por la Oyugbona. Se entrega uno a ella, y con ella al lado se siente más seguro. Bueno, como los niños con sus manejadoras"[134].

—"Es muy cierto que se cambia después del Asiento. Para eso se hace. Para cambiar malo por bueno, dejar atrás daño o enfermedad; ser del Santo, obedecerlo y cuidarlo para bien nuestro. Al pasarse una sosera especial, que se debe a las descargas de fuerza que recibe la cabeza *cuando se entroniza el Angel,* uno se siente como nunca; mejor, más sano, y si se es viejo, más joven."

—"¿Transformación? ¡Por supuesto! El Asiento transforma a la gente. Salí nuevecito de casa de mi Padrino. Allí nació otro hombre y mi vida cambió enteramente."

No sólo en éstas, en otras muchas notas que conservamos y que no es necesario reproducir, porque no se advierten en ellas marcadas divergencias, se refleja siempre la idea de una muerte y de un renacer simbólico que anula el pasado del recién Asentado y pasajeramente su recuerdo, añadimos nosotros, abstrayéndolo de la vida corriente durante un tiempo convencional, —los días subsiguientes al *Ka ri ocha*— en que es considerado y tratado como un pequeño, —"Iyawó es omokere"—[135] y así consta en las libretas que las Madrinas le entregan al año de iniciado o al abandonar el ilé: "en tal fecha nació el niño o la niña tal." Teóricamente, cuando éste nace y comienza a vivir en el ámbito místico del ilé-Oricha, no puede ni sabe hacer nada. "Me trataban como a un muñeco", recuerda Má Sidonia, "y yo medio sirimba"[136]. Iyawó, por consiguiente, ha de aprender todo de nuevo y es preciso enseñarlo.

"Antes eran más exageradas las Oyugbonas", nos ha contado otra viejita habanera. "Iyawó no se dejaba sola un minuto, porque nunca se sabe lo que les pueda pasar o lo que se les ocurra hacer. Antes, por ejemplo, se les daba la comida apeñuscada con

---

[134] Manejadora por niñera. Corrientemente se les llamaba en Cuba manejadoras o tatas.

[135] Omokere: bebé, párvulo.

[136] Sirimba: confundida, atolondrada. "Creo que esa sensación de vaguedad se debe", comenta una joven Iyalocha, "a las horas que se pasan con los ojos cerrados, sin ver nada".

la mano. Hoy se la traen servida en un plato. Es verdad que ya nadie come con la mano las comidas de los Santos, que no debe comerse con cubiertos; ya esta costumbre que era la de nuestros mayores, no la respetamos en La Habana más que unos cuantos viejos. Yo me pregunto si ahora las cabezas son más fuertes y la memoria se les aclara más aprisa, porque en mi tiempo había Iyawó que hablaba enredado después del Asiento, como si se les hubiera olvidado el nombre de las cosas."

En el "día del medio", profanos, extraños —*aberikulá* y *aleyo*—[137] conocidos y desconocidos tienen libre acceso al *Ilé-Oricha*, y el que lo desee puede entrar a "saludar al Santo", al Oricha representado en su Omó, que aparece deificado ante nuestros ojos y es reverenciado por todos.

Por la mañana temprano, al despertar, la Oyugbona le ofrece un bocado de pescado ahumado y de jutía y tres sorbos del vigorizante y purificador *Omiero*. Después del baño, también de omiero, al hijo de Yemayá se le pone una camisa limpia[138] que solía ser de listado azul, y de color amarillo, o con pintas amarillas al hijo de Ochún. A la hija de Yemayá un traje a cuadros azules, y a la de Ochún, a cuadros amarillos. Más tarde, ya bien pasadas las doce, se le viste al *ochó-omó-oricha*, el vistoso traje ceremonial que en vida sólo ostentará ese día y en el acto de su presentación a los Batá. Se le adorna con sus ileke y manilla, su collar de mazo atravesado en el pecho, y se le ciñe la cabeza, en la que vuelven a pintarse los signos sagrados, con el adé[139], una banda o tiara que se ornamenta según el gusto y la fantasía de quien la confeccione, con bordados, cuentas o caracoles, pero en la que deben fijarse siete plumas de loro —*odidé*—, si el asentado es hijo de Yemayá, y cinco si es hijo de Ochún. Los trajes por lo regular consisten en blusas sueltas muy elaboradas y faldas, o pantalones los hombres, aunque no se ajustan a ningún patrón tradicional. Recuerdo uno de amplia falda en tela azul de raso "espejo", con piedras, lunas y peces bordados que me llamó la

---

[137] Aleyo es también foráneo, persona de otro lugar.
[138] Todos los días se cambiará la ropa. La limpieza en la vestimenta del Iyawó es de rigor.
[139] Corona.

atención por la hábil composición de los motivos escogidos. Los géneros preferidos en Cuba eran las sedas y rasos. En Miami hemos visto en el día del medio de un doble asiento, precisamente de Yemayá y Ochún, los *Achó* confeccionados en raso. En uno de éstos el Iyawó era Julio, el notable tambolero cubano del ballet de Katherine Dunham, que durante más de veinte años acompañó a la famosa bailarina, antigua discípula de Herkovitz y a su vez antropóloga, en sus exitosos recorridos por Europa y América.

Se instala la Iyawó en el pilón, (en el trono) en que inmediatamente después de la "parada" ha presenciado las matanzas, sobre una tarima de madera cubierta con una estera o simplemente sobre la estera. Al fondo se adorna la pared con colgaduras —*kele*— que forman un dosel. La suntuosidad de éste dependerá de la capacidad económica del iniciado o del Babá o la Iyá dueños del *ilé*. El dosel puede formarse con el material más caro o con el más modesto.

A un lado del trono, o en el lugar más adecuado en relación con la amplitud de la pieza y el emplazamiento del trono, se agrupan o disponen en hilera las soperas con los *Otán*, los Orichas de la Madrina y el Padrino y las que ha recibido la Iyawó.

—"Eran muy lindos", nos contaba una viejita, "los tronos en tiempo de España (de la Colonia) en las casas de los Santeros de fama, cuando se asentaba alguna mulata de aquellas que quitaban el hipo, mantenidas por caballeros de campanillas como Don X... que no le escatimaba el dinero a sus queridas, que eran siempre mujeres de color. Muchos adornos de Santo venían de Guinea, pieles, colmillos, cuernos de animales, collares, telas, mantas, gorros que llamaban "fila", y todo lo que hacía falta. En sus casas, los Padres y los Babalá se vestían a la africana."

Otros viejos hacían referencia a un comercio limitado pero lucrativo, que practicaban naturales de las Islas Canarias que iban a surtirse de mercancías en la Costa Occidental de Africa, para venderlas a los sacerdotes del culto lucumí y de otros cultos africanos en Cuba. En una ficha que trata de estas importaciones, se incluye *cauris*, dientes, uñas, pieles, especies, *Akán* y *Apá* (?), *obí*, loros, güiros, monos, y un género que el informante llama *bi-koko* (?).

Volviendo al ornamento del trono, otros nos han dicho que éste se ponía sobre una estera y se colgaba de la pared una sábana blanca y nada más. "¡Nada de lujo! Las cortinas con cintas, los cojines bordados, es cosa nueva."

Ya instalada la Iyawó en el *Apotí*, con los pies descalzos, se sientan en la estera las Iyalochas, también descalzas, y allí permanece como un rey rodeado de su corte, hasta la caída del sol, recibiendo el homenaje de los que vienen a saludarla y a depositar, en una jícara colocada en primer término en el suelo, un tributo de dinero. Vestidas y tocadas con pañuelos blancos, la acompañan en este escenario en que sólo los iniciados tienen un puesto, los hijos de Santo que aún no han cumplido el año de su noviciado.

Los parientes y amigos de la Iyawó se sientan donde pueden, pero fuera del estrado, dejando espacio suficiente al tránsito de los que llegan a cumplimentarla y se marchan.

Cada vez que se presenta una Iyalocha o un Babalocha, la Iyawó se echa al suelo para saludarlo. *Awá wantó be odide,* dicen éstos al levantarla. A los demás los saluda poniéndose de pie y cruzando los brazos sobre el pecho o uniendo las manos. Los sacerdotes más jóvenes hacen *foribale* a los mayores, esto es, los saludan postrándose. A esta marca obligada de respeto responde la Santera mayor apoyando una mano en el hombre de la menor, que entonces se incorpora, y con frecuencia, a punto ésta de inclinarse, se apresura deferentemente a tocarla, impidiendo así que se eche al suelo. No le sorprenderán al lector, si su curiosidad lo lleva a presenciar este acto del Día del Medio, un toque de tambor u otra función del culto lucumí, que esas reverencias típicamente africanas, las reciba a veces de una mujer o de un hombre ya maduros, un adolescente o una persona notablemente más joven que la que se humilla a sus plantas. "Foribale se llama la manera de saludar a un Oricha y a un superior", explica un informante: el devoto se tiende por tierra en adoración ante las piedras sagradas, los brazos bien extendidos a lo largo del cuerpo, las piernas juntas; las mujeres apoyándose primero en un codo para voltear el cuerpo hasta tocar el suelo con un hombro, y luego con el otro[140].Hemos observado aquí en Miami, que muchas mujeres blancas saludan al Oricha como los hombres, no en la forma típica que hemos descrito, sacrificando la tradición a la comodidad. Ignoramos si los devotos y olorichas de color aceptan esta innovación. "Cuando un Olocha o una Iyá saluda a otro, a quien saluda de verdad es al Santo, y de los dos le corresponde al Santero más nuevo en la Regla, *Mo foribale* al que recibió Ocha antes que él." La antigüedad en el ejercicio sacerdotal le concede esa preeminencia, y el protocolo que regula la etiqueta que observan con fidelidad los Santeros entre sí reconoce y obliga a rendir pleitesía al que lleva más años oficiando.

Copiamos de otra vieja ficha, a título de curiosidad, pues tanto tiempo debe haber transcurrido desde que se abandonó tal costumbre que eran muy contados los que no la ignoraban, que se estilaba en las reuniones de Santeros, en los Cabildos y en el Día del Medio del Asiento, anunciar con unos toques singulares dados en un tambor, la llegada de una Iyá o de un Babá connotados. Se les honraba con un "hablado de tambor", y el mismo honor recibían los que habían sido personajes en su tierra y a quienes sus compañeros de esclavitud continuaban tratando con el respeto que se debía a su rango. A esas personas importantes, nos decía Calazán, que se ufanaba de ser hijo de príncipes y de que a su madre se le rindiese ese honor en el Cabildo Lucumí, se les llamaba *Oloyé*.

Los que visitan a un nuevo adepto, después de tocar la estera o el suelo y besarse las yemas de los dedos, lo saludan cruzando las manos sobre el pecho. Es esta una forma corriente de veneración —bale— que se practica al tocar el altar de una imagen o al mentar el nombre de una divinidad.

El Día del Medio, al decir de algunos viejos, era, por la sencilla razón "que los Orichas fueron reyes", la evocación de la coronación de un Oba en la tierra ancestral. Quizás porque conservaban el recuerdo trasmitido por sus antecesores, que a *Oba*, el rey, se le

---

[140] En el Ilé, las Iyalochas suelen extender una estera ante el altar para evitarle al devoto el contacto directo con el suelo.

acordaba un tratamiento divino, es "por lo que se dice que se va a saludar a un rey coronado cuando se va a saludar al que le han hecho Santo".

La recepción termina para los sacerdotes y visitantes con una gran comida: pollos, gallos, gallinas, palomas, guineos, carnero, chivo, harina de maíz, *ochinchín,* ñames, plátanos, etc., que preparan las Santeras y que se ofrece a cuantos se hallen presentes. Los Orichas invitan a todos los que acudan a su *Ilé.* No aceptarla es ofenderlos, pero es sabido que "la comida de los Santos" es beneficiosa para la salud de los que la saborean.

El Día del Medio, como el anterior, es de mucho trajín y así será el siguiente, en el que secretamente, las puertas del Ilé cerradas para los profanos, se celebra el Itá.

Tercer día del Asiento o día del Itá. Dilogún

Fu mi lo owó awantí yoko eri awa soro. (Vamos a sentarnos en la estera para hablar.)

Llámase *Itá* al acto de reunirse en asamblea un número de Olorichas y consultar los caracoles. *Itán,* con N, decía allá el 1880 o quizá antes, Sixto Samá, educado en una misión inglesa de Sierra Leona, en una codiciada libreta que escribió y que copiaban en Matanzas sus discípulos que sabían leer y escribir.

"Se hace *Itá* para averiguar lo que no se sabe", revelarle al adepto los secretos de su pasado y del porvenir, prevenirlo contra aquellas cosas que ejercerán sobre él una acción perjudicial y darle a conocer los ewó que su Oricha le impone. En apoyo de las advertencias y consejos que recibe se le narran hechos que ocurrieron en un pasado mítico y por esto Itá también significa "contar lo que pasó en el tiempo viejo". En los orígenes. Así brevemente se nos define el *Itá* como "la lectura del porvenir de los Iyawó", y: "ceremonia del Asiento en la que se pregunta a los Santos y se cuentan patakí." Estos relatos, cuyos protagonistas suelen ser dioses, reyes, animales y hasta objetos, encabezan, acompañados de un refrán, cada signo u odu del *Dilogún* y reciben el nombre de *Patakí.*

No solamente se practica *Itá* para develarle al Iyawó su porvenir sino en todo asunto grave y complicado y en aquello en que hay que proceder con prudencia y de acuerdo con la expresa voluntad de un Oricha, como cuando se le ofrece el sacrificio de un cerdo, *elede*, a Yemayá, y a Olokun en alta mar o un venado vivo, un *agbari*[141]; a Ochún un pavo real, un *oreni* o *agufón*[142].

La Iyawó, cubierta la cabeza con un pañuelo blanco, se sienta en la estera frente al Oriaté que interpreta el *dilogun*. Junto a éste, colocados en platos o en jícaras, los caracoles de los Orichas con un peso cinco centavos. Ya antes, en su casa, cuando fue invitado a interrogar los oráculos, se depositaron dos pesos cinco centavos ante su Oricha. (Nos referimos a los "derechos", honorarios, que tradicionalmente se pagaban en Cuba.)

No podemos entrar de lleno, por falta de espacio, en un tema tan rico y a primera vista tan complicado como el que brinda el estudio de este sistema de adivinación lucumí. No obstante intentaremos dar una idea muy sucinta de sus principios y técnica.

Citando a Herrera, el primer viejo informante que accedió a orientarnos en este arte de la adivinación que, empleando distintos métodos, ha conocido la humanidad en todos los tiempos y en todas partes, repetimos una vez más, que "los Orichas hablan en los caracoles". Hablan según la posición en que caen al ser desparramados en la estera o sobre una mesa, cubierta con un lienzo blanco y responden a cuantas preguntas se les hace. Este lenguaje divino que emplea a los *cauris* como medio de expresión y en el que en cada combinación formulan los Orichas un mensaje, sólo tiene un intérprete, el Oloricha o la Iyalocha. Los profanos no pueden manipular los caracoles aunque conozcan los nombres y significados de los *odu*. "Unicamente el que está facultado, porque hizo Santo, tiene derecho y *aché* para echar y leer el *dilogún*." Y no basta con ser un iniciado. Es menester, para cumplir decorosamente la función de italero, haber estudiado mucho...

---

[141] Olokón, awí, aweni, son otros nombres que se le atribuyen en lucumí al venado.

[142] Onidé y Olora, le llamaban algunos Olochas.

Adivinar con *dilogún* o con *Ifá* es una ciencia que se aprende. La fama, los aciertos del que interroga el dilogún son el producto de su aplicación, de un esfuerzo constante por ampliar cada vez más sus conocimientos. Representan años de estudio y de experiencia. No necesita el buen italero tener lo que nosotros llamamos dones de visionario o una capacidad intuitiva en grado superlativo, ("aunque el Santo a veces le pone en la mente cosas que aclaran y alargan una letra"). Buena memoria sí, para retener cientos de *odu* y de relatos, "como la que tenían los africanos que nos enseñaron", explica Yín. "No sabían leer, no sabían escribir, y lo que aprendían lo grababan en la memoria. Eso, tener una buena memoria, es lo principal para tirar el caracol. Hoy se recurre a las libretas para aprender... ¿qué viejo tuvo libretas? Ni los criollos grandes como Gaytán, sabían escribir, todo lo tenían en la cabeza." Las reglas para consultar el dilogún, los nombres, rezos y explicaciones de los odu, los pataki, éstos cada día más olvidados, la lista interminable de los *ebó* que para evitar un mal pronóstico o en acción de gracias indica cada signo, aparecen consignados en libretas difíciles de entender por su mala redacción y exposición desordenada, pero que eximen a los padrinos y madrinas de dar a sus ahijados aquellas clases orales con sus exámenes consiguientes de que nos hablan los viejos, "que no aprendieron en libretas, sino oyendo a los sabios y ejercitando la memoria".

Los caracoles, tradicionalmente importados de Africa, —Cauris, Cyprea Moneta— "hablan" por la hendidura natural —"la boca"— que presenta una de sus dos caras. La parte inferior se rebaja con una lima, y de este modo, los cauris que se dedican a la adivinación quedan chatos y huecos. Se les llama *Ayé,* que según Oba-Olo-Ocha significa "ser del otro mundo" y "contestón", porque responden a las preguntas. Ya sabemos que estos caracoles se consagran, se lavan con omiero, reciben una ofrenda de sangre y se entregan al iniciado.

Una mano de caracol consiste en dieciocho cauris, de los cuales se apartan dos que se dejan enteros. Estos reciben el nombre de *Edele* y "hacen las veces de guardieros, vigilan". Algunos Olorichas los sustituyen por dos conchas pequeñas —*karawo*— que van a buscar a una playa y que no requieren, como los caracoles, ser importados de Guinea.

Volviendo al carácter sagrado del número dieciséis, —*dilogún*—, los dieciséis cauris que se emplean para adivinar simbolizan, al decir de algunos Santeros, las dieciséis puertas del palacio de Obatalá, que según Calazán Herrera era enorme, y "como el del rey de los lucumí", tenía muchos patios y apartamentos para las mujeres, los niños y los cortesanos.

A los dieciséis caracoles se añaden: una piedrecita negra, *otá*, que guardará el consultante en su mano mientras el Oloricha los arroja, y con la cual los tocará después ligeramente diciendo: *soro obí pá ofo*. No hable malo para bueno ni bueno para malo, que es el sentido que le dan los Santeros a esta frase. Una cabeza de porcelana de aquellas muñecas que llamaban peponas, a la que dan el nombre de *Orí awora* o *Bu awora*; una semilla de guacalote, *ewe ayó*; un huesecillo, una vértebra de animal, *ejún*, que es la prueba testimonial de que los caracoles bebieron sangre al ser consagrados. (Hay quien pretende que este huesecillo debe haber pertenecido a un ser humano, la falange de un dedo, por ejemplo, que se obtenía en Cuba fácilmente en el cementerio, donde los sepultureros hacían acopio para venderlos a quienes los necesitaban.) Y un pedacito de cascarilla, *efún*. El conjunto de estos objetos recibe el nombre de *Ibo*, o mejor dicho, *digbo*.

Los caracoles, instrumento indispensable de Padres y Madres de Santo, se guardan en el *Apotí Oricha*. "Canastillero del cuarto de los Santos." Las viejas Santeras que conocí, Odedei, Omí Lana, la Salazar y tantas otras, los llevaban siempre consigo, metidos en un saquito de tela del color de su Oricha. Jamás se separaban de ellos.

Una lectura del dilogún comienza siempre con una serie de rezos y de derramamientos de agua. Se echan tres chorritos en la puerta de la casa y se dice: *Chubú meta di omituto, ilekun mi dabobo ilé tutu, ori tuto okán tuto, aché, tutu, omó tutu, omí tutu gbogbo wadi ilé tuto awó aikú Babá wá*.[143]

---

[143] "Para hablar, tres pocos de agua fresca, para que la puerta esté fresca toda mi casa fresca, fresca la cabeza, fresco el corazón, fresco el omó, fresco al registrar todo, el secreto, no haya muerte, Babá".

Luego: *Echu Alaguana ko chi were awó unlo otoniwó ada fun bo osí Obatalá oni tani ebó oní lo abán Echu bobo arayé to ba rubó ebó ada mo kiché Bara osu be sari ofó de wan to lokún eba teteté awá teteté*[144] y se lleva a la boca los dedos de la mano derecha e inmediatamente después toca el suelo.

Para echar los caracoles el Babaloricha o la Iyá pide la autorización y bendición de Olodumare para consultar, y *ayuba*, saluda, a los Muertos para que lo auxilien y eviten la intromisión de espíritus oscuros, perturbados y perturbadores, y saluda a sus Padrinos:

Mo yuba olúo momi Oyugbona, mo yuba mi akodá. Mo yuba olúo bi ten belesó Olodumare. Mo yuba olúo bi Olodumare. Mo yuba olúo bi tenbelese Olodumare bita Changó Tolá, gbogbo kanile Ocha ilé mo puiko ilé mopuiko apeye omó apeye awó, aberiku Babawá.

También con estas palabras pide permiso a los antepasado y Orichas: *Kinka maché Oyugbona, kinka maché Iyá tobo, Babá tobi Owá locha, ibá Babá ibá yeyé, ibá kodá che du ibá Babá godé lifé ibá Olodumare kofá che se milekun de mi kolobo kolobuela koché odadé so ocha kibé anabakun peregún ofi bayé ni do kun omí labé Osunle o wala meyi obi olo otiwó obitiwó igún meri yalé igun bayé lo ni iré la pa kuala fi ko cheri Ocha re ochanio oda che eyifé oyé*[145].

O dice: *Baralayiki agagá ala ko ma ko ala muwa mu bata bebéniyo afofó re tu le ara tu ma arakó loni akua aché Babá. Aché Yeyé, aché Olodumare, aché Olúo, aché Oyugbona kani kadá arabá ba ri wo ounda ité balaga la ayu sama ara da iba si eyo labiku le mi egun merila ye mi oricharo adaché niwá ayé mo ro titi ni eyo úmbo Ayalú ba-*

---

[144] "Adoramos, alabamos y suplicamos a Echu Alagwana, chiquito vivo, que no haga mal, y a Obatalá, que decidan que veamos la verdad, que no haya equivocación sino verdad. Bara la descubre para actuar. Nos ponemos bajo su protección, que no haya calamidad, miseria, etc.".

[145] He aquí otra versión: *Baraguí degaga alá ko ma ko alá mu lamo batán abebeniyo afofaré tu le ama ma ra tu ma ara ko loni apá che Babá achí ayubonia kanikara arada bo ni ke owodé lte Bara lagalé ki tienfo ayukana abasin eyo nefa Ayo ma ro titi laloké Olúo kinka ma ché Iyalocha, kinka ma ché Oyugbona, kinka ma ché Iyá to bo. Iba Babá to bi. Iba Babá Iba Yeyé iba ka da. Chedu iba Babá. Go de li fe iba Olodumare kafá che'se lemilekun kolobo kolobuela koché odadasá Ocha ki be anabakun peregún ofi bayé nido kon omolabe osunle oguala meyi obiolo otiwó obitiwó igun meriyale igun hayé loni iré la fakula fiko ché ri. Ochareo Ochanio Odaché eyifé.*

bai. Solicita la autorización de Echu y la de todos los Orichas, invocándolos uno a uno.

Luego, cuando comienza a "hablar" el *dilogún*, le reza una oración a los Orichas o al Oricha que augura, según la posición en que caen los caracoles.

Cuando de los dieciséis caracoles, al ser lanzados en la estera por el Oloricha, sólo uno presenta la parte hendida naturalmente, que es la que adivina, esta combinación forma una letra u *odu* que se llama *Okana Sode*. Si caen dos en la misma situación: *Eyioko*. Tres, *Ogunda*. Cuatro, *Orosun, Oyorosun, Eyi Orosun* o *Irosun*. Cinco, *Oché*. Seis, *Obara*. Siete, *Odi*. Ocho, *Eyeúnle, Yeúnle, Unle, Eyionle*. Nueve, *Osa*. Diez, *Ofún*. Once, *Oguani Chobé* o *Sogué*. Doce, *Eyilá Chebora*. Trece, *Metala* o *Etala*. Catorce, *Merinlá*. Quince, *Manulá* o *Medogún*. Dieciséis, *Meridilogún*.

Si los dieciséis caracoles caen boca arriba, le auguran al consultante, que ya está Asentado, que recibirá las piedras de todos los Orichas y se iniciará en la ciencia de *Ifá*, pues es "un hijo directo de Olofi"; estudiará el arte de curar, profundizará en los secretos de Osain y por su erudición actuará en la Santería como un maestro, un abogado, un juez de Olofi: se le llamará *Omó Kolagbara Olofi*. Hijo poderoso de Dios, que instruye y enseña, pero estos sabios no abundan en el presente.

También cuando los *cauris* caen en esa posición el Asentado recibirá a Olokun[146] y si no está iniciado se verá obligado a "hacer Santo" y a ejercer el sacerdocio.

En *Okana Sode* u *Okán Chocho* habla Elegua. Intervienen además Changó, Obatalá y los *Ikú*, los Muertos.

En *Eyioko*, Orula y Ogún, Elegua, Ochosi, Obatalá y Changó hablan también en este signo.

En *Ogundá*, Ogún.

En *Eyiolosun, Oyoroso* o *Irosun*: Olokun y Yewá. Intervienen los Ibeyi, Orúmila, Changó y Ochosi.

En *Oché* habla principalmente Ochún, con Orula y Elegua. (Ochún es dueña de cinco caracoles.)

En *Obara*: Changó, Ochún, Elegua, y en ocasiones, según un Oriaté de Guanabacoa, Orunla.

---

[146] En Matanzas a Babalú Ayé.

Tercer día del Asiento

En *Odí,* Yemayá. Intervienen Ogún, Elegua y Ochún. (Yemayá es dueña de siete caracoles.)

En *Eyionle, Eyeunle* o *unle:* Obatalá, Orunla y todos los Orichas.

En *Osa,* Oyá. Intervienen Ochún, Oba, Obatalá y Ogún.

En *Ofún:* Obatalá, Oyá y Ochún.

En *Ojuani Chobé:* Elegua, Ogún y Ochosi.

En *Eyilá Chebora:* Changó.

En *Metanla,* Babalú Ayé, (en *Itá,* no en una consulta individual).

Prácticamente, los signos del caracol se interpretan hasta *Eyilá Chebora.* "El Dilogún no habla más", nos explican, y de *Eyilá Chebora* en adelante, los pronósticos los da Ifá. Es decir, que de los dieciséis son hábiles doce. Los otros "no se leen".

El Dilogún, nos decía un hijo de Orula, "es un Ifá más sencillo".

A cada signo se le reza su oración correspondiente, y está de más advertir que éstas son muy numerosas, por lo que daremos un solo ejemplo, el más breve, para cada *odu.* Si a la primera tirada sale *Okana,* que es signo de mal augurio, se dice:

"Okana sode ayá lode ewenasode mo run."

El Oloricha tira de su oreja izquierda y mira hacia atrás. Otros acostumbran halarse las dos orejas. Se sumergen en agua los caracoles con el fin de refrescarlos, "apaciguarlos". Al sacarlos se echan sobre la estera y el Oloricha los pisa con el pie izquierdo, o se tapan con la jícara vuelta al revés y pisa sobre la jícara. Una virgen del *ilé* o un niño inocente arrojará agua a la puerta de la casa. Hecho esto, se indaga cual es, específicamente el mal que anuncia. Al conocerse la causa que lo produce, se unta con manteca de corojo un trozo de carne cruda y se lanza al calle.

A Eyioko se le reza: *Kirimo be ma pekaburuku lena ewena temitan tenichiché umbeleko Eyioko telaroko temitán te mi che monimo loko te la ro ko. Temitán temi ticha moni wo lo ko.*

A Ogundá: *Ogundá oferayé afesé eba su lemi. Mo bi kekiló ode mabi inu Obatalá odá fun akuko odafún iki odafún agada tito arugbo.*

O se pronuncian estas palabras: *Ogundá tete yi tete yi fara ye afé niyé lesi lo sun.*

A Eyiolosún, Iroso, u *Oyorosún: Apatira ebebe kuín kuín mba we ikú aina efe ku si aro ainá fe kusi Iyá ainá fekusi eyé aina fekusi ofó muyaloko nsí misán ainá unyele dederé ko pane acheluni apuan ta ri tu re abebé kikunibí eni owo Babá ayu daché ainá umpo kuro mara tuma aro mi kosiná ya yo ko esi misán eyi olosuin.*

A Oché se le dice: *"Eulu kuluché oyo Babalú eche eche muluku muluku lodafún la ta riko tan unlo silu Iyá ma."* Otro rezo a Oché: *"Oché muluku muluku oyo taba lowé muluku loda fun akata po to lori iyu mana Oché iba yé ide wa kodidé sará úndere ebó iba owó omó iba Yalode abe."*

A Obara: *"Oni Obara Oba baraeyé Bara kikate lodafún Olofotín ola yá ichu."* Otro rezo a Obara: *"Oni Bara alá Bara eyé Bara sikale ofé yu fe sikate lodafun oloya ichu Oni Bara alá Bara ayé Bara Bara kinkate lodafun ara fo ti ché Oloya eyé afiyú aye kinkate."*

A Odi: *"Odi richa Adima Dima Achama aruna Adima dima Mamá yo Mamá yo ti ma ibá rikua ma ba ya wori liwó ibarun mo bale oworiwolín iwo iwo yín yín woriwó."* Otro rezo a Odi: *"Orisha adima Achama Adima achana naína Mamá yo maka yo ri ibá ri wa ma ba ya. Werin yenyé rigo abi raren obí raré mo bale aweriwé yeni iwo erike yi iba re nfo ma baya iwo dingué si weno ibá ra yo maba ya iworiwé ri yin we ri we."*

A Eyionle o Eyeunle: *"De be re la bo la de be re la bo chín la bo ra tontín eko didé lorí lodafun bo ibole tinloloda awé owe olose laida aboyen onifé aboño onifé abi ti be ti re ekulu bubule un bayé Babá oko ko loko Babá oro."* Otro rezo a Eyionle o Eyeunle: *"Dédele la Oba lé dedele laba chin dedele la bo ru tenti ako dededé ino lorí lodafún ibolá te loda ewe aké lese loda abayú onifé abaño añofe abi ti be tiré okulú bubulubu un bayé Babá akoko loso Babá aro otó ta ya pa. Dedele la boridedele la bo chin dedele la bo ru tonti eko odé lerí lodafún iboleti onifé obi tibitiré okun run chubule ni un bayé."* (Al consultante, al salir Eyeunle, se le pintará la frente con cascarilla.)

A Osa: *"Osa wo iworiwé eté no fu nie awé Osa owo iworiwo ba ti eleya e bombo nilé."* Otro rezo a Osa: *"Osa osawó iworiwó afo ri ku owó lodó osawo iwori awó afó nikú awó Osa awó abatí oleya oloban emi mu."*

A Ofún: *"Ofún mafún ye ga ki ma fun orun kima fun ofó kima fun eyé kima fun ta le tale elese ara pu fi lodi onide e ma le didé lodi arayé kolé panupu."* (Cuando aparece Ofún, el consultante y el Olorisha beberán un poco de ekó.)

A Oguani Chobé o Sogué: *"Oguani chobé obe warisa chi ché awo ibo oyeyú arawá ché mi ché adie dané lodu kana mofo teni."* Otro rezo a Oguani Chobé o Sogué: *"Oguani chobé ebe Eshu wa si se chi mi ché awó ibé awado ofeyu agana ché mi ché adie dané lo re kama mo fe tani."*

A Eyilá Chebora: *"Agana gaya agana fa ya okakun ayaga bode kini Oricha kinché ti bo otalorifa kin te ché iba eté ke ma ché te ikú kema ché te arun ki ma ché ofó kunaché te eyó."* Otro rezo a Eyilá Chebora:*"Agana bagayá ogabayá okán ku ayagada guini Orisha ki ché te tiba eta loricha kichete iba ote kima ché te ikú kimaché te aro kimaché te ofó kima ché te eyé."*

Un nonagenario matancero nos dictó estos rezos de Dilogún, de acuerdo con las enseñanzas de Sixto Samá:

1. Okana: *"Okana sóde Iya nsolode moru, nkan buruku egun ona."*

2. Eyioko: *"Eyioko kini mó obi omofako nkán buruku egun ona temi tán temí echiché tó leri ko lé mi mó mi ngba leko."*

3. Ogunda: *"Ogunda ita, ofé ra ye ofo osun, eba nsun elemi."*

4. Eyiorosun: *"Eyiorosun Iya locha ita obebe kin kin enu agbo ainá ofó kosi arún, ikú, ofo, iya, opa omo lerí, omó Olorun, aina ñyo ilé aché lenu."*

5 Oché: *"Oché pelepele ochi kalé eni tuleché oko muleku muleku enú koda fún igba ayé degba kodidé."*

6. Obara: *"Obara, onibara eyegbara, alabara, kikaté omó, kete larofún Echu kokoro, jenejeroe kokoro yobí yobí labé obí longbá ilé to de kole ba mi.*

7. Odi: *"Odi ocha omako eledigbo ocha omo eru omó iya arun omobá iku omo ba ya, iyin gbogbo arigbo iku kodima ofo kodima, eyo kodima."*

8. Eyeunle: *"Eyeunle teni omo sun kun dende lubolu, dende la abalosa oti ko lerí oda ojun le fí obiti bitiré okoro dubule oma baye ajún arun toro toro alabí se nu."*

9. Osa: *"Osa gbogbo arigbo rigbo, otení, ofó, iku, agbo inbatín ile iya ojún onilú."*

10. Ofun: *"Osún masofún yejedé, ofun saro, ofun sonó, efú fú iye jede, efun fun arun, efú fú idi araye, nkole tu Echu."*

11. Ogboni chogbe (Oguani Chobé): *"Ogboni ché chogbe aché emí ché adie odani okana omo ofo intorí."*

12. Eyilá Chebora: *"Eyila Chebora agana omó. Iyagadaba ga yán iku Iyagadaba ga yan ofo. Iyagababa gayan eyo. Iyagadaba ga yan."*

Los odu se dividen en mayores y menores. Son mayores: *Okana* —1. *Eyioko* —2. *Ogundá* —3. *Eyiolosun, Oyorosun* o *Irosun*, como llaman algunos a este *odu*, que es el —4. *Eyionle* —8. *Ofún* —10.

Son menores: *Oché* —5. *Obara* —6. *Odi* —7. *Osa* —9. *Ojuaní Chobé* —11. *Eyilá Chebora* —12. Entre éstos se considera como el menor a *Oché*, y el mayor a *Oguani Chobé*.

Cuando un mismo número de caracoles cae dos veces seguidas en la misma posición, se les llama *meyi* (dobles): *Obara meyi, odi meye*, etc... El Oloricha al tirarlos deduce, por la posición de los caracoles, un mal augurio o un buen augurio. Así les oiremos decir cuando predicen calamidades, enfermedad, muerte, disputas, derramamiento de sangre, traición, que la letra "viene por mal camino", y de lo contrario, por "buen camino".

La palabra *Osobo* se aplica a este aspecto desfavorable, y *Ebodá* o *Iré*, al favorable. *(Iré* quiere decir: felicidad, prosperidad, buena suerte, bendición.)

La muerte que amenaza al consultante, a veces le "viene por la mano de Dios": *Ikú Olodumare*. Por el cielo: *Ikú otonowá*. Por los Orichas: *Ikú ilese Ocha*. Por algún muerto: *Ikú ilese egún*, y lo mismo la enfermedad —*arón*—, por la mano de Dios: *arón yale*. Por e cielo: *arón otonowá*. Por los Orichas: *arón ilese Ocha*. Por mal de ojos: *arón ilese oyú ara yé*. Por maleficio: *arón ilese ogun*.

Iré, el bien, la suerte, la salud proviene igualmente del cielo. Del otro mundo: *iré ilese araonú*. De la tierra: *iré aiyé*. De una piedra, una china pelona; *iré ilese ochagún*. La procura un hijo: *iré omó*. Una mujer: *iré obiní*. Se encuentra en la casa, está "allí sentada": *iré yoko ilé ché*. La da el dinero: *iré owó*. El Mar: *iré wantolokun*. De los cuatro puntos cardinales ("Cuatro vientos"): *iré mereayé*, la propicia Orula: *iré ilese Orúmbila*. La da la lotería: *iréewe*. Un muerto: *iré ilese egún*. Los Orishas: *iré ilese Ocha*. El principio divino que Olodumare fijó en la cabeza, —"El Angel Guardián"— Eledá: *iré ilese iré orí yoko.* Se debe a un hombre: *iré okuni.* A un viejo: *iré elese arugbó.* Se hallará en el campo: *iré ilese oko,* o el consultante la recibirá de su propia mano: *iré lowó.*

Una sentencia, un refrán[147], una advertencia que revela la índole del pronóstico, encabeza cada *odu,* que a veces, como el *Patakí* o relato que lo acompaña silencia el augur en consultas ligeras practicadas con cierta rapidez.

En *Okana* se dice: "por uno empezó el mundo", "en el mundo si no hay bueno no hay mal", "haya uno bueno y haya uno malo".

En *Eyioko:* Ofó, flecha entre hermanos. Pelea por la obtención de una cosa.

Ogunda: altercado familiar; el Muerto está de pie.

Eyiolosun, Oyorosun o Iroso: "Nadie sabe lo que se esconde en el fondo del mar."

Oché: "La sangre corre por las venas."

Obara: Oba Ikuro, "El rey no miente."

Odí: "Donde se cavó la fosa por primera vez."

Eyionle: "La cabeza manda al cuerpo."

Osa: "Su mejor amigo es su peor enemigo."

Oguani: "Sacar agua con canasta."

Eyilá: "Cuando hay guerra el soldado nunca duerme."

Meridilogún: "Nació para sabio. No oye consejos."

Si después de *Okana* sale el signo *Ogundá,* previene que el consultante sangrará por los oídos, la nariz, la boca y el recto.

En *Eyioko-Oché:* guerra, revolución por Santo.

En *Eyioko-Eyeunle:* a un rey lo quieren destronar a flechazos. Disgusto, fuego.

En *Eyioko-Eyeunle:* "Quien nació para cabeza no puede ser cola."

En *Eyioko-Osa:* Revolución en la casa, tropiezos en la calle.

En *Ogunda-Oché:* Discusión, altercados familiares. "El Muerto de pie." Repugnancia.

---

[147] En la lista a continuación señalamos con comillas los refranes que se emplean corrientemente en la conversación.

En *Ogunda-Odi:* "Lo que se sabe no se pregunta."
En *Ogunda-Osa:* Olofi parte la diferencia.
En *Eyiolosun* o *Iroso:* Prisión, desesperación. "El que parió derecho parió jorobado."
En *Eyiolosun Meyi:* "Un hombre solo salva a un pueblo."
Eyiolosun-Oché: el Muerto anda rondando, buscando a quien llevarse.
Oché-Eyioko: Ogún Onile yale kari-Osha. "Dinero arma tragedia arriba del Santo."
Oché-Ogundá: "Lo que dejó no lo vuelva a recoger."
Oché Eyiolosun: "Agua no llueve, maíz no crece."
Oché-Obara: "Una cosa piensa el borracho y otra el bodeguero."
Oché-Odí: "El que paga queda libre."
Oché-Eyeunle: "Nadie sabe lo que tiene hasta que lo pierde."
Oché-Osa: El buen hijo tiene la bendición de Olorun y de su madre.
Oché-Ofún: El Santo lo rescata del Muerto.
Obara-Oché: ¡Afuera! ¡Al patio!
Obara Meyi: "El que sabe no muere como el que no sabe."
Obara-Odi: "Perro tiene cuatro patas y toma un solo camino."
Obara-Eyeúnle: "Oreja no puede pasar cabeza." Respetar a los mayores.
Obara-Osa: Está loco o se hace el loco.
Obara-Eyilá: Fracasar por porfiar.
Odí-Obara: "Peonía no sabe si se queda con un ojo negro o colorado."
Odi Meyi, Odigaga odi gogo: Dos personas que no hacen bien las cosas. No salirse de la costumbre.
Odi-Osa: Llevar la mano hasta donde alcance.
Eyeúnle: Un rey solo gobierna el pueblo.
Eyeúnle Meyi: Dos amigos entrañables se pelean.
Eyeúnle-Eyeolosun o *Iroso:* "Si mi cabeza no me vende no hay quien me compre. La cabeza lleva al pie izquierdo y lleva al pie derecho."
Eyeúnle-Oché: Mentira *(eke),* Revolución *(ariwó, yika).*
Eyeúnle-Odí: Donde nació la fanfarronería. Bagatela.

Eyeúnle-Osa: Lo que hizo no lo vuelva a hacer.
Osa-Meyi: "Amigo mata amigo."
Osa Eyioko: Predice disgustos maritales, y por causa de una maldición, derramamiento de sangre e intervención de la justicia.
Osa-Eyiolosun: Mirar hacia adelante, mirar hacia atrás. (Predice tragedia amorosa.)
Osa Obara: "Después de frita la manteca, veremos cuantos chicharrones quedan."
Osa-Odi: "Dos nariguos no se pueden besar. Dos carneros no beben agua en la misma fuente."
Osa-Eyilá: Por revoltoso, fracasado.
Ofún-Oché: El Muerto le quitó lo que tenía de Santo. *(Ikú owadorono ko locha.)*
Ojuaní-Eyioko: "Uno tira la piedra y el pueblo carga la culpa."
Ojuaní-Eyiolosun: Venganza grande. *(Ti yu awá.)*

Cuando la Iyalocha o el Oloricha ha terminado sus rezos, restriega los caracoles en sus manos untadas de cascarilla y procede a echar la suerte. Los recoge con la mano derecha, y la apoya ligeramente en la frente del consultante, que inclina la cabeza. Le roza apenas los hombros, el pecho y las rodillas, implorando como de costumbres: *Kosí ikú, kosí aro, kosí ofó, kosí eyé...* y los lanza. Anota los números que van saliendo para interpretarlos y a cada tirada le pide al consultante que le entregue el pedacito de cascarilla o la piedrecita que éste guarda en cada una de sus manos. La cascarilla equivale a un sí, la piedrecita a un no. Así, de acuerdo con los odu que se presentan, solicita su mano izquierda o derecha para que le dé lo que tenga en ella y con la cascarilla o la piedrecita, toca sus cauris para formular la pregunta *¿ebodá? ¿osobo?* Al golpearlos ligeramente, dice: ota kiba o Efún kibo.

En la primera tirada no se pide ningún *igbo*, sino después cuando vuelve a tirar.

Se le pide la mano izquierda al consultante cuando el *odu* que sale es de los mayores. La derecha, cuando es menor.

Si se presenta un *odu* mayor no se vuelven a lanzar los cauris.

Si sale uno menor, se repite la tirada y se pide la mano izquierda. Un *odu* menor, si antecede a uno mayor, exige mano izquierda.

El Babalocha o la Iyá pedirá la mano izquierda al consultante en los casos siguientes: *Okan-Eyioko. Okán-Oché. Eyioko-Obara. Ogunda-Obara. Eyiolosun-Ojuaní. Eyeunle-Osa. Ofún-Obara. Ofún-Ojuaní.*

Le pedirá la derecha cuando se presenten los odu siguientes: *Oché-Obara. Oché-Osa. Oché-Ojuaní. Obara-Eyilá. Odí-Oché. Odí-Obara. Ojuaní-Okana. Ojuaní-Ofún.*

Cuando los caracoles caen dos veces en la misma posición son *meyis* o dobles: *Eyioko-Eyioko, Oché-Oché,* etc., y se pide también la mano izquierda.

Todos los *odu* se presentan con *Iré* o con *Osobo*: "por buen camino o por mal camino." Lo mismo si se presentan con *Iré* o con *Osobo*, el Oloricha pregunta: ¿*lariché*? Es decir, qué medio se le indica al consultante para remediarlo o salvarlo. Si éste le entrega el igbo de que depende la respuesta favorable —pues un *igbo* dice sí y el otro no— el *dilogún* indica el tipo de rogación —*ebó*— que deberá hacerse para desviarle el mal que se anuncia. Pero si no fija el *ebó*, el Oloricha pregunta si Eledá en un sueño le aconsejará oportunamente, y si no obtiene respuesta, insiste volviendo a interrogar: ¿*Iwó ni lariché*? ¿*Kilaché*? ¿qué hacemos? Puede suceder que los Orichas no acepten nada —ninguna ofrenda ni sacrificio— y se nieguen rotundamente a proteger a la persona que se consulta.

Quizá una breve reseña de lo que cada *Odu* augura, pueda interesar o ser útil a quienes comienzan a frecuentar las Casas de Santo, o movidos por la misma curiosidad que los impulsa a visitar a quirománticas y palmistas, vayan a pedirle a los Orichas que les revelen el porvenir:

OKANA: esta letra advierte al consultante "que está muy atrasado", —desgraciado— y lo pone en guardia contra la posible mordedura de un perro o de cualquier otro animal. Una mala sombra lo persigue en su casa. La de un muerto que le guarda rencor. Por el momento no deberá emprender viaje alguno y mucho menos por mar; su vida peligraría en la travesía. Van a invitarlo a una reunión, pero no deberá asistir a ella. Es incrédulo y expeditivo. Evitará incomodarse pues esto le causará muchos males y acaso una muerte repentina. Un allegado suyo, un pariente se halla enfermo de gravedad en su hogar; mas un Oricha vendrá de la calle a curarlo, (una persona en trance). Esa persona, además, deberá hacer *ebó*.

El consultante, (hombre o mujer) si no está haciendo "cosas muy malas", las hará, y es necesario que proceda con mucho cuidado, pues se descubrirán sus manejos. Como *Okana sode* es una letra temible, ya lo hemos dicho, el Oloricha toma un pedazo de carne cruda, unos pedazos de coco, un bollo, un puñado de maíz, y lo arroja a la calle.

EYIOKO: le dice al consultante que será acusado de robo. Le pronostica que tendrá hijos mellizos, que alguien lo engaña, y le advierte que cuide de sus intereses. Le aconseja hacer ebó. Le dice también que se encuentra mal porque no da de comer a su cabeza; —"que no hable barato"— que no diga tonterías y cosas que molestan a los demás o pueden prestarse a malas interpretaciones. Que cuide del vecindario, que podría complicarlo con la justicia. Que dé calor a su hogar; si sabe mucho que calle. Domine su genio y no pleitee con su enemigo. Si recibió los ileke —collares de Santo— deberá refrescarlos, y éstos le darán suerte. Mande a decir una misa en la iglesia por un familiar difunto que lo necesita, y le aclarará la suerte. Le ofrecerá un pollo a Elegua.

Estos vaticinios explicados por los viejos son de un valor incalculable para conocer la vida del pueblo, su fe, sus creencias en un medio en que éstas no varían.

Eyioko advierte al que ha comprado ropa igual a la que luce un íntimo amigo suyo, que no la use. Es más, que no se vista igual que otros. La Ikú puede confundirlo por el traje y llevárselo en vez de la persona que busca. Cuando ande por la calle no doble una esquina de prisa. Las esquinas son lugares peligrosos porque allí se encuentran Elegua, Ogún y Ochosi, —"los guerreros"—, muchos espíritus oscuros que provocan accidentes y camorras, sobre todo a las doce del día y a las seis de la tarde, y conviene tomar precauciones.

OGUNDA: El consultante, dice *Ogunda,* tiene el propósito de agredir a alguien con un hierro o con un arma que lleva consigo.

Ogún lo amenazará. Evitará contacto con hierros, pues morirá de pasmo (tétano) si se hinca con un clavo; y no debe andar portando ningún tipo de arma, de lo contrario se verá en conflictos con la justicia. Tendrá especial cuidado con la gente que vea en la calle, y con algún loco que pretenda facilitarle un arma. No beberá alcohol; en la bebida le echarán brujería. No cargará peso en la cabeza. Dará de comer a Ogún y dos palomas a su Eledá. No se parará en la puerta de su casa ni en las esquinas de las calles. Indica el ebó correspondiente que lo sacará a flote.

A una mujer, *Ogunda* le revela que está embarazada, que su marido o su amante la está sometiendo a prueba y que proyecta abandonarla. Tiene tres enemigos que la vigilan para hacerle daño y por este motivo, durante siete días, no debe salir de casa ni viajar en ferrocarril. Si se ve obligada a salir, de ningún modo lo hará a las doce y las tres de la tarde. Que las siete y nueve de la noche, tampoco la sorprendan en la calle. Le pronostica la traición de una amiga y le prohibe comer gallo.

OGUNDA MEYI: Le ordena para ser feliz que asiente a Elegua o a Ogún. Por el momento le ofrecerá a Olofi y a Ogún una jícara con maíz y a Elegua un pescado fresco y maíz. Se vestirá de blanco.

EYEOLOSUN o IROSO: le augura al consultante que está rodeado de enemigos, entre los que figura un "negro colorado", y que tendrá que habérselas con la justicia. Un familiar lo librará de la prisión. En su mano está su salvación. Alude a una mujere de malas intenciones que está a su lado. Pendenciera, incapaz de hacerle un favor a nadie, curiosa, chismosa, enredadora... Esa mujer desea verlo entre rejas, en *ilé Ochosi,* en la cárcel. Evitará hacerle caso si no quiere verse en líos. Lo previene contra el fuego, esté alerta a cualquier candela que asome en el fondo de la casa. Le debe una promesa a Changó y es preciso que le pague lo ofrecido.

Le dice al consultante que al levantarse en las mañanas se le nublan los ojos. Durante el día ve sombras en su casa y cuando intenta observarlas desaparecen. Es que en ella está el espíritu de un Muerto o hay un Oricha, que se cubren la cara para que no los reconozca. Alguien le echa brujería con el fin de "salarlo", perjudicarlo. Tendrá que proveerse de un buen resguardo (amuleto). No reciba bultos de manos de nadie, ni los tenga en su casa, ni menos atados. Si en la calle percibe o tropieza con una "limpieza" —las materias que han servido para practicar una purificación— en la que aparezca una tela roja, no la mire: aparte rápidamente sus ojos de ella, podría quedarse ciego.

OCHE: al interpretar este *odu* en que habla Ochún, el Oloricha le comunica al consultante que es su *omó*, —que es hijo de Ochún—; debe ponerse sus collares y cumplir una promesa que la diosa espera. Para alcanzar una suerte de dinero tendrá que lavarse la cabeza con *ewe-Ochún* (cinco hierbas que le pertenecen a esta diosa). Sufrirá dolores en las piernas si aún no los padece; se corromperá su sangre y enfermará del estómago. Su mal dimana del vientre y se extiende hacia la parte superior del cuerpo. Se le presentará una dolencia que le impedirá tener contactos sexuales. Andando el tiempo tendrá que hacer Santo. En tanto se mudará tres veces de casa, ofrecerá a Ochún tres comidas con toque de tambor, le dará una gran fiesta pues Yalode lo hará grande. Procurará no disgustarse con nadie.

Si quien consulta es mujer dará a luz un hijo que le pertenecerá a Ochún y a Orula. Para lograrlo hará *ebó*. Si algo le ocurre o la sorprende no se llevará jamás la mano bruscamente a la cabeza, por el contrario, le será beneficioso pasársela suavemente hacia adelante, de la nuca a la frente. Es recomendable que esto lo haga mañana y noche, y se untará las manos con manteca de cacao. Si se halla contrariado, si confronta dificultades, es porque es muy rencoroso. Piensa realizar algo, y cuando ha decidido las cosas a su conveniencia, su mismo pensamiento las deshace en un instante: cree que todos lo engañan y no es así. Es culpable de lo que le haya sucedido. Su corazón abriga sentimientos contradictorios hacia varias personas y para tranquilizar su corazón debe analizar esos sentimientos. Así podrá rechazar las malas ideas que le asaltan. No preste ni pida prestado. A veces está alegre, otras, sin motivo, se echa a llorar. Decididamente, tendrá que Asentarse. Tiene suerte; si ahora se le ha eclipsado, Ochún la ayudará a salir adelante. Ella no la abandonará. Haga rogación, *ebó*.

Oché le advierte también que una violenta discusión que sostuvo con cierta persona y que creía olvidada, dejó en aquélla un rencor que persiste. No acepte nada que le entreguen para guardar. Será el motivo de un lío con la policía.

Prediciendo "por mal camino", *Oché* aconseja al consultante que mande a celebrar una misa por el alma de un muerto de la familia. El difunto que la reclama pretende acabar con todos sus parientes. Lo pone en guardia de las intenciones aviesas que animan a una persona que va a visitar y que se ha empeñado en enfermarla. Tendrá mucho cuidado con lo que coma y beba. Prohibida la malanga y la calabaza.

Por último, le participa a la mujer que escucha sus vaticinios, que aún no ha encontrado al hombre que será su compañero. Pero si es casada se "rogará la cabeza" y ganará la confianza y el amor de su marido. Le aconseja también que juegué a la lotería.

OBARA: Está usted muy pobre, dice *Obara,* en sus manos el dinero se vuelve sal y agua, no tiene ropa que ponerse, debe el alquiler de la casa en que vive, su ruina es completa y no hace más que llorar miseria. Para salvarse dice mentiras, y cuando tratan de engañarlo es usted quien engaña. Así es que todo el mundo lo tilda a usted de mentiroso y usted protesta que es a usted al que miente todo el mundo. Pasa trabajos porque codicia las cosas ajenas y las mujeres de otros (si se dirige a una mujer, ésta codicia los hombres de otras mujeres). Sólo piensa en el dinero. Actualmente usted se halla pobre, nada tiene; pero un día amanecerá rico. Cuidado no lo engañen. Piensa trasladarse a otro lugar; no lo demore, cuanto antes mejor, pues podría enfrentarse con la justicia. Le darán un cargo importante. Atienda el buen consejo de su mujer y vista de blanco.

Obara le advierte también al consultante que alguien en su familia, que tiene un lunar en el cuerpo, padece de calenturas. Que hay en su casa una sábana que no es blanca, que tiene un agujero apreciable, huella de una quemadura: deberá tener cuidado con una ropa a rayas, pues es posible que con ella puesta se queme. No fume acostado. Ogún y Orula lo reclaman. No debe levantar nada que esté en el suelo, porque lo que está abajo sube y él baja... Aconseja que no ayude a nadie porque nadie lo ayudará a él, y que pague las deudas para que esté en paz con todos.

Una persona lo invita a ir al campo, pero no acepte esa invitación. Sentado en su casa le traerán la felicidad. Que adore y cuide mucho a Ochún, que respete a las personas mayores; que cultive el comercio pues tiene aptitudes para ser buen comerciante. Insiste en que la mentira se le convierte en verdad y la verdad en mentira y le anuncia que hallará, envuelta en humo, una persona que lo busca y que será afortunado su encuentro con ella.

ODI[148]: Se refiere a una persona que vive en continuo sobresalto. Padece de insomnios. Cuando se duerme despierta de un brinco y se agita, dando vueltas en la cama, sin lograr dormirse. Ve muertos en la noche, y cuando sueña sólo sueña con muertos. Si su madre no ha fallecido, no tardará en morir. Tres hombres la enamoran; uno de ellos de pelo cano. Le anuncia que recibirá a tres visitantes, uno negro, otro blanco de cabellos grises. Que sea muy precavida pues uno de ellos está enfermo "de su naturaleza" y la puede contagiar. (Si es un hombre el consultante, Odí augura que padecerá de los testículos.)

Odi le dice que se incomoda con frecuencia y sin motivo que justifique su enojo. Cuidado, ya que por cualquier simpleza puede producirse un escándalo con intervención de la policía. No preste oídos a chismes y maledicencias. Perderá un objeto y lo recuperará. Recibirá un regalo. No acepte invitaciones a beber. El alcohol se le sube a la cabeza y lo enloquece. El alcohol es su enemigo. La justicia lo acecha, a usted o a un pariente o amigo suyo. Haga *ebó*, y así, mientras las auras tiñosas abren el envoltorio que lo contiene usted se pondrá a salvo de sus enemigos y de la justicia.

Sabemos que en *Odi* habla Yemayá. El consultante, que es hijo o protegido de esta diosa poderosa, deberá cumplirle una promesa que le ha hecho y Yemayá le reclama. Tiene que Asentarse. Esta es la causa de que se halle en una situación difícil. Si es mujer, posee una pieza de tela a rayas que ha empeñado. Le ocurre algo que la asusta y teme verse descubierta. Dos amigas —o dos hermanas— la envidian y desean que desaparezca. Una persona la denigra y la acusa de malas acciones, de bruja rastrera. No se

---

[148] Al que le sale este Odu, "en toda legalidad, el santero tiene que devolverle el derecho de la consulta y hacerle todo gratis".

altere por ello; calma, sangre fría y triunfará de sus enemigos. Debe andar con la mayor cautela, y en los días siguientes a la consultación no comerá ni beberá en casa ajena, ni andará en compañía de nadie. No porfiará con la persona con que porfía continuamente y que le hace perder la suerte. Pero cuanto le ocurre es producto de su incumplimiento con Yemayá. (Se especifican los *ebó* imprescindibles.)

Odi (por buen camino) aconseja al consultante que no falte el respeto a sus mayores, no le pegue a los muchachos por la cabeza y no ponga sobre la suya nada que pese. Está expuesto a quebrarse. Debe cruzar el mar, (bastará con ir de La Habana a Regla), dar gracias a Obatalá y Yemayá hace hincapié en que lo complicarán en un chisme que no se aclarará.

Odi (cuando se presenta por mal camino) también descubre que el consultante está enfermo de los ojos y de los oídos, de los riñones, sufre dolores de vientre y estreñimiento. Debe atender sus órganos genitales y procurar que una piedra lanzada por un chiquillo, no le hiera un ojo. Si *Odi* habla a una mujer alude a la irregularidad de sus reglas. Trata además de locura, vicios, enredos, terror y muerte.

EYEUNLE[149]: Le revela al consultante que es hijo de Obatalá o protegido de esta divinidad. Le explica el sentido de un sueño que éste ha tenido, en el cual veía dos caminos interminables. Uno que avanzaba entre siembras de maíz y otro por una planicie árida. Con *iré* —suerte— ese sueño que le preocupó significa suerte y grandeza. Debe dar gracias a Obatalá, a Orula, a Elegua, a Iroko y a todos los Orichas. Con *osobo* —desgracia— significa lágrimas y alegría. *Eyeúnle* le advierte que su tumba ya está abierta. Es maldiciente y esa es la causa de sus dificultades. A un hijo de Obatalá y de Orula le está prohibido maldecir. Ha hecho favores a muchos pero nadie se los ha agradecido. Procurará no alterarse pues necesita gran serenidad de ánimo para resistir a sus enemigos,

---

[149] Al salir este Odu se le pone al consultante un poco de cascarilla en la frente. En Eyeunle meyi, se espanta a la muerte con hojas y semillas de granada e inmediatamente se le ofrece a Obatalá un sacrificio de palomas. El Orité y los iniciados presentes se embadurnan la cara de blanco. Esto se hace cuando Eyeunle meyi se repite tres veces seguidas.

entre los que hay algunos que son muy poderosos y que tratan de hacerle daño; inclusive de atraerle la muerte. Tenga resignación y no maldiga, para vencer.

Si es una mujer, *Eyeúnle* dice que padece de metritis. Si es hombre, de una afección venérea. No probará boniato ni mondongo. Cualquier comida atrasada le es nociva. No puede matar ratones ni hacer burla de personas jorobadas, mancas, cojas, ni marcadas de nacimiento por cualquier imperfección física, pues éstos son hijos de Obatalá.

La mujer para quien el Oloricha lee este *odu* tendrá una hija que le envía Obatalá. Tendrá también muchos amoríos. Necesita poseer un Elegua, y si lo tiene, Elegua se queja de que no lo cuida. Es indispensable que lo atienda como es debido. El Angel de su Guardia "le da la espalda". Se imponen las rogaciones para restablecer el equilibrio de su vida y recuperar la suerte.

Eyeúnle dice también, que el consultante será víctima de un falso testimonio. Será injustamente acusado de ladrón, pero una rogación lo salvará. Sus enemigos trabajan con "prendas judías" (practican la magia negra). Le aconseja que no suba escaleras ni se sitúe en ningún lugar alto: podría ser precipitado abajo. Pero vencerá de todos los obstáculos que se pongan a su paso; de las intrigas y maleficios de extraños y de familiares.

OSA: Previene contra la candela, "aires malos", vientos cálidos que podrían torcer al consultante. Este lleva a la zaga el alma de un difunto que le reclama una deuda; igualmente es acreedor de los Orichas, y como consecuencia de su incumplimiento se verá en grave aprieto. Se trama algo para perderlo, y si alguien le pide que le guarde alguna cosa, se negará a complacerlo a menos que no se le ofrezca garantía: pudiera ocurrir que sin la precaución de enterarse de lo que recibe y sin constancia de lo que se le confía, una caja, un bulto o papeles, se diga que se los ha robado y sea víctima de un chantaje o de una calumnia.

Aunque la persona a quien habla Eyeúnle es dueño de una piedra imán, debe proveerse de un Osain (amuleto) para su protección, y dar de comer a su cabeza —eborí— en breve plazo. Si no está iniciado tendrá que Asentarse. No pondrá sobre su cama tijeras ni sombreros. Soñó con fuego, y también que cayó en un hoyo. Si es mujer evite la ropa con estampados o ramazones, pues vistiéndola se quemará. Dará gracias a Obatalá, a Changó, a Oyá y a su Eledá. Piensa cambiar de casa y Osa le aconseja que se mude cuanto antes y que vea al curandero.

OFUN: Este odu le hace saber al consultante —hombre o mujer— que su Eledá está enojado porque no lo cuida. Tiene el defecto de contar sus sueños, y los sueños deben silenciarse. Contándolos descubre su secreto y compromete su suerte. También su Oricha le declara que está descontento con su conducta: le afea su curiosidad y le aconseja que no meta los ojos en todas partes; que no mire por los agujeros ni rendijas, pues cegará. Tiene la mala costumbre de dejar la llave puesta en la cerradura de su baúl[150], o abiertas las puertas de su escaparate (armario) y de la casa. Cuando salga a la calle, alguien que lo espía para robarle o averiguar sus secretos, logrará fácilmente su propósito. Vestirá de blanco, jamás de negro, ni pondrá sobre su cama nada negro. No concurra a centros espiritistas ni adonde se presenten espíritus; su Angel Guardián se ofendería aunque sabe que no le agradan los espíritus. No coma col, no beba aguardiente ni otras bebidas alcohólicas. Durante mucho tiempo se privará de comer mondongo, pues ese alimento le producirá calambres en las piernas o retortijones de vientre. En su casa hay un niño que, esté bien o mal, necesita que le hagan rogación inmediatamente, de lo contrario morirá pronto. Va a obtener un dinero, pero ese dinero podría matarlo o servirle para pagar el entierro de uno de los suyos. Para disfrutarlo hará ebó. Su mujer está embarazada.

OSA: Por "mal camino" le predice que la muerte aparece junto a él, y le ordena tapar todos los agujeros que encuentre en su casa, llenar de agua las botellas vacías y virar las vasijas al revés. La suerte no ha penetrado en su casa porque hay en la puerta "algo", una fuerza que se lo impide. Insiste y lo conmina a que no escudriñe ni se interese en sorprender secretos ajenos. No destape lo que está tapado, no desentierre lo que está enterrado para

---

[150] Era costumbre del pueblo en tiempos de la colonia y aún hasta no hace muchos años en los pueblos del interior, guardar en baúles las pertenencias.

que no ocupe su lugar. No vaya a velorios, y prescribe la rogación que ha de salvarlo.

Si este odu le habla a una mujer, Ochún interviene para anunciarle que está encinta, y que pronto sabrá lo que tan ardientemente desea saber.

Antes de leer este signo, el Oloricha y el consultante tomarán un poco de ekó.

OJUANI: Le dice al consultante que nació junto al mar, a orillas de un río o en un día de lluvia. Debe rogarle a Elegua, a Obatalá y a Chango, pues cuenta con numerosos enemigos, de los cuales tres son temibles por su fortaleza. Tratan de embrujarlo. Su Elegua está desbaratado. Precisa mandarle a decir pronto una misa a un anciano de su familia ya fallecido, y ofrecerle una comida a los muertos para que lo socorran. Debe cuidar que la lluvia no le caiga encima ni realizar ningún trabajo en lugares húmedos, pues le amenaza el peligro de baldarse.

Si es hombre, que no diga que su mujer es buena: Echu lo indispondrá con ella. Desea golpear con un hierro o dar de palos a un individuo que detesta. Desechará esa idea y otras semejantes que ha concebido. Una tragedia sería fatal a sus intereses. Que no maldiga. Sus asuntos se resolverán favorablemente si ruega a las Animas Benditas[151] y venera a sus muertos y los contenta con comidas y misas católicas. No guardará ninguna cazuela rota ni sembrará plantas en ellas. Le pagará a Babalú-Ayé una deuda atrasada, y al empeñista el importe de un objeto perteneciente a un Oricha, que cometió la ligereza de empeñar, y untará a Elegua con manteca de corojo.

Por "mal camino" *Ojuaní* le reitera que está a punto de sufrir el rigor de la justicia, a recibir en su cabeza una pedrada o un golpe, y lo insta a no permanecer inmóvil en una esquina, donde tropezaría con Echu. No pasará por debajo de un andamio. En fin, para desbaratar el daño que sus enemigos le preparan, el único recurso que le queda es hacer *ebó*.

EYILA-CHEBORA: Cuando se presenta este *odu,* los doce cara-

---

[151] Los numerosos Elegua del panteón lucumí (y del arará) fueron identificados por los africanos a las Animas del Purgatorio, al Arcángel San Miguel y otros santos de nuestra Iglesia.

coles se introducen en una jícara con agua y *ekó*, y se riega maíz ante la sopera del Oricha. El Oloricha, el consultante y los que se hallen presentes prueban el ekó elevando un ruego a los dioses.

Eyilá-Chebora dice que la persona que se consulta es hija o hijo de Changó y que este Oricha lo protege. Debe estar alerta al fuego: sería posible que ardiera en su propia casa. Le recomienda no vestirse con telas a cuadros. No obstante ser hijo de Changó, éste lo reconviene echándole en cara que pretende parangonearse con él y que hasta lo niega. Ha de propiciarse a Changó para que le proporcione una suma de dinero que le tiene reservada. Un anciano de su familia que murió lejos de él, su abuelo o su padre, pugna por llevárselo de este mundo. Un *ebó* tranquilizaría su espíritu y el muerto renunciaría a su propósito. Irá a instalarse al campo. No discutirá; será sumiso con Changó, que lo amenaza con el fuego si se atreve a discutir con él. En su barrio vive un ladrón que lo acecha para agredirlo y robarle.

Por "mal camino", *Eyilá Chebora* revela que por venganza pretenden "amarrarlo" (ligarlo por arte de magia) a una mujer; y denuncia la existencia de otra mujer que lo odia y que por medio de una brujería impide que su mujer propia, que está o estará embarazada, dé a luz felizmente una niña que es hija de Changó. Tan pronto nazca la criatura se le impondrán los collares de Obatalá y de Changó. Para quitarse de encima las brujerías que le han echado, irá a los pies de Orula y hará rogación. Que lave su cabeza con hojas de jobo *(ewe okikán)* y vista de blanco.

Cada uno de estos doce *odu* tienen otras muchas interpretaciones.

Los *odu* que corresponden a los números trece, catorce, quince y dieciséis, aunque un Oloricha con vastos conocimientos puede interpretarlos, escapan habitualmente a su dominio. Su lectura le corresponde hacerla a un Babalawo.

METALA: —trece— augura que el asentado habrá de recibir a *Ayé*.

Cuando sale el número catorce —*Merinlá*—, se pone en una jícara una granada y una brasa de candela, y en otra agua fría. Se derrama un poco de agua sobre la brasa y después todos los presentes beben un sorbo del agua "para que no les entre *Egun*", Muerto.

Las leyendas de los Odus

En una consulta corriente no oiremos contar *Pataki*. El Santero o la Santera, renuentes por lo regular a divulgar sus conocimientos, o porque no lo amerita el $ 1.05 de una simple "vista", cuando no los pasa por alto se limita a citar el refrán o el dicho que es lema de un *Odu*, a leer los que van apareciendo, a determinar la índole buena o mala, —*osobo, iré, ireyale*— de los pronósticos y a notificarle al consultante el ebó ineludible "que le marca el Santo" para ayudarlo a resolver su problema.

Si antes, como pretendían algunos viejos, las Ñá y los Taitas al "registrar" siempre relataban la leyenda correspondiente al signo que salía, hoy ninguno lo hace[152]. Y quizás tampoco en aquellos tiempos ejemplares gratificaban a sus consultantes con algún *Pataki*. Pero el día del Itá, como antes hemos dicho, sí se narraban y continúan narrándose estas leyendas esclarecedoras que ponen de manifiesto la sabiduría de un italero y de quienes intervienen autorizadamente en la lectura emitiendo sus juicios y comentarios sobre el contenido y las alternativas de las "letras", ilustrándolas a su vez con un *Pataki* de los menos conocidos.

Nos ha parecido que la inclusión de un solo Pataki de los dieciséis que se atribuyen a cada *Odu*, y el *ebó* correspondiente, le darán al lector una idea más completa de este arte sagrado de adivinar por medio de los caracoles.

Pataki de Okana

Esto le sucedió a un hombre que creía en la brujería, pero no creía en los Ocha. Así hay muchos; creen en el Diablo pero se re-

---

[152] Y el Oloricha no cobraba si el odu que le salía al consultante era el mismo que a él le había correspondido en su itá, "al hacerse santo".

sisten a creer en Dios. Este hombre, cuando a una persona le "bajaba el Santo" se reía de ella. Pensaba que fingía, porfiaba que lo que quería era burlarse de los demás. Un día un "caballo" estaba montado por Changó. El incrédulo se dirigió al Oricha y le pidió que adivinase cuántas personas vivían en cierta casa que él conocía.

—Dieciocho dirás tú, contestó Changó, pero allí sólo veo dieciséis.

—¡No es cierto!, protestó el hombre, ¡hay dieciocho!

Changó mandó arrojar dieciocho cuentas frente aquella casa y se vieron salir de ella dieciséis personas que recogieron las dieciséis cuentas.

El incrédulo, desconcertado, le hizo al Oricha *foribale*.

Patakí de Ogunda

Eran lo que se dice dos buenos amigos, siempre de acuerdo y siempre dispuestos a servirse mutuamente. Un día el menor de los dos le dio a guardar una bolsa al mayor, porque no le pareció prudente llevarla adonde iba.

Al otro día le confió unas mercancías; al siguiente le dio a guardar dinero y se marchó del pueblo por poco tiempo. Durante su ausencia su amigo celebró una fiestecita. Se bailó, se bebió mucho aguardiente, y claro, sus invitados se emborracharon y él también. Durmió la mona, y ya fresco, buscó el dinero de su amigo, que no tardaría en regresar. ¡Ni sombra del dinero! Registró en todos los rincones, volvió todos sus trastos al revés, y nada, el dinero no apareció. Así, con verdadera pena, le confesó al amigo lo ocurrido cuando aquél llegó a pedírselo, al atardecer.

—¡No te creo! protestó éste al oírlo. ¡Mentira! ¡Te lo has robado!

De este modo acabó una buena amistad. Y lo peor fue que aquel hombre iba contando, para desprestigio del inocente, que el amigo de toda su confianza lo había traicionado, y en complicidad con otros, ¡su mejor amigo! le había robado.

Pataki de Eyioko

Ode vivía en la selva con su mujer. Era, como lo indica su nombre, cazador. Las palomas que Ode (Ochosi) cazaba las depositaba religiosamente junto a un algodonero, y allí Orichanla les sorbía la sangre. Era extraño que esas aves que luego Ode llevaba a su casa carecían de sangre, y su mujer decidio descubrir por sí misma aquel misterio. Cuando le preguntaba a Ode la causa éste guardaba un silencio impenetrable. Un día siguió sus pasos por la manigua intrincada. Lo vio cazar, y después, cuando cobró las piezas, dirigirse a un árbol y colocarlas al pie de éste como una ofrenda. Allí estaba Orichanla.
—¿Quién te acompaña? le preguntó, ¡No vienes solo!
—¡Nadie! respondió Ode sorprendido.
—Mira ahí a tu espalda...
Ode buscó con los ojos en el punto que señalaba Obatalá y descubrió a la mujer curiosa entre unos matojos.
Orichanla le dijo a la mujer:
—La sangre que no tenían las palomas que te llevaba tu marido, en adelante la verás correr de tu sexo todos los meses.
Desde entonces menstrúan las mujeres.

Pataki de Eyeorosun

El Chivo y el Mono iban andando por un senderito en medio del monte. De pronto oyeron unos quejidos.
—Veamos quien se queja, le dijo el chivo al mono.
—Ve tú, le respondió el mono, pero tras unos segundos de vacilación, lo siguió y hallaron un pozo. Se acercaron, y dentro, gimiendo, estaba un tigre.
—¡Por favor, suplicó éste, sáquenme de aquí!
—¡Jum! refunfuñó el Chivo, que no tardó en desaparecer de la escena.
El Mono cogió un bejuco y lo introdujo en el pozo, pero no era lo suficientemente largo para que el Tigre lo alcanzara. Lo ató a su rabo, y con este añadido, pudo el Tigre salir del pozo.

El Tigre vio el rabo del mono pelado y sangrante y comenzó a lamerlo cuidadosamente.

—Gracias por la atención, le dijo el Mono, que aunque sintió alivio retiró prudentemente su rabo adolorido, pero tengo que seguir mi camino, ¡Adios!

—¡Oh no! contestó el Tigre. No te puedes ir, por la sencilla razón de que un bien con un mal se paga. Esto es una verdad que en el mundo nadie discute, y a menos que encuentres tres padrinos que demuestren lo contrario, hoy te comeré, Mono...

El mono fue en busca de los tres padrinos que el tigre proponía. Se encontró con un buey viejo que estaba echado en la sabana, le pidió su concurso para salvarle de la muerte y le explicó su caso.

—Después de una vida de trabajo, cuando no servía para nada, me echaron a la sabana, le respondió el buey. Lo mismo hicieron con mi madre y con mi padre... así que nada tiene de extraordinario que a usted se lo coma el Tigre, señor Mono, porque es verdad que un bien con mal se paga.

Un poco más lejos topó con un mulo y suplicante le contó su historia.

—¡Ayúdeme, por Dios! terminó el mono juntando las manos.

—Bueno. Mi madre y mi padre me querían mucho. Crecí, y los amos de mi padre y de mi madre me pusieron a trabajar. Trabajé como un mulo hasta que los años me pesaron más que la carga que arrastraba y entonces me botaron por inservible a que muriera en la sabana. ¡Un bien con un mal se paga! Arrégleselas como pueda, amigo.

Y el mulo meneó la cabeza y dijo con filosófico desabrimiento:

—Paciencia y engurruñarse.

Por último, las esperanzas perdidas, el mono se entrevistó con el carnero, quien después de oírlo, le respondió:

—¡Si el Tigre dice que lo va a comer, que lo coma!, y después de un silencio: —Vamos allá.

El carnero le dijo al tigre, que esperaba junto al pozo.

—El Mono me trae para deliberar en este asunto. Yo digo como usted, que un bien con un mal se paga, pero para sentenciar, es de justicia oír las dos partes. Tigre, ¿cómo estaba usted cuando Mono lo sacó del pozo?

Ayudó al tigre a bajar al pozo mientras el mono ataba el bejuco a la punta de su rabo. Se asomó al pozo y le preguntó al tigre.

—¿Positivamente, estaba usted así cuando el Mono lo salvó?
—Exactamente.
—Y entonces yo, dijo el mono, le tiré...
—Ahora usted, le detuvo el carnero, ahora usted, mono, deja al tigre que se pudra en el fondo del pozo, ¡que un bien con un mal se pague!

Eyeorosun Meyi

Esto ocurrió en una época en que los caracoles eran dinero, cuando *Obí*, Coco seco, andaba muy *talaka*, muy pobre, y muy *ñéke*, desgraciado. Tan negra era su suerte que fue a ver al Adivino. Este le preguntó si su padre era Alafia (Changó). Le advirtió que estaba enfermo del vientre; que la muerte rondaba a uno de sus amigos, y que no cometiera la imprudencia de vestirse como él, no fuera Ikú a confundirlo con su amigo y se lo llevase.

Orula le ordenó que hiciera *ebó* con una lata de manteca de corojo, dos gallinas, dos gallos y la ropa que tenía puesta. Después de hecha la rogación debía llevarla él mismo a un palacio en ruinas y ponerlo en las raíces de un árbol seco. Pero antes, le previno Orula, pasaría un susto, y que averiguara la causa que lo había producido.

Obí hizo *ebó*, y llevando el envoltorio de la rogación, se echó a buscar aquel palacio ruinoso que le indicara el Adivino. Después de mucho andar, lo halló al fin, y vio que detrás de las ruinas había, en efecto, un árbol seco. Vació la lata de *epó* en las viejas raíces, y al terminar, el árbol, misteriosamente se abalanzó hacia él como si fuera a abrazarlo con todos sus brazos desnudos. Obí se aterró al extremo de emprender la carrera, pero instantáneamente recordó las palabras de Orula y se detuvo. Volvió sobre sus pasos para indagar y vio que el árbol seco se había rajado a todo lo largo y que su interior estaba lleno de *owó*. Lo recogió y

Obí fue rico durante un tiempo... Mas se olvidó de volver a hacer *ebó*, y otra vez lo cercó la pobreza.

Patakí de Oché

Olofi citó a los pájaros a un certamen de belleza. Para el más bello habría un gran premio. Todos los *eiyele* se prepararon a competir, y *Odidé*, el Loro, empezó a jactarse de antemano de la esplendidez y fineza de sus plumas. Lo cual era cierto, Odidé es muy vistoso, los ojos no se cansan de admirar sus vivos colores, y los demás pájaros pensaron que cuando Olofi lo contemplase le daría el premio. Llenos de odio fueron a consultar con un *Ochó* que vivía en la cueva de una loma solitaria, la mejor manera de perderlo. El *Ochó* le preparó unos polvos.

El día del concurso, cuando el Loro se encaminaba al lugar en que éste se celebraba, más regio y llamativo que de costumbre, al pasar bajo la sombra verdinegra de un árbol, los pájaros, allí escondidos, le soplaron el afoché sin que él los viera. Al poco rato, la cabeza de Odidé empezó a dar vueltas. Giraba sin poderse contener. Dio tantas vueltas que avanzando como un trompo tomó un camino extraviado que no era el que conducía al lugar del concurso. Más adelante se encontró con Eleguá. Este supo inmediatamente lo que le pasaba a Odidé; lo desvió, le hizo tomar otro camino que llevaba a un río, y en sus aguas claras, lo limpió. Acompañado de Elegua llegó a presencia de Olofi.

Olofi al verlo hizo señas a Elegua, que le contó brevemente, al oído, la acción de los pájaros envidiosos y Olofi le otorgó el premio al Loro. Después declaró ante aquella muchedumbre alada, de mil colores y formas diferentes, —que al oírle abría el pico paralizada—, que las plumas bellísimas de Odidé servirían para aniquilar la brujería de aquellos polvos de maldad que le habían soplado. Desde entonces las plumas de Odidé son insignia de reyes y se utilizan para realizar grandes cosas.

Patakí de Obara

A Obara, hijo de Oba, le gustaba cazar. Un día que consultó a Orula, éste le aconsejó hacer ebó con un gallo, ocho plumas de loro y su escopeta, antes de partir de cacería. Obara fue a buscar estas cosas, y en el camino lo detuvo Elegua.
—¿Dónde vas, Obara, tan de prisa?
—Voy en busca de un gallo, de ocho plumas de loro, de mi escopeta y del *owó* del derecho.
—No necesitas nada de eso, te sobra poder; pero Orula quiere hacer fiesta con tu dinero, le dijo Elegua soltando una carcajada.
Obara no hizo *ebó* y se fue al monte a cazar. Apareció un enorme elefante, le apuntó, acertó, y el animal gigantesco cayó en tierra.
Obara corrió junto a su padre el rey, y le participó que había derribado el elefante más grande de la selva. Oba ordenó que se tocase la campana para que todo el pueblo fuese a buscar carne de *ayanaku*. Pero en vez de elefante, lo que encontraron las gentes del pueblo, fue una inmensa pila de leña.
—¿Dónde está el elefante?, preguntaban, ¡Obara es un mentiroso!
Obara, estupefacto ante aquella inexplicable transformación decía la verdad:
—¡El elefante se ha convertido en leña!
La gente se marchó indignada. Hablaron con Oba, le contaron lo que habían visto y le dijeron que Obara era un mentiroso. Oba se avergonzó. Furioso, mandó a buscar a su hijo y le ordenó que, sin pérdida de tiempo se marchara de su reino, bien lejos, donde no pudiese verlo ni supiese de él. No podía sufrir que a él, también lo hubiese hecho pasar como un mentiroso ante su pueblo. Y Obara se fue con su mujer. Todo lo que intentaba, hasta lo más insignificante, le salía mal.
—No podemos seguir así, le dijo su mujer. Hablas y no dices la verdad, y lo que haces, siempre fracasa. Ya no tenemos qué comer, ni ropa con qué taparnos, ni aguardiente con qué calentarnos. Obara, vé al pie de Orula. No te queda más remedio.

Tanto insistió su mujer, que Obara siguió su consejo.

Tan pronto lo vio llegar Orula, y antes que Obara lo saludase, como procede, Orula lo reprendió diciéndole:

—Sé a lo que vienes, Obara, ya ves, si hubieras hecho *ebó* cuando te dije, no hubieses pasado por la humillación, los tropiezos y la miseria que hoy padeces, ¡qué distinto hubiese sido todo! La desobediencia es un carpintero que hace cajas de muerto.

Volvió a "mirarlo", y le dijo que el *ebó* se había duplicado: dos gallos, dieciséis plumas, dieciséis macitos de leña, dos botellas de aguardiente y los andrajos que tenía puestos. Trabajo le costó reunir lo que pidió Orula, pero al fin, volvió con todo. Orula lo envió al medio de la selva y le mandó que en un limpio juntase la leña y la encendiera. Cuando ésta ardiera en llamas, quemase su ropa y se fijase en qué dirección iba el humo. Cuando el fuego hubiese consumido la ropa, que derramase el aguardiente.

Tres meses hacía que por aquellos montes espesos andaba perdido un príncipe con su séquito, sus tamboreros y un ejército. Este príncipe llevaba con él riquezas considerables. Vio el humo de la hoguera y envió a un grupo de sus soldados para averiguar quienes la habían prendido. Los soldados halláron fácilmente a Obara, que les gritó al acercarse.

—¡Atrás, no se puede pasar!

—¿Por qué?

—Porque estoy encueros.

—Tenemos orden de nuestro príncipe de llevarlo a su presencia. Nada tiene que temer.

—Pues vuélvanse y díganle a su príncipe que yo también soy príncipe y que así desnudo no consiento en verlo.

Unos cuantos soldados fueron a repetirle al príncipe las palabras de aquel hombre. Regresaron con un traje que se vistió Obara, y fue con ellos a entrevistarse con su Aladé.

Este le preguntó dónde vivía.

—Aquí, respondió Obara. Soy hijo de Obalubé, que vive en su palacio.

Entonces el príncipe viajero le explicó cómo se había extraviado en la selva y le pidió que lo condujera al palacio de Obalubé, pues precisamente le llevaba grandes regalos.

—No me atrevo a presentarme a pie en el reino de mi padre, se excusó Obara.

—Eso no, que yo le daré un caballo y cuanto necesiten usted y su mujer para engalanarse.

Magníficamente vestidos, a son de tambores y seguidos de un ejército, se encaminaron al palacio de Obalubé.

Cuando en el pueblo se escucharon cercanos los repiques de los tambores, los centinelas de las torres corrieron a advertirle a Oba que llegaba un ejército con Obara a la cabeza jinete en un caballo blanco, y todos pensaron que venía a declarar la guerra.

El Príncipe y su ejército acamparon en las afueras de Ilú Oba, y Obara pidió su autorización para adelantarse solo y anunciarlo a su padre. Obalubé lo recibió muy fríamente.

—¿Eres tú quien capitanea ese ejército?

—No señor, es Aladé, que viene a saludarlo y a pagarle tributo.

—¿De dónde viene?

—Estaban perdidos en el monte.

—¿Y tú, dónde estabas?

—En el monte.

—¿Y qué hacías allí?

—Vivir de lo que podía, desde que usted me echó de su lado. Ellos me encontraron cuando hacía tres meses que buscaban al rey Obalubé para presentarle sus respetos y entregarle las riquezas que le traen. Al saber que usted era mi padre, el Aladé me dio este caballo blanco, Yebe Chintilú.

Entonces Oba, que no creía en las palabras de Obara, le entregó una bolita de marfil.

—Lánzala, que ruede, y donde se detenga y tropiece tu caballo, quédate con toda esa gente y la riqueza que traen.

Obara arrojó la bola, y en el lugar en que ésta se detuvo y en el que simultáneamente tropezó Yebe Chintilú, se instaló con el ejército y el tesoro destinado a su padre. Se le unió mucha gente. Se coronó rey y se hizo poderoso.

Pataki de Odi

Odima y Aruma eran inseparables. No obstante, en lo secreto de su corazón Aruma envidiaba a Odima porque era más hábil, más ingenioso que él y obtenía con facilidad lo que deseaba. Así su situación era más floreciente que la suya.

Un día Aruma invitó a Odima a beber unas copas, y Odima no aceptó. Aruma le pidió unas monedas y Odima no pudo complacerlo porque no las tenía.

Odima fue a consultarse. Tenía costumbre de hacerlo de tiempo en tiempo, y Orula le advirtió que no prestara ni el borde de una uña ni que jamás se mostrara avaro.

Volvió a encontrarse con Aruma y éste lo llevó a jugar con unos amigos tan envidiosos de Odima como él.

Odima ganó y tuvo que prestarle a Aruma tres monedas. No debía ser avaro. La buena estrella de Odima se eclipsó y fue a otro pueblo a buscar fortuna. Al fin, en aquel pueblo ganó dos monedas, y continuó su camino. Anduvo, sin hallar poblado, y de tanto andar se quedó descalzo, y al cruzar por unos zarzales se desgarraron sus ropas, quedó desnudo, y tuvo que guardar entre los dientes, las dos monedas que eran su único capital. El sol quemaba y la sed lo sofocaba. Halló un río, y al inclinarse ansioso a beber, las dos monedas cayeron en el agua y huyeron arrastradas por la corriente. Odima siguió por la ribera el curso del río, que llegó al mar, y allí donde el agua dulce de Ochún se mezcla con la salada de Yemayá, una criatura marina salió del fondo y le dio el alto a Odima, que no renunciaba a buscar sus monedas.

Odima le contó lo que le había ocurrido.

—Para eso tienes que hablar con el Dueño del Mar, le respondió el guardián, y en estos momentos no está aquí, pero vendrá mañana. Espéralo.

Lo invitó a comer pescado y a dormir en los arrecifes. Olokun se presentó al salir el sol. Le preguntó quien era, y Odima volvió a narrar la historia de sus monedas.

Olokun le describió los tesoros innumerables que ocultaba en sus dominios, e introduciendo la mano en el mar sacó un puñado de monedas de oro y se las mostró.

—¿Cuáles son las tuyas?

Recordó Odima el consejo de Orula: "no serás avaricioso", y se conformó con indicarle las dos que había perdido.

Complacido Olokun por su honradez, le regaló un cesto repleto de oro y corales. Y Odima tornó rico a su pueblo. Aruma le echó en cara que había robado su riqueza, se fueron a las manos, se hirieron mutuamente, y quedaron enemistados para siempre.

Patakí de Eyionle

Por su edad, su alta jerarquía y su riqueza, Onle era de todos respetado. Pero se le alabó tanto que llegó a creerse inmortal, se envaneció. Un hombre digno, un hombre que vale puede ser orgulloso, vanidoso no. La vanidad es la degradación del orgullo, "la caca del orgullo" y Olofi le mandó a decir que rectificara.

Onle no hizo caso. Respondió que si su cabeza no lo vendía, no habría quien lo comprase.

Olofi ordenó a la tormenta que derribase la mitad del afín de Onle. Ya Onle no tenía la agilidad ni las fuerzas necesarias para reparar sin ayuda de otros, las averías que Oyá causara en su palacio. Se entrevistó con Orula.

—Haz ebó y levantarás tu casa, le dijo Orula.

Obedeció, y a los pocos días un grupo de hombres que se creían muy sabios vinieron a ofrecerle ayuda. Comenzaron la reedificación de la parte derruida del palacio, y ya avanzados los trabajos, aquellos hombres sabios en teoría pero no en experiencia, comprobaron que las paredes que habían levantado no tenían solidez, pues sopló un viento fuerte y se vinieron abajo. Suspendieron las obras y se sentaron a deliberar durante horas y horas, para llegar a la conclusión de que hacía falta un imole, un albañil. Y fue un ahijado de Mofá, que Orula, para que se beneficiara de esta ocasión, le había mandado hacer *ebó*, quien reedificó el palacio de Onle. A éste, en calidad de capataz vitalicio de los albañiles de Onle, no le faltó trabajo el resto de sus días.

Pataki de Osa

Osa era un rey que empeñó su corona y andaba pasando trabajos por la vida. Un día se encontró a Elegua en su camino, que le dijo:

—Osa, ve a pedir consejo a Orula.

Este lo "miró" y le marcó *ebó*: nueve palomas, un tambor y frijoles de carita. Hecho el ebó Orula le mandó que pidiera al Amo, cuyo campo laboraba, un pedazo de tierra para sembrar frijoles. El Amo, Oba, no pudo negarle el préstamo de tierra que le pedía, porque Osa había hecho ebó.

Cuando Osa la tuvo arada y sembrada, Elegua iba por las noches, regaba la tierra y las plantas crecían y parían abundantemente. En cambio, las siembras del Amo se arruinaron. Este iba todas las noches a robarle a su criado, hasta que aquél, considerando que era demasiado lo que le robaba Oba volvió a consultar al adivino.

—Bien, dijo Orula, toma el tambor con que hiciste *ebó* y ponte a tocar y a cantar. Di en tu canto que vas a contar algo... pero no digas qué. Y le enseñó las palabras de aquel canto:

—*Oguko baniko oguenorube amareye.*

Cuando Oba lo escuchó, lo llamó y le dijo:

—He decidido regalarte la tierra que cosechas.

No le faltó tiempo a Osa para ir a contarle a Orula el gesto de Oba.

Sigue tocando y cantando, le aconsejó el Adivino.

—*Oguko baniko oguenorube amareye.*

Todo el mundo lo oía y Oba volvió a llamarlo.

—¡Te regalo toda mi tierra... te doy mi *adé*!

Y así fue. Le entregó su corona, y se moría de vergüenza al pensar que la gente supiera que había sido ladrón de su siervo.

Pataki de Ofún

Un pobre hombre que vivía de su trabajo murió sin dejarle nada a su hijo. Este, que era un mozalbete, se debatía en la miseria, y su padre, desde el otro mundo, penaba por él viéndolo sin amparo, siempre vagabundo, comiendo unas veces, otras enfermo. Además, tampoco comía el difunto.

Al fin, el padre pudo enviarle un mensaje con un *onché-oro*, —un correo del cielo, que iba a la tierra.

—Dígale a mi hijo, le pidió, que sufro mucho por él, que quiero ayudarlo y que me mande dos cocos.

Onché-oro buscó al muchacho, le transmitió el recado de su padre y éste, encogiéndose de hombros, le dijo:

—Pregúntele a mi padre dónde dejó los cocos para mandárselos.

Cuando el difunto escuchó la respuesta de su hijo, trató de disimular, y dijo quitándole importancia a aquel desplante:

—¡Cosas de muchacho!

Pero al poco tiempo volvió a encomendarle al Onché otro recado para su hijo. Esta vez el difunto le pedía un gallo.

—¿Dónde dejó mi padre el gallinero para que yo le mande el gallo que me pide?

El correo le repitió al padre textualmente las palabras del hijo.

Pocos días después, Onché-oro volvió a presentársele al joven. Su padre le suplicaba esta vez que le mandase un agután, un carnero.

—¡Está bien!, dijo el muchacho sin ocultar su cólera. Si no hay para cocos ni para gallo, ¿de dónde diablos cree mi padre que voy a sacar el carnero? Nada me dejó, nada tengo, ¡nada!... pero no se vaya, espere un momento.

Entró en su covacha, cogió un saco, se metió dentro, amarró como pudo la abertura, y le gritó:

—¡Venga y llévele a mi padre este bulto!

El correo lo cargó y se lo llevó al padre, que al vislumbrarlo desde lejos con su carga a cuestas, dio gracias a Dios.

—¡Al fin mi hijo me envía algo de lo que le he pedido!

Los Iworo y los Orichas que estaban allí reunidos en Oro esperando el carnero, desamarraron el bulto para sacar al animal y proceder al sacrificio, pero quedaron boquiabiertos al encontrar una persona en vez del carnero que esperaban.

—¡Estás perdido, hijo mío!, solloźo el padre.

Los Orichas le dijeron al muchacho indicándole una puerta cerrada.

—Abre esa puerta y mira.

El joven abrió la puerta y vio cosas extraordinarias.

—Abre esa otra puerta, le dijeron.

Y allí contempló cosas aún más portentosas.

—¡Todas eran para tí!, le explicó el padre. Para dártelas te pedí el carnero.

El joven arrepentido y muy apesadumbrado, le suplicó que lo perdonara y le prometió mandarle enseguida cuanto le había pedido.

—¡Qué lástima!, le respondió el padre, ya no puedo darte cuanto quería. Tú no podías ver las cosas del otro mundo, pero haciendo *ebó*, tus ojos hubieran obtenido la gracia de ver lo que no ven los demás, y te hubiera dado lo que has visto. Ya es tarde, hijo, y lo siento, ¡cuánto lo siento!

Y así fue, cómo por ruin y por desoír a su muerto, aquel joven perdió el bien que le esperaba y la vida.

Pataki de Ojuani

Eran dos compañeros inseparables, Ojuani y Solene. Trabajaban juntos, comían juntos, dormían bajo un mismo techo, ¡ay, pero cuando Echu enmarañador se entromete, resquebraja la amistad más sólida!

Ojuani sembró una planta de obí y las gallinas se la comieron. Solene tenía una tinaja desfondada y le dijo a Ojuani:

—Siembra aquí el coco para que no vuelvan a comérselo las gallinas y lo dejen vivir.

Buena idea. Ojuani sembró el coco en la tinaja, éste creció y todo el pueblo tomaba agua del obí de Ojuani.

Echu se metió por medio.

Un día Solene le dijo a Ojuani:

—Necesito la tinaja que me pediste prestada para sembrar el coco. Dámela.

—Tú me la diste.

—Yo no te la di. Tú me la pediste prestada y quiero que me la devuelvas sin romperla.

Ojuani pretestó.

—No es cierto que me la prestaras, y para devolvértela tendría que tumbar mi coco.

Discutieron, se violentaron y tuvo que intervenir la Justicia.

—Ojuaní, devuélvele la tinaja a Solene, distaminó injustamente la Justicia. Y Ojuaní se vio forzado a tumbar su coco para devolverle su tinaja rota a Solene.

—No te ensulfures, le aconsejaron los Viejos a Ojuaní. Continúa tu amistad con Solene como si no hubiera sucedido nada entre ustedes y espera...

Ojuaní escuchó el consejo de los viejos.

Solene tenía una hijita de pocos años. Ojuaní le regaló un *ileke* que todo el mundo admiraba porque era precioso.

Creció la niña sin quitarse jamás el collar, y en vísperas de casarse, Ojuaní fue a ver a Solene y le dijo:

—Quiero que me devuelvas el collar que le presté a tu hija.

—¿Cómo es posible que pretendas que yo te lo devuelva si tú se lo regalaste a ella, no a mí?

—No. Te lo presté, como tú me prestaste tu tinaja rota.

—¡Pero tendría que arrancarle la cabeza a mi hija para devolverte el collar...!

—Perfectamente, arráncale la cabeza a tu hija, dame mi collar y quedemos en paz.

Pataki de Eyila Chebora

Moderiko, el hijo del rey, era odiado de todos. Su padre, el rey, consciente de la antipatía que su hijo, por sus insolencias, inspiraba a todo el pueblo, deseoso de complacer hasta al más humilde de sus súbditos, reunió el consejo de los Oloye del reino, y les expuso sus temores de que a su muerte, su hijo no sabría granjearse el amor del pueblo. Después de oírlo, estuvieron de acuerdo todos los sabios en que eran fundados sus temores y que lo prudente sería que su hijo no reinara. Resolvieron elegir príncipe heredero al hombre que ese mismo día cazara un elefante, lo que demostraría la aprobación de los Orichas al acuerdo tomado por el Rey y los Oloye.

Coincidió esto con que Moderiko había ido a consultar al *Awó*. No tenía animales para el *ebó* que aquél le había señalado, pero los robó de uno de los patios del vecindario. Entre los objetos que el adivino le había señalado para el *ebó*, figuraba una flecha. Moderiko salió al campo, encontró un elefante a poca distancia de él, le lanzó la flecha y lo mató. Un hombre halló al elefante muerto, retiró la flecha y se presentó en palacio mostrándola y pretendiendo que había dado muerte a un elefante. Todos fueron con él al lugar en que yacía Ayanaku y dieron fe de la proeza de aquel hombre.

Comenzaron los preparativos para la ceremonia de la coronación del futuro rey.

Moderiko estaba ajeno a cuanto tenía lugar en el palacio del rey, su padre. Fue Obatalá quien lo enteró de todo. Sin perder un instante se dirigió a palacio e interrumpió la ceremonia reclamando para sí la corona que le entregaban a un impostor, a un omoíta.

Creyeron al principio que Moderiko actuaba movido por su arrogancia, pero tan bien supo reclamar sus derechos y atacar la decisión del rey y sus consejeros, que lo sometieron a prueba: trajeron miles de flechas y le pidieron que indicara aquélla con la que pretendía haber matado al elefante. Los jos de Moderiko se fijaron en una entre el montón de flechas, la suya, que reconoció al instante. La recogió, la entregó al rey y resplandeció la verdad. Se reconocieron los derechos de Moderiko al trono de su padre y al impostor, al omoíta, le cortaron la cabeza.

Pataki de Metanla

Recordamos que este odu se omite en el Dilogún para no atraer al Dueño de las enfermedades.

Chakuana, (Babalú Ayé, asimilado a San Lázaro) llevaba una vida disoluta. Entregado a los vicios, contrajo cuantas enfermedades vergonzosas y contagiosas había. El cuerpo cubierto de llagas purulentas y fétidas, Chakuana andaba apoyado en un bastón, abandonado de todos, despreciado hasta de sus mismos Omó. En tan tristes condiciones, el único Oricha que lo compadecía era Elegua.

El pueblo le temía, y a su paso se cerraban las puertas de las casas. Apestado y esquivado por todos, solo y sin un amigo, decidió marcharse a otras tierras, pero por donde quiera que iba veía huir a cuantos lo encontraban y oía las exclamaciones de la gente, que precavidamente, salía de su escondite y derramaba agua sobre sus huellas:

—¡*Un mu lu burubú!*

Por donde quiera que pasaba Chakuana renqueando, podrido y miserable, la gente se despojaba, y todos juntos se purificaban con el mismo ajaé —escoba— del ebó. Al fin Echu Alawana lo llevó a casa de Orula en Ifé. Los Babalawos habían tomado la decisión de volverle la espalda, pues el crapuloso Chakuana nunca había hecho caso de sus consejos. Al anunciarle Echu la visita que le traía, Orula expresó su desagrado; pero Echu lo presionó e insistió tanto, que logró que Orula consintiera en recibirlo.

Aunque, por castigo se había quedado mudo y todo él estaba corrompido, Orula le advirtió que aún podía ser muy venerado en otras tierras.

Le indicó el ebó necesario, y le aconsejó que siempre tuviese un perro junto a él.

Obedeció Chakuana. Hizo *ebó*. Echu le entregó un perro que le pidió a Ogún, y Chakuana, apoyado en su *oparo* y seguido de su perro llegó andando a un país en el que todos los habitantes odiaban a su rey, hombre implacable, que los mataba sin compasión.

La presencia del leproso Chakuana conmovió a aquella nación, que le rindió un homenaje grandioso, y su rey fue a arrodillarse ante él y le pidió públicamente perdón para sus culpas.

Olofi a instancias de su ministro Orula dispuso que un fuerte aguacero cayese sobre Chakuana para limpiarlo de bubas y de pecados. Luego se abrió en la tierra un agujero y en él Chakuana enterró sus lacras y dolencias. Consagrado rey por mandato de Olofi, Chakuana es el mismo milagroso Babalú Ayé de los lucumíes, hermano de Changó, que adoraron también los ararás.

Echu está siempre a su lado; es su guardián y su guía. Orúmbila conoce sus secretos más recónditos, y por eso los mensajes de Ayé son más extensos y profundos en *Ifá* que en el *Dilogún*. En *Eyilá Chebora* callan los caracoles para que hablen los *ikis* de Orúmbila.

EBO DE OKANA. Un gallo, dos palomas, un guineo, dos *ekó*, miel de abejas. Maíz tostado, pescado ahumado, un trozo de carne, dos cocos y ñame.

EBO DE EYIOKO. Un gallo, dos palomas o dos pájaros cazados con trampa, dos colas de pescado fresco, pescado y jutía ahumados, *ekó* y dos cazuelas.

EBO DE OGUNDA. Tres gallos, tres palomas, tres cocos, carne de cogote, *ekó*, pescado y jutía ahumados, siete mazorcas de maíz, tres muñequitas, tres toleticos y la ropa que lleva puesta.

EBO DE EYIROSUN O IROSUN. Una chiva, cuatro palomas, un pollo, un ñame.

EBO DE OCHE. Cinco pargos pequeños, cinco varas de listado amarillo. Una guinea, cinco gallinas y una botella de miel de abeja.

EBO DE OBARA. Dos gallos, dieciséis cocos, dos botellas de agua, la ropa que tiene puesta y la sábana de su cama.

EBO DE ODI. Un gallo, dos guineas, un pato, dos cocos secos, siete mazorcas de maíz secas.

EBO DE EYIONLE O EYEUNLE. Ocho palomas blancas, un palo del alto del consultante, ocho babosas, ocho plumas de loro, algodón y género blanco.

EBO DE OSA. Un gallo, nueve *ekó*, nueve cocos, nueve varas de zaraza o telas de diferentes colores.

EBO DE OFUN. Cuatro palomas blancas, un gallo, babosa.

EBO DE OJUANI. Un pollo, un gallo, un ratón o una jutía, (la cabeza se le corta, se asa con manteca de corojo y se le pone a Elegua), pescado ahumado y toda clase de viandas.

EBO DE EYILA CHEBORA. Dos gallos, un carnero, doce jicoteas, una jutía, quimbombó, harina de maíz, dos cazuelas de frijoles de carita, doce muñequitas, género blanco y rojo.

EBO DE METANLA. Dos guineos, maíz tostado (abundante), manteca de corojo, cuatro varas de tela roja y cuatro de tela blanca.

Los *ebó* varían de acuerdo con el buen o mal camino en que se presenten los *odu* y con la gravedad de cada caso. Así los hay sumamente complicados y costosos.

Obí

El día del *Itá* se comienza la lectura o registro del *Dilogún* "dando coco a la estera".

Es harto conocida de los que frecuentan los Ilé-Orichas, la frase "sin coco no hay Santo". El coco no es solamente la ofrenda preliminar y tradicional que en todo rito se deposita ante los Orichas, sino método de adivinación muy corriente y expedito, y del que puede hacer uso el devoto sin estar necesariamente Asentado. A todo creyente le está permitido consultar sus asuntos con Obí. Obatalá, suponen algunos santeros, enseñó a sus hijos, los Orichas, a adivinar con Obí.

Los cuatro pedazos de coco con que los Iworo interrogan a los dioses y a los muertos, sustituyeron en Cuba a los cuatro pedazos de nuez de cola *(obí kolá)* que los antepasados lucumí, en su tierra natal, ofrecían a sus Orichas y manipulaban con el mismo fin de obtener respuestas a sus preguntas.

Los cocos, como los *cauris*, contestan según la posición en que caen, ya sea mostrando la blanca pulpa o la corteza. Los que auguran favorablemente, los que "dicen sí", presentan la pulpa, y los que "dicen no", la corteza.

Dos mostrando la pulpa y dos la corteza forman el signo *Eyifé*, que enfáticamente responde sí. Es el *odu* mayor de la adivinación por medio del coco. Tres pedazos presentando la pulpa y uno la corteza, *Otawe*, dice: es posible... Con esta letra se obtiene un sí dubitativo, sujeto a condiciones, pues exige algún tipo de *ebó* para lograr lo que se quiere. Un solo pedazo mostrando la parte blanca, y tres la corteza, *Okana sóde,* dice rotundamente no. Los cuatro hacia abajo, *Oyekun.* Su pronóstico es fatal. En cambio, los cuatro presentando la pulpa, *Alafia,* es excelente.

Antes de proceder a tirar el coco en el *Itá,* el Oriaté reza:
Alaru fu sile Oricha bo daro abo nitosi soro ati ibe re ati Dilogún ni na oruko gbogbo na Oricha ti pé nitosi kan iyé wo mo dupé obí Elegba.

Esta oración, que ofrecemos como ejemplo, la dice el Oriaté al *Alaru* —al portero, Elegua—, inclinándose al suelo. En ella le pide "protección pronta y segura para acercarse y comunicar con el Oricha; que le conceda comprensión, entendimiento para inquirir, decir verdad, aconsejar, dirigir, y que esa demanda se la hace a todos los Orichas y les da las gracias".

Toma los cuatro pedazos de *obí* con la mano izquierda, desprende con la derecha una partícula de la pulpa de cada uno, murmurando cada vez: *Obí ni ku, Obí ni eyé, Obí ni ofó, Arikú Babá wa.* Los cambia de mano, con la izquierda toca la estera y repite:
Ilé mo kueo, Elegba mo kueo, ni mo kueo, Elegba mo kué.
y al lanzarlos: *Ocha re o ya fé.*

Responden los cocos y el Oriaté toma luego un plato tapado con un género blanco, de los que están colocados junto a él y que contiene el derecho y los caracoles pertenecientes a Elegua. Lo descubre, retira el dinero y lo pone de lado; empuña los caracoles y el trocito de cascarilla y se los da a la Iyawó, que los recibe de rodillas y los guarda entre sus dos manos, a la vez que pide, generalmente en español, por ignorancia de la lengua lucumí, la bendición de su Madrina y de sus mayores. Después abre las manos y los *cauris* caen sobre la estera.

El registro "se abre", comienza, con *Baké Elegua,* es decir, la primera pregunta se hace con los veintiún caracoles de Elegua, lanzados por la Iyawó. Después se continúa consultando con los de los demás Orichas, y finalmente, "se cierra", de nuevo con los de Elegua, "porque es él quien nos abre y nos cierra los caminos".

En el curso de la lectura se le comunica a los Iyawó las prohibiciones de todo tipo que sus Orichas tutelares les imponen; se le anuncia las piedras de otros Orichas que deberá recibir en el futuro para su protección y a los que también dará culto.

Así *Eyeunle Meyi* o *Tonti Meyi,* como se llama a estos signos dobles (8-8) dice que el Iyawó recibirá a todos los orichas.

Eyioko (2), *Eyioko Meyi* (2,2), *Obara Eyioko* (6,2), *Oyorosun Eyioko* (4,2) y *Odi Eyioko* (7,2), dicen que recibirá a los Ibeyi.

Okana (1), *Osa Meyi* (9,9), *Osa Ogunda* (9,3), *Ogunda Osa* (3,9), *Obara Ogunda* (6,3), a Agayú.

Osa (9), *Osa Meyi* (9,9), *Osa Obara* (9,6), *Osa Oyorosun* (9,4), *Osa Ogunda* (9,3), *Osa Odi* (9,7), le anuncian a un Omó Oni Changó (Changó rey), que recibirá a Oyá.

Okana (1), *Ofún* (10), *Oyorosun* (4), *Oyorosun Osa* (4,10), *Oyorosun Obara* (4,6) y *Oyorosun Oché* (4,5), a Elegua.

Oché Ogunda (5,3), *Ogunda Oché* (3,5), *Oché Eyeunle* (5,8) y *Odi Ogunda* (7,3), al Oricha Inle.

Osa Meyi (8,8), *Osa Oché* (8,5), *Osa Obara* (8,6) y *Osa Eyilá Chebora* (8,12), a Oba.

Determinan que se dé Osain: *Obara* (6), *Ogunda* (3) *Obara Oyorosun* (6,4), *Obara Odi* (6,7), *Ogunda Obara* (3,6), *Odi Ogunda* (7,3), *Obara Osa* (6,9) *Obara Meyi* (6,6), *Ogunda Obara* (3,6) y *Ogunda Osa* (3,9).

A Iroko, el Oricha poderoso que reside en las ceibas, (se Asienta en Matanzas pero no en La Habana, donde también se le venera); *Ofún Meyi* (10,10), *Ofún Oyorosun* (10,4), *Ofún Ojuani Chobé* (10,11).

A Orichaoko, tan adorado antaño como olvidado contemporáneamente en La Habana, "lo dan" *Eyeunle Mevi* (8,8) y Odi (7).

Metala (13) augura que el Asentado recibirá a Ayé.

El día de *Itá* los Iyawo conocerán los "caminos" de sus padres divinos. Sabrá, si es un Omó Yemayá, a qué avatar de Yemayá pertenece —Ogutí, Kuara, Mayelewu, etc.—; si es un Omó Ochún, a cuál de las Ochún.

El Asiento

Una vez terminado el *Itá* la Iyaré pregunta qué nombre lucumí recibirá la Asentada, y consultadas las Mayores, entre todas las Iyalochas presentes se elige, de común acuerdo, el que mejor convenga a su personalidad. Por supuesto, con el asentimiento del *Dilogún*, es decir, "la confirmación y beneplácito del Santo".

Ese nombre religioso no se divulgará para evitar que "amarren", embrujen o le "roben el Angel" a quien lo lleva, pues en el nombre se encierra la esencia del ser de la persona. "Una persona es su nombre", se nos ha dicho. De modo que cuando en el Itá aparece el signo del nacimiento del Iyawó, el italero, para que se ignore y no se la pueda "trabajar" —maleficiar— lo silencia y pasa dos o tres manos. Es más importante el nombre secreto de un individuo, más vulnerable a un *echenla* —embrujo—, que el del bautizo católico que todos conocen. Así los viejos, nos contaba Obali, "tenían dos nombres en lucumí, el que decían y el que callaban... para que un hechicero no los cogiera desprevenidos".

He aquí algunos de los nombres que reciben las hijas de Yemayá:

Omí Yalomidé. Omikéke. Omi Loké. Omi Dara. Omi Oyadesi. Omi Abindira. Omi Oyó. Omí Tomi. Omi Olomidara. Omi Tekua. Omi Tofá. Omi Sandé. Omi Lana. Olodomí Chacha. Omi Loro. Omi Tanchán. Omi Ogún Kieleso. Omi Okifuntó. Omi tale. Omi Yale. Omi Také. Omi Toki. Omi Chekeki. Omi Tatún. Omi Molé. Omi Ocha Yobú. Omi Yomi. Omi Okikedo. Omi Boro Semi. Omi Telewá. Omi Ocha Bi. Omi Laré. Omi Yero. Omi Odomi. Olawumi. Adé Omi. Omi Kemi. Omi Ibare. Omi Tolá. Omi Kaye. Omilé. Omidina. Omi Tayo. Olodomiyono. Omí Tuwoka. Omi Fereré. Omi Bitomi. Omi Saya. Omi Salodó, etc.

Y las hijas de Ochún:

Ochún Beleyé. Ochún Tolá. Ochún Lokiki. Ochún Oñiosun. Ochún Were. Ochún Blé. Ochún Ilari. Ochún Ati Elewa. Ochún Ladé. Ochún Guñe. Ochún Kada. Ochún Leti. Ochún Teki. Ochún Nike. Ochún Funké. Ochún Gayedé. Ochún Dere. Ochún Gumi. Ochún Kora. Ochún Kere. Ochún Arike. Ochún Lai. Ochún Fumike. Ochún Tinibú. Ochún Titiwa. Ochún Bi. Ochún Soino. Ochún Sele. Ochún Di. Ochún Oreladí. Ochún Iñare. Ochún Rai. Ochún Korá. Ochún Don. Ochún Tuyu. Ochún Loya. Yeyeo Fumi Loro. Ochún Yari. Ochún Elere.

Ochún Amoremi. Ochún Kantomi. Ochún Titilai. Ibu Akuara. Odoró. Tinó Tinó. Ayini., etc.

La lectura del Dilogún determinará si los Iyawó están llamados a ser en el porvenir, Padres o Madres de Santos. Es decir, en el lenguaje figurado que emplean los *Iworo* y *alawoché* (fieles), si "parirán o no parirán", si consacrarán, "darán Santo" a otros. Pues todos los Asentados no están predestinados al sacerdocio, y algunos, ya lo hemos dicho, se limitarán, siempre bajo la tutela de su Madrina, a adorarlos. No obstante, el Asiento les abre las puertas secretas del templo, y pueden asistir a las ceremonias que están vedadas a los que no son abiochas, —poseedores de Santo.

No se duda que un Italero responsable, en ese día solemne del Itá, le augurará al Iyawó cuanto le ocurrirá en su vida.

El día de la plaza. Oyó ilu Oya.

Al cumplirse el séptimo día de su Asiento, la Iyawó tiene que visitar de madrugada el mercado, (la plaza, como se dice en Cuba) y traer a la casa una canasta colmada de frutas para ofrendarla a los Orichas.

Conducida por la Oyugbona y alguna otra Iyalocha o persona de confianza de la Iyaré, va vestida de blanco, medias y zapatos blancos, la cabeza, que no debe exponer a los rayos violentos del sol, cubierta por un pañuelo inmaculado y sobre los hombros un chal blanco, el inconfundible chal blanco de las esposas de Orichas. Los hombres vestidos también de blanco, medias y alpargatas blancas, la cabeza protegida por un gorro blanco.

En otro tiempo, según la distancia a que se hallase el mercado, iban a pie o en coche de punto; más tarde un automóvil de alquiler las llevaba y traía, pero las dejaba siempre a una cuadra del mercado. Para entrar en ilú-oyá, saludar y pagarle a Elegua, la Oyugbona le entregaba cuatro papelitos doblados, preparados por ella que contienen jutía, pescado ahumado, maíz y tres centavos.

---

[153] Oloya, se le llama más corrientemente al mercado.

Los ojos bajos, sin hablar, sin mirar hacia atrás, la Iyawó saluda a Olofi, pide suerte y protección en la esquina este del mercado, —*ilá-orun*— y deja caer en el suelo uno de los papelitos. Lo mismo hará en la esquina oeste, *Iyagú aiyé ibuoro*. En la norte, *ariwa otunla oru*, y en la sur, *olorun merin*. Recoge del suelo alguna basurita y la echa en el fondo de la canasta. Toda basura es sagrada, nos explicó una vieja Iyalocha, porque en ella mora un Oricha "de la familia de Babalú Ayé que se llama *Iyón Koko* y es muy bueno y milagroso. Esa puru puru[154], que puede ser una cáscara de fruta, una hoja seca, se tuesta, se hace polvo y se le prepara un resguardo a la Iyawó". Para recoger esa basura elegirá el medio de la plaza, el punto en que observe mayor actividad de vendedores y compradores, y se manipule dinero.

La Iyawó, aleccionada por la Oyugbona, deberá robarse, por lo menos, dos chucherías. ¿Robar? ¿Por qué? le preguntamos a una hija de Ochún, que recuerda las naranjas y tomates que birló la mañana de su visita a la vieja Plaza del Vapor. —"Porque esas raterías le darán suerte." No es una acción reprensible la que obedece a una exigencia religiosa. Además, el Oricha que domina a la Iyawó puede apropiarse de lo que le tienta; "la Iyawó está todavía bajo la influencia del Oricha". O como los niños, que inocentemente, sin premeditación, se apoderan de lo que les llama la atención y se lo llevan.

Si la Iyawó escamotea una mercancía de cierto precio, la Oyugbona la paga al viandero, que sabe de sobre que estas mujeres y estos hombres, negros, blancos y mestizos de todas las edades, que vestidos de blanco recorren el mercado en horas tempranas de la mañana "han hecho Santo" y practican un rito. Muchos de aquellos vianderos eran Santeros, otros Osainistas, especializados en la magia de las hierbas que vendían, y todos cuantos traficaban en la plaza, con rarísimas escepciones, eran devotos de los Orichas. No solamente disimulaban cuando veían a la Iyawó sustrayendo alguna fruta de sus puestos, sino que se adelantaban a felicitarla y regalarle. Si el Oricha tutelar de la Iyawó era el mismo del viandero, éste diría con orgullo: —¡Tu

---

[154] Porquería.

Santo es mi Madre o mi Padre! escoge la mejor de mis frutas para mi Mamá y pónsela en mi nombre.

Arriba, en la planta alta del Mercado Unico de La Habana, era una fiesta la visita de la Iyawó. A la cálida acogida de los vendedores se sumaba la de los Olorichas e Iyalochas que iban de compras a esa hora temprana, sin contar la de parroquianos y devotos desconocidos que les regalaban cocos y les hacían presentes de dinero. Cuando la Santera que acompañaba a la novicia era de las conocidas, como Concha Padrón, Tita y tantas otras, todos la iban a agasajar, y la Iyawó se sentía feliz, mimada y festejada como nunca. ¡Qué buenos ratos se pasaban en la Plaza! "Era una fiesta." Desgraciadamente, aquí en el destierro, como todo, el ambiente glacial, oficinesco de los Food Markets es la antítesis de nuestros pintorescos mercados, alegres y bulliciosos, y cada vez se hace más difícil para la Iyawó la obligación de *wokioloya*, de visitar la plaza.

En fin, con las bendiciones de todos, cargaba la canasta de frutas y regresaba a casa cuando aún el sol no ardía esplendorosamente alto en el cielo matinal.

En la puerta del *ilé* alguien la esperaba con una jícara mediada de agua en la mano para derramar en el umbral los tres chorritos rituales que refrescan su Angel y sus pies. Se anuncia su regreso a los Orichas con la campana de Obatalá, y tocándola se le acompaña al cuarto de los Santos. Deposita la canasta, que debe llevar en la cabeza, ante los *otá*, se arrodilla y les dice, o lo dice por ella la Oyugbona: *gbogbo teniyé de Ilú Oyá,* y procede a presentarle a cada Oricha su fruta preferida.

Por la tarde temprano acuden al Ilé muchas Santeras a comer y a repartirse las frutas que la Iyaré les regala.

La Iyawó puede marcharse a su casa, y "levantar", es decir, llevarse sus *otá*, después de pagar otro derecho, el sacrificio de un gallo y la ofrenda de dos cocos a Elegua. La acompaña la Oyugbona, la Iyaré u otra Iyalocha. Si en La Habana la Iyawó era persona conocida, blanca, y prefería no despertar la curiosidad del vecindario o evitar el encuentro fortuito con algún transeúnte que pudiera reconocerla, se marchaba al anochecer solapadamente con la Oyugbona. Esa misma noche o a la mañana siguiente, la Madrina irá a casa de la ahijada y ofrecerá los cocos y el sacrificio de "plumas" a los Orichas que toman posesión de aquel hogar. Luego, durante siete días arderá una vela ante las piedras sagradas. Varía el número de velas y de días que éstas deben conservarse encendidas.

Debemos suponer, para que el Asiento surta el efecto deseado, que los ritos, desde el primero hasta el último, se han practicado con rigurosa escrupulosidad. Todo de antemano ha sido examinado minuciosamente; nuevos cuantos objetos se han empleado, las hierbas frescas, genuino los aché o "secretos" que se ponen en la cabeza del neófito, sanos los animales, los platos y soperas sin desportilladuras, las telas escogidas con sumo cuidado y de procedencia conocida, para que no trasmitan una enfermedad u ocasionen la muerte; las piedras vivas.

El orden, la tranquilidad y armonía que ha de prevalecer durante todo el tiempo del Asiento, depende de la seriedad de los Padrinos y oficiantes.

El año de noviciado

La Iyawó, ahora esposa del Santo, se reintegra a su hogar, mas durante un año no le será permitido reanudar normalmente su vida.

Si es casada, dormirá ese tiempo en cama aparte. De lo contrario "el Santo la mataría". Si es soltera esquivará la compañía de los hombres, no se permitirá bromas ni familiaridades con ellos. Una novia no hará apartes con su novio. Esta prohibición es la misma, terminantemente, para el hombre que se ha iniciado. Ambos sexos han de plegarse a las exigencias de una castidad inquebrantable.

A nadie que sepa de las rígidas reglas de conducta a que queda cometida la Iyawó esos doce meses consecutivos a su Asiento —a su boda con una divinidad— se le ocurriría al saludarla, extenderle la mano o tocarla. Los Iyawó no dan la mano: son intocables.

Respetarlos es un deber, y en su presencia se evitarán conversaciones de doble sentido, palabrotas o blasfemias.

Por espacio de un año dormirá la cabeza cubierta con un pañuelo blanco atado en la forma que era usual y característica de las negras de nación, y con medias blancas.

Todos los días vestirá de limpio su cama. Todos los días se cambiará la ropa, y la mudará cuantas veces advierta que está sudada; el aseo en el vestir, como el aseo corporal, es de suma importancia durante este tiempo. La exageración en la limpieza es indispensable a la Iyawó para mantenerse en ese estado de impecabilidad que una comadre de Bamboché llamaba "estar de iyeara", y otro de mis viejos informantes, "funfún". Las mujeres no usarán afeites, pinturas ni cremas; no se mirarán al espejo, no los llevarán en su cartera, ni los tendrán al alcance de sus ojos. Se peinará con su propio peine y guardará en lugar aparte todos los objetos de su uso personal, que nadie deberá tocar. Cuanto rodee o se halle en contacto con la Iyawó ha de estar muy limpio. No les está permitido visitar enfermos, asistir a un velorio ni acercarse a las puertas o tapias del cementerio. Las Iyawó visten de blanco porque el color blanco, además de ser el color de la pureza y de Babá, el Creador, aleja a la Muerte.

Los primeros tres meses, indudablemente son los más duros. Durante éstos, los Iyawó, tienen prohibición de sentarse a la mesa con otras personas y se aíslan para comer. Sólo se servirá de una cuchara y partirá la carne con las manos. Pondrá el mismo cuidado en atender a su aseo que en observar su dieta, absteniéndose de aquellos alimentos que le han sido vedados. No saldrá de noche y evitará el calor y el frío, la lluvia y el sereno, manteniendo siempre protegida su cabeza.

Quienes la rodean saben que no podrán usar ninguna de sus pertenencias, sus ropas, sus prendas, sus enseres.

Durante un año Iyawó vive en olor de santidad. La más grave infracción de estos *ipalas* o restricciones, es la que se comete contra la castidad absoluta a que están obligados los Iyawó de ambos sexos.

A juicio de viejas Santeras, la infracción más grave, "el peor pecado", es el que se comete contra la castidad absoluta a que están obligadas las Iyawó. De sus fatales consecuencias referiremos como ejemplo el caso de una hija de Yeyé-Ochún. "Era una mulatica bonita, bonita. Pero la pobrecita, desde que estaba en el vientre de su madre era puta. A los diecisiete años se enfermó de una enfermedad muy rara, de esas que no curan los médicos sino el Santo, y Ochún, para salvarla pidió su cabeza. La Asentaron y se vio pronto la mejoría. Tenía novio, y como es natural se distanciaron. No, no es que se pelearan, sino que las Iyawó no pueden andar muy de cerca con novios y enamorados para evitar, el demonio son las cosas. Para eso tienen que esperar. Cuando ya han hecho el ebó del año, ya pueden hacer lo que gusten, pero con decencia. Esta mulatica llamada Eudosia, que era de condición caliente, no tuvo carácter para aguantarse... El novio pasaba por la casa, la saludaba y seguía de largo. Pero una tarde estando sola, apareció el novio y parece que se olvidó que Eudosia era Iyawó. Ella se descuidó y se besuquearon detrás de la puerta. ¡Adiós Tiberio! Para qué fue eso. Una hora después Eudosia con convulsiones, soltando espuma por la boca. A buscar a la Madrina, a hacer rogaciones y todos los Santos se volvieron de espaldas. —Eudosia no vio el sol de la mañana.

—¡Tu la mataste! le decían al novio, porque él habló y parece que había habido más que besuqueo. Al cumplirse el año del Asiento de Eudosia ¿puede usted creer que éste murió de un cólico? Lo mató Ochún, que ataca por el vientre."

La Iyawó se someterá en todo a la autoridad de su Madrina. Vivirá ese tiempo bajo su tutela y no asistirá a ningún rito ni fiesta de Santo sin que aquella la acompañe.

Ebó de los tres meses y Ebó del año

Al cumplirse tres meses de efectuado su Asiento la Iyawó ofrecerá a los Orichas un *ebó* llamado corrientemente "de los tres meses". Ese día se traslada con todas sus soperas al *ilé* en que fue iniciada para ofrecerle a sus Santos, —que vuelven a lavarse con sus ewe respectivos—, frutas, dulces y "plumas", sacrificios de aves que ejecuta la Iyaré. A veces la Iyaré aprovecha esta oportunidad para "darle sangre", inmolarle un pollo al Elegua de algún allegado o protegido suyo.

La tarde de ese día trascurre en saludos, rezos, ofertorios y cantos de alabanza —*orikis*— a los Orichas. Cuando estos oficios terminan, los familiares y amigos de la Iyawó son admitidos al *igbodu* que permanece cerrado hasta ese momento, y se les invita a que saluden a los Santos. La Iyaré les alcanza un *acheré* —una maraca— o un *agogó* —una campanilla— para que, agitándola sobre las soperas o *go-richa* descubiertas, llamen la atención de las divinidades y les "hablen" y pidan en voz alta, lo que anhele cada uno.

Se convida a todas las Iyaloshas y Babalorishas que tres meses antes asistieron al Asiento y en esta oportunidad, de más está repetirlo, cuantas más acudan a dar su aché, tanto mejor para la Iyawó.

Mas no siempre su situación económica le permite ser puntual en cumplir esta obligación, y el ebó de los tres meses se aplaza hasta que reúne la suma necesaria para costearlo. Sin riesgos para ella tal demora, "pues los Santos, en semejantes circunstancias, la disculpan y saben esperar". Mas nunca al término de los tres meses de esposorio con su Oricha, Iyawó dejará de ofrecerles coco y obsequiarlos a la medida de sus pobres recursos. En estos casos, la Madrina va al domicilio de la ahijada y ofrenda los cocos. Recientemente, aquí en el destierro, una hija de Yemayá cumplió tres meses de Asentada. Los gastos de su iniciación habían sido muy elevados y le fue imposible, tan pronto, hacer frente a los de este ebó. Su regalo a los Orichas consistió en frutas, algunas comidas y dulces. Si suntuoso fue el Asiento, modesto fue, por fuerza mayor, la "atención que tuvo con los Santos". En el suelo, ante las soperas y el recipiente de madera, la bateíta, que contiene a Changó, se dispusieron las frutas, un enorme melón de agua para Yemayá; peras, plátanos, manzanas, uvas, naranjas; harina de maíz, arroz amarillo, guiso de quimbombó, que fue preciso comprar en un mercado cubano, porque no sirve, para darlo a Changó, el que venden los americanos; arroz con leche, tocino del cielo y un gran "cake" cubierto de merengue para Obatalá, que llevó de regalo una devota. A un lado, apartada de estas ofrendas, que saborearán después todos los visitantes —los *awoni*—, una vela encendida. La Iyawó recibió visitas hasta tarde en la noche y la velada transcurrió alegremente; se hizo música, o mejor dicho se escuchó, porque posee un pick-up y discos cubanos... y se bailó. El baile contenta a los dioses y a los mortales, y citando al viejo Santos Baró, es necesidad de los Orichas y los hombres. La Iyawó de Yemayá, con discreción, bailó un poco sola; desde luego le está prohibido bailar de pareja danzas profanas como el son, el danzón, hasta que no finalice completamente el término de su noviciado.

El *ebó* del año es importante pues además de las aves, —pollo, palomas, gallos, gallinas, codornices, patos— se sacrifica carnero y chivo y debe invitarse a todas las Santeras y Santeros que oficiaron en el Asiento, abonándoseles sus "derechos" u honorarios. Este *ebó* se practica también en el domicilio de la Madrina.

La presentación al Tambor. Iyawo Ki Bata

En el curso de ese mismo año, en cualquier momento, tiene lugar la bella ceremonia de presentación de la Iyawó a los tambores Batá. Con ella, frecuentemente otras Iyawó, ese día hacen *foribale* al tambor y quedan autorizadas para bailar en adelante en todos los toques o fiestas de Santo.

Para recibir su homenaje los *Batá* se engalanan con cuentas, caracoles de Guinea y cascabeles.

A media tarde, ya andando el toque, pero antes de que el fuego del baile cobre demasiada fuerza, aparece en escena la Iyawó o varias Iyawó, vestidas como en el día del Medio del Asiento, con sus trajes rituales que nunca más volverán a vestir en vida, los collares de mazo cruzados en el pecho como se ven en algunos bronces de Benin, las cabezas bajas, los pies descalzos.

Salen del *igbodu* y despaciosamente, con el mayor recogimiento, clavada la mirada en el suelo, se dirigen en fila, flanqueadas por sus Iyaré y Oyugbona, al lugar que en la sala o en el patio de la casa ocupan los *Olubatá*, los tamboreros. Con visible precaución porta cada una un plato blanco con dos cocos, una vela y un tributo de un peso y cinco centavos. Las precede una Iyalocha mayor que se adelanta "refrescando" el ambiente, rociando en todas direcciones el agua que toma de una jícara que lleva en la mano. Esta mujer que se sitúa a la cabeza del cortejo, es la "Llamadora" o *apwón*, y canta mientras marcha hacia el *Batá*:

> "*Emi ma ki bó réo: Eroi ma ki fa bo ré. Oro ma yo ko*
> *Oku awo. Oro ma yoko oku awó. Oro ma yoko oku awó*
> *Iyá wo ki me bó"...*

Ya frente a los Batá, la Iyawó deposita su ofrenda, se echa el suelo de bruces y los reverencia con el mismo fervor que a sus Orichas[155]. Las Iyalochas la rodean, e inclinándose sobre ella, aún postrada en el suelo agitan campanillas en los oídos de las hijas de Yemayá y Ochún.

Turbada por la emoción la ayudan a incorporarse para que de rodillas, bese a *ilú Iya*, adornado con ciento cinco cascabeles, el mayor de los tres tambores —"la Madre"— y después a los otros dos más pequeños, el *Itótele* y el *Okanko*.

Estos suenan de nuevo con un estremecedor estruendo de cascabeles. Haciendo coro a la *apwon* se canta en honor del Oricha tutelar de la Iyawó que ahora baila al ritmo de los Batá y a veces bajo la acción del Oricha.

Cuando la Iyawó le ha rendido homenaje a los tres sagrados

[155] Los tambores batá son sagrados. Se consagran, reciben sangre ("come" gallo y chivo) y sólo pueden tocarlos sus dueños. Dentro Ilú encierra "un secreto", y un cascabel, un mate y un ojo de buey. "Estoy enterado por el viejo Yoto, que un hombre quiso ser más grande que Obatalá. Y Obatalá vio que ese hombre intentaba mandar más que él. Para darle una lección Obatalá lo hizo ir al país de los muertos. Ese hombre perdió la conciencia en cuanto cruzó la frontera y pasó al país de la Ikú. Andaba extraviado en la nada. Obatalá le preguntó: ¿sabes dónde estás? —No sé... Entonces le devolvió su espíritu, que está dentro del batá".

Lamentablemente, para los fieles, no hay tambores "de fundamento", consagrados, en el exilio. Aun no ha sido posible traerlos de Cuba.

En los Estados Unidos se prohibió a los negros importados por la trata que tocasen sus tambores, así como el derecho de reunión. No hubo cabildos ni la humanitaria tolerancia que con ellos se observó en Cuba durante el período esclavista. Lo que explica la acritud del negro norteamericano, y la pérdida de su cultura que no les fue posible conservar.

tambores en toda su conciencia o en éxtasis regresa al *igbodu*, acompañada siempre por la Oyugbona y la Madrina, quien de haberse producido el trance despide al Oricha soplando en sus oídos y la *Apwon* vuelve a cantar:

"*Emí ma epá bó re...*

8 *Iyalochas*

Si así lo dispone Olodumare, que le asigna a cada criatura su misión en la tierra —"escribe allá arriba la letra con que se viene al mundo"— la Iyawó, la esposa de un Oricha, se convierte en Iyá, Madre de Santo, —el Iyawó en Padre—, para desempeñar mientras vivan todos los oficios del sacerdocio. A su vez adivinarán con caracoles, impondrán collares, Asentarán, "rogarán cabezas", prepararán resguardos, harán "trabajos" —para bien, se sobrentiende—, en una palabra, llevarán a la práctica en cada caso, las instrucciones del *Dilogún;* como mediadores e intérpretes entre los fieles y los Orichas, cuidarán, protegerán y defenderán hasta agotar el último recurso, las almas y los cuerpos de cuantos soliciten su amparo. ¿No es el instinto de protección al hijo innato en toda madre?

Igual que los hombres, las mujeres que nacen con aché se revelarán muy temprano buenas Santeras y tendrán numerosa prole espiritual, pero esto lo deberán en parte al empeño que pongan en adquirir los conocimientos que ha de atesorar toda verdadera Mamálocha. Lo lograrán asistiendo asiduamente a todos los ritos, observando, escuchando a los mayores y a los mejores, acercándose a los que saben y ganándose la buena voluntad de quienes pueden enseñarla. Es en este contacto con los Santeros como se aprende. No hay escuela ni academia para estudiar la

Iyawó, "pero mirando, haciéndose el bobo y oyendo aquí y allá, fijándose, se va aprendiendo", ya que las Madrinas y Padrinos no suelen ser generosos en enseñar a sus ahijados, y ahora menos que antes.

Las mujeres tienen en el culto las mismas atribuciones que los hombres, menos, como sabemos, la de sacrificar animales de cuatro patas, preparar algunos eleguá y osaín, y adivinar con *okuelé* e *ikis*, sistema exclusivo del Babalawo, aunque Bamboché había tenido noticia en su juventud de una africana que tiraba los *ikis* en un pueblo del interior.

Como los hombres, las Iyá fueron en Cuba depositarias de la cultura de sus antepasados, conservada en los Cabildos de la colonia y luego en los *ilé-Orichas*, que aún hoy algunos fieles continúan llamando Cabildos.

La Iyalocha goza de tanta autoridad como el Babalocha, y es que la mujer lucumí nunca estuvo en situación de inferioridad con respecto al hombre, nos aseguraban los viejos, "y el que le faltaba el respeto o maltrataba a una mujer lo consideraban un canalla; eso era... *labuku* (?)".

—"Cuando empezó el mundo", le oímos contar a un Babalawo en el pueblo de Jovellanos, "hombres y mujeres vivían separados. Cada uno en su territorio. El matrimonio, la familia, no existía. Pero los hombres cumpliendo las órdenes de la naturaleza iban a dormir con ellas. Luego cada uno regresaba a su pueblo.

Andando el tiempo los hombres decidieron apoderarse de las mujeres para dominarlas, hacerlas trabajar para ellos, y proyectaron una guerra. Antes de atacarlas fueron a consultar con Orula, quien les aconsejó que para ganarles la guerra, hicieran *ebó* con seis jícaras de *oñí* —miel—, seis de *epó* —manteca de corojo— y seis animales de varias especies.

Los hombres, arrogantes y fatuos, le contestaron a Orúmbila que para tan poca cosa como sería vencerlas, ¡bah! unas cuantas bofetadas y asunto terminado, no tenían necesidad de hacer *ebó*.

Llegó a oídos de las mujeres lo que tramaban los hombres y ellas tambien fueron al *ilé* de Orula, e hicieron el *ebó* que les ordenó: *eure meyi* —dos chivos—, *adie meyi* —dos gallinas—, *owó medilogún* —dieciséis caracoles—, que entonces eran dinero.

Cuando el ejército de hombres se acercó a las puertas del pueblo de las mujeres era de noche, y aquel cielo negro se derrumbó... Llovió con tal furia, el agua les pegó tal paliza que ningún hombre pudo dar un paso adelante. De pronto sintieron un frío espantoso y asustados porque pensaron que el hielo que se les había metido en los cuerpos debía ser el mismo frío de la muerte, les gritaron a las mujeres que los socorrieran. Estas salieron a oír qué decían. Ahora los machangos suplicaban tiritando, les hablaban con humildad y... acompañamiento de castañuelas, porque sus dientes repiqueteaban de lo lindo. Pues bien, las mujeres se ablandaron. Dios las hizo para parir y para eso necesitaban a los hombres. Los auxiliaron y en cada casa entró uno. Al día siguiente por un cielo sin nubes volvió a salir el sol y Olofi dispuso que se quedasen permanentemente en las casas de las mujeres que los habían recibido para salvarlos de la tempestad. Y ahí nació el matrimonio y el respeto a la mujer: Olofi convocó a los hombres y a las mujeres y ya todos reunidos ante él, les dijo que no se separarían más nunca. Los hombres las protegerían; se ayudarían y respetarían mutuamente y cuidarían de sus hijos, los cuales en adelante iban a saber a ciencia fija quienes eran sus padres, y los honrarían vivos y muertos. Así consta en

11
00
00
01

y escrito está en el libro de Ifá de los Babalawos, los únicos que escribían en el país de nuestros antecesores".

Olofi fabricó a la mujer para ser madre. La humanidad le debe a ella la vida, y no sólo el género humano, pues cuanta criatura existe en la tierra y en el agua, ¿no es así? nace de una madre. Por lo tanto, concluía el Babalawo: todas las madres son sagradas, hasta la del Piojo. Esta veneración que desde siempre el negro importado a Cuba, cualquiera que hubiese sido su procedencia étnica, siente de modo entrañable por la madre, criatura sagrada, tabú, era y vamos a suponer que es aún común a la totalidad de nuestro pueblo, en el que también los blancos, por su ascendencia española, rinden a la madre el mismo culto.

"Por la salud de mi Madre." "Por los huesos de mi santa madre", es un juramento que no se hace en vano, y no hay peor injuria que la que va dirigida, con esa sonoridad incomparable del castellano, al sexo de una progenitora. Ese insulto no se perdona. "Ningún hombre que sea hombre puede permitir, ni de broma, que le mienten la madre." Y si no se responde a la ofensa con la arrebatada violencia reflejada en un caso que nos fue conocido, el de un pariente de toda la estimación de uno de nuestros mejores informantes, quien "con razón se enfureció porque discutiendo una jugada de dominó con un compañero apodado Cabezón, éste le soltó que se hacía tal y tal cosa en las partes de su señora madre, y allí mismo le cortó la palabra de una puñalada en el corazón", es motivo de sobra justificado, si no para matar, para que suenen bofetadas y lluevan trastazos que sellarán a perpetuidad una enemistad irreconciliable.

"No merece la luz del sol el que no adora a su madre."

En todas las variantes de la trifulca de Changó con Yemayá por motivo de los plátanos y su irreprimible glotonería está patente el arrepentimiento y el pesar del hijo que sufre por el desvío de la madre ofendida que se niega a perdonarlo.

¡Cuántas veces hemos oído decir a negros que eran abuelos: "Perder uno a su madre es la mayor de las desgracias"!

No existe mejor calificativo para el hombre malvado que desmadrado. De un bribón, de un cínico, de un traidor, del individuo sin escrúpulos de conciencia, se dice "que no tiene madre". O bien, si la tiene, se supone, juzgándola por el fruto de sus entrañas, que es indigna de merecer el respeto que a toda mujer madre se debe, y del canalla, descamisado o con uniforme, chaqueta o sotana, negro, mulato, blanco, se dice finamente que es "hijo de mala madre".

El temple maternal de la mujer africana, toda abnegación para su prole, fue reconocido desde muy temprano en la Isla de Cuba y les valió en los hogares coloniales, los beneficios sentimentales y materiales de un puesto de confianza: era la nodriza ideal por la calidad insuperable de su leche, la "manejadora" insustituible, el doble en solicitud y amor inagotable, de la madre blanca del niño de la casa. Aparte de las facilidades que daba el Código español a los esclavos para cohartarse, por lo que en Cuba abundaban los libertos en notable proporción, innumerables cartas de libertad, gratuitamente otorgadas a negras a lo largo de todo el período esclavista, son testimonio de la gratitud de los amos por la devoción con que ellas cuidaron de sus hijos. No se puede ignorar el papel afectivo que las negras, ya fuesen de nación conga, mandinga, arará, lucumí, carabalí, y sus descendientes, jugó en la familia cubana y en las de más categoría, ni la influencia subrepticia que ejercieron en las generaciones que precedieron a la nuestra en cuya atmósfera, para que luego nos encantase su recuerdo, comenzamos a respirar.

La presencia de las tiernas tatas negras en los hogares puede explicar que aunque no sea negro el tronco del árbol genealógico de todos nuestros compatriotas, se advierta en su temperamento rasgos que son africanos. Efecto de una convivencia de siglos con los negros —lo observamos ahora a diario en todos los niveles del exilio— es, por ejemplo ese humorismo con que se enfrentan a la adversidad y que harían pensar que no se dan cuenta de la magnitud de su desgracia; su extraversión, esa exaltación de la vida en los estratos más humildes, y en todos, pese a la amargura del destierro y de la nostalgia que no los abandona, una necesidad de alegría. Los negros estuvieron demasiado integrados en la sociedad cubana para que no se produjese, si no por atavismo por contagio, este fenómeno de mestizaje psíquico.

Donde las esclavas en las clases altas criaban a los pequeños blancos y éstos crecían bajo la autoridad que les acordaba su devoción sin límites por el "Niño" o la "Niña" que jamás para su amor dejaría de serlo; allí donde se establecían relaciones de un afecto duradero, lazos que entonces se consideraban sagrados entre los "hermanos de leche" y los ahijados negros con sus Padrinos y Madrinas blancas, mientras en la esfera popular ambas razas se trataban en un plano de igualdad[156] que en el siglo pasado

---

[156] Mucho debió contribuir la Regla Lucumí y los demás cultos africanos en Cuba, a la fraternización de blancos y negros al crear espiritualmente por medio de la iniciación vínculos familiares bilaterales entre los adeptos de una raza y

asombraba a los extranjeros, es comprensible que los blancos tengan "cosas de negros".

En largo trato con la gente de color de mi país, y debemos subrayar que con las más humildes e iletradas, pudimos aquilatar la proverbial bondosidad de las madres negras con sus propios hijos y con los adoptivos, pues nunca faltaba un pariente huérfano, un ahijado o un recogido, a veces un blanquito de ojos azules, en sus hogares por pobres que fuesen; y en los hijos, marcadamente en los hombres y mujeres de mayor edad, ese respeto teñido de misticismo a que antes hemos aludido. Ocurría, pero eran raros los casos de negros en rebeldía con sus padres, como era excepcional en un tiempo, que las negras abortasen y abandonaran a sus pequeños en el hospicio.

Ese gran ascendiente que se le reconoce a la madre de color en el ámbito familiar, es el mismo que en el de la fe de nuestro pueblo ejerce la Iyalocha, idealización de la Madre, dueña por demás de poderes y secretos místicos para protección de ahijados y creyentes. Teóricamente son virtudes maternales las que concurren en una Santera y en verdad las hemos conocido ejemplares, y daríamos como espejo de Iyalochas a Odedéi y a una Omo-Yemayá que nunca quiso ver su nombre "puesto en libro" y cuyo deseo respetamos.

Pero no siempre la conducta de una Iyalocha es irreprochable, ni todas han estado moralmente a la altura de su misión, aunque "trabajaban bien la santería, y sabían mucho". Algunos motes de esta lista recogida hace largos años no son ciertamente muy edificantes: "Lolita Siete Culos; era una negra grandísima; su negocio, puta en el campo. De la misma profesión y con casa de cita, Isabel Peste a... Muy bandoleras, Astilla y Caridad Vive Lejos. Lo mismo que Marcelina Bakoka, Merced la Culona, Caballito, Petrona mi peso... A esta le decían así porque se acostó con un gallego y cuando se levantó el gallego del catre, le cogió el

---

otra Una Madre, un Padre, un hermano de Santo, eran en el orden religioso y afectivo lo que el Padrino y la Madrina de bautismo en la blanca. Y todavía alcanzamos a ver en esta, en nuestra niñez, cómo se observaban cabalmente las obligaciones del parentesco espiritual —aún entre católicos de tibias convicciones religiosas—.

peso que le había dado y se largó. Ella lo siguió calle arriba gritando como una desesperada ¡mi peso! ¡mi peso!, de manera que todos los vecinos se enteraron del robo. Isabel Pavo Real... cuando se subía —"caía en trance"— se contorneaba arrogantona como esos pájaros. La China de las Prendas parecía una vidriera de joyería con tantas cadenas y medallas, tantas pulseras, anillos y sortijas en cada dedo... todas falsas. Panchita ¡para cochero! le gustaba el coche más que comer y en cuanto veía uno ¡para cochero!, se subía en él. Candita Gran Pie, ahora de vieja, respetable; como se la ve hoy en su casa de Guanabacoa.

De todas éstas, Aurora la China, que fue fletera, se hizo famosa, ¡ya lo creo, una gran Santera! Empezó con las mujeres malas, y acabó mano a mano con las doctoras. Tiene más de doscientos ahijados."

Lo mismo se nos dirá de los Babalorichas, "que los hubo buenos y malos en todos los tiempos", y entre los que se distinguieron, tanto por su anormalidad como por su sabiduría muchos homosexuales. "La Colombiana, muy conocido en la zona" —el barrio de las prostitutas en La Habana vieja—. "La Iris, Ramoncito la Crisantemo, José la Violeta, Carlitos la Vená. José Pata de Palo, un mulato hijo de Elegua, que fue célebre. Flor de Té, Juanita Caja de Polvo", etc.

Los Babalawos nunca admitieron homosexuales en sus filas, y se da por sentado que ningún hombre con tendencias mujeriles es aceptado por Ifá.

Pero la homosexualidad no es siempre un estigma en el Santero sino en muchos casos el influjo de la feminidad de su Oricha.

El citado gran Lorenzo Samá, más conocido por Obadimeye, que dictó leyes a la Santería con la lucumí Latuá, era, nos dijo un coterráneo y amigo suyo, *adodi:* marica. Si la Santería habanera hubiese tenido historiadores, el nombre de Latuá y del tantas veces citado Obadimeye aparecerían escritos con mayúsculas en los anales de fines de siglo y comienzos del presente.

"Obadimeye vino de Matanzas y se encontró con que otro *Olúocha* famoso, el Taita Gaytán, y Obalúfadei, que se habían Asentado en La Habana, no lo dejaron pasar al Cuarto ni participar en ninguna ceremonia secreta. Obadimeye, que era más listo que un ratón con hambre, supo pronto a qué atenerse y aparentó despreciar lo que traía del campo. Se dejó Asentar por los habaneros. Tuvo que hacer todo de nuevo y pagar, pues como a Taita Gaytán y a otros, ya los lucumí de Matanzas lo habían Asentado. Obadimeye era criollo, pero criado por los lucumí hablaba el español como ellos, en todo parecía lucumí, y muchos lo tenían por lucumí. Le dijo a Taita Gaytán: Bon Taita, conforme yo tené que jasé, dorá palante manque eté yoko de tiempo Epaña, tó que tenga Santo tié que sentá otra vuéta. Y yo vá dá lo riglamento[157]. Obadimeye hizo de manera que para entrar en La Habana en el rejuego de la Santería, había que Asentarse allí. Se prohibió a los del campo que ejercieran en La Habana. Santeros como Má Carmen, que murió de ciento ocho años, como quien dice el otro día, Makuí del Igenio Santa Rosa, Ayaí, de Cárdenas, Ruperto Adeí, de Jovellanos, no eran reconocidos por los habaneros."

Obadimeye y Latuá, durante años inseparables, fueron los Oriaté de rigor en todos los Asientos de La Habana.

Dice el querido Profesor Roger Bastide que "el folklore es un poco de la tierra que ha abandonado el exiliado". En nuestro caso lo que en Cuba para muchos era folklore, diversión de negros, baile, toque de tambor, jolgorio, superstición, brujería, aquí se les ha convertido en consuelo, en tabla de salvación, y la mayoría, que no es feliz, acude a los Orichas en busca de una esperanza. Por la impaciencia del regreso, por desesperación, o cuando en más alta esfera, en la Iglesia Católica, Dios permanece sordo a los ruegos, se va a probar fortuna tocando por primera vez a la puerta de una Iyalocha. ¿Quién sabe? ¡suceden cosas extrañas! Entonces, si los Santos africanos operan el milagro de solucionar un asunto que es vital, facilitan la salida del familiar retenido en Cuba desde hace años o liberta allá al que se encuentra preso en las cárceles del régimen, no se puede dudar de la eficacia de la Iyá, del Bábá y del poder de sus divinidades.

El auge que desde los comienzos del exilio y día a día cobra el

---

[157] Bien Taita, estoy conforme con tener que hacer Santo (iniciarse de nuevo), aunque estoy asentado desde los tiempos de España, pero de ahora en adelante, el que esté Asentado tendrá, aquí, que Asentarse otra vez. Y voy a hacer el reglamento.

culto a los Orichas representa una seria competencia, sobre todo para las sectas protestantes del estado de la Florida que tratan de hacer prosélitos, y que han ayudado generosamente a muchos de nuestros compatriotas.

Hace un par de años, el 1971, en una popular emisora de radio cubana, se inició, en Miami, un programa en el que ¡un babaocha blanco! denunciaba la explotación de la Santería e ironizaba sobre sus creencias animistas. La emisora mantuvo su programa muchos días provocando la indignación de miles de oyentes. Pero fue un *test* interesante para cualquier observador, pues reveló lo hondo que esas creencias llamadas primitivas que se intentaba ridiculizar, han calado en el alma de nuestro pueblo.

Por otra parte, existe un factor que explica la presencia creciente, a veces insólita de personas de raza blanca y antes católicas practicantes, en la Santería... Para los que han sufrido de la crueldad y miserias del comunismo, la aceptación del culto a los Orichas es una forma de protesta a la política acomodaticia de la Iglesia, que los ha defraudado y de rencor por la conducta de curas comunizantes o cómplices del régimen. Hay también, no se le escapa a una Omó Ochún, "que Ocha se ha puesto de moda; y ahora la moda es *tener* Santo". Moda... especulación, y evasión. Así, irremisiblemente y abiertamente —"la verdad que allá en Cuba todo esto se disimulaba un poco"— donde quiera que se encuentre un grupo numeroso de cubanos desterrados, se destaca la figura de la Iyalocha, activamente ocupada en proteger y auxiliar a ahijados y "credentes" y a cuantos necesiten el favor de sus dioses; haciendo prosélitos, logrando muy a menudo el éxito que en la curación de una neurosis no logra el facultativo y manteniendo viva, hay que reconocerlo, la fe en ese retorno más que hipotético a una patria libre y en la derrota no menos hipotética, por ahora, del despotismo.

Sin embargo, no se advierte, por lo menos en esa área de la Florida, que entre los nuevos prosélitos se cuenten negros norteamericanos. Existe entre éstos y los cubanos, un marcado antagonismo. Oigamos lo que nos confiesa con mucha gracia una exiliada de color.

—"¡Estos negros americanos me dan un miedo del diablo!

Figúrese que la otra mañana buscando una peluquería que me recomendaron fui a dar a un barrio todo de negros, ¡y por poco me muero de espanto! ¡qué morenos tan feos! Llegué a casa sofocada, nerviosa, y le conté a mi hijo el susto que había pasado y lo que había corrido para salirme de allí cuanto antes. Y él riéndose de mí me dice: Mamá, mírese al espejo, ¿es usted blanca? —No, ¡soy negra, pero cubana!"[158]

Los negros cubanos, simpáticos, amables y cordiales, le temen a los negros norteamericanos, los consideran "extraños", los sienten hostiles, "enrevesados". No los entienden. Afro-americans sin Africa, —"ninguno sabe de donde vino", nos decía otro negro exiliado—, sin nada en común, el recuerdo de un mismo pasado cultural que los acerque, se explica la actitud e incomprensión de unos y otros. El negro cubano está libre de sus rencores profundos y de sus complejos; por eso más que negro se considera cubano. No odia al blanco porque el blanco no lo odiaba. En una sociedad abierta a la fusión de razas, como siempre fue la nuestra, no se les humilló ni maltrató.

Echando mano de un refrán criollo. "No se entiende lo que está pasando hoy si no se sabe lo que pasó ayer", ni aún en el período esclavista, que tuvo artesanos, militares, poetas, periodistas[159], músicos —algunos famosos— y profesionales negros, y en el que no era un baldón ser mulato, no se les prohibió educarse,

---

[158] La respuesta de esta mujer a su hijo recuerda la anécdota que cuenta José Martí el 1893: "en Santiago de Cuba, llamó a junta un hombre de color no nacido en Cuba, a los cubanos de color de alguna valía.
—Vengo, les dijo, a formar un tercer partido en Cuba de todos los hombres de color. Y el presidente del Casino donde era la reunión, Agustín Lafaurie, le dijo en respuesta: —Pues lo sentimos Señor, no poder complacerlo. Aquí todos somos blancos". (Escritos desconocidos de José Martí, prólogo y notas de Carlos Ripoll).
Ese era el sentir en Cuba de los negros, durante las guerras de independencia, que fueron, en el fondo, hoy nos damos cuenta, guerras civiles.

[159] El 1856 se imprimía en la Habana la revista literaria "Rocío", dirigida por negros. En 1880 un cubano de color, según Trelles, Francisco P. Rodríguez, redacta la revista quincenal de cirugía y prótesis dentarias "El Progreso Dental". Es realmente notable el número de periódicos que á partir de 1880 se publican, dirigidos y escritos por negros y pardos en todas las capitales y pueblos de provincias de toda la Isla, descontando la Habana, dedicadas "a la defensa y al progreso de la raza de color".

elevarse, y no existieron para ellos barreras raciales intraspasables, el degradante cordón sanitario que en otro tiempo en los Estados Unidos los aislaba y equiparaba los derechos del liberto al del esclavo.

Es de notar que todos los negros cubanos, cualquiera que haya sido su posición, repitan empleando en cada caso las mismas palabras, "que allá en Cuba no se habían dado cuenta de que eran negros hasta que llegó el Comunismo". La frase tan oída la recoge Hugh Thomas en su reciente y voluminoso libro sobre Cuba.

La Iyalocha que es de corazón, de *kokán-kokán*, como dicen unos, o de *timó-timó*, como decían otros, es aquella que desempeña su sacerdocio con dignidad y honradez y se hace respetar. Su autoridad se mide por el número de "Santos que ha dado", esto es, por los que ha iniciado y por la frecuencia y seriedad con que se desarrollan en su casa los ritos y las fiestas. El ilé de la Iyalocha, como decían en Matanzas del de Fermina Gómez, llamada la reina del Santo lucumí, "es la casa del Oricha y en ella deben reinar el orden, la honradez y la caridad". Caridad... porque "aunque ya eso no se hace, cuando alguien no tiene con qué pagar un derecho de consulta y un *ebó*, el Babá o la Iyá deben averiguar sin cobrar, y poner lo que haga falta para el sacrificio".

La edad influye mucho en el prestigio que la rodea, por aquello de "Más sabe el diablo por viejo que por diablo". Así nos decía una que había conocido a Ñá Mecé Azuquita Efuché y a muchas grandes, como las Alfonso, Ma Petrona Ogún y Ma Claudia Ochosi y a aquella Feliciana Mariátegui Oní Changó, que cuando tenía tambor no le avisaba a sus ahijados. Empuñaba el *acheré*, saludaba a Changó, y éstos la oían en donde quiera que estuviesen y acudían a la llamada de la Iyá.

La facultad de atraer a sus ahijados a los tambores le ha sido atribuida a otras Santeras de nombradía que actuaban "montadas" por sus Orichas. Se cuenta que muchas veces aquellos Omó suyos que dormían tranquilamente en sus casas, sacudidos de pronto por una fuerza irresistible abandonaban la cama y se presentaban sonámbulos en el ilé Oricha sin más ropa que la que tenían puesta. Así le ocurría a la madre de Odedei, caballo de Yemayá, cuando a una distancia considerable, su Madrina agitaba la campanilla invocando a la diosa.

No siempre son las Iyalochas citadinas connotadas las que tienen más *aché*, más facultades. De esta especie, rústicas, desprendidas y sabias, había muchas en el campo. Gaytán recordaba con asombro su experiencia con una negra vieja, de oficio lavandera, en un pueblecito de la provincia de Matanzas. La llamaban Bemba de Cuero. "Tenía un genio de perros, insultaba a todo el mundo, y al mismo tiempo, era cariñosa. Nené, le decía a la gente. ¡Nené, rayo que tá lo infierno, la reputísima su mare! y así refunfuñando curaba y hacía el bien. No había que darle nada, trabajaba sin interés. A su Santo se le pagaba cuando se podía, con maíz, con plumas. Hacía crédito." (Se les pagaba simbólicamente con granos de maíz.) "Yo iba una vez por la calle vendiendo hierbas, con la canasta en la cabeza, y Bemba salía de la bodega. ¡Tá borrachita! pensé al verla. ¡T'equivocate! me gritó la vieja. Yo soy Yemayá, y acercándose me dijo: tu también son hijo mío y hoy son último día que tu pone yerba en tu cabeza. Juega al número 2,200. Esa noche compré el 2,200. Salió y fue verdad que más nunca volví a vender yerba."

La balanza de muchos de nuestros viejos informantes se inclinaba decididamente a favor de esas Iyá montunas, conocedoras profundas de la naturaleza, pitonisas insospechadas, que continuaban hablando como bozales, que no comerciaban con sus Orichas y eran dueñas de secretos que con ellas bajaron a la tumba.

Baró Nsasi nos hablaba de ellas con admiración profunda.

—"¡Esas si eran Iyalochas! Aguiá, Makuei, Ayareo, Ma Fiyé, ya todas en la Gloria. Estaba uno de malas, sin dinero, e iba a verlas, registraban, preparaban, cogían plumas y hacían un trabajo excelente. —Yijo, tu vá pagá cuando tu pué. Por eso, cuando una negra inocente de estas moría en el pueblo, todos la lloraban. A la muerte de Antoñica Wilson, una conga que consultaba a lo mejor de Sagua la Grande, durante un cuarto de hora se paralizó todo en aquel pueblo, en señal de luto."

Son muchas las hijas de Yemayá y de Ochún que generosamente dotadas por sus divinas madres e identificadas con ellas, se han distinguido, tanto en provincias como en la capital.

Ya sabemos de las de Yemayá, que cuando su conducta con la diosa es irreprochable, son invulnerables a las brujerías y que no hay mejor curandera ni partera que una legítima hija de Yemayá, ni quien *koko abikú,* amarre más sólidamente al *Abikú.* Prendiéndolo, encadenándolo, marcándolo para reconocerlo cuando vuelva —renazca— la Iyá Yemayá es insuperable.

Abikú o *Ikubí,* estos nombres son sinónimos del "espíritu viajero que viene de paso al mundo, por corto tiempo". Escogen un vientre para nacer, mueren pronto y tornan al mismo vientre hasta que se les "cierra", liga. El *Abikú* es más temible cuando es primogénito, pues se llevará, si los tiene, a sus otros hermanos. Menos mal que al *Abikú,* como al *Oyú burukú,* el que daña con la mirada, se les conoce pronto. Se les encuentran en el cuerpo ciertas señales inequívocas, ya en la boca, —suelen tener los dientes separados— ya en el viente o en cualquier parte del cuerpo. Lo característico en el *Abikú* es un huesecillo en mitad del cráneo, puntiagudo al tacto. Tienen una expresión amarga y misteriosa, caras de viejos; son serios, no ríen, y sus ojos vidrean. Los hay que lloran continuamente o se quejan sin motivo, pero los peores son, en opinión de una Iyá Yemayá que ha tratado a muchos, los que no derraman ni una lágrima. Era también triste, flaco, tragón, siempre con un hambre canina, más serio que una estaca, el que amarró en un Central de Matanzas, Má Tomasa, tan sabia como lo fue Ma Baísia, "doctora en amarrar *Abikú".* El ligamen —*didí*— lo hizo con tiras de malva de cochino, (tetragastris balsamífera, S. W. Oketze) una escoba de palmiche y siete ramas de escoba amarga, (partenium hysterophoras, L.) lo indicado tradicionalmente para castigar al *Abikú* y despojar a los enfermos. No era partidaria Ma tomasa de acostar al niño para amarrar al *Abikú* que se aloja en su cuerpo, e impedir así que se marche o que continúe acabando con la familia. Ni que se le hicieran vivo, en los pies, las tres cruces que se acostumbra, con una cuchilla, para identificarlo a su muerte. Comenzaba la vieja, antes de azotarlo concienzudamente, como es de rigor con estos *Ayé* —malos espíritus—, por darle dos fortísimas nalgadas. Propinadas las dos nalgadas, que desconcertaban al *Abikú*, ponía al niño de pie y procedía a azotarlo. Al quinto escobazo, al *Abikú* que no llora, empiezan a llenársele de lágrimas los ojos secos y rojizos. Ma Tomasa sacaba del bolsillo de su delantal un copo de algodón y recogía las lágrimas, porque con sus lágrimas se amarra a los *Abikú*. Al séptimo azote el mal espíritu se rinde. Siete azotes bien dados le bastaban para dominarlo. Luego le ataba al niño una cadena que debe ser de hierro, en el tobillo izquierdo. Al que moría, esta gran amarradora, le cortaba un pedazo del lóbulo de una oreja. Es usual también quitarle la primera falange de un dedo de la mano o de un pie. Gracias a esta contraseña se sabe cuando vuelve el Abikú y no puede engañar a nadie.

Algunos Santeros notables, como Aniceto Abreu, de quien hablaban sus contemporáneos y cuantos lo conocieron íntimamente, como de un Apolonio de Tyana negro, le cortaba la falange de un dedo al hijo que, en una familia, sobrevivía al *Abikú*, para impedir que éste se lo llevara.

He aquí lo que sobre el particular nos permitió anotar una amiga, descendiente, por cierto, de una antigua y distinguida familia cubana: "Tuve una hermana que nació después que yo. Era una bebita fuerte y alegre, que nunca había enfermado, pero un día quedó rígida y con los ojos en blanco. Esto pasó a la media noche, y mi madre, que se hallaba sola con ella llamó a Yeyé, la negra que había criado a mi madre. ¡No es nada! dijo Yeyé, y mi hermanita amaneció buena y sana. Pasó algún tiempo. Volvió a ocurrirle lo mismo y esta vez llamaron al médico, que la asistió. El día que le dio de alta, yo estaba en mi cama-cuna y me cuentan que me puse de pie y empecé a gritar desesperadamente: ¡No Niní, no te vayas! ¡Niní, quédate! Mis gritos y mi llanto asustaron a Mamá y a Yeyé; después se rieron de mí; pero a las dos horas de esta escena murió mi hermanita. Aniceto, que nos adoraba, dijo que debían picarme el dedo cuanto antes. No le hicieron caso. Mandó también que me vistiesen con trajes de todos colores menos verde, para que el *Abikú* no me hiciera daño, y me amarró el Santo para que nunca me montara. Vine a La Habana, a una casa que teníamos en Marianao. Salí de paseo con mi tío.

Acostumbrada a treparme a los árboles en el ingenio, me subí a una reja; la reja se vino abajo y me cogió la mano. Perdí la falange del anular. Los Santos hicieron lo que había querido Aniceto: cortarme una falange. Así me salvaron. Y aquí estoy...

Meses después, en el Ingenio, a un Cabeza Grande[160], en un toque de tambor, lo montó su Santo. Mi negra me había llevado al toque pero me escondió cuando el Santo bailando le dijo:

—¡Saca niño blanco pó ahí!

Yo me zafé de las manos de mi niñera y corrí al cerco del baile. El Santo me preguntó: ¿Tu tié mieo? A vé ¿te cargo? Yo le extendí los brazos. Me cargó y a bailar. Me abrazé al Santo. El entonces se detuvo. Me tomó la mano, hizo callar los tambores y se la enseñó a todos: Esa é suete de usté. Po esa mano se come, po esa mano va llové y va salí é sol."

El objeto de muchas de esas cadenillas —*kawolo* las llamaba Ma Tomasa, y Echubí, *owón*—, que veíamos en Cuba con tanta frecuencia en los tobillos de los niños, es pues el de "aguantarlos", "amarrarlos", impedir que mueran. Están sujetos por ellas a la vida, y la mayor parte de las veces, por mano de Yemayá.

En cuanto a los *"chaworo"*, los cascabeles que se ponen en la ropa interior de los niños, cuyo uso, prescrito en alguna lectura del *dilogún* aprovecha también en muchas circunstancias a los adultos, se utilizan para auyentar, asustándolos con su ruido, a los *Abikú* errantes y a la misma Muerte. Si es hembra el *Abikú*, suele ponérsele, a veces durante años, una sayuela roja con franjas blancas y siete caracoles. Los azotes con la escoba amarga se continúan en fechas determinadas, y se les barre violentamente los pies con ramas de millo. Si el *Abikú* es llorón, es necesario cuando comienza a llorar de noche, pegarle con la escoba de palmiche. Kende, un *Abikú* de diez años, era puntualmente azotado todos los viernes, hasta que se suicidó en la Carretera Central arrojándose a las ruedas de un camión. Estos espíritus volanderos, que atrasan a las familias, que no dejan entrar nada bueno en las casas, tienen sus nombres secretos. Ukunipe, le llamó la abuela de Juana Aballí a un hermanito suyo *Abikú*.

[160] Cabeza Grande se le llama a un Oloricha prominente; al que goza de prestigio.

Existe el peligro para todos los niños en general, que algún *Abikú* que no ha encarnado todavía, se adentre en sus cuerpos. Cuando esto ocurre, el niño, por mucho que coma estará cada día más hambriento, más desmedrado; por mucho que beba, estará más sediento, porque el *Abikú* que ha entrado en él consume sus alimentos, hasta la extinción final.

La madre que no oye llorar a su hijo al nacer, sabrá con pena que no tendrá más descendencia, pero estará segura de que a su vientre no vendrá un *Abikú*. Los niños que no lloran al nacer impiden que otros nazcan después de él. "Pues lloran para avisar que vengan otros"[161].

El mismo *aché* tienen naturalmente las Iyá Yemayá para amarrar *Ibeyi*, los gemelos, o jimaguas, como llaman en Cuba a los mellizos.

Los *Ibeyi*, que "vienen directamente del cielo", no son como los demás niños. Prodigios de la naturaleza, que se honran vivos y muertos, su índole misteriosa, divina, los hace propensos a abandonar este mundo, y requieren cuidados especiales.

Es fácil reconocer a los *Ibeyi* de la clase popular por el grado superlativo de su malacrianza: se está de acuerdo en que por lo milagroso de su nacimiento pueden hacer lo que les dé su real gana. Susceptibles, la menor contrariedad los ofende, y hay que contentar a esta especie de menudos semidioses, que los viejos mimaban con respetuosa ternura, y para los que sus pequeños compañeros de juego tenían ciertos miramientos, como pudimos observar frecuentemente.

Ser madre de *Ibeyi* es una gracia que concede el cielo, pero al mismo tiempo una gran responsabilidad. Que son de una esencia que los diferencia de las demás criaturas, lo demuestra que jamás los pican los alacranes; y prueba también de que las madres de *Ibeyi* tienen ciertas facultades, es la virtud que reside en sus manos para sembrar. Cuanto plantan en la tierra, aún en la más árida, fructifica. Un chorro de su leche en los ojos enfermos, cura la ceguera.

Los *Ibeyi Oro*, "los que están en el cielo", idolatrados por Oba-

---

[161] "Que esperan en el cielo un turno para encarnar".

talá, mimados por todas las diosas, son misericordiosos y benefactores. En un relato se nos presentan salvando a los hombres de la trampa que un diablo, para devorarlos, tenía puesta en medio de la única encrucijada que había en la tierra. Indefectiblemente, todos los viandantes caían allí, en un agujero profundo que el Diablo había convertido en su alacena. Para su paladar toda carne humana era buena. Lo mismo se saboreaba una vieja huesuda y pellejuda, que un niño rozagante de piel suave. El Diablo se los iba comiendo a todos, día a día, y la gente de *Ifé* vivía aterrada, pues el que partía no regresaba a su casa. Los *Ibeyi* se divertían tocando unos tamborcitos, y como son inseparables, cuando uno se alejaba del otro, se hablaban y se llamaban repicando en ellos. Oían las lamentaciones de los mayores y cada uno, por su parte, decidió parlamentar con el Diablo. Marchó uno de los dos, escondido de su hermano, y se topó al demonio en la encrucijada. Este lo vio tan pequeñito y decidido que le hizo gracia y le advirtió que no siguiera adelante y regresara prudentemente a su casa. Insistió el Ibeyi y le propuso que bailasen un rato al son de su tamborcillo. Pero antes, sacó el Diablo de entre los matojos del borde del camino, un *ilú* grande, y tocó para que bailase el Ibeyi. El Ibeyi le hizo tocar tres veces, y el Diablo empezó a sentir ganas de bailar. —Ahora voy a tocar yo, dijo el Ibeyi. Tocó maravillosamente en su tamborcito y el Diablo bailó jubiloso largo rato sin cansarse. Al cabo de muchas horas, cuando quiso detenerse para tomar resuello y reposar un poco, le fue imposible dejar de bailar. No le daban tregua los Ibeyi, que ahora se turnaban para no fatigarse y rendir al Diablo, quien al fin derrengado, extenuado y remeneándose aún al compás del tambor, les ofreció jadeando concederles cuanto le pidiesen si cesaban de tocar. Los *Ibeyi* le hicieron jurar, —porque en aquel tiempo remoto hasta el mismo Diablo cumplía sus juramentos—, que retiraría su trampa y huiría a esconderse en la selva. Así fue como entonces los Ibeyi salvaron a los hombres venciendo al Diablo que los exterminaba.

Aunque el nacimiento de *Ibeyi*, que predice el signo *Eyioko*, trae suerte a los padres y se les recibe con alegría y como una marca de distinción de los dioses, la prodigiosa parejita, en opinión de algunas Santeras, no siempre traen ventura. Hacen derramar muchas lágrimas porque es raro que, "el cielo, que los manda, luego no reclame uno". A la fúnebre virgen Yewá "le gusta tenerlos en sus brazos", y la *Ikú* no deja de mirarlos de soslayo preparándose a mirarlos de frente. Más frágiles y sensibles que el común de los niños, si enferman se ponen al borde de la muerte; si uno muere, es de temer que se lleve a su hermano. Hasta que se logran, —a fuerza de rogaciones y sacrificios— esto es, hasta que pasan de la adolescencia, su vida es precaria.

"Es preferible tener un *Atese bí*, un hijo que nazca con los pies juntos. Estos traen *aché*, como los jimaguas, y son muy afortunados."

Todos los lucumís y la gente de Dajome, a la que habían proporcionado agua los *Ibeyi*, los adoraban. "Menos el lucumí *ibo*", me advertía un *Ibeyi* viejo de uno de los pueblos más africanos de la provincia de Matanzas, el Perico, "ese lucumí *ibo*, que hablaba distinto y me decía mi padre que no podían resistir la esclavitud; hacían una brujería con una calabaza y volvían volando a su tierra... ¡*Ibo* no quería a los *Ibeyi*!"

Ni tampoco los negros de otras tribus, algunos congos, "que consideraban que los jimaguas eran cosa mala, diablos que se metían en la barriga de las mujeres y nacían nada más que para hacer daño, por lo que en sus tierras los mataban al nacer. Pero aquí eso no lo podían hacer tan fácilmente".

Cierto que los *Ibeyi* son brujos de navititate. Cierto que tienen el poder de adivinar y de curar. "Porque las hembras son de Yemayá y los varones de Changó, nacen curanderos y adivinos."

Tienen un signo, una cruz en el cielo de la boca. No hay dolor rebelde de cintura que no calme el peso de un *Ibeyi*. Se sienta sobre la cintura del paciente (y a veces es a un adulto a quien se le pide el favor) y... lo cura. Y si son dos *Ibeyi*, mejor.

Cuando hay epidemias infantiles se les hace rogativas; en el campo, generalmente bajo una palma real, asociados a su padre Changó. Con *ebós* a los *Ibeyi Oro*, me decía un viejo en otro pueblecito matancero, acabamos pronto con cualquier epidemia, o se las evita. Se hace una recolecta para comprarles frutas, palomas y dulces. Se llevan al campo las ofrendas y se colocan formando un círculo, sobre una sábana blanca, nueva. Una Yyalocha de pie junto a las ofrendas "limpia" a los niños que le va trayendo uno a uno un auxiliar. La purificación se hace con una rama de millo o de palmiche, comenzando por los más pequeños. Luego se despojan los mayores. Cada madre, cuando su hijo va a ser purificado, tira al medio de la sábana el "derecho" —unas monedas, las que pueda dar. Terminada la limpieza, dos Iyalochas y dos Babalochas, tomando la sábana por las puntas, la llevan extendida hasta la palma real que se halle más cercana. Allí llaman con una maraca a los *Ibeyi*, saludan a su padre Changó, a Yemayá, y les dejan las limpiezas, los regalos y el dinero que se ha recogido y que nadie se atreve a robar. Después en una casa o a cielo abierto, se celebra una fiesta para ellos —con tambor— y... todo el mundo se queda tranquilo. La epidemia, con estas rogaciones, sigue de largo, se va satisfecha, desviada por los *Ibeyi*.

No hace mucho, aquí en Miami, conversando con una hija de Yemayá de ascendencia lucumí, que ha hecho muchos prosélitos en Venezuela, en los años que lleva de exilio, reivindicaba para el *Ideu* o *Idou*, el hijo que nace después de los *Ibeyi* —de *Kainde* y *Taewo*— la suerte que no siempre procuran los mellizos a sus progenitores. Idou es el hijo de la fortuna, el benéfico.

La madre del *Ibeyi* desaparecido lo atenderá toda su vida en uno de los muñecos que lo representan; luego el superviviente continúa el culto compartiendo con su hermano cuanto adquiere o recibe: alimentos, ropas, dinero.

Esta devoción a los *Ibeyi*, de la que hemos hablado en otro libro, la hemos visto practicar en toda la Isla con una constancia conmovedora.

De tiempo en tiempo una madre o un mellizo ofrece una fiestecita a los niños del barrio, a los conocidos y desconocidos, y les reparte confites, frutas o refrescos. Es esta una manera muy corriente y tradicional de agasajar a los *Ibeyi Oro* y al *Ibeyi* difunto, cuyo espíritu se regocija con la fiesta. Los regalos de frutas y caramelos[162] ordenados por los Orichas son eficaces para

---

[162] Un *ebó* u ofrenda típica para los Ibeyi consiste en dos muñecos iguales dos pájaros cazados, dos palomas, dos cocos, dos jutías y una canasta de frutas. El derecho (antes de 1959) era de $4.20.

ganar su favor y la benevolencia de "todos los grandes del Cielo".

Aquellas meriendas y fiestas infantiles frecuentes en los barrios populares[163] habaneros, ofrecidas a veces por personas mayores que no tenían niños, pero en cuyas casas podía observarse una silla pequeña adosada a la pared, unos juguetes en un ángulo de la sala, respondían a una exigencia religiosa, eran actos propiciatorios.

Se hacía un poco de música en ellas para que los niños bailaran, cantaran y escandalizaran a su antojo, y la persona que las costeaba no podía molestarse ni reñir a los "angelitos", aunque se comportasen como fieras. ¡Los niños en tales ocasiones representan a los *Ibeyi* divinos y no se les puede reprender! Ni despedirlos. Cuando se hartaban de comer y se cansaban de jugar o de hacer barrabasadas, se marchaban por su propia voluntad.

Yemayá, que ama entrañablemente a los *Ibeyi*, unida a ellos, auxilia a sus devotos; además, le complacen las atenciones y cuidados que se prodigan a los niños.

En 1945, Aracelio Iglesias, un líder negro comunista del gremio de los portuarios, cayó muerto de una bala por no haber distribuido entre los niños de su barriada siete canastas colmadas de frutas que Yemayá le exigió para propiciarse a los *Ibeyi* y salvarlo de la muerte que Ella y Orula le habían augurado. Iglesias encomendó la tarea de regalarle las frutas a los niños, a un camarada de su mismo Partido. "Además", nos informó una amiga de la Iyalocha que lo dirigía, "no cumplió la penitencia de siete días de reclusión en su casa que le impuso Yemayá, ni siguió su consejo de Asentar a Changó antes de recibir media mano de Orula. Lo que hizo con los *Ibeyi* pasó de castaño oscuro. Desobedeciendo nuevamente a Yemayá no repartió las frutas, rompió la penitencia y vestido de blanco y con el *kofá* en la muñeca abandonó la casa de la Iyalocha para asistir a una asamblea. No anduvo mu-

---

[163] En el siguiente rezo se hace alusión al triunfo de los Ibeyi, "que no van a las casas de los ricos", nos dice su traductor, "sino a la de los pobres, los Alakisi, porque en ella encuentran alegría y hacen sus juegos".

Ibeyi oro awa keke su gbon agba nitori ti otan kuelú na choró timbé laiyé yifa igún si ma ibe tá kiko iro fe ri ma yi kuoyo sugbon ba sipa ide ati itawa meyi na keke ati agba na Ibeyi ologo afefé Ibeyi kowá ilé elemi wi le alakisi ba bé ayo nijín gbogbo chiré odupé si Ibeyi.

cho el camarada. Pocos minutos después lo mataron en la calle junto al convento de Belén".

Casi todos los líderes comunistas de color, nos decía aquí otra Omó Yemayá que conocía la historia de Aracelio, eran creyentes. "Lázaro Peña y Teresa su mujer tenían Santo hecho. El de Lázaro era un *Ayanu*, un San Lázaro de tierra Arará, que lo ha protegido bien. Pero al Partido no le gustaba eso. Debían renegar de todas las religiones y escondían bien la suya; todos andaban con resguardos."

Esta actitud no parece haber cambiado mucho en la actual Cuba comunista a juzgar por la pregunta que le hace una "Responsable" a una joven obrera agrícola, voluntaria a la fuerza. A esta infeliz se le apagó la linterna que llevaba a media noche al común primitivo que en estas granjas de trabajos forzados sustituye al inodoro, primer símbolo reconocido y admirado en nuestro país del progreso americano. Pisó en falso a oscuras y se hundió en la letrina. Rescatada y oliendo a lo que ella considera pura esencia del marxismo-leninismo, la Responsable comunista, de color, le pregunta al oído: ¿cómo es eso, no tenías puesto tu resguardo? La persona que me describe esa espantosa caída en aquellas tinieblas hediondas, no sabía exactamente lo que era un resguardo.

Los *Ibeyi* están representados por dos muñecos exactamente iguales, atados con una cinta roja. Se materializan en dos piedras pequeñas de la misma forma y tamaño, acompañadas de cuatro caracoles cada una. Se cuida que no le falten juguetes, bolas de vidrio, trompos... —"aunque son poderosos, son niños"— y se ve a menudo junto a ellos un mono de juguete "como el que los acompañaba en el monte", asociado también a Obatalá[164]. Pero lo veremos en muchos *ilé-Oricha*, porque *Obo*, el Mono, es un animal sagrado del que nos decían Bamboché y Odedei "que fue en la tierra mayor que el hombre. Adivinaba con *ikis* antes que Orula", y cuando les hablamos de la teoría de Darwin, el viejo comentó que "esa historia no era nada nuevo para él, y que ese señor (Darwin) se la habría oído contar a algún lucumí".

---

[164] "Mi viejo contaba que allá en Guiní cuando mueren los Ibeyi se meten dentro del cuerpo de los monos y viven en el monte". (Bamboché).

Muy a menudo a las hijas de Yemayá "les pasa muerto" o "son muerteras", lo que quiere decir que practican el espiritismo; son mediums.

Las de Ochún, igualmente, son buenas curanderas. Ochún, como Inle, curaba en su río, y sus Omó exceden en la preparación de filtros y amarres amorosos, tienen secretos para hacer fértiles los vientres de las mujeres estériles, y sólo entre ellas elige Orúnla a su apestiví. Y a propósito, un *Awó* matancero nos explica por qué motivo las hijas de Ochún exclusivamente pueden ser *Apestiví*. De acuerdo con su versión, en tiempos en que reinaba Obaweñi había un gran Babalawo que él deseaba conocer y al que continua e inútilmente mandaba a buscar.

Una mañana Ochún fue a visitar al Babalawo y pasó todo el día en su casa. Al atardecer recogió el *Okpelé*, el *até*, las semillas, todos los útiles de adivinar, los metió en su pañuelo y se lo echó al hombro. Le dijo al Babalawo que se marchaba y le pidió que la acompañase hasta la salida del pueblo. Conversando llegaron juntos hasta la orilla de un río donde el Babalawo le dijo que se despedía, que no podía seguir adelante, ni cruzar el río porque no tenía con qué adivinar.

—Aquí traigo todo lo que necesitas... Y el *Awó* consulto con *Ifá* y continuaron andando hasta el afín de Obaweñi. Allí Obaweñi le dijo que deseaba saber tres cosas: ¿qué ocurriría en su reino? Habrá una guerra, respondió el Babalawo. ¿Quiénes serán vencedores? Tus soldados, volvió a responder el Babalawo. ¿Y reconocerías a mis soldados? preguntó Obaweñi. El Awó pidió dos gallinas blancas que le fueron dadas. Se retiró con ellas y una vez a solas, se le presentó Elegua y le aconsejó que guardara las plumas pues todos los soldados de Obaweñi tenían una en la cabeza. Terminó el adivino de comer su gallina, regresó al palacio y le propuso al rey que le mostrase sus vasallos, que él le diría los que eran sus soldados. Y en efecto, uno a uno, le fue señalando a Obaweñe cuáles eran los guerreros. Admirado de su penetración, Obaweñe lo nombró *Awó* del reino. Por esto, son *Apestiví*, desde entonces, las hijas de Ochún.

"Tienen *kofá* completo", nos dice un Omó Ofá, "pero las *Apestiví* no tienen voz ni voto. Cuidan las cosas de *Ifá*, pero no pueden entrar al Cuarto. En una ceremonia sencilla, en un registro a sus ahijados, se la llama para que oiga lo que se le dice."

Ochún está relacionada con los Ibeyi —que son los frutos de sus amores con Changó, como suele decirse— y tienen buenas manos para ligarlos.

Hemos conocido más Iyalochas viejas que jóvenes. Sin duda eran las más interesantes. Las que recordamos vivían dedicadas por entero al cuidado de sus Orichas.

Al levantarse arrojan agua en la puerta de la casa diciendo: *Ilé tutu osi tutu okán tutu oché tutu mbo omó mbo*, y antes de entregarse a sus quehaceres domésticos derraman un poco delante de las soperas de sus Orichas, los saludan uno a uno después de una invocación a Olodumare, a sus antepasados y a sus padrinos. Hasta que no reza la Iyalocha permanece muda; si se le dirige la palabra no responde. De noche, antes de acostarse, vuelve a saludarlos.

Los lunes[165], S. M. "abre" la semana con un saludo a Elegua, que en este día suele recibir el sacrificio de un pollo.

Elegua Bara Alayiki alaroye elekun un sokun ala Laroye un se ye Aki beyo Osukaká yagada olufana kokalana ire fumi kamari ikán Echu kamari ikán onilu kamari ikán araye kamari ikán afoyu ona kamari ikáno kiki aye ke ilé tutu, ona tutu.

(Olukona usted es el dueño de los caminos, ábranos uno bueno, líbrenos de los arayé, de onilú, de maledicencia, envidia. No suceda nada malo en el camino, haya sosiego en el camino, tranquilidad en el camino, fresco, que no haya muerto, ni enfermedad ni sangre.)

Iyalochas hijas de Yemayá y de Ochún, nos permitieron tomar al dictado estas oraciones, "saludos", que les dirigen a sus diosas madres.

---

[165] Los lunes y martes los consideraban favorables para vaticinar, los viernes para realizar los "trabajos": Yemayá rige los días siete, catorce, veintiuno de cada mes y Ochún los cinco, diez y quince.

Yemayá Oricha Obirí dudu ku elere ma ye abaya mi re oyu Ayaba ano rigba oki mi Iyá mayelé oga gbogbo okun. Yeyé omó eya lojun oyi nani reta gbodo okun nibé iwo nibé iwo niré olowo nitosi re mo teribá Dupué dupué Iyamí.

Yemayá Ataramawá akuyá olosín ba bale apoyude akrú saraya biolisin Yemayá Mayelé oba oyé agoyó sodi akaramá Okeri osín akukué salika akueye Ocha ku ori aye ayain.

Yemayá sabaté Olokun awan kisié bo de o atein.

Yemayá asayabi Olokun ku dimbo lu o bé le ni.

Iyá mi Yemayá taramagwa sayabí Olokun Olodumare yami mu bé ya Omí tutu eyá riyá bo to Iyá omí okekeré abilá Iyá ya me abilá aya me akua elo mo fun ya o ke de era bogboun kue kueye bonbú bonbú ma yon mina.

Yemayá Asa bi Olokun chikedé mbo luwo o beleniné.

Iya mi Yalode ore Iyami are kuara ma o yami Yalode abe awoyó Yemayá olodo awoyó Yemayá. Yemayá fu mi awoyo ba ki re Yemayá la ro ke.

Atara magbá asayibiolokún bi Olokun Yamí ladé obo ru mi Iyamio Iyá omio Olokun.

Aché re re re Iyá mi la te Yemayá Asaya bi Olokun ibu tagana dedé watolokun okoba yi reo Ayaba ibu la omí kofiedenu Iyá mi Ayuba.

Yemayá taramawao asaya di Olokun kofiedenu yin ya iyá re mi achabá oyiré.

Yemayá ataramawá chikidí nibu odun Yemayá mo wa ri Yemayá mo wa ri.

Yemayá Iyá mi apa ya ri odo awa son Yemayá Iya mi tara magba omio joja acheré re rere Iyá mi odun Ayabá ti wa odun mio Yemayá asaya bi Olokun awayo yogún chuoro Ayabá lo chu bo ko mi emi bo che Iyá olo mi akará bi ayé Yemayá.

Yemayá osi niba ode yale yaluna yalé omí be Iyabá mio.

Yemayá tarabí Olokun mawá Awoyó ogué.

Iyá mio ataramagbá mio jojo acheré Ogún Ayaba tiwá odun omio Yemayá asaba bi Olokun awoyo awoyo yo gun ewá mi emi bo che olomi Akara ri aye Yemayá.

Yemayá ike re okun Asayabí Olokun ya bi Eleda omo arikú alalajara de yu omá ka ma si ikú ka ma ri arun ka ma ri eyé ka ma ri ofó kamarí elembipone.

Ere yo eré yo Ayaba mi Yemayá oyó oyó ayo Ayaba Yemayá Ayabá. Yemayá la umba e Yemayá lario eke Yemayá bi mi Yemayá ba te. Yemayá osa ma yan ataramagba asayabí Olokun alatuen Iyá.

Yamí Yalode ore Yamí Yalode arekuara ma Iyá mi are Awoyo Yemayá olodo awó Yemayá. Fu mi Awoyó Fu mi Awoyo ba ki re Yemayá laroke.

Olode Awoyó Yemayá Yemayá Olode awo oro mi mo tu ba Awoyó ko wo ko wo owo ra ye Yemayá ora ye kabi orayé owó ra ye alabanboché awara sekún sekún Yemayá.

Yemayá fu mi de re kana Yemayá okua bo de abatoti kua acho be re ene ke se oba toti be tun achó be re Yemayá fu mi de re un Yemayá fu mi ta be sa Oguereo oguerè lorisa Oguere lala mio.

Olowoyo un we mi iwó obini Olofi.

Yemayá fu mi iba ole bi so lowo Yemayá fu mi lo wo.

Ache re re Iyá mi lade te Yemayá asaya bi Olokun ibu yi awana de de wan to lo kun Okoba yi re Ayaba bai bu la omi kofiedenu Iyamí. Ayuba.

Yemayá Olokun ataramagba Osaya bi Olokun Yemayá ona kotero oke be mbo leke lo mi fon ma lo mi na kuekué mi lodo kekere Iyá mo fe Iyá mi ni ba ti oko isile Oricha fu mi Iyá.

Owo ra ye Yemayá oro ye kabi orayé owo re ye alo ba bo che awara sekún sekún Yemayá. Yemayá fu mi de re kana Yemayá okua bo de oba ti kua acho be re ene guese oba to ti be tun acho be re Yemayá fu mi ta be sa oguereo lo Orisa oguere lala mio.

Yalode okido abalá abé de bu oni malé ado Eleweni kigui ri soké de to che ni kuekuele Yeye maro.

Ochún ageré yi ma ro Iyá mi kofiedeno Iyá mi Yeyé o Yeyeo omí Ochún Babalowó Iyamí.

Ochún mori Yeyeo ade koyu eñi male odun eni titi ekó afiedeno olobé fun eñikeñi kado ñawañi ñawañi kolo ri.

Ochún iwa Iyá mio Iyá mio iko bosi Iyamí wa si Iyamí mo ori Yeyeo Osun.

Ochún iwa Iyá mio Iyá mio iko bosi Iyamí wa si Iyamí mo ori Yeyeo Osun.

Ochún mori Yeyeo obini oro abebe ro Osun yo mi ko la leke Iyá mi ko yo so un Yeyé kari wañari oga le ki ase oña.

Iramó... Oloyeo. Awañañi ikosi abi re ka Iya mí Ochún iwá Iyamí iwá ikobo si Iyamí wa si Iyamí mo ro orú un... Yeyeo Ochún.

Ochún mo ri Yeyeo adé koyú eñe malá odu emi titi eko kofiedenu Olo refún eñiwe nikado ñawani ñawani edori.

Yeyeo aketebi mo wale Iya' mí.

Ori Yeyeo alade koyu ayi masé Ochún Ori bete eko afiweremo otorali fan eni weñi ma wa ní ododo kale ye ami Iyamí.

Yeye Kari endusa iwawasí ko gun kowosi Yeyé oloni bona osemi esa Iya mí oyibona aladé koyu fo cho sin abe si Yeyeo oru Yeyeo.

Elelú paluché oyé Babá yu oché oseo ma lo ka maluká lodafin kafuruké bekín si lu Iyamí maferefún Yalode afiweremo o Yeyeo Ayamí.

Ochún Yeyé Kari ban ganá de Aladeo koyú koyú iba ñare ekilirán Osún la Oké osa milude Yeyé sa mi lu de Osun miludé Akaya mi lu dé Iyeyé Osun miludé.

Ochún mori Yeyeo aladé koyu eru male odú erú teteleko afide lemó olesio eni kenikao ma ke si ono wani kabie si afiweremo.

Etutu koma tutu Iyamí ladisá aliná di Echun Iyamí apalotú orisá ewé branganisé wañale wañale kowosi alimá orodú ibá mo ro Yeyeo.

Mori Yeyeo ladeyú eñimale odu eni tite eko afideré efun enikeñikado nawani ko lo rí lade su kofidenu.

Yeyeo aketé bi mo wa le.

Ochún mori Yeyeo Obini oro abebé oro sun woni kolaleke Iyamí koyú soun Yeye Kari wañari wañari ogalé ogalé kuasé aña. Ayuba.

Ochún Yeyé niogo mi bobo ibu laiyé nibó gbogbo omó Orisha lo we notosi egba ma abukón ni omí didimé nitosi oni Alafia ati ayo obinrin kuele re aché wa wo ati re ma ro achó gele nitosi yo Ayaba lewá kuele re re ri ati ayo su gbon be to ni chó nitosi kome nigbati wa ibinu obinrin iku iko Olofin. Odukué.

Iyá Iyá elewa abe akodiá rere.

Yeyé moró afikerema Iyamí ayobà Olodé olosun sinku ñale idemi okueri kuebi Iyá tosun Yalode abere un abere ron. Otobale Oriyeyé Ochún fu nu oke Ochún Kori oke Yalode Iyá alakabuye acho afu chere Otobale Iyá Oricha.

Iramo... oloyeo Awañañi iko si abireka Iyamí Ochún iwa Iyamí iwa ikobo si Iyamí wa si Iyamí moro orún Yeyé.

Iyá Iyá a be akodi a rere.

Aquellas viejas santeras que conocimos, dedicaban buena

parte de la mañana a rezar ante sus Orichas, pues no solamente saludaban a su Patrón sino a todos los que las acompañaban y protegían.

Aquí sólo daremos como ejemplo un rezo para cada uno de los demás Orichas:

A *Obatalá*:
Orichanla okerín ati obinrin laiyé Eledá ni gbogbo na daradara ati buruku oba ati Ayaba afín agá nina talá ati gbogbo na ché che chi Babá alaiye Alabo mi atimi gbogbo na ijim daradara Babá wa afín Alamó kekua bada mi.

A *Changó*:
Changó Obakoso kisieko ma se a okaká okani bubaín kilense anó abá ebo koti kani kowo kabiesile Changó.

A *Ogún* y a *Ochosi*:
Ogún arere akuá bele niyé ko mo kaché kobu kobu oké Agbaniyé omo ónko odobale ode fin Ochosi aberi kika alarefín un ya ire duyi ba luda cheché kuena to ba yo.
Ochosi ode malé ini bebe, Ayuba.

A *Orishaoko*:
Orisha Oko afefé ikú afé orogodó wailó ti wa ro. Mo yuba.

A *Agayú*:
Agayú cholá iyé kini Oba akará Cholá oyina Oba niná oke gbina mi si siyí awawon nile gbogbo teriba awa ofé kiko de ma gbina atena burubú Babamí ba lonu.

A *Oyá*:
Oyá yegba Iyá mesa oyo orun afefé Ikú lele bioke Ayabá bobo le ya obinrín ogó mi ano bobo gun Orisha mi abaya Oyá ewa o Yansa oyeri jékua jékua Iyá mi obinrin ni kueko lefún olugba ni ofó fi nitosi wa Ayabá ni kun. Modupé.

A *Babalú Ayé*:
Babalú Ayé ogoro niwo Owo bitasa Babá sau laó iba elomí Agrónika Chakuaña ibá elomi a jéka Babá.

A los *Ibeyi*:
Ibeyi Oro alaba Káinde abé na sire orimaló wana lo sure ayé mi beyi mi re arikú se fe ité tutu anatutu le aché.

A *Inle*:

Moyuba Inle Abata onsé mako leweñi alagana ore welekán koikoto. Ayuba.

A *Yewá* (de la vieja *Odedeí*):

Iyamí Yewá ori maso alu kakasa okuabi yokolá ibá Babá ibá Yeye Osun odé Ogún adodé awono fako yeri ile tuto ona tutu un lodá fun orima wa yo.

La dedicación de los iniciados al culto de sus divinidades es siempre recompensada por éstas, que las exoneran de toda índole de trabajo profano para que se entreguen exclusivamente a servirlas en sus casas facilitándoles los medios necesarios de subsistencia. "El Santo nos da para vivir." Y no pocas veces para enriquecerse, como se ha visto en estos doce años de exilio en Nueva York y en Miami.

Cuando a la Iyalocha o al Oloricha sus dioses le han proporcionado el dinero suficiente —era la gran aspiración del pobre en Cuba— lo primero que hace es asegurarse un techo permanente, y compra casa. "Una casa para sus Santos." Muy a menudo la Iyalocha llamaba a un sacerdote católico para que la bendijese. Antes o después cava un agujero en el patio para enterrar el "derecho" y el resguardo que protegerá la casa, y se sacrifica un animal de cuatro patas para darle su sangre a la tierra.

Omilere hizo bendecir su casita por el párroco de su barrio. Le sacrificó un gallo a su guardián (Elegua) y en cada ángulo derramó la sangre, depositando en éstos maíz, pescado ahumado, jutía, miel y arroz de Valencia crudo. El animal de este sacrificio no se cocina. Untado de manteca de corojo y miel, se envía a la sabana o a un placer[166]. Se baldean los suelos de la casa con omiero y sangre, y se sahuma abundantemente con incienso. En las entradas se ponen los *guardieros;* en la puerta principal se entierra la cabeza de un perro.

La casa de los Santeros tiene dos Eleguas que la guardan, uno junto a la puerta, disimulado en un velador, otro al fondo en el patio. A la casa del Oloricha o de la Iyá y a los Ocha que alberga, se la saluda al entrar con estas palabras: *Oku ilé egbe irá Olowo mí o teri o be ide mo richa kamawá bogbo Orisha aladó oluwo mi. Mo yuba Ocha kamá wa ire ilé mi wa ete ri be.*

[166] Terreno baldío cubierto de matojos.

Y "porque la calle le trae todo, por ella viene la comida, la ganancia, el bienestar y también lo malo, los Olorichas están obligados a darle mucho que comer".

"Yo, —nos dice un caballo de Changó—, cumplo bien con la calle. Echo maíz tostado, vino seco, aguardiente y la sangre de un pollo en una jícara, y le doy a las cuatro esquinas. Voy a la carretera, le arranco la cabeza a un pollo y se lo dejo al camino."

"Y hay que refrescarla", nos dirá otro Omó Oricha, "porque a todos nos conviene que la tierra esté fresca, y bien fresca la de la puerta de la casa. Hay un Santo que está en el polvo de esa tierra que pisamos."

Por eso la tierra, el suelo se venera y alimenta. "Es sagrada porque ella nos da de comer, nos sostiene y luego nos come y guarda nuestros huesos, de ahí que para no molestarla y dejarla descansar, los domingos y días de fiesta no se trabaja."

Dos Orichas viejos y poderosos están relacionados estrechamente con la tierra, Oko, Oricha de las siembras y el temido Babalú Ayé —*"Champonó, Chakuana* o *Chagbatá"* en arará— dueño de la Enfermedad, de la lepra y las viruelas, tan frecuentes en tiempos de la Colonia. Los adoradores de este Oricha que inspiraba terror a los ancianos que nos enseñaban en Cuba, han aumentado notablemente en el exilio. Puede observarse el número de individuos de ambos sexos que ostentan en el pecho, labrada en oro macizo, la silueta de su doble católico, San Lázaro, apoyado en sus muletas.

Los Orichas le designan a sus sacerdotes y sacerdotisas, además del costo de las especies que exige un ebó: animales, objetos, telas, frutas, comida, el monto de los derechos que éstos cobran por su trabajo. Simbólicamente, como ya sabemos, este dinero se deposita ante el Oricha, "es dinero del Santo", que embolsa el Oloricha.

De acuerdo con las "marcas" o números figurativos de Yemayá y de Ochún, el trabajo que el Babá o la Iyá realizan auspiciado por una de estas diosas, valdrá desde cinco pesos a varios múltiplos de cinco, o desde siete pesos a varios múltiplos de siete. Así un *ebó* de los más corrientes, gracias al cual Ochún evitará que una persona sea embrujada, consiste en cinco pañuelos, cinco botellas de miel, cinco calabazas, cinco *olelé*, cinco bollos, cinco cocos, cinco varas de género de color amarillo, arena y agua de río, una pequeña trampa, dos gallinas y cinco palomas. Más cinco pesos veinte, o treinta y cinco centavos de derecho. (Antigua tarifa.)

De Yemayá, "para un mejoramiento", de salud o de suerte: siete varas de género de diferentes colores, dos plumas de loro, dos cocos, un carnerito lechal para tenerlo en la casa, pues a medida que éste va creciento mejora la suerte o la salud del interesado. Derecho: siete pesos treinta y cinco centavos. (Idem.)

Descontando los Asientos, medio Asientos, imposiciones de collares, rogaciones de cabeza, etc., los *ebó* son la fuente de ingresos de Abiochas y Babalawos. "En la religión todo tiene su precio, no se hace nada sin cobrar, y así lo manda el Santo." Esta afirmación podría hacer pensar a muchos que los Orichas y sus ministros no son caritativos y que a estos últimos sólo los mueve un interés de lucro.

Sin embargo, lo que trasluce en el fondo de las palabras que hemos citado, es el valor que se da a toda operación mágico-religiosa y el reconocimiento al saber de quien la ejecuta. Pagar por el bien que se recibe no es retribuir al pie de la letra, es agradecer, apreciar, corresponder.

Para terminar, en principio los Santeros se deben a sus Santos; sus vidas dependen de su voluntad y hasta de sus caprichos. Aun las cosas más banales son ellos quienes las deciden. La elección del domicilio, del vecindario, etc.

"A veces se ponen muy majaderos" le oímos comentar a una amiga de Niní, que no pudo hacer una "evolución", vender un viejo armario, porque a Ochún le gustaban sus espejos.

Obatoki soñaba con un canastillero para guardar sus otán. Pues los Orichas lo rechazaron. ¡Nada de canastilleros! Le dijeron airados que los dejase en el suelo, que así estaban ellos en Africa, y en el suelo se quedaron siempre.

—"¡Ay señor, que las Santeras no tenemos tiempo para nada!" se nos quejaba una. "Siempre atareada, siempre corriendo de un lado a otro, que hoy un ebó, mañana un aniversario, pasado mañana un Asiento, no se descansa nunca", pero su vida es placentera y divertida. Son alegres.

En su religión, tan importante y necesario es el sacrificio como el canto y el baile, la música. Cantando se rinde pleitesía a los Orichas, en los cantos se dicen sus títulos, sus poderes, se les exhalta y se alude a episodios de sus vidas. Desgraciadamente la mayoría de los fieles que hoy los corean en las fiestas y de las Santeras que penetran al igbodú en los ritos del Asiento ignoran el significado exacto de las palabras que una repetición viciosa ha ido alterando y que contienen para los que aún saben, rica información sobre sus Orichas. Para cada divinidad se dispone de un numeroso repertorio. "Cada nación lucumí tenía los suyos." Y para cada rito: porque "todo en nuestra religión tiene que hacerse cantando".

Una buena voz y la memorización del mayor número de *suyeres*, de cantos, son cualidades muy apreciadas en la Iyá y en el Babá. Pero ¿qué negro o mulato no nace sabiendo cantar y... bailar? El sentido del ritmo es innato en ellos. Se expresan bailando y también podría decirse que al son de un entraño tambor la sangre les corre por las venas. El baile es vital para ellos. No se nos ha olvidado que una vez al acudir a una entrevista que nos concedió un viejo yerbero, éste nos recibió con la amabilidad con que siempre nos acogieron estas buenas gentes, pero dejándonos de pie ante su puerta nos pidió que lo esperásemos "un segundo". En el aparato de radio instalado en la bodega próxima a su casa —era costumbre poner la radio a toda voz para que lo disfrutase todo el vecindario— se oía en aquel momento una rumba que a él le gustaba mucho "y tenía que bailar un poquito". El viejo bailó su rumba y luego satisfecho nos dio audiencia.

El sacerdocio lucumí es un sacerdocio alegre, de un dogmatismo humorista, risueño, alegre como lo es su religión con su ideal de vitalidad, de fuerza, de felicidad, y en la que la música de los tambores y el baile, que los acercan a sus dioses, son fundamentales.

—"Es que a los Santos" no dijo Até Bora, "les gusta como a nosotros el *guaracheo*". A todos, comenzando por el Padre, el Orichanla, Obatalá, que también al son de las palmas de las negras, bailaba en el batey del ingenio en que él nació.

9 *Como se adora a Yemayá y a Ochún.*

Biati boyafun loricha mio

Hemos dicho que las piedras que luego se sacramentan para entregarlas a los Asentados *han de estar vivas*. Esto es, que al recogerse con el fin de darles culto, ha de verificarse que las anima una fuerza sobrenatural, la de un Oricha. Pues hay *piedras muertas*, en las que no se encierra un poder inmanente.

Las primeras, "piedras de Santo", como las llaman los fieles, se caracterizan por su frialdad y lo pulido de su superficie. Es fácil reconocerlas: el aliento las empaña, el calor de la mano no las entibia.

El hallazgo de una piedra bella o rara es siempre venturoso. "Cuando llaman la atención es que tienen algo", —una fuerza secreta— y "es el Angel nuestro (Oricha) que nos la da, poniéndola en nuestro camino".

"Antes, estas piedras que hoy se venden y se compran", pretendía una Iyalocha matancera, debían ser encontradas por los mismos que iban a Asentarse.

Allá en su terruño matancero, los elegidos de Yemayá se lanzan al río "montados" para procurarse su piedra. Siempre la traen en la mano y es preciso tocarles tambor para que no se queden debajo del agua.

También, sin que por un proceso ritual se les transmita un poder, hay piedras que "ya están santificadas por la misma naturaleza" y son preciosos talismanes, seguros amuletos que a veces poseen individuos que no están iniciados. Como era la de Mencita, quien en los partos laboriosos tocaba con ella el vientre de la parturienta y ésta no tardaba en dar a luz fácilmente.

—"Yo vi bailar en un plato blanco una piedra veteada muy chica. No estaba bautizada. Su dueño la cantaba y ella al son de su cántico:

¡Nené iyo Nené tayo, iyo, iyo!

saltaba muy contenta y daba vueltas alrededor del plato." Y no era ese un caso insólito, ni "el de las piedras que son madres, sí señor, que paren otras piedras", como la que tenía, y era muy famosa, recordaba Talakó, una de las dos reinas del barracón de la Majagua. O las que crecen, aumentan asombrosamente de tamaño, o las que se trasladan espontáneamente de un lado a otro.

Mas no hay por qué asombrarse...

"Souvent dans l'être obscure habite un dieu caché
et comme l'oeil naissant couvert par ses paupières
un pur esprit s'accroit dans l'ecorce des pierres"[167].

Las piedras de los Orichas van a buscarse a las orillas de los ríos; en el de Bayamo, "a las doce del día están tan vivas que se las ve saltar"—; al mar, donde Yemayá, que es madre de todos los Santos, las tiene para todos; al monte y a la sabana.

Las piedras que recibe la Iyawó se entresacan de las que de cada Oricha posee duplicadas la Iyalocha. O el Santero se ocupa de traerlas cuando no se encarga esa misión a un *onché*, mensajero del templo, que es un ahijado o persona con los conocimientos necesarios y de la amistad de la Madrina.

Una vez depositadas en la casa-templo, se examinan una a una, preguntándose por medio de los cuatro pedazos de coco, si la elección es correcta, y se agrupan, de acuerdo con la forma y el color, las que pertenecen a cada divinidad.

Cada piedra es un "Fundamento", la habitación de un Oricha, y se acompaña con otras en número correspondiente a la marca o cifra que lo simboliza.

Cuatro piedras sirven de base a Obatalá. Cuatro o seis a Changó. Siete a Yemayá, cinco a Ochún.

[167] Gerard de Nerval.

Estos, que como ya sabemos, son los primeros Santos que reciben los Iyawó de Yemayá y de Ochún, —sin contar el *otán* de Elegua, que puede haber poseído con anterioridad a su Asiento, así como la piedra y el caldero con los útiles de hierro de los Guerreros, Ogún y Ochosi—, acompañado cada otán-Oricha de sus atributos, "herramientas", de collares y caracoles, constituyen el haber religioso del Iyawó y futura Iyalocha, que se acrecentará al andar del tiempo con las piedras y atributos de aquellos Orichas que les están destinados, —o con las de todos los Orichas del panteón lucumí que emigraron a Cuba.

Limitándonos a Yemayá y a Ochún, los atributos de Yemayá, elaborados en plata, acero, lata o plomo son los siguientes: Sol *(oru)*, Luna llena *(ochú)*. Un ancla *(dakoduro)*. Un salvavida *(yika)*. Un bote *(okokeré)* o un barco *(oko)*. Siete remos *(alami)*. Siete aros de plata *(bopa)*. Una llave *(chileku)*. Una estrella *(irawo)*.

Una hija reglana de Yemayá que se enorgullecía al contarnos que "la Iyalocha principal del rey de los lucumí tenía que ser una Omó Yemayá", nos explicaba así el significado de las herramientas de su Oricha *de cabecera:* "porque la reina de los mares es la Santa de mayor jerarquía, le pertenecen el Sol, la Luna y la estrella. Para afirmar sus obras, tiene el ancla; para salvar a los que quiere, el salvavidas. La llave para abrir y cerrar su puerto... y todos los puertos del mundo. La Luna es su cara y su compañera. Su corona el Arco Iris, *Ochumaré.*" Corona ideal de Yemayá o "chal que se echa sobre los hombros", en realidad Ochumaré es un dios "que come guanajo y pato de la Florida", nos explica Omí Lana. Por sus colores tiene relación con Oyá, pero nace de Yemayá. "Los arará dicen que es una serpiente, y le llaman Jáido."

Otros nos dicen que Ochumaré, —"hembra y macho"— es un edecán de Changó.

Olokun, "ese gran Ocha, que es con Oké[168] el más viejo de todos, porque fue la loma la primera tierra que salió del mar, y en Oké, Olodumare reunió luego a los demás Orichas para fijarle a

---

[168] Oké, dios de los cerros, colinas y montañas. Se le ofrendan palomas. Lo representa una piedra grande y puntiaguda.

cada uno su dominio", no se Asienta, pero lo reciben los hijos de Yemayá. No se suspende sobre la cabeza del neófito, se apoya sobre su hombro izquierdo, como se hace con la piedra en que se incorpora la divinidad de otros orichas demasiado fuertes.

"Se le pinta la cara al Yawó y recibe el *Otán* con una careta que se pone después sobre la piedra. Olokun no se deja ver la cara."

El *otán* de Olokun, negra y redonda, que en un tiempo en La Habana sólo la daba Apari Wosa, se acompaña de otras siete piedras negras y veintiuna conchíferas. En luna nueva, la piedra de Olokun se blanquea con cascarilla.

La tinaja de barro que encierra los secretos de Olokun, se decora de azul y blanco, como sus tambores; algunos santeros la colocan aparte, en un rincón del cuarto de los Santos, a menudo detrás de una cortina blanca.

—"Aquí tengo a Olokun", nos explicó Odimara, hundiendo su mano en la tinaja destinada a este Oricha (que sólo debe destaparse para sacrificarle) y retirándola del fondo con un montón de conchas chorreando agua, y un macao vivo: "hay que ponerle *ayé*, caracoles grandes, variedad de conchitas, madreperlas, un abanico de mar, algas, una esponja grande blanca, veintiún pedacitos de arrecifes, una piedra de lo hondo y siete piedras negras; fango o tierra de la orilla y arena." Y monedas de cuantos países se puedan obtener, en número de siete y múltiplos de siete.

A Olokun le pertenecen dos manos de caracoles; una se guarda en su tinaja y de allí no se sacarán nunca.

Otros Olochas tienen "el secreto", la piedra de Olokun, en una tinaja pequeña que se introduce en otra mayor.

Sus atributos o "herramientas", en metal, son los mismos de Yemayá, incluyendo un majá de tres pulgadas y media, una sirena que representa a Olokun, una careta, siete anclas, harpón o anzuelos.

Estas herramientas varían según la tradición de los ilé-Orichas, pero en todos, para hacerlos, se emplea la plata, el metal blanco o el plomo. ("Depende del *owó* que tenga disponible el hijo de este Santo.")

La figuración de Olokun perteneciente a una Iyalocha conocida nuestra, era la de una mujer gruesa, las piernas juntas, los dos brazos en alto. Los senos desproporcionadamente grandes. De una mano le cuelga un disco con estilización de pétalos en redor, que representa la luna llena. En el otro brazo tiene enroscado un majá que apoya la cabeza en su cuello[169].

El majá —*Eyó*— relacionado con Yemayá y otros dioses, solía tenerse, como en el ilé-Oricha de Ma Paulina, en las tinajas en que se guarda su otán.

—"Yo respeto al Majá", nos contaba un fervoroso omó Yemayá, "pero me espantan las culebras y todo lo que se arrastra sin patas por el suelo, se lo confieso. Un día en casa de Ma Paulina la Santa la montó. Levantó la tapa de su tinaja y salió un majá que se le enredó en el pescuezo como un collar. Sacó agua de la tinaja y le dio a beber a todos los que estábamos allí. Cuando se me acercó yo temblaba. Cerré los ojos, Yemayá me acercó la jícara y tragué. Yemayá me pasó la mano por la espalda y dijo sonriendo: *Omí* fresca mía buena, buena pa tí, hijo."

Así, con majaes ciñendo sus hombros bailaban los "caballos" de Yemayá en los toques de tambor que se celebraban al aire libre en el campo.

Algunos Santeros los tenían en sus casas en el pueblecito de Casa Blanca, en la orilla opuesta de la bahía de La Habana. Un amigo nuestro iba aterrado a cobrarle el alquiler a uno de ellos, que poseía un majá que era el guardián de su casa y que medía más de tres metros de largo.

En estas representaciones de Olokun que son las más corrientes, Olokun aparece en su aspecto femenino.

Se nos ha explicado y ya está dicho que Olokun para muchos es mujer. Una mujer talentosa y bellísima, como la que aparecía en el río Atrevido y que salía a pasearse por la orilla. De Olokun hombre, dios del Océano, nos cuenta un *patakí* que "tenía una esposa llamada Ayé. Pero no congeniaban. Siempre disgustada con él, llegó el momento en que Ayé se marchó de la casa. Ese mismo día Yemayá peleó también con su marido, fue a visitar a Olokun... y se quedó con él.

---

[169] Taita Gaytán poseía una escultura de Olokun en madera. Celebraba grandes fiestas en honor de esta divinidad, y la escultura, que era ligera, la llevaba el Babalawo bailando desde la casa, hasta la orilla del mar.

Como se adora a Yemayá y a Ochún

Junto a Olokun, cuanto hacía Yemayá adquiría proporciones grandiosas y donde su pie se apoyaba brotaba el agua a raudales. En ese punto las cosas, Ayé envió a su hijo a casa de Olokun para que éste le devolviese su *apó* —bolsillo. El muchacho se asustó al encontrarse con aguas tan caudalosas en su camino y corrió a contarle a su madre lo que había visto. Ayé fue entonces a entrevistarse personalmente con su marido y reclamó sus derechos. ¡Ah! Pero era tarde. Ya no podía Ayé ser dueña de la riqueza. Su puesto lo había ocupado Yemayá".

La mujer de Olokun, su pareja, nos ha dicho otro informante, es Yemayá Asesu. "Lleva puesta una cadena, es muy adusta, baila y come pato. De Olokun y Asesu nacen las demás."

También representa a Olokun una muñeca con dos caras, que sólo hemos visto de plomo, acompañada de una estrella del mismo material.

Los hijos más afortunados de Ochún poseen sus atributos fabricados en oro[170] y la mayoría en metal dorado o cobre. Son cinco manillas, cinco *odani*, —sus adornos de cabeza— una media luna y dos remos para pasearse por su río en la canoa que le regaló Yemayá.

"Los atributos de Ochún Olodí, la mayor, la del fondo del río, sorda como Ochún Tinibú Akuara y que pasa la vida tejiendo, son: una sirena —*okundia*—, una estrella, sol, cinco agujas —*abere*—, cinco carreteles de hilo, una flecha —*ofá*— y un machete, porque es muy valiente y va a la guerra." Su *goricha* o sopera se cubre con un pedazo de jamo. La flecha es también un atributo de Yeyé Kari, la Ochún que caza y es amante de Ochosi.

Ochún Okutí, que viste de azul añil y rojo, tiene por atributos siete machetes y las veintiuna piezas de Ogún.

Ochún Gumí, la sepulturera, un pico y una pala. Ochún Kolé, un mortero —*odo*. Ochún Kolé "vive", es decir, la tienen sus hijas,

---

[170] "A Ochún la trastorna el oro. Ayé y luego Oní, se lo daban a manos llenas, y Yemayá también. Ella lo guarda encerrado en calabazas en las orillas de su río".

(que se abstendrán de hacer brujerías) en un güiro que se cuelga del techo, adornado con cuatro plumas de aura tiñosa, su vehículo y mensajera, colocadas horizontalmente en el güiro.

—"Esta Ochún Kolé que anda con el Aura Tiñosa, la del camino en que era una ripiada, por lo que a sus hijas les sucede que a veces están tan pobres que no tienen ni ropa que ponerse", nos enseñaba la vieja Niní, "es la que machaca polvos y trae la comida a la casa. A esta Ochún hay que ponerle cinco morteros, cinco plumas de tiñosa, además de los cinco *odani*, ya que éstos son sus poderes; los remos, una corona —de la que se cuelgan los odani—, la cara del sol y de la luna de perfil. Si es Santo de cabeza, en vez de cinco manillas, se le ponen diez".

A Ochún Olododí, por su afición a la costura se le tiene un costurero, y su otán, su piedra, "la sacan sus hijas a pasear de vez en cuando, envuelta en un pañuelo amarillo. La llevan a las tiendas, a las calles principales en que haya muchos buenos comercios de modas, almacenes de géneros, sederías, perfumerías, joyerías".

A esta Ochún, respetabilísima, que vive en una tinaja fuera del canastillero, precisa ponerle mucho oro y muchos corales.

Ochún Olododí, que viste de amarillo y verde, nos confió una viejita que la adoraba, "fue en una época una mujer de vida alegre. Tenía un perrito, Tobo, que le contó a Olofi sus enredos. Después de rodar con todos los Santos, cuando su perrito la descubrió, Olofi determinó casarla para que se enseriase, y se la dio al viejo Orúmbila. Ochún, que le gustaban los perros como a todas las mujeres de la carrera, juró no tener más perro, y ahogó a Tobo en el río". Por ese motivo las hijas de Ochún Olododí[171] no tienen perro ni adorno que lo represente.

En rigor, tanto Ochún como Yemayá, queremos decir, sus piedras, deben tenerse en tinajas que se engalanan con *ileke* y pañuelos de sus colores.

Son adornos emblemáticos de Yemayá, en miniatura, patos, peces, redes, estrellas, caballitos de mar, conchas y "todo cuanto cría la entraña del mar".

---

[171] Como las de Yemayá Ogutí.

Ochún, como Yemayá, es dueña de caimanes, y sus adornos son pececillos, camarones, conchas, botecitos.

En el ajuar de estas diosas que visten, Yemayá de azul y blanco, y Ochún de amarillo y verde, figuran marugas, —*acheré* o *chaichá*— campanillas, pañuelos, abanicos e *iruke*, espantamoscas, corrientemente llamados rabos, que se confeccionan con colas de caballo, buey o vaca. Los rabos se ornamentan con cuentas de colores.

Los *iruke* son insignias de todos los Orichas.

Cuentas azules y blancas adornan el *iruke* de Yemayá; amarillas y verdes y de coral y ámbar, los de Ochún.

Los Orichas montados en sus caballos hacen uso de sus *iruke* para espantar lo malo. Changó, Ayáguna y Oyá Yansa Oriri, con peculiar violencia[172].

A Yemayá y a Ochún se las llama con campanilla —*agogó*— para saludarles y para que presten atención cuando se "habla con ellas". Para llamar a Ochún Yumú Detí, se empleará un cencerro a causa de su sordera.

Los abanicos, además de ser necesarios para refrescar y serenar

---

[172] Cuando un Egun se enoja —el espíritu de un antepasado o de un difunto relacionado sea por lazos familiares o místicos— con una persona, ésta no vacilará en "darle un tambor". Un toque de tambor serena y contenta el espíritu del muerto resentido que, sencillamente, "está pidiendo tambor".
Estos toques tienen lugar en los patios de las casas o en las salas, si carecen de patio. La Iyalocha que oficia en este rito es una hija de Oyá, la diosa que a semejanza de Hermes, conduce las almas de los muertos al otro mundo. No suele concurrir mucha gente a estos toques por temor a recoger malar influencias, y a los que asisten, la Iyá tiene el cuidado de trazarle con yeso blanco una cruz en la frente para preservarlos de la Ikú. Los Orichas, atraídos por los ritmos fúnebres, "bajan" llorando, lamentándose y buscando por el suelo la sombra del desaparecido. Estas ceremonias finalizan con el baile de la Iyalocha —de Oyá— que corre vertiginosamente dando vueltas por toda la estancia sacudiendo el iruke con mango de cuentas rojas de la dueña de la centella, del remolino, del aire y del cementerio, Oyá obini dodo. Recordamos que la Iyalocha que vimos practicar la limpieza de la estancia en que tuvo lugar este rito, y que dio fin a la ceremonia, era una negra inmensamente gruesa e increíblemente ligera que jadeaba como una locomotora, agitando su iruke en todas direcciones. Exceptuando a mi acompañante, no había nadie en la pieza. En aquella, como en toda ceremonia fúnebre, nadie debe situarse ante una puerta, para evitar contaminaciones letales: "se estorba la entrada o salida de los espíritus, y un muerto que se tropieza se nos puede pegar y halarnos pá ilé Yansa".

a todos los Orichas, sobre todo cuando se manifiestan alterados, son objetos que requieren la presunción y el tronío de estas diosas.

En La Habana, aún en los comienzos de la República, en las casas de algunas Santeras prestigiosas que agrupaban a una aristocracia de color, los había, —"por lo mucho que gustan a estas Santas"— muy lujosos, de adorno, con varillaje de nácar y oro para Yemayá, y de sándalo para Ochún. Redondos, bordados con cuentas y caracoles los de Yemayá. Los de plumas de pavo real, en número de cinco, son privativos de Ochún, a quien su hermana Yemayá regaló esta ave lujosa, "pero sin renunciar a ella", nos asegura Omilere.

Por eso, nos cuenta una ex-hacendada cubana que poseía una hermosa finca en Pinar del Río con muchos pavos reales y gran número de operarios y empleados negros, que en sus bembés, cada vez que Yemayá "montaba" a uno de éllos, corrían como locos detrás de los pavos reales.

Yemayá y Ochún tienen gustos semejantes, y las viejas recuerdan la predilección de ambas por los ricos mantones de burato.

Los atributos de los otros dos Orichas "de entrada" son: de Obatalá, en plata, el *paoyé*, su cetro, luna, sol, serpiente enroscada y dos aros.

De Changó: seis piezas en madera de cedro pintadas de rojo y blanco, tres hachas, el hacha doble, una maza, alfanje y espada.

Una vez al año, como a todos los Orichas, a Yemayá y a Ochún se les hace un sacrificio sustancioso, y de mantenerlos fuertes, "bien alimentados", se ocuparán siempre iniciados y devotos.

Empleando la terminología santeril, Olokun "come" cerdo y lo recibe en alta mar[173].

Hemos apuntado anteriormente que sacrificarle un cochino a Olokun es harto peligroso. Es menester que sea un Babalawo quien lo ejecute, y un Babalawo muy competente, pues alegan que "Olokun tiene mucha letra" y cualquier error es funesto.

Aún se recordaba entre los mayores el que se le ofrendó cuando se anunció en Cuba el servicio militar obligatorio, para

---

[173] También a veces se le ofrece mar afuera un agborí o awani, un venado vivo. Este se le sacrifica en ocasiones a Yemayá, a Ochún, a Ochosi, a Ogún y a Orula.

impedirlo, lo que costó enviar las ofrendas que veinte *"onché"* muy bien pagados le llevaron en una barca; y el *ebó* apoteósico que el famoso Bejuco hizo en alta mar a favor de un popular presidente de Cuba, del que se decía Padrino.

Durante mucho tiempo cesaron aquellos grandes sacrificios a Olokun, que con frecuencia costaba la vida a algún Santero. "Olokun siempre se llevaba a uno." No obstante en Matanzas los estibadores del puerto reanudaron en 1944 la tradición prudentemente interrumpida, de sacrificarle a Olokun mar afuera.

Anualmente en la década del cincuenta éstos salían en un lanchón y le ofrendaban lejos de la costa, a doscientas brazas de profundidad, en la Poceta.

"Antes de partir", nos contó uno de ellos, "en una casa se mete en canastas todo lo que boca come, y se depositan ante la tinaja en que está Olokun. La víspera de salir al mar todos nos limpiamos. Los que no tienen a Olokun se despojan con maíz y palomas[174]. Se da de comer a los Egun y se les pregunta si están satisfechos con la comida que se les ha ofrecido, y ésta se les lleva al lugar en que deseen recibirla. Se mira bien lo que quiere Olokun. ¿Está conforme? Dice que sí, y cargamos con las ofrendas al gremio, y se le muestran a la imagen de la Virgen de Regla que tenemos allí.

A las siete de la mañana ya está dispuesta la lancha en que embarcamos con las canastas, los animales y los tambores. Esta tarda dos horas y media en llegar a la Poceta. Allí comienzan las oraciones rindiéndole homenaje a Olokun. Todos los rezos en lucumí, en lengua vieja. Con cuanto se lleva se limpia a todos los asistentes. Se llama a Olokun, se llama hasta que venga. Primero le sacrificamos un carnero. ¡El más grande que encontramos! y luego gallos, palomas, guineos, jicoteas, patos. El último animal que se sacrifica es el pato.

Los cuerpos se van amontonando, y la sangre, a medida que se matan, se va derramando en el mar. Después todos los cuerpos

---

[174] Con anterioridad a esta fecha, se nos había dicho: "nadie que no sea hijo de Olokun puede asistir al sacrificio que se le hace lejos en el mar. Suponiendo que sea Omó Yemayá, si no ha recibido a Olokun tampoco puede verlo. Podría morirse".

se echan al agua, pero sin violencia, de manera que no se hundan de pronto. Parece que alguien los espera allí, dentro del mar; los recoge e inmediatamente se los lleva al fondo. Así es, los hala y los esconde en el fondo del mar. ¡No le miento, que no hable más mi lengua, si no es como le cuento! Y lo mismo ocurre con los líquidos. La canasta con las demás ofrendas se pone en la superficie del mar y ¡blúm! se hunde de repente. Todo desaparece en un santiamén y no se ve flotar un bollo, un caramelo, una bola de ñame, nada, no queda nada en la superficie. De seguro que Olokun no está allí solo; hay otros con él".

Víctor Gómez, Babalawo, se ocupaba de esta delicada ceremonia.

Las "ofrendas de boca" que los estibadores del puerto de Matanzas le llevaban a Olokun eran las siguientes: maíz molido cocinado con ajo, cebolla y manteca. Bolas de alegría de coco, *Ekó*, melado, frijol de carita, bolas de ñame salcochado. Plátanos verdes fritos. Mazos de berro, mazorcas de maíz salcochadas, carne de puerco, malarabia.

—"Yo le doy a Olokun una cabeza de cochino y otra de carnero", le oímos decir en Miami a un Santero. "Al entregar a Olokun se da la cabeza de un puerco y la de un carnero." —"Pero hay ilé", respondió otro, "que acostumbra a dar solamente la de un carnero". Eran dos Santeros blancos...

Otro Oloricha, allá en Cuba, le llevaba ya sacrificados, en un canasto y sobre una tela azul, patos, palomas y guineos blancos. Maíz finado y maíz tostado, siete *ekó*, siete *olelé*[175], siete *ekrú*, veintiuna palanquetas de gofio y melado. Siete cocos, siete mazos de berro, siete de escarola. Alpiste, azúcar prieta, azúcar candy, sal, y si Olokun se lo pedía: un carnerito blanco, frutas y siete medios.

La canasta era preciso balancearla y bailarla.

"Cuando Olokun come solo", nos dijo un cardenense hijo de

---

[175] He aquí una receta del olelé: se ponen en remojo los frijoles llamados de carita (blancos, pequeños con una pincelada negra al centro). Se pasan por un guayo para quitarles la cáscara. Se hace con ellos una pasta y se le echa sal. Se pican cebollas y ajos en trocitos muy finos y se mezclan con la masa de frijoles añadiendo pedacitos de jengibre. Se pone en la manteca caliente una bolsita de bija, y cuando esta hierve se vierte sobre la masa de frijoles que antes se había batido bien. Se preparan moldes de papel español, y se rellenan con la pasta.

Yemayá, "la sangre se le echa en la boca de su careta. La que yo vi era de pasta y de un color verde azul claro, con una boca muy grande abierta, el labio inferior muy grueso y en la frente un ornamento sobresaliente. Tendría de tamaño media vara, y le pertenecía a Apari Wosa".

Este cardenense amigo de Oba bí, Omó Changó cuyo nombre profano era Goyo Torregoso, fue víctima de los celos que su devoción a Olokun inspiró a Changó.

Por supuesto, que después de bailarle a Olokun, el Babalawo hace *ebó* para no morir.

Yemayá y Ochún tienen sus animales y platos favoritos, mas todos sus hijos deben conocer aquellos que más gustan y constituyen el "menú" ritual de cada uno de los demás Orichas, pues están obligados a ofrendarle a todos. "Un Santo no consiente que cuando a él se le da de comer, no coman los demás, y por cortesía es el Ocha principal de la persona que le ofrece una comida, el último a quien se le sacrifica y el último que come... Lo mismo que hace con sus invitados la gente bien educada." Pero aquí sólo nos ocuparemos de la alimentación de Yemayá y de Ochún. Yemayá: animales de cuatro patas. *Agbó, ogutá,* carnero. Es su comida preferida y habitual. *Bará bará agbó yo Yemayá barí barí agbó yo olomi:* cuando Yemayá mira al carnero se regocija. El carnero le está consagrado a Changó, quien, como ocurre con Yemayá y el pato, "quiere verlo en el ilé de sus hijos".

Se recordará que es la víctima más importante del sacrificio. Lo que hace decir a un Oloricha "que sin *agbó, omí* y *ewe,* —carnero, agua y yerba— no hay Santo".

Para verter la sangre del carnero en la cabeza de los Omó-Changó, es menester proceder con cuidado: es tan caliente que se mezcla con sangre de codorniz y de jicotea. Puede ser fatal a las hijas de Oyá. Oyá se abstiene de comer carnero, "come sola" y es muy importante apartar la sopera de su *otán* de las de Yemayá y Changó, "que comen juntos"; comparten el sacrificio de *agbó.*

Descuidar este requisito puede ser la causa inminente de graves alteraciones del orden, y de contratiempos en un ilé-Oricha.

Eledé: cerdo. Se le sacrifica a Yemayá en determinados casos, y no sin antes consultarle y explorar cuidadosamente su voluntad. "Para darle un cochino a Yemayá precisa celebrar itá, pues si ella no lo pide, si no se le mata con su expreso consentimiento, es muy peligroso el asunto. ¡Es como si se matara a un hombre! El cochino, como el majá, fue un hombre que Olofi castigó. Por dentro el cochino es enteramente igual que uno de nosotros."

Aves: *Akukó,* gallo jabado (gayado), *Adiré,* gallina. Yemayá la come cuando Ochún la invita, pero inmediatamente se le ofrece un gallo.

Pato: *pepeyé* o *kuékueye.* El pato se le sacrifica exclusivamente a Yemayá y a Olokun, como hemos visto. Le agrada a otra gran diosa de agua, Nanabulukú, que adoran los arará, "y los lucumí también", se nos advierte, "porque Naná es oriunda lucumí como su marido Chakuana, que le quita a la gente los dedos de los pies y de las manos y engangrena las úlceras".

El pato es el ave mayor del sacrificio a Yemayá, y se acompaña de un gallo. Se le vendan los ojos cuando va a morir, y quien lo despluma se cubre la boca y la nariz con un pañuelo para no mancillarlo con su aliento. Mientras dura esa operación se guarda silencio. Si se despluma mal, creía Omí Tomí, que la vida de la Iyalocha que le arrancaba las plumas, o la de un familiar suyo, estaba en peligro. Yemayá las cuenta y no perdona si falta una.

Del pato se narran historias que explican, en parte, por qué Yemayá lo come. Lo detesta al extremo que cuando se le ofrece se cubre con un pañuelo azul para que la diosa no lo vea... y al mismo tiempo, lo quiere.

El pato era *akeru,* mensajero, "cachanchán" de Yemayá. Confiaba en él y el pato la traicionó. Lo envió con un recado importante. De la respuesta que obtuviera dependía la solución de un asunto que la preocupaba, pero *Kuekueye,* intencionalmente dio el recado trastocado. Hacía de mala gana cuanto ella le encomendaba y todo lo confundía. "Yemayá atravesó por situaciones difíciles. No crea que los poderosos, los Santos, no han pasado sus malos ratos. Que hasta el mismo Dios, Olofi, tenía sus dolores de cabeza, se le enredaban y le salían mal las cosas. Aquella vez los problemas de Yemayá eran muy serios, y para resolverlos se valió del pato. Este se portó mal y Yemayá se comió a su enemigo. ¡Támbulo! Lo agarró con un pañuelo azul y... ¡yéun!"[176]

También se cuenta que siendo su confidente y compañero, el pato pregonaba cuanto hacía y decía en privado Yemayá: "le iba con chismes a Obatalá, y tanto habló de sus riquezas escondidas, dio tantos detalles de un tesoro que acababa de sacar del mar, que unos ladrones se confabularon para robarle. Lo supo Olofi por Elegua y envió a Elegua, a Ogún y a Ochosi a buscar a Yemayá. Al mismo tiempo mandó a buscar al pato, que era todo blanco. Olofi le dijo a Yemayá: te han delatado y pretenden robarte el tesoro que guardaste en una cueva entre los arrecifes.

—"¿Quién me delató, si eso sólo lo sabe Peipeye?

Elegua le mostró el pato. Entonces Olofi, dirigiéndose al traidor de Peipeye, que puso cara de asombro y de yo no fui, le dijo:

—En castigo nunca más podrás hablar."

Desde aquel día el pato perdió el uso de la palabra. Sólo emite sonidos desagradables. Sin embargo, la causa de su afonía no se debe, en opinión de otras autoridades, a un castigo impuesto por traición.

Es que tuvo mala suerte. Yemayá lo envió a pedirle en su nombre a Olofi un objeto para hacer un resguardo, y con lo que Olofi le entregó para Yemayá sujeto en el pico, venía el pato nadando tranquilamente. Algo le asustó, el salto repentino de un pez, la sombre de un pájaro, y se tragó el objeto.

Cuando Peipeye llegó junto a Yemayá lo tenía atravesado en el buche y no pudo dárselo. Iyá Omí lo agarró por el cuello, que apretó desde la base tratando de impulsar hacia afuera el precioso amuleto, pero todo fue inútil. El pato pese a los esfuerzos que hizo por su parte, no logró expulsarlo por ningún conducto.

Yemayá —ya se sabe lo violenta que es la Señora— lo insultó, y lo cierto es que si su *iranché*, avergonzado, molido, no habló más,

---

[176] A comer.

fue porque con tantos tirones, esfuerzos y arcadas se le rompieron o se le quedaron flojas, las cuerdas vocales[177].

Se dice que a veces se le encuentra una piedra muy pequeña en el buche, metida en una bolsita. Es un resguardo "de los mejores de Yemayá", y antes de desplumarlo en seco, pues no se le echa agua para arrancarle las plumas, las Iyalochas lo buscan en el buche.

A pesar de todo lo ocurrido entre Pepeiye y la dueña del mar, éste sigue acompañándola, es su vigilante, y muchas veces le exige a sus hijos que lo tengan en sus casas. Estos, a menos que la diosa lo pida, no se sacrifican. Se les cuida y se les consiente cualquier majadería, porque son propiedad de Yemayá y están muy conscientes de sus privilegios.

"El animal de un Oricha tiene algo especial" nos hacía hincapié una devota, "se imponen y abusan de sus prerrogativas". ¿Quién se atrevería a darle un escobazo al pato satisfecho, inconveniente y atrevido de Yemayá en el que ella podría estar?

Ya veremos en otra parte qué usos hace la diosa de su pato para curar y proteger a sus devotos[178].

Yemayá Ayabá, la madre de Changó, también come ganso: *eiyelé omí*[179]. A éste Orula le aconsejó que hiciese ebó. No le hizo caso y a poco lo agarraron y le dieron su sangre a Yemayá.

A Ochún se le sacrifica *euré* y *aukó*: "chiva doncella." Mas no es así. "A quién no se le puede matar *chiva pecadora*, sino virgen, es a Yewá".

Aves: *adiré, adié,* gallina. *Etu,* guinea, *eiyelé,* paloma. *Kuano,* codorniz, *owoniyé,* pavo real.

---

[177] "El pato perdió el don de la palabra", también nos informó un Babalawo, "porque dijo que Orula era borracho. Lo calumnió. Changó, que le había dado el tablero de adivinar pensando que por ser Orula viejo, estaría en sus manos más seguro que en las suyas, pues él no pensaba más que en guerrear y parrandear, fue a ver si Orula tenía botellas en su casa. Las tenía, pero en vez de otí —aguardiente— contenían achará (tabaco en polvo que Ifá se metía por las narices) rapé". Changó castigó al pato, que dice jaaa, jaa, y nadie lo entiende).

[178] Es que hay animales, como en el caso del pato con respecto a los hijos de Yemayá, que actúan como amuletos, protegen, dan suerte: son amuletos vivientes.

[179] A la diosa Yewá se le sacrifica ganso, un ganso que antes se lleva a la sabana para que corra y se alimente. No se mata con cuchillo.

Yemayá, en la confluencia del río y del mar, come también codornices con Ochún Akuara, "cuyas hijas se casan legítimamente". Pero siempre se le sacrifica un gallo.

Como ocurre con el cerdo con Olokun y Yemayá, el pavo real no se le sacrifica a Ochún sin hacer *itá*, consultar. Al pavo real se le rinden honores de rey y se teme su sacrificio, precisamente por eso, "porque es un *oba* y su muerte puede acarrear desgracia".

"Cuando un rey moría allá en Africa", nos explicaba Bamboché, "con él moría mucha gente, y por eso, al sacrificar al pavo real, que tiene corona, hay que sacrificar muchos animales; si no, alguien puede morir. En mi tiempo, los Calero... bueno, quien sabe ya quiénes fueron los Calero, le dieron a Ochún un pavo real, y para esto tuvieron que venir del campo muchos lucumí, viejos y viejas, porque éste es un sacrificio de mucha responsabilidad. ¿No comprende que equivale a matar a un rey?"

Es ineludible cuando Ochún lo exige.

No todos los Santeros se atreven a ejecutarlo. Cada día, durante siete, se practica un rito para arrancarle una de las plumas de la cabeza. Cada pluma representa, "es un año". Después de siete días de rogativas se le da muerte, y sólo los iniciados pueden presenciar su sacrificio.

El Pavo Real, que originalmente perteneció a Yemayá, se le inmolaba a Yemayá Ayabá; y cuando Iroko, el Oricha que habita en la ceiba, se encoleriza, se le sacrifica también un pavo real.

De este pájaro joyante que inspiró una pasión insensata a la mujer del Guanajo, se cuenta que evita mirarse las patas por lo feas que son, y que en una ocasión afirmó que él, con un huevo de su hechura, destruiría el mundo. Su bravata sólo obtuvo del dios de la Adivinación una sonrisa despectiva. Orula "registró", hizo *ebó* con algodón. En efecto, el Pavo Real lanzó su huevo, pero en vez de aniquilar el mundo, cayó sobre algodón y no causó el menor estrago.

Al canario, la diosa, que aprecia su canto, "quiere verlo en su casa". Con una sola de sus plumas, la más larga, las hijas de Ochún hacen un resguardo excelente.

El canario se utiliza en "cambios de vida"; —transferencia del mal de un enfermo a un objeto, a un muñeco, a un animal, y se deja en libertad al pajarito.

Ochún en su avatar de amante de Ochosi come también *agbarí*, venado, y porque es *Apesteví* de Orula y Orula lo come.

Las dos hermanas comparten un plato que se servía en las casas cubanas, y que como el quimbombó con bolas de plátano verde o de ñame, y otros tantos, tiene origen lucumí. Nos referimos al *ochinchín;* un guiso de camarones que para Ochún deberán ser secos, con alcaparras, huevos duros, acelgas y tomate. Pero el *ochinchín* es típico manjar de Ochún y ya hemos visto a la Iyawó ofrecérselo en el río.

Y no se olvidará el *ekó,* grato a todos los Orichas, el tamal de maíz que después de estar todo el día en remojo, se muele en un pilón y se cocina batiéndolo en una cazuela sin grasa y sin sal. Se le da forma de pirámide y se envuelve en hojas frascas de plátano.

El frijol negro, cocinado sin caldo y con maíz es recibido con gusto por ambas diosas. Al *olelé* de Yemayá se le pone un poco de azul —de añil— y al de Ochún un poco de azafrán. Ochún es muy aficionada al arroz amarillo y a la harina de maíz.

Las palanquetas de gofio con melado para Yemayá y con miel para Ochún son ofrendas que estas diosas aceptan con el mismo agrado que las natillas, grajeas, panetelas, dulces de coco, —"el coco quemado le encanta a Yemayá, la harina dulce y las natillas de huevo a Ochún"— y otras golosinas.

Es corriente ofrecerle a Yemayá tres pescados enteros en un plato blanco con rayas azules, melado, corojo y cascarilla; y a Ochún un melón con miel, melado y caramelo.

La comida de Ochún se sazona con almendras, berros, canistel y flor de agua.

El berro, la lechuga, la escarola, las acelgas, el chayote, son verduras que ellas apetecen. Crudas ejercen sobre estas diosas una acción refrigerante, y así es que para refrescar el *otán* de Yemayá, cuando está enojada, se emplean el berro, la lechuga, el chayote y la verdolaga. De la espinaca y el perejil, que son propiedad de Ochún se valen sus adoradores para envolver su piedra con sus hojas cuando da muestras de enfado.

El mismo efecto calmante produce en ambas divinidades la frescura, el limo de río y de mar.

Una hija de Ochún nos dice que cuando "su Mamá está molesta ella la mete en una tinaja, envuelta en berro". Al día siguiente le ofrece cinco cazuelitas con *ochinchín*. Al tercero cinco plumas. Al cuarto cinco cazuelitas con arroz amarillo y al quinto un pargo en salsa verde. Lanza los cocos para saber qué *camino cogen* las ofrendas, es decir, si las abandona a la corriente del río o si se las deja depositadas en la orilla. Pero cuando Ochún está enfadada, lo que procede es abanicarla. Ella misma exige que se la "refresque" con sus cinco abanicos adornados con plumas de pavo real o a veces con cintas amarillas y rojas, y que de acuerdo con sus marcas, durante cinco, diez, quince, veinte días su hijo la abanique diariamente hasta que se le pase el enojo[180].

El boniato y la calabaza pertenecen a Ochún.

El melón de agua es fruta predilecta de Yemayá.

Se cuenta que Changó había caído en una trampa en la manigua y que llevaba con él, por casualidad, un hermoso melón de agua. También por casualidad Yemayá pasó junto a la trampa. Escuchó las voces que daba Changó, y éste, a cambio de que lo ayudase a salir de aquel agujero en que había caído pisando en falso sobre la frasca que lo ocultaba, le propuso cederle el melón. Yemayá aceptó. Changó quedó en libertad y ella se quedó con el melón.

De Ochún es el de Castilla, pero sin discusión su fruta favorita, la que más aprecia y pide la voluptuosa Yeyé, es la naranja dulce de China, color de oro, que sus hijos le regalan en el río.

Tanto a Yemayá como a Ochún le placen las piñas, las papayas, las uvas, las peras de agua; y para "rogar la cabeza", refrescar a Orí, Yemayá prescribe que se empleen siete de sus frutas: pera, manzana, melón, papaya, uvas, plátano y naranja. Dos plátanos en vez de uno pueden suplir la fruta que falte.

Se les ofrenda también pescado, que es un elemento primordial en la iniciación. "Sin pescado no se puede hacer Santo"; fi-

---

[180] A todos los Orichas hay que refrescarlos "cuando están bravos"; para todos hay abanicos, y desde luego, cuando "bajan" ofrecerles agua en jícaras: separadamente a Yemayá agua y melado, y a Ochún, agua y miel.

gura en todos los *afoché*, —polvos— y es un tributo que se debe a Yemayá y que se envía a la diosa en todas las rogaciones en que ella interviene. Los peces son sus criaturas, sin embargo, el más sagrado de todos, la Guabina, no vive en el mar sino en los ríos, como la anguila, que "come también Yemayá". La Guabina no le pertenece a ella ni a Ochún, sino a Obatalá. Tiene la virtud de descongestionar y fortalecer a *Eledá*, y se emplea en las rogativas por enfermedad. *Eyá Oru* la llaman los *Abiocha: eyá*, pez, *oru*, cielo. Se le ofrece a Olorun con estas palabras cuando debidamente consultado el caso se le pone al paciente abierta por el medio, en la cabeza: *eyá oru tutu mo fi aroló mi lorí Olodumare. Mo fi oro mo ala ochu maré maré be so ori mi ko mo padá*, lo que grosso modo nos traduce nuestro informante: se ruega a Dios —Olodumare— que acepte a *Eyá Oru* para refresco de esa cabeza fatigada; que recobre la fuerza, se restaure y no sufra más. Al agua del recipiente en que ha estado la guabina se le echa cenizas y se le da a beber al paciente después de dibujarle con la ceniza *(okumia* la llamaba Gaytán; *ibaru*, Salakó) una cruz en el vientre. Se le baña también con esta agua a menos que tenga prohibición —*ewó*— de pisar ceniza y sobre todo, de ingerirla, "lo que no ocurre con los hijos de Yemayá Achabá".

En una rogación de cabeza con guabina, al presentarla la Iyalocha se moja las manos en el plato y humedece la cabeza del *awoto*, la nuca, los dedos gordos de los pies y sus manos. Con el agua restante se rocía toda la casa. Se envía al río *ekó* —maíz— desbaratado en el agua de la guabina y al echarla al río se dice: *Odo omí ko di re awó kodiré omó eba mi odo ebamí Olokun oyareo to ba ni che fumi eso eso.* O se dice: *ebamí Olokun aya rokoto abaniché fumi*[181].

Era precisamente un *olocha* Omó Yemayá, nos contaba el brujo Baró, quien hacía notables curaciones con el agua de la guabina. "Yemayá quería esa medicina; era un remedio de Yemayá."

En Cuba, los peces y mariscos del río, lizas, anguilas, mapos, joturos, dajaos, catibos, guajacones y biajacas, los camarones y langostinos de agua dulce son los vasallos —*erú*— y mensajeros

---

[181] "No me lleves la cabeza al río ni al mar, ni me dejes morir loca o ciega por favorecer a los hijos de Dios", traduce el Olocha Sandoval.

de Ochún; de Yemayá los del mar, el exquisito pargo que gusta a todos los Orichas, la rabirubia, la cabrilla, el serrucho, el lenguado, la aguja y la cherna. Algunos peces tienen nombres con cierto sabor legendario como el Emperador y la Doncella, la Vieja y el Caballero, el Cardenal y la esmeralda, el Escribano y el candíl, el Obispo y la Isabelita, el escolar y la Catalineta, el Romero y la mariposa.

El jorobado y la picúa, la lija y el pompón, el barbudo y el barbero, el coronado y la cervina, el zapatero y el chapín, el guatíbero y la juvera, el trompetero y el loro, la cojinuda y el verrugato, la raya y el murciélago; el manjuarí y el pez espada, que los lucumí llamaron okida y traspada el corazón de sus enemigos. La pintadilla y el salmonete, el machucho y la morena; la mojarra y el veloz. El guacamayo y el ojanco, el patao y el patán. Y las sardinas, chiribitas, chopas y guasas. El sejí, el jocú, el dorado, la jeniguagua, el jallao, el jurel, la levisa, el chicharro y el macabí, le pertenecen al igual que las langostas, cangrejos moros, jaibas, pulpos, longorones, camarones, almejas, ostiones y tortugas de mar.

En fin, Yemayá —*Yemayá ye ilé ye lodó*—[182] y Ochún, —"que son muy delicadas para comer"— reciben ofrendas y sacrificios en las casas de sus omó y en sus dominios naturales, en el río, en la laguna, en el mar; y en Matanzas en los pozos, en los que también se le ofrenda a Nanabulukú, cuyos hijos reciben y dan culto al *otán* de Yemayá.

Una Yemayá, Asesú, como hemos dicho, las recibe en el caño o en el excusado, como los muertos.

—"No era costumbre en mi tiempo ponerle flores a los Orichas, ni en los Cabildos de verdadero abolengo africano se les ponía." No las pedían los dioses. Pero son de Yemayá las flores de agua y la violeta; de Ochún los girasoles y guacamayas. El *Odún*, el perfume de Yemayá es de verbena, y de sándalo y vetiver el de Ochún.

Por su asociación con Yemayá y Ochún, porque vive en el río y los hijos de estas diosas lo reciben y le dan culto, volveremos a

---

[182] Lo mismo come en la casa que en el agua.

mencionar aquí a Inle, que se compone de siete piedras y tiene por atributos, en plata o metal blanco, majá, dos aros, anzuelo, pita, red y dieciocho caracoles. Su vestuario es parecido al de Ochosi.

Se le ofrenda pescado, que este Oricha, patrón de las lesbias y de la medicina, recibe con el mayor gusto, si después de sazonado se cubre con galleta de sal molida, gofio de maíz y salsa de almendra. Le agrada el ñame, el *ekó*, las bolas de calabaza. Su fruta preferida es la guayaba, de la que es Elegua el dueño verdadero. Inle consume mucho aceite de almendra, de modo que en el Osain de su Asiento, así como se derrama melado en la cazuela de Yemayá, miel en la de Ochún, en aquella en que se estrujan las yerbas de Inle para lavar su *otá*, sus caracoles y sus atributos, ha de echarse aceite de almendra y aceite tranquilo.

Los iniciados habrán de abstenerse de consumir aquellos alimentos que sus Orichas les prohiben. Sobre todo cuando les han salvado la vida.

Los hijos de Yemayá no pueden comer calamares, ostras, langostas, langostinos y cangrejos. Se dice que el cangrejo no debe comerlo ningún Olocha, aunque no sea hijo de Yemayá. "Por respeto" o porque atrasa, "porque camina hacia atrás". (El pulpo es tabú para el Babalawo.) Tampoco comerán judías y gandul.

Los de Ochún renunciarán al boniato, la malanga y la calabaza. A ésta en recuerdo de lo que ocurrió en aquel calabazar que disimulaba el pozo seco en que se escondía para entregarse a Ifá. Esta interdicción y la de bañarse en los ríos, se refiere a las hijas de Ochún "después de su matrimonio con Orúmbila".

Ni siquiera pueden picar una calabaza pues representa el vientre de la diosa. No comerán huevos, ni alimentos recalentados como se les especifica terminantemente, si su signo es *Oché, —oché mi ni ku morí yeyeo*.

Igualmente les está prohibido a las hijas de ambas diosas matar ningún anfibio. El ratón, a las de Yemayá Ogutí, porque Ella se transforma en ratón.

"Yemayá no quiere ver perro en las casas de sus hijos." No olvida el mal rato que le hizo pasar el perro de Ogún.

El más elemental o informal de los ritos lucumí tiene carácter

propiciatorio, preventivo o reparatorio. De ahí la necesidad de interrogar con frecuencia el *dilogún* y el *obí* para conocer la voluntad de los dioses, complacerlos o reparar a tiempo la negligencia o el error que se cometa con ellos. La Yemayá de una de nuestras viejitas conocidas "se aburría"; se quejaba de que hacía mucho tiempo que no oía cantar en su ilé. Demasiado pobre para costearle una fiesta de tambor, la vieja la contentaba humildemente cantándole en coro con sus amigas, tan viejas y tan pobres como ella. Sentadas en el suelo ante las soperas de los Orichas en un rincón de su misma alcoba, era una escena inolvidable el de aquellas ancianas a la luz de una vela, alegremente ocupadas en distraer a la Santa y a los Santos, cantándoles durante una serie de días —siete— con sus vocecitas cascadas pero bien entonadas.
Habitualmente aquellas Iyalochas llevaban un chal o las enaguas del color del Oricha que las había ahijado. Los Babalochas, un pañuelo, y según las circunstancias, para mayor protección, alguna prenda interior. Bamboché llevó en una época calzoncillos azules. Fuimos testigos una vez, en la celebración del Santo de una Iyalocha habanera al que nos llevó Omí Tomí, de un pequeño incidente ocurrido entre esta hija predilecta de Yemayá y una hija de Ochún apodada "Pajarito".

Josefina Pajarito que fingía el trance se acercó a Omí Tomí, y como si fuese Ochún quien le hablase, le dijo que su hermana Yemayá estaba muy dolida con ella porque no llevaba puesta una enagua azul. Vimos a Omí Tomí encararse indignada a la falsa Ochún y ripostarle ante todos los circunstantes: —"¡Vuélvase al cielo y allí reconcéntrese, haga acto de *contracción* y regrese luego a la tierra diciendo verdad!" Y levantándose el vestido hasta la cintura les mostró a todos su enagua azul celeste.

No se olvide que si ostentar el color de un Oricha evidencia la veneración que se le profesa, el color protege a su adorador y desvía la agresión del *iche* o brujería que se intenta lanzarle. No sólo Yemayá y Ochún resguardan a sus hijos con sus colores; todos los Orichas actúan lo mismo. Conocimos en La Habana a un senador de la República que se había labrado una gran fortuna en la industria azucarera. Una negra Santera del ingenio en que comenzó a trabajar de mozo como un simple obrero, le había augurado que aquel ingenio y muchas más de sus tierras colindantes, un día serían suyas. El futuro hacendado y senador era hijo de Changó, y fue Asentado. A Changó le debía su fortuna... y no lo negó nunca. Tenían fama las fiestas que en honor de este Oricha celebraba en su ingenio. Llevaba siempre en el bolsillo un pañuelo de seda roja. Nos visitó en una ocasión, y al verle sacar un pañuelo tan llamativo, ignorando que trataba con un iniciado, le pregunté si era devoto de Changó —Santa Bárbara.

—Es mi padre, nos contestó. Yo lo adoro.

Pensamos que bromeaba, pero su abogado disipó nuestras dudas. En uno de los numerosos viajes aéreos que habían hecho a Londres juntos, les alcanzó una tormenta. Nuestro senador lleno de fe desplegó su gran pañuelo incandescente y lo tuvo en las manos hasta que serenó el tiempo. Curioso ejemplo, no se avergonzaba el blanco magnate azucarero de sus creencias africanas.

Los colores de los Orichas irradian *aché*. Es conveniente que durante los meses de embarazo las hijas de Yemayá se envuelvan el vientre con un género azul y las de Ochún con uno amarillo.

Estas divinidades, sobre todo Yemayá, presiden el parto. A los primeros dolores, "el Santo entra en acción", y para ello se lleva la sopera que lo contiene hasta el lecho de la parturienta; o la diosa se posesiona de algún miembro o allegado de la familia, de alguna vecina, para asistirla. Además, el agua que está en contacto con la piedra en que se concentra el Oricha, tiene virtudes sobrenaturales, y se administra como el agua de Lourdes, en partos y enfermedades graves.

Para obtener la ayuda que se le pide a su Oricha para sí o para sus protegidos, son muchos los medios de que disponen las Iyá y los Babá.

Enumerarlos todos alargaría demasiado estas notas, pues "tienen remedio para todo".

—¿Para todo?

—"Con el favor de Olofi y de los Ocha, sí, para todo. Pero hay Santeros parejeros que se engríen y llegan a creerse que todo lo pueden como si ellos mismos fueran Santos, que hablan por su cuenta y... que debían recordar la historia de los tres *omofá*.

—¿?

—"Tres *omofá* —hijas de Ifá— se pusieron en competencia con Orula y se jactaban en el mercado de saber más que él. Echu oyó sus *burukoyas*[183] y se las repitió a Orula, que hizo *ebó* con una cabeza de chivo, tres clavos, un martillo, y los depositó en la manigua bajo un árbol.

Un buen día iban los tres sabihondos por el monte, y junto al árbol donde estaba el ebó se detuvieron a discutir, a "tupirse" unos a otros. Echu, escondido en la copa del árbol, se hallaba sentado en una rama con los tres clavos y el martillo. Se contaban los prodigios que hacían y uno de ellos aseguró que él se cortaba la cabeza y se la volvía a poner sin la menor dificultad. Los otros dos contestaron que eso era muy sencillo. Entonces el primero que habló sacó un cuchillo y ¡brízd! se cortó la cabeza. Echu la recogió en el aire y la clavó en el tronco del árbol. Sus dos compañeros hicieron lo mismo. La cosa era muy sencilla, pero perdieron sus cabezas y sus vidas.

El Santero, la Santera no pueden más que lo que quieran sus Ocha."

---

[183] Mentiras, bambollas.

10 Itaná[184] idi ochiché.
Velas, ligámenes y trabajos de santería

Una forma muy corriente de rogarle a los dioses consiste en acompañar la petición que se les hace encendiéndoles velas de cera. No hay rito sin fuego.

Se dice que fue Ochún la primera que utilizó una de sus calabazas para convertirla en lámpara. Pero la virtud de estas lámparas no reside solamente en la vela que arde suplicante, sino en las propiedades y substancias agradables a las deidades que se introducen en el recipiente en que ésta se fija, una taza, una palangana, un plato hondo, un coco, un melón, una calabaza, un mamey, una manzana, y en otras materias activantes como el azogue.

Una lámpara para rogarle a Yemayá, con frecuencia se hará en una palangana conteniendo añil y agua. Que el agua quede muy azul, "como el mar", y en el centro se coloca una vela. Se formula la petición al encenderla, y arderá siete o catorce días.

O en un plato de lata se pone añil, manteca de corojo, maíz finado, pescado, sal y una mecha que arde el tiempo que determina la Iyà. Luego estas substancias se envuelven en una tela azul y se llevan al mar.

O se echa agua de mar en un plato hondo, *ekó*, azúcar prieta, manteca de corojo y de puerco, añil y siete centavos.

---

[184] Itaná o ataná Velas. ¡Di, "amarres", Ochiché, chiché, trabajos (hechizos).

También en la mitad de un melón se derrama agua de río, de mar, de pozo, de azahar y de la iglesia —agua bendita—, melado, aceite, maíz, owó —siete centavos— y se prende durante siete días.

Para rogarle a Olokun, una lámpara "muy efectiva", se nos asegura, se compone con agua tomada del mar y agua bendita. Aceite, incienso molido, la yema de un huevo de pato, una cabeza de pato reducida a polvo y mecha de algodón.

Se obtiene lo que se desea con esta otra que se lleva al mar: aceite de almendra, de corojo, limalla, siete *otí*, —vinos— agua de azahar, precipitado rojo, siete pimientas, y junto a la vela encendida, un vaso de agua con manteca de cacao y azogue.

Las velas que se le encienden a Ochún, generalmente se colocan en una calabaza después de vaciada. Dentro se depositan cinco huevos con sus yemas y claras. En cada huevo se echa miel de abeja, aceite, grajea y se coloca una mecha. Arderá cinco días y luego se le llevará a Ochún al río. A veces se añaden a los huevos cinco bollitos.

Una experta hija de Ochún nos facilita esta fórmula: "con aceite de almendrá dulce, miel y agua bendita, la yema de un huevo. Encender una vela, rezar y como si se hablase a una madre, darle a Ochún las quejas del daño que le hacen a su hijo, o pedirle lo que se quiera. Cinco días prendida la vela. Las mujeres llevarán un refajo amarillo con tiritas rojas durante los cinco días.

Para un *amarre*, a la Santera Rosalía, de Cienfuegos, le bastaba con encenderle a Ochún esta *otitilá*, —lámpara: "*eleguedé* con *oñí, ekó, eyá, ataná* cinco velas untadas con *oñí,* cinco centavos y llevarla al río."

O esta que con destino al río también, arden en una cazuela nueva con aceite de oliva, azogue, precipitado amarillo, cinco cucharadas de vino dulce, aguardiente, cinco muñequitos e hilo amarillo.

Otra Iyá hija de Ochún sostiene que esta lámpara que se prepara en una taza, es infalible para atraer y ligar: "miel de abeja, azúcar prieta y azúcar candy, cinco alfileres y cinco agujas. Una aguja para cada sentido. Se prenden en un papel donde está escrito el nombre de la persona que se va a amarrar. —Se coloca el papel con las cinco agujas y los cinco alfileres en el fondo de la taza o recipiente que se emplee. Sobre el papel se ponen todos los ingredientes, y por último se echa el aceite de comer. Cinco mechas que arden durante cinco días."

Para que Ochún las proteja, las *panchagas* o rameras, le encienden en un plato hondo blanco, con aceite, mecha de algodón y cinco huevos cubiertos abundantemente con canela en polvo.

Pero no siempre las lámparas para rogarle a Ochún han de tenerse encendidas cinco días, nos advierten. A veces basta que ardan tres; pero lo tradicional es que sean cinco: el primero se le ofrendará un flan, el segundo una panetela, el tercero *akará*, bollitos. El cuarto se echará en la calabaza miel, laguer, aceite y canela. A los cinco días todo se lleva al río.

Según una Santera de Santa Clara, también se le enciende a Ochún utilizando un mamey. Se trazan con cascarilla en la corteza por la parte exterior, seis rayas, y dentro se vierte aceite de corojo, manteca de cacao, miel, almagre y una piedra de la calle con la que se golpea tres veces el suelo llamando a la persona deseada, y durante tres días se prenden seis mechas, diciéndose: como se ablanda esta piedra ablanda el corazón de X.

No estamos muy seguras de que esta lámpara se emplee para ganar el respaldo de Ochún sino el de Changó, que es el dueño del mamey, pero hay que tener en cuenta que las Iyalochas hijas de Yemayá y de Ochún, y todas, naturalmente con el mismo buen resultado, les ruegan y les encienden velas a los demás Orichas: "quien tiene Santo hecho trabaja con todos los Santos."

Es para Ochún esta lámpara que se le enciende para que fuerce el regreso de una persona amada que abandonó el terruño: dentro de una calabaza, cinco uñas de gallina, un huevo, aceite de linaza, agua de Florida un puñadito de mejorana, pimentón, la banda del sombrero u otra pertenencia del ausente, hombre o mujer, su nombre y apellido escrito en un papel que se coloca debajo de la calabaza, y a los cinco días llevarla al río.

Las lámparas son instrumentos de trabajo que se utilizan para alcanzar cualquier propósito, "pues acompañando al *ebó* imprescindible se encienden para atraer la suerte, prosperar, tranquilizar, enamorar, unir, casar, amarrar, obtener empleo, ascender en el trabajo, ganar la confianza de los jefes, influir, salir airoso de un pleito, y en asuntos de justicia, alejar a las personas que molesten, obligar a que regrese el que está lejos si se le echa de menos. Vencer a un rival, incapacitar al enemigo, al maldiciente. Y encendiendo también se hace daño. Se desbarata un hogar, un negocio; se deshace un noviazgo o un matrimonio; se atrasa, se enferma y se mata".

Para atraer y amarrar con el favor de Yemayá, en el recipiente que contiene agua de mar, añil, melado, manteca de corojo, de puerco y vegetal, se añade azogue y manteca de cacao. En el instante de encender la vela, con el nombre escrito de la persona que es objeto del ligamen, se le entregan al que aspira a subyugarle, siete alfileres que se han "entisado" —envuelto— con hilo de cañamazo. Irá a la orilla del mar y llamará siete veces a esa persona. A los siete días de encendida la lámpara, llevará su contenido al mar y lo arrojará diciendo: "Yemayá, porque es usted poderosa le pido que Fulano o Mengana, (nombre y apellido) venga a ponerse a mis pies." Si la persona que se desea someter se encuentra en el extranjero, le rogará a Yemayá que la conmine a volver.

Parece lógico que tratándose de la diosa del amor, los "trabajos" de magia amorosa que se encomiendan a Ochún, como afirma una de sus *omodei*, "no fallan nunca". Mas no puede decirse que tiene la exclusiva. A Odua, por ejemplo, para que atraiga y ate a una persona amada, se le enciende durante dieciséis días en un tazón blanco con precipitado rojo y blanco, y el nombre de la mujer o el hombre deseado escrito ocho veces. Semilla de ceiba, los corazones de dos palomas atravesados por una pequeña flecha de plata o metal blanco. Miel rosada, aceite de almendra, azogue y polvo de hojas de yamao. Todo se depositará después bajo una ceiba.

O bien se practica esta fórmula que es muy antigua. "En cazuela nueva de barro con franja blanca, el nombre escrito del sujeto, y sobre éste un puñado de tierra recogida en una loma. Azogue, vino tinto, los tres precipitados, dos babosas, dos corazones de palomas que se hayan sacrificados a Obatalá atravesados por una flecha de metal blanco. Aceite de almendras. Dieciséis días se tendrá encendida y se llevará a una ceiba o a un yamao, y se ruega la cabeza del que amarra, que vestirá de blanco durante dieciséis días.

A Oyá, con igual propósito, se le enciende en taza de colores. El nombre de la persona escrito cuatro veces, atravesado con tres alfileres. Tres precipitados, aceite de comer, polvo de hojas de álamo, y la vela que arda nueve días.

O en un caimito bien morado, con aceite de corojo, azúcar, coñac y aceite tranquilo. Se abre el caimito por la parte superior y se le introduce la vela. Rogar nueve días.

A Elegua: "ante la lamparita que se le enciende, se colocan escritos en dos papeles los nombres completos de la persona que amarra y los de la que se quiere cerrar, en cruz, y encima se pone un mechón de su pelo. Se echan los tres precipitados, aceite de palo, de adormidera y bálsamo tranquilo. Tres astillas de tres palos: álamo, amansa guapo y paramí; tres pedacitos de raíces de mar pacífico, ruda y apasote, y se entisan con hilo blanco y negro. Se prepara un *omiero* con hierba de Elegua, miel de abeja, vino dulce, aguardiente, agua de las dos vidas y agua del río, y se mete en el omiero el paquetito bien entisado, se reza, se canta y se da de comer a Elegua. Luego se saca del *omiero* el paquetico y se deja con la vela encendida, tres días. Esa persona que se quiere atraer viene mansita, mansita."

A Changó: en una manzana con aceite de corojo, seis quimbombós, harina de maíz y azogue, se enciende una vela que arderá seis días ante el *otá* de Changó.

Para amarrar, también se le enciende en cazuela de barro; el nombre de la persona escrito y atravesado por alfileres, una piedra de rayo, precipitado rojo, azogue, agua de lluvia y de río; aceite de corojo, aguardiente, vino tinto, y acompañando el ruego, el sacrificio de un hermoso gallo.

Se advertirá la importancia de las velas en el culto a los Orichas y en la magia de las sectas africanas que se practican en Cuba, el sincretismo que evidencian. Uno de nuestros más viejos informantes nos aseguraba que los africanos, allá en su tierra natal, "lo mismo el congo, el lucumí o el carabalí, rogaban a sus Santos y trabajaban —hechizaban— con velas. Aunque los "contactos con los europeos en Nigeria y en el Congo remonten a una fecha lejana, es de presumir que encenderían fuego, y que en el Nuevo Mundo las incorporaran a sus prácticas religiosas y mágicas[185]. En los días coloniales, en Cuba, el consumo de velas para el culto, misas, ceremonias, fiestas, procesiones, funerales, misas de difuntos, devociones, era exhorbitante. En La Habana, se gastaba en un mes en buena cera de Castilla, lo que en un año en otras ciudades. Los viejos testamentos del siglo XVII, XVIII y XIX dan fe de ello. Como era excesivo también el consumo de barajas. Diez mil docenas de cartas de baraja se importaron el año de 1823, lo cual, teniendo en cuenta la población de la Isla en aquella época, era una cantidad considerable.

Del papel de las velas en las supersticiones de nuestro pueblo se habla en la curiosa autobiografía de Rosamond Culberton, escrita y publicada en New York en 1835 por inducción del Pastor D.O. Lansing[186] empeñado en demostrar con el relato de la vida pecaminosa de su autora, que la Biblia y no la Iglesia de Roma, es la guía cristiana de salvación.

A la meretriz Rosamond, "pobre corazón destrozado, que a la muerte de su marido quedó sola, sin recursos, lejos de su hogar, entre extraños, flotando como un náufrago en el piélago tormentoso de la existencia, la adversidad la condujo a la Isla de Cuba y a su capital La Habana, para caer en las manos, no de piratas desaforados cuyas depredaciones están confinadas a los mares, sino en las de piratas espirituales que bajo el manto de la religión, acechan como lobos a la media noche para apoderarse y saciar sus apetitos en las pobres extraviadas ovejas que sorprenden a su paso".

[185] "En Guinea nuestros mayores hacían lámparas con aceite de palma". (U. Alfonso).
[186] Rosamond: or a narrative of the captivity of an american female under the popish priests in the Island of Cuba, with a full disclosure of their manners, customs, written by herself, embellished with numerous copper plate engravings, with an introduction and notes by Samuel B. Smith, late a priest in the church of Rome. Second edition. New York Leavilt Lord and Co. Boston: Crocker and Brewester, 1836.

Esta cándida oveja dice haber sido en Cuba, la amante de un cura español, el Padre Manuel Canto. En su libro, que refleja la antipatía de los protestantes americanos, más violenta en aquellos tiempos, hacia el clero español, denuncia la vida licenciosa de su amante y de sus amigos religiosos.

De la imparciabilidad y estricta veracidad del relato de Rosamond, "que no presenta la corrupción de un solo sacerdote, sino la depravación general de todo un país y del papismo como existe en Cuba", puede juzgarse por las notas de introducción del Pastor que comenta las terribles experiencias de la desdichada Rosamond en un país católico y traza así el retrato de su seductor: "era uno de los Reverendos Padres, honrado, venerado y adorado por su pueblo cuyos vicios él canonizaba y de cuya credulidad vivía. Disfrazado de ciudadano, la tonsura que la disciplina de su iglesia le imponía, oculta bajo una peluca, lleno de solicitud por la desdichada extranjera, gana su afecto, la conduce a su casa e inmediatamente pone en sus manos la dirección de sus asuntos domésticos. Si ella hubiese sabido que su enamorado era un sacerdote del Papa, jamás hubiese accedido a sus solicitaciones amorosas. No lo supo hasta que era su prisionera, cuando la puerta de escape estaba cerrada por este demonio en forma humana, como lo probará la continuación de esta historia, un demonio con el que vivió cinco años esta desdichada mujer. Reina de su corazón, su casa quedó bajo su mando. Virtió en su pecho los sentimientos que albergaba su impuro corazón y le comunicó, no solamente sus secretos, sino los que le eran confiados bajo el sello de la confesión. Ella estaba enterada de todo y nos cuenta lo que él sabía. Era testigo de su carácter. Su compañera en el salón de baile, en las mascaradas, en las mesas de juego, en los 'tea parties'. Lo seguía en sus paseos, en sus disipadas excursiones nocturnas, y fue presentada a sacerdotes que eran tan relajados como él. Vestida de monje se la hizo penetrar en el sagrado recinto de un convento[187]. En fin, él la introdujo en todos los lugares de vicio

---

[187] Un sureño, el doctor J.G.F. Wurdermann, que visita la Isla en los inviernos de 1841 y 42, nos dice que ha oído muchos cuentos escandalosos a algunos de los más viejos habitantes de La Habana sobre las travesuras "que aquellos dignos hijos de la Iglesia hacían en sus tiempos. "El Convento de San Agustín",

y libertinaje que acostumbraba frecuentar, aún más, cuando fue enviado por el Obispo a visitar una parroquia en Puerto Príncipe, tuvo que acompañarlo y aceptar ser testigo de sus atrocidades, pues allí tuvo que presenciar un acto que nadie más que un demonio, una bestia, hubiera sido capaz de perpetrar. La violación de la hija de un amigo suyo, una niña de catorce años".

Sigue más adelante una tirada de insultos a la Iglesia Católica, a los jesuitas, "esa horda de ladrones de camino espirituales, esos políticos socarrones y obstinados", y naturalmente a los españoles, de quienes "el mero nombre suena a papismo y estremece el corazón de pánico".

Pasemos por alto las exageraciones o falsedades que en su afán de difamar a la Iglesia Católica amontonan Rosamond y sus pastores, por ejemplo: "la gente y los curas están todos destruidos por la brujería. Si un individuo tiene algo en contra de otro y éste visita su casa, cuando se marcha, el otro se persigna y rocía agua bendita a sus espaldas, o si un amigo que ha tenido algún quebranto va a visitar a otro, al irse éste el otro quema incienso y asperja agua bendita alrededor de la casa. Y esto se hace en las *familias más respetables.*"

"Conozco algunas familias católicas que son tan ciegas y supersticiosas que cuando los sacerdotes las visitan y toman el vino que es costumbre ofrecerles, el sacerdote no lo traga, lo guarda y bendice a sus amigos que lo beberán de su boca. Esto yo misma lo he visto y mi cura me dice que así se hace en las más altas y respetables familias." (!)

"He visto a menudo que cuando los católicos fervorosos se encuentran en la calle con un cura, se arrodillan y le besan los pies."

añade, "era tan famoso por la alegre vida que llevaban sus monjes, que muchos jóvenes de familias principales ingresaban en él, no con el propósito de huir de las vanidades del mundo, sino para gozarlas con mayor libertad".

A principios del siglo pasado, escribe don Justo Zaragoza, "los frailes, entre los cuales sólo el P. Valencia podía contarse como bueno, según nos refieren las tradiciones de aquella época, vivían en tal corrupción y escandaloso amancebamiento, que al ser reprendido por el Obispo Espada, uno llamado Gondra a quien todo el mundo conocía por verle continuamente ebrio, respondió al prelado que él no era jugador ni cometía otras faltas obscenas, y que sólo se embriagaba para no presenciar los vicios de sus compañeros".

"Los católicos no ven nada malo en ir al teatro o a los bailes de máscaras nueve días después del entierro de un pariente próximo"; ¡precisamente en tiempos en que los lutos en Cuba eran tan rigurosos y prolongados!

"Todos los curas parecen mortalmente pálidos en sus hábitos, pero cuando visten el traje de ciudadano, (para ir a las mesas de juego o a los toros) "generalmente se pintan con colorete".

"Los curas están siempre tramando intrigas para seducir mujeres jóvenes y casadas." "Las jóvenes están obligadas a entrar en los conventos aunque no quieran." "Cuando una novicia va a tomar el velo, esto constituye el único tema de sus conversaciones y comentarios. De la que no era joven y bonita decían: Ka está mallo, esta no recebo, que como no era bonita no sería buena presa para ellos, no valía la pena de poseerla." Las palabras en español en el texto no tienen desperdicio.

El libro de Rosamond, sin embargo, nos interesa porque algunas de sus alusiones permiten distinguir en el cuadro de las creencias importadas por la trata, las que asimiló el africano de un catolicismo popular, pagano, fetichero, que a la vez que confiaba en la eficacia de las velas benditas por el cura, —éste era para los negros el Nganga, el bokono, el alufa, el babaloricha de los blancos—, en reliquias, medallas[188], escapularios y oraciones, aún confiaba más en amuletos y talismanes. Creía en el Diablo, en brujas y duendes, en almas en pena y malos espíritus que como en Africa se apostaban en las encrucijadas, y en polvos, brebajes, yerbas, fumigaciones y brujerías.

De todo eso, supervivencias de creencias primitivas tan accesibles a su misticismo, y de promesas, hábitos, penitencias y oraciones se apropió el africano, y no por imposición sino por comprensión, ¿no reconocía en las velas, en las reliquias, en las

---

[188] A fines del siglo XVIII Don Bernardo del Pico le escribía a Don Casimiro Arango: "Vuelvo a suplicar a Vuesa Merced se sirva remitirme entre la carta a vuelta de correo si se puede, una medalla bendita y auténtica de Santa Helena contra la alferecía y gota coral. Al amigo hoy le suplico también contribuya con las luces necesarias a su adquisición y logro, cuidando de no tragar de las apócrifas. Si por imposible no se alle aí estimaré a V.M. la solicitud pronta a donde se conceden porque días ha que urge la necesidad de una sobrina afligida del mal incurable en los humanos".

medallas, en las imágenes, un poder concentrado en esos objetos del que podía aprovecharse? Dentro de su dualidad religiosa, en Cuba, el negro católico era y es, en general, más creyente y fervoroso que la mayoría de los blancos. Pero es lógico que dos credos que coexisten desde siglos atrás se influencien mutuamente. Un inteligente y ejemplar sacerdote católico cubano, el Padre O.F., no olvida la confesión conmovedora de una vieja casi centenaria, que en el barrio del Cerro, otro centro importante de la santería habanera, reclamó sus auxilios sintiéndose la muerte cercana. Antes de cerrar los ojos quería cumplir, "ponerse en bien con Dios", con el Dios de los blancos, que también era el suyo con otro nombre. Se sabía al pie de la letra el catecismo del tiempo de la colonia, y confesándose, recuerda el Padre O.F., "¡me llamaba hijito!"

De aquellas velas que se compraban en los conventos, Rosamond, olvidándose un momento de desprestigiar a frailes y a curas, escribe que son tan benditas, eficaces, "que encendiéndolas en las casas se van de éstas todos los malos espíritus".

Nos dice Rosamond cuyo histerismo es evidente[189] y que sólo debió alternar con gentes de menos que mediana condición: "cualquiera puede comprar velas en los conventos. Si una joven quiere ganarse el amor de un caballero, entrega una suma de dinero al sacerdote. Se compran velas de maldición[190]. Las venden y las bendicen."

"Las velas de maldición no se queman en presencia de la ima-

---

[189] Bautizada por su amante, el padre Manuel una vez que enfermó, la ceremonia del bautismo le produce terror. "Los frailes a mi alrededor me parecían diablos, horror me infundían su ceremonia. En la habitación quemaron incienso en un incensario que decían era muy sagrado, para que se fuesen los espíritus malos... Cuando terminaron la ceremonia la excitación y el miedo que me causaron hizo que me olvidase que estaba enferma. Me puse bien y me dijeron que gracias a que me habían bautizado. Me volví tonta, era como un niño y no quería más que andar por las calles. Sola, sin saber por dónde iba, cuando veía a un fraile me encaminaba hacia él y le gritaba en público que ellos me habían vuelto loca, que me habían echado brujería."

[190] "Los sacerdotes pueden maldecir con ellas en las cabezas de las mujeres con quienes viven celebrando misas y encendiendo velas". Decir misa en la cabeza, explica, es una expresión idiomática que se usa entre los papistas (el clero de Cuba).

gen de un Santo, pues sería pecado, sino en habitaciones. Las rojas, generalmente, llevan hincados nueve alfileres en forma de cruz, que los sacerdotes enseñan a fijar. Los alfileres tienen que ser nuevos y de uso corriente. La regla consiste en quemarlos durante nueve días y hay que mandar a decir nueve misas para el individuo que se maldice."

Uno de nuestros negros brujos montunos a quien tendríamos que situar de lleno en el campo de la goética, el mismo que nos decía que en Africa sus antepasados hechizaban con velas, nos confiaba que cuando deseaban aniquilar a una persona, los brujos proceden del modo siguiente: "vamos al monte y junto a un palo seco, un árbol sin vida, en el que está el alma de un muerto, como los había en Africa y los hay aquí en Cuba, invocamos al *ikú* dueño del árbol y con el nombre de la persona sentenciada le ponemos al pie la vela encendida. Al hombre condenado lo emplazamos y muere. Para este trabajo nos servimos de un canuto de caña brava, lo vaciamos y dentro metemos la vela, que hemos dividido en nueve pedazos sin cortar la mecha; cuando un trozo se consume el otro sigue ardiendo. Cuando el último se apaga la persona enferma y morirá días después o en la misma fecha que se le ha señalado."

El gas, sobre todo la electricidad desplazó a las velas en el alumbrado de las casas, y de éstas, con el tiempo, en La Habana, fue desapareciendo el "cuarto de los Santos", oloroso a cera y a incienso. "El cuarto de los Santos" se convirtió en "el cuarto de los escaparates" donde se guardaba la ropa. El consumo doméstico de cera para las devociones mermó notablemente, pero la Santería continuó encendiéndoles velas a los dobles blancos de sus Orichas, a sus Orichas y a sus Egun.

En sus casas son tan imprescindibles a su sacerdocio como los caracoles, el coco, el aceite de corojo, la manteca de cacao, la cascarilla de huevo, el maíz, la jutía y el pescado ahumado.

A cada paso aparecen con los innumerables *iches* que los viejos taitas legaron a sus descendientes criollos, fórmulas mágicas, frases y rezos que no son africanos sino españoles.

Volviendo a las lámparas que se utilizan para bien, o para mal como aquellas velas de maldición de que nos habla Rosamond, seguiremos dando al lector curioso... o necesitado, otras recetas de magia amorosa en las que éstas son indispensables.

Amarres

La Iyalocha, como toda persona consciente, ha de estar en muy buenos términos con Elegua para que este *didi* (ligamen), sea efectivo. Preparar un omiero con las yerbas consagradas al Oricha y todos los ingredientes necesarios: pescado ahumado, jutía, *yefá*, agua bendita, los tres precipitado, bálsamo tranquilo, polvos de valeriana, de semilla de adormidera, de raíz de ruda, apasote y vergonzosa. Dos muñecos sujetos con cadenas; en uno el nombre de la persona que ata y en el otro el del que va a ser atado. Que las cadenas sean de madera. Una piedra imán, tres clavos de hierro, un trocito de palo paramí, "que domina", del amansa guapo, "que desarma" y de yamao, "que atrae". Miel de abeja y aguardiente. Los nombres escritos en un papel envuelto en un pedazo de algodón, y sobre éste, pelo de las dos personas, y si es posible, semen para el ligamen de un hombre. Todo se entesa en hilo blanco y negro. Los muñecos y el paquete se colocan en una caja. Esta se clava y se entierra bajo una ceiba.

Otro: Se enciende una vela al pie de Elegua. Formando una cruz se colocan los papeles con los nombres y apellidos de las personas escritos y sobre éste, pelo de la que se va a ligar. Se derraman los tres precipitados, aceite de palo de adormidera y bálsamo tranquilo, raices y astillas de marpacífico, de amansa guapo y paramí. De todo se hace un *idídi* (paquete), y se amarra fuertemente con hilo blanco y negro. Se introduce en un *omiero con las* hierbas de Elegua, agua de río, agua de las dos vidas, vino dulce, aguardiente y miel de abeja. Se le reza y canta a Elegua. El paquete se tiene tres días junto al Oricha y la lámpara para atraer permanecerá encendida.

Otro: En el suelo se coloca el retrato u otra pertenencia íntima de la persona objeto del ligamen. A éste se le pasa por encima una vela cuyo recipiente contiene agua de su casa, aceite de comer, aceite tranquilo, amansa guapo, siete "kilos prietos" (centavos), álamo, yamao, no me olvides y siempre viva. Tres limones, aceite de alacrán, agua salada, tres raíces de apasote y los nombres de quien ata y de quien se ata. Siete gotas de aguardiente. Se pone ante Elegua y se enciende tres días. Se le pide a Elegua que preste los siete nudos de los siete ahorcados de la Cabaña, y al cumplirse tres días esa lámpara se lleva al cementerio y se deja sobre la fosa de una doncella.

Lámpara para seducir a un hombre: En una cazuela nueva se echa aceite de comer, vino tinto, aguardiente. Con hilo blanco y negro se ata un papel con los nombres y apellidos escritos, atravesados por siete agujas y se meten dentro de la cazuela. Se encenderá una lámpara durante nueve días, al término de los cuales se sacan las agujas y se entierran.

Para atraer: Un corazón de paloma, siete alfileres, aceite tranquilo, de oliva y de almendra, miel de abeja, precipitado rojo, el nombre de la persona que se quiere seducir y el de la persona para la que se hace este *iche*. A los cinco días se entierra y se llama a la persona deseada.

Otro: Se "amarra" utilizando las plantillas de los zapatos de quien será objeto de este hechizo; alfileres, paja de maíz, pelo y un trozo de camisa. Se escriben los nombres de la persona que será ligada y del que liga y se colocan formando una cruz, se atan con una madeja de hilo y luego se entierran. Se paga un derecho al Oricha que protege el trabajo.

Otro: Iche para atraer y dominar a la persona amada. Se hace con aceite de comer, tinta negra, azogue, siete granos de pimienta y rasura de ciervo. Se desnuda enteramente al interesado ante Elegua, que dirá mientras hace siete nudos en una cinta de hiladillo: "por las siete palabras que dijo Cristo en la cruz, con dos te miro, con tres te veo, con el Padre, el Hijo y el Espíritu Santo, que X. venga a ponerse a mis pies."

Este otro amarre se realiza encendiendo una lámpara a Obatalá y a Elegua con aceite de almendras y el nombre y el apellido del sujeto escritos en un papel. Se invoca y se ruega a Elegua y a Obatalá y se le sacrifica un pollo a Elegua.

También se "amarra" a la mujer deseada, con caña y fécula de maíz, raíz de yuca, mazorquilla, rabo de zorra, jengibre, cinco corales y pelos tomados de su pelvis en los días de su regla, y un capullo de algodón.

Para que un hombre sea fiel a su mujer, este trabajo que pasa por clásico y tiene aplicación para ambos sexos: Cinco corales en forma de cruz y un ámbar, se reducen a polvo uno a uno. Se vierten cinco gotas de miel cinco veces, es decir, veinticinco gotas, en una jícara o pomo ante Ochún, y se canta mientras se va ligando el *aché* del coral y del ámbar con la miel. Se lleva al río y allí se toma una hoja de achibatá pagándole a Osain, el dueño del monte, un derecho. Con esa hoja se cubre la jícara o el frasco y se tiene ante Ochún cinco días. Cumplido este plazo la Iyá recoge la hoja de achibatá, le extrae el zumo y le ordena a la mujer celosa, que lave con él sus partes genitales, se introduzca un algodón mojado en miel, lo pase por fuera y se una a su marido. Mientras se ripia el achibatá se canta para Ochún y Osain.

Otro: El corazón de una paloma atravesado por cuatro alfileres, una piedra de río (china pelona), aceite de oliva, aceite tranquilo, precipitado rojo y azúcar candy, convierten en amor la indiferencia: "así como el Santo (invocado) ablanda esta china pelona, se ablandará el corazón de X." que hasta ese momento ha permanecido indiferente.

Otro buen *iche* para atraer: son los ingredientes, cinco corales, palo paramí, mamey, mazorquilla, sándalo, rasura de ciervo, amansa guapo, pelos de perra ruin, cáscara de huevo de paloma, jengibre e incienso.

Elegua y Ogún auspician este amarre que se practica con la plantilla del zapato, pelo de la cabeza y un pedazo de tela sudada por la persona que se ha de ligar. Paja de maíz, amansa guapo y siete granos de pimienta. Se entierran cuatro clavos dulces para Ogún y se enciende una mecha en aceite tranquilo para Elegua. Al amanecer del día siguiente en que se ha hecho el amarre, éste se entierra bajo una losa en el patio de la casa, y se le pone encima una jicarita diciéndole: "talismán de Dios dame tus galas para que Fulano de tal esté siempre a mis pies."

Para atraer, invocando en esta lámpara a Changó, se emplea el aceite de ballena, de almendra, de corojo, bálsamo tranquilo, azogue y agua, el nombre escrito en un papel y colocado en la forma descrita.

Otra lámpara que se enciende al pie de Elegua para seducir, se compone con jengibre, amansa guapo, sacu sacu, cambia voz, amor seco, jobo, hiedra, valeriana, madejas de hilo de seda negra, roja y amarilla, polvos de amor y Vencedor. Elegua será muy complaciente si se le ofrece un arencón untado de un lado con manteca de corojo y del otro con miel de abeja.

Muy sencilla y quizás no menos eficiente esta fórmula para llamar y atraer a la persona amada: a las doce del día se pone su nombre en un vaso de agua con miel, alcanfor, adormidera y azogue. Y se enciende una vela. Lo mismo puede hacerse a las doce de la noche, colocando en alto el vaso con el nombre de la persona.

Para invocar a la persona amada se empleará pimienta, jengibre, canela en rama, mantequilla, aceite de comer y manteca de corojo. Se escribe su nombre en el suelo con cascarilla, formando una cruz. Junto a ésta un jarro de agua y se enciende una vela.

Excelente, dicen, este ligamen en que intervienen dos lagartijas, hembra y macho. Siete agujas, hilo negro, blanco y rojo, un trozo de madera de jobo, tierra o lodo de los zapatos del sujeto que se va a atar, un pedazo de su camisa u otra prenda íntima que esté impregnada de su sudor y que se mojará en aguardiente. Todo se coloca ante Elegua y se le ruega al Oricha.

Este ligamen, no menos cruel y con evidente influencia de Mayombe, (magia conga) "da el mejor resultado": se le cortan la cabeza y las extremidades a una rana. Se meten en un frasco con agua y tierra de una fosa del cementerio. Se tapa y se deja expuesto al sol durante nueve días. Luego se vacía una calabaza y se vierte en ella el contenido del frasco, que se pone diariamente al sol. Ya bien secas las patas y la cabeza de la rana, se hacen polvos, se ciernen y se soplan en la puerta de una p... Después se hace el amarre con las plantillas de los zapatos, el trozo de camisa sudada, paja de maíz, siete alfileres, siete granos de pimienta de Guinea, amansa guapo, pelos de la persona y se hace una lámpara en una calabaza, con manteca de corojo, aceite de oliva y bálsamo tranquilo. Después de arder los días fijados se entierra cubriéndola con una jícara.

Muy seguro también en opinión de la vieja Iyalocha que nos lo comunica es el siguiente amarre, en virtud del cual jamás un marido o un amante, abandonará a su mujer legítima o a su querida: en un pañuelo blanco su semen. Se humedece el pañuelo con aguardiente, se deja secar y una vez seco se le arrancan siete y siete tiras —catorce— y en cada una se hace un nudo. Se atan todas las tiras y se ponen debajo de Elegua con tres raíces de apasote.

—"Yo amarro", nos dice otra informante, "poniendo en el suelo los nombres y apellidos escritos de modo que formen una cruz y coloco encima una tijera."

"Se amarra mezclando los tres precipitados, bálsamo tranquilo, los nombres escritos y siete agujas. Polvos de paramí, yamao y amansa guapo. Esta lámpara se enciende tres días seguidos."

Siete muñecas de sal, cinco de azafrán, anís y comino. Se toman siete piedras de las cuatro esquinas en que vive la persona que se va a amarrar. Tres palos viejos, su nombre escrito, un macao y polvo de sus pisadas. Se meten en una bolsa que se introduce en otra mayor. Se le rocía con vino seco y se pone en una esquina.

Para atraer, la vieja Tona nos comunicó su secreto: excremento de gato y de la persona interesada, pimienta de Guinea, rabo de gato negro y tierra de cuatro esquinas. También recomendaba por lo eficaz que era y lo pronto que se veía el resultado, el trabajo del grano de maíz que se da a tragar y una vez defecado se le administra a la persona que se desea dominar. Lo curioso es que este amarre que la vieja considera muy africano se hacía en Andalusía con una haba cruda, y a los efectos de su rescate y aplicación se le llamaba "dar la haba cagada".

Con frecuencia un enamorado o una enamorada, al enterarse que la persona amada proyecta trasladarse a otro pueblo o a otro país allende el mar, acude al Santero para pedirle que impida con sus poderes que aquel viaje se realice. No siempre, huelga decirlo, es un interés amoroso el que impulsa a recurrir a fuerzas sobrenaturales para obstaculizar una mudanza o un viaje. Para esto, en cualquier caso, son muchos los medios de que disponen una Madre o un Padre de Santo.

Por ejemplo: el nombre escrito del sujeto se coloca en cruz y al revés en el fondo de un vaso. Encima se le echa borra de café y agua. Se enciende una vela untada con manteca de corojo, se coloca junto a Elegua y se ruega al dueño de los caminos. Si apesar de este trabajo la persona se marcha, paciencia, que la Iyalocha o el Babá la harán volver: entonces, en una tira de papel aproximadamente del tamaño del ausente, se escribe su nombre siete veces. Se corta la tira con una tijera nueva y se tiene siete días al pie de Elegua. Al séptimo día se quema, se reduce a cenizas y éstas se echan, si la persona se ha trasladado a otro pueblo, en la manigua, en dirección del lugar en que se encuentre. Si cruzó el mar se echan al mar. Y se compone una lámpara en una calabaza, que la atrae.

O respaldado el siguiente trabajo por Elegua, Ogún y Osain, se llama y se obliga a regresar a la persona ausente y añorada, colocando su nombre escrito en un papel, en el fondo de un plato blanco y nuevo. Se le vierte encima aceite de almendras y de coco y se prenden tres mechas de algodón. A los tres días, seguramente, esa persona retornará.

Una devota ya madura nos cuenta cómo rescató a su marido, que se le había escapado hacía años, a Puerto Rico con una jovencita. Sencillamente, empleando una calabaza, cinco uñas de gallo, un huevo, pimienta, mejorana y agua de Florida. Un pedazo de calzoncillo del infiel y se escupe tres veces centro de la calabaza. Su nombre y apellido escrito en un papel, se coloca debajo de la calabaza y ésta se tiene nueve días en determinado lugar. Luego se lleva al río.

La Santísima Piedra Imán, como la de las Animas Benditas del Purgatorio, es otra devoción que los africanos aprendieron de los blancos, y aparece continuamente en estos ligámenes y trabajos de magia amorosa: en una tinajita, la Piedra Imán con tres agujas, vino dulce, azogue, precipitado rojo, el nombre del hombre escrito colocado en posición vertical y sobre éste, horizontalmente, el nombre de la mujer que lo ata. Junto a la tinajita un vaso de agua.

Otro: Una Piedra Imán lavada con vino seco. Tres clavos de herrar. Un huevo, perejil, el paño con que se limpia la persona, un pedazo de amansa guapo y su nombre. Todos los viernes rociarla con vino seco y encenderle una vela.

Otra: La Piedra Imán, tres agujas, tres clavos, cabellos de las dos personas y con su nombre el retrato de la que se va a atar. Un paño, un pañuelo sudado, hilo negro, amarillo y rojo. Una planta de lirio sanjuanero. Un coco pintado de azul añil, cascarilla, azúcar blanca y manteca de cacao. Se llevará al mar.

Para ejecutar el siguiente ligamen, primero ha de calentarse un clavo que se dejará siete días sumergido en aguardiente isleño. Al término de este plazo se vuelve a calentar el clavo, se rocía con el aguardiente y se clava llamando a la persona objeto de este iche.

La Piedra Imán, tres clavos de caballo y saliva recogida en un algodón. Tres agujas y pelos de las dos personas colocados en cruz. Raíces de apasote, un paño rojo y alambre dulce. Se rezan tres credos y se ata todo con el alambre. El género rojo se humedece con vino seco y se ahuma con tabaco. Se enciende una vela y se reza: "¡Oh Samaritana que cuando sacabas agua del pozo etc..." Todo se pone al sereno para que reciba los rayos de la luna y se le dice: "Caballito de siete colores, Santo Tomás ver y creer..." Todos los viernes se rocía con vino seco y se prende una vela.

Otro: Una semilla de mate hervida con paramí, llamador, mejorana, hierba buena, siempre viva y una piedra de la Caridad del Cobre. Se reza ante Ochún llamándola con su campanilla y cantándole sus oriki. Un saquito de tela amarilla, una cinta de hiladillo de media vara de largo, los nombres completos y se hacen siete nudos. En la corbata del hombre y atado con un solo nudo, el pelo de la mujer que se liga. Este trabajo permanece veinticuatro horas en aguardiente y se pone después con la Santísima Piedra Imán.

En esta *fitila* se conjugan las fuerzas de Yemayá y de la Piedra Imán: en un recipiente hondo se echa agua de mar, la Piedra, sangre de gallo, los tres precipitados, azogue, siete pedacitos de raíces de álamo, licor de berro, vino dulce y aceite de comer. El nombre del sujeto y que la vela arda siete días consecutivos.

Esta otra lámpara para seducir actúa bajo la influencia de Ochún y está dedicada a los Cinco Sentidos: se introduce en un tazón nuevo el nombre del sujeto escrito cinco veces; encima se coloca la Piedra Imán, cinco agujas y se le vierte sangre de paloma o del animal que se sacrifique, cinco clases de vino dulce, aceite de oliva, miel de abeja y azogue. Cinco mechas encendidas durante cinco días.

También bajo la influencia de Ochún opera la lámpara siguiente: el nombre escrito de la persona se coloca en un recipiente de tamaño regular, con cinco cucharadas de miel de abeja, cinco claras de huevo, cinco clases de vino, los tres palos que intervienen siempre en estos trabajos de magia amorosa, amansa guapo, yamao y paramí; precipitado amarillo, un chorrito de aguardiente, cinco gotas de esencia de canela y aceite de comer. Cinco días arderá junto a Ochún. Después se lleva al río y el interesado le dirige a la diosa estas palabras que aprenderá de memoria: "Virgen de la Caridad, Dueña del Agua y del Amor. Dueña del río, tus aguas corren sin detenerse. Te pido Madre mía que así como corren tus aguas, venga Fulano corriendo a rendirse a mis pies. Haz ese prodigio que satisfaga mis ansias. Caridad, dame lo que te pido y seré tu esclava una entusiasta fervorosa de tus misterios."

Y con esta, encomendándose a la Quinta Potencia y al Cristo de la Agonía, se hace un amarre inquebrantable: agua de coco, miel de abeja, miel de purga, manteca de cacao, hierba de la niña —*ewe nené*—, polvos de imán, alcanfor, zumo de un limón partido en tres. Uñas de los pies y de las manos, semen, dos raíces de apasote y cinco mechas.

Se hacen otros muchos amarres a los que el Santero garantiza por lo menos cuatro años de duración, es decir, que la persona que se liga permanecerá presa cuatro años.

Se trata aquí de un Osain (amuleto) que se fabrica de la siguiente manera: se pone un clavo de punta en el fuego y se retira cuando ha enrojecido. Una vez frío se encanta —"se trabaja"—, se forra con el cabello de la persona que ata y con el de la que será atada y se envuelve en un papel con los nombres de ambos escritos, hojas de ruda, raíz de hierba hedionda, y se sigue envolviendo en un trozo de tela roja. Mientras se "entisa" y se ata se invoca a Changó, a Elegua y se "hala a Osain". Se pregunta cuantos días debe quedar el trabajo sobre la batea de Changó. Al transcurrir el término que señale el Oricha se entierra a la sombra de un jagüey.

Un Osain de Ochún se compone de cinco uñas, el corazón y la lengua de un gallo, cinco *ataré* —granos de pimienta—, cinco *eleke* —cuentas— de Ochún y de Changó. Cinco pedazos de *ekó*, cinco de *eyó* y hierba pata de gallina.

Afoché

Se puede amarrar a la persona amada o subyugar a la que no corresponde a un amor, administrándole en una bebida o haciéndole aspirar ciertos afoché o polvos.

Así la mujer prendada del hombre que ignora sus sentimientos, la rechaza o fija sus ojos en otra, puede transformar súbitamente su indiferencia o antipatía hacia ella en la pasión más ardiente, diluyendo en su café, refresco o bebida alcohólica un *afoché* de cuya eficacia es difícil dudar por las materias que se emplean en su confección: ¡"siete lombrices de tierra, sangre menstrual, heces fecales, cabellos de la cabeza y de todo el cuerpo"!

Pero logrará lo mismo con esta receta: sangre menstrual seca, polvo de todas sus uñas, pelos de la cabeza, de la pelvis y de las axilas. Corazón de zunzún, una pequeña cantidad de semillas de adormidera, raíz de ruda y amansa guapo. Reducidas todas estas materias a polvo se ruegan al pie de Elegua y se dejan tres días en el habitáculo del Oricha. Después se dan a tomar diluidas en café, chocolate o en la comida, al hombre que se desee ligar.

Si se ha de utilizar este *afoché* a favor de un hombre que desea amarrar a una mujer, la sangre menstrual se sustituye por semen.

Polvos de excremento de león y de gallina, de pelos y uñas, de corazón seco de paloma, de pellejo de molleja de guinea, de amansa guapo y paramí, administrados en el café o la comida son también muy efectivos; así como los de babosa, yamao, amansa guapo, paramí, resedá, una hierba llamada "duérmete puta" adormidera, sensitiva, pétalos de pensamiento, no me olvides, "pégate pollo" y mucha canela en polvo, que actúan bajo la influencia de Ochún.

"Polvos bravos" y de rápido efecto son estos que nos comunica V. A.: excremento de gato, hueso de muerto, carapacho de jicotea, pata de cangrejo, papel de estraza, azufre en polvo, sal en grano, raíz de rompe zaragüey, tapa camino y hoja de cerraja.

Para preparar los siguientes polvos de seducción se enciende una lámpara a Santa Marta, que se compone con aceite de comer, orines, vino tinto, zumo de limón, azúcar candy, azogue y la sangre de una paloma negra, de la que se saca el corazón y se envuelve en un papelito con el nombre de la persona deseada escrito al revés y atravesado por siete agujas. Se ruega y se pide, a favor del enamorado, la intervención de Santa Marta en nombre de las Siete Palabras que pronunció Cristo en la cruz. Luego se tuesta y se hace polvo el corazón de la paloma, con pelos de la sien y del centro de la cabeza, siete lombrices, su sangre menstrual si es una mujer quien ordena este hechizo, y semen seco de león o de cerdo si es un hombre. Este *afoché* deberá ser ingerido en la comida.

A Santa Rita se la invoca en la ejecución de muchos *iches* de magia amorosa. Por ejemplo: en el que se practica con dos lagartijas hembra y macho, excremento de la persona, de león, de gallina y de perro; corazón de paloma atravesado por siete alfileres, canela y pimienta. Aceite tranquilo y de oliva, precipitado rojo, azúcar candy y piedra de río.

Preparados por la Santera o el Santero, los polvos también se soplan, se esparcen a la entrada de las casas o se untan en el cuerpo como lo indica esta fórmula que tiene por objeto hacer prosperar en su oficio a las prostitutas: polvos de Talismán, de pelos de perra ruin, de cáscara de huevo de paloma que esté clueca, rasura de venado, incienso, precipitado blanco, valeriana

Afoché

en polvo, canela en polvo, cascarilla y yamao. Cinco corales. ("Deberá usar este *afoché* cuando esté en su negocio.")

Para atraer, aventándolos o echándolos disimuladamente sobre la persona cuyo interés se quiere despertar, estos polvos se emplean con frecuencia: hojas de resadá, flores de no me olvides, mejorana, amansa guapo, paramí y cascarilla.

También para uso personal y con gran poder de atracción, se nos dice que este otro afoché de fácil elaboración, "es muy recomendable": polvos Pompeya, canela y valeriana en polvo. Se ligan y, describiendo una cruz, se rocían con agua bendita y se le echan unas gotas de azogue.

Algunas mujeres han logrado casarse con el hombre de sus sueños, simplemente frotándose en las manos y pasando por su pañuelo polvos de cáscara de huevo.

Otras han embobado a sus maridos con polvos de raíz de vetiver, valeriana, amansa guapo, yamao, paramí, raíz de embeleso, flores secas de pensamiento, tapa camino y babosa. Se dan en cocimiento de raíz de vetiver con café. Dos días catorce gotas, y el tercer día veintiuna.

Algunos tenorios, soplando sobre tiernas adolescentes unos polvos de excremento de perra ruin, pica pica, herrumbre y sacu sacu, han logrado que éstas escapen con ellos.

Para que se abra acogedora la puerta del hombre o la mujer que se desee se buscarán flores amarillas de maravilla. Se tuestan con las semillas y reducidas a polvo se ponen en un algodón dentro de una taza blanca con manteca de cacao y cascarilla, cubriéndose con un género blanco, sobre el cual se deposita una hoja de prodigiosa. Se ruega ante Obatalá, y durante unos días, ocho, se echan en su puerta.

Para ver realizado el mismo anhelo, este iche que practicará el Santero a favor de su consultante: en una cazuela nueva un huevo de gallina, azogue, aguardiente, un pargo pequeño y un ratón asados. Maíz finado, miel, canela en rama, corteza de güín, una pluma de gallo, de guinea y de paloma. Una vara de tela punzó. Todas estas especies se echan dentro de la cazuela que se ata con la tela y se lleva al monte después de haber permanecido cinco días ante Babá.

Un afoché se introduce también en un cigarrillo o en un tabaco. Así, a la mujer que teme que su amante la olvide, la Iyalocha, invocará el nombre de éste, tomará un mazo de no me olvides, lo tostará y cernirá hasta convertirla en ceniza sutil. Ya en su casa la mujer se servirá de un palillo de dientes abrirá un hueco en el cigarrillo o en el tabaco que fuma su amante y lo rellenará con ese polvo. El hombre después de aspirarlos pensará continuamente en ella. Está de más decir que la Iyalocha prepara este afoché al pie del Oricha, con una vela encendida.

Son innumerables también, para hacerse amar, los baños, esencias, sahumerios y baldeos de suelos, que se aconsejan.

Baños para conseguir hombres: se hierven cinco mazos de perejil con rajas de canela, miel de abeja, limo de río, rasura de venado, anís de estrella, amansa guapo y azogue. Darse cinco baños y usar los polvos Talismán de Belleza.

Otro: álamo, imo macho, "pégate pollo", flores de no me olvides, yamao, paramí, palo vencedor y cundiamor. Benjuí, agua de la vida de las mujeres, agua bendita, miel de abeja, aguardiente de caña y agua de azahar. Cinco baños. Los hombres para conquistar se darán otros cinco baños con las hierbas citadas, empleando el agua de vida de los hombres.

O bien cinco baños con imo, yamao, cundiamor, esencia de canela, agua bendita y de la vida de los hombres, y anís de estrella. Después del quinto baño se toma una muñeca de loza muy pequeña y se viste de mujer. Con un poco de cola se le pega en la cabeza un mechoncito de cabellos de la mujer que se quiere seducir. La muñeca se bautiza con su nombre, se ata con tres hilos negros a tres palitos de amansa guapo, yamao y paramí, se introduce en una lata y se pone ante Elegua. El hombre para quien se prepara este *iche* llevará después la muñequita encantada con él, y cuando vea a la mujer que ama, le dirá mentalmente, con todas sus fuerzas: "¡ríndete, ven a mis pies!"

Es bien conocida la efectividad de los baños de perejil con clavel blanco, miel, canela en polvo y polvos de la Santísima Piedra Imán.

En cuanto a las esencias la finalidad de éstas es agradar, ilusionar y atraer.

—"Existe una sola fórmula para preparar las esencias de enamorar", nos dijo una de las autoridades que consultamos hace años, "y es la siguiente. Vamos a llamarla Fórmula Madre. En un botellón se depositan los ingredientes principales que se utilizan para atraer: extracto de canela, anís, limón, azahar, romero, benjuí, agua bendita, yefá de Orula, corteza de sándalo, babosa, tres precipitados, aguardiente de alambique y aguardiente de Isla. En la preparación de las esencias empleamos las flores de embeleso, de no me olvides, de resedá y de pensamiento: Ruda, que es muy mágica, hojas de yamao, de paramí, de amansa guapo, de sensitiva, de duérmete puta y de adormidera. Polvos de palo vencedor y los orines de una perra en celo. Cuando el botellón contiene todos esos ingredientes, se pone al pie de los Santos. En el momento en que una persona necesita una esencia, se le pide que traiga un pomo chico con sus orines. Sin que lo vea se le echa de la esencia del botellón y tres gotas de los orines que trajo, en otro pomo. Después se reza tres veces la Oración del Anima Sola y se deposita el frasco tres días junto a Elegua. Se le entrega al consultante que usará de esta esencia en el pañuelo, en la cara y en las manos."

Esa Fórmula Madre, —el botellón con los ingredientes descritos— se elabora el Sábado de Gloria para que éstos tengan más aché y operen con mayor eficacia.

Casi nunca faltan en las esencias de seducción esas tres gotas de orines desconcertantes para los legos en la materia. Veamos, por ejemplo estas dos fórmulas: para ser usada por un hombre llevará tres gotas de orines, saliva, agua bendita y agua de azahar. Para mujer: añadir a todo lo anterior tres gotas de sangre menstrual.

A la Loción Pompeya se le agrega yamao, paramí, resedá, mejorana, amansa guapo, agua de azahar, agua de Florida, tres gotas de orines y rezarle a la piedra de la Caridad del Cobre.

No obstante, las tres gotas de orines no aparecen en otras recetas tan recomendables como la que se compone con la insustituible Loción Pompeya, Amor Vencedor, —"antiguamente con patchulí"— albahaca y pétalos de Santo.

O en esta igualmente muy sencilla, que aficionaba Niní, "santera de blancas finas": polvos de olor —de los caros—, flores de azahar y albahaca.

Para conseguir novio: Loción Pompeya, Agua de Florida, agua bendita, agua de azahar, albahaca menuda, una piedra de la calle y decocción de paramí y yamao.

Para que la unión de una pareja se realice: siete esencias diferentes con Agua de Florida, agua de coco, de carabaña, de pozo, de río y de mar.

O la vieja fórmula de esa esencia que fuerza al novio remiso a adelantar la fecha, siempre pospuesta de su matrimonio: zumo de albahaca, agua de azahar, agua bendita, heno tostado, vino seco o aguardiente de Isla e, importantísimo, agua de la tinaja o sopera de Ochún.

Al agua de Colonia "¡de Guerlain!" nos advirtió una vieja, había que darle preferencia, y a ella le debemos esta fórmula para ser dichosos: "la botella de Agua de Colonia Guerlén se entierra siete días en un lugar donde nadie pise. Con ella se perfumará el cuerpo y el pañuelo. Se tomarán tres baños con todas las especies de albahaca; azucenas y rosas blancas. Se cocina harina de maíz en agua sola, sin ninguna especie, y se harán siete bolas que se dejarán caer en siete esquinas de calles distintas, calculando que la casa en que se vive quede localizada en el centro de éstas, y se tendrá en la cabecera de la cama, durante cinco días, un huevo con miel de abejas, que luego se envía a arrojar en un hierbazal."

Aunque no esté hechizado, "trabajado", todo perfume agradable es un agente mágico que despierta la sensualidad y es por eso que las Mamalochas aconsejan tanto su uso.

"Por poco agraciada que sea una mujer", le oímos sentenciar a Niní, "si huele sabroso, ilusiona"... Los perfumes, como afrodisiacos, actúan también en sahumerios que se queman en las habitaciones como incentivo amoroso o donde quiera que convenga crearse una atmósfera de voluptuosidad. Se emplea en muchos *iches*, el perfume de azahar, como por ejemplo, en este muy conocido, con el que se logra vencer los obstáculos que estorban la realización de un matrimonio: dos muñecos vestidos con trajes de boda representan a los novios. La Santera prepara un sahumerio con polvos de olor y valeriana y sahuma a los novios pronunciando sus nombres y rezando seguidamente seis credos, de los cuales tres al revés. Luego los muñecos se ponen ante el Oricha de la persona interesada y se quedarán allí hasta que se celebre el matrimonio. Entonces los guardará como reliquia; deberá rociarlos con agua de azahar y encenderles una vela, los días primeros de cada mes.

En el hechizo siguiente, que se practica con la misma finalidad que el anterior, dos muñecos pequeños de loza representan a los novios. La Iyalocha tiene a su alcance algodón, un vaso, dos huevos de paloma, agua de azahar, agua bendita y harina de maíz. Toma los muñecos después de llamar a cada uno por su nombre, los mete en el vaso y les echa los huevos partidos. Siete días permanecerán en el vaso a sol y sereno, y al sacarlos los pasa por un sahumerio compuesto con la harina de maíz y las cáscaras de los huevos. Como en el iche anterior, se rezan los credos al derecho y al revés, mencionando los nombres de los novios al terminar cada oración. Se amarran con una cinta de hiladillo del tamaño de la persona empeñada en que se lleve a cabo el matrimonio, se asperjan con el agua bendita y el agua de azahar y se envuelven en algodón diciendo: En el nombre de Dios Todopoderoso Fulano y Mengana quedan casados. Los muñequitos se guardan en una caja pequeña, preferentemente en una lata. Los días primeros de mes se les salpicará con agua de azahar. (Mas ¡ay, sería terrible si se les anegase en agua de azahar y se les arrojase al mar!)

Los sahumerios de benjuí, mirra, estoraque, valeriana, y de ciertas hierbas y flores, juegan un papel importante en la magia sexual de nuestro pueblo. Pero son también esenciales para purificar y "espantar lo malo" de sus casas.

Sahumerio Maravilloso lo llaman los Santeros porque elimina de ellas las influencias nefastas y atrae las buenas: fajón en polvo disuelto en alcohol de 40 grados, benjuí en polvo, incienso, mirra, estoraque y alcanfor. Se hace una pasta y se deja secar en un recipiente de forma cónica. Se traslada luego a un plato y se reza: "Casa de Jerusalén donde Cristo entró, el Mal al punto salió entrando a la vez el Bien. Yo pido a Jesús también que el mal se vaya de aquí y venga el Bien para mí por este sahumerio, Amèn."

Muy usual y benéfica es la siguiente fórmula que no difiere gran cosa de la anterior: azúcar prieta en polvo, 1 gramo; carbón de pino, $1\,^{1}/_{2}$ gramos; incienso, 1 gramo; benjuí, 1 gramo; estoraque, 1 gramo; alcanfor, 1 gramo.

Y hay sahumerios, como hay esencias, para encantar una carta de amor o predisponer a favor del remitente la voluntad de la persona a quien va dirigida.

Para esto se recomienda un sahumerio de laurel, clavo, incienso, mirra, azúcar, canela, cáscaras de ají, hojas de paramí o de embeleso.

Para encantar una carta, nos confió una hija de Ochún, ésta se coloca sobre un género amarillo en el que traza una cruz con polvos de valeriana. Puesta la carta sobre la cruz, toma un gajo de albahaca, lo moja en esencia y la rocía tres veces. Durante cinco días se guarda dentro de la sopera de Ochún, y luego se envía o se le entrega al destinatario en sus propias manos.

No hay que olvidar que entre los medios de que disponen las Iyalochas para protegerse y proteger a sus ahijados y consultantes de las agresiones de fuerzas maléficas dirigidas contra ellas, son indispensables los baldeos de las casas en que viven, complemento a la vez de muchos trabajos.

Para que el *ilé* de una Omó Yemayá se mantenga *"tutu"* —fresco— y próspero, se reunirán en abundante cantidad en una batea siete clases de agua: de mar, río, pozo, lluvia, coco, bendita y mineral, con añil, melado de caña, pescado ahumado, jutía, yefá de Orúmbila y siete pedazos de ekó. Se echan siete hojas de prodigiosa, y entonando siete cantos en loor de Yemayá se friega el suelo con una escoba de palmiche. Terminado el baldeo se preparan siete palanquetas que adorna la Iyalocha clavando una banderita azul en cada una. A los siete días se le llevan al mar a Yemayá.

Algunas plantas tradicionales en el culto y en la magia son indispensables en estos baldeos que aclaran la suerte, como el piñón botijo, cuya savia se transmuta en sangre los viernes santos, la hierba buena, el "abre camino", el totón, a las que hervidas y puestas a enfriar se les añade agua bendita, agua de las dos vidas, de añil, de río, de pozo, de mar y de lluvia; y en caso de carecer de alguna de ellas, de azahar o agua de los Hermanos Carmelitas. (Esta es una fórmula muy antigua.)

Las hierbas atipolá, ewereyeyé, berikolá y verdolaga, ripiadas en una batea colmada con las aguas que hemos mencionado y bien batidas; manteca de cacao, coco rayado, *ekó*, miel, melado, añil, ocho pedazos de *yefá* de Orula, cascarilla de huevo, son inapreciables para los Santeros, que aprovechan su aché para purificar y atraer la suerte a sus moradas. En ocasiones, cuando el Santero o la Iyá ha mezclado con las aguas las materias anteriormente enumeradas, da principio a los rezos que comienzan con los de Elegua y terminan con los de su Oricha, procede a baldear el suelo y le pone a los Ibeyi una "plaza", es decir, una ofrenda de frutas. Al terminar hace una fumigación con benjuí en polvo.

Y es muy recomendable para atraer la suerte baldear las casas con lechuga, berro, apio blanco, escarola y maravillas hervidas, tres clases de arroz, incienso y benjuí. Después se sahuma con incienso japonés y se les encienden doce velas chinas a los Catorce Santos Auxiliares.

Para que la fortuna se instale en la casa, se hará un cocimiento de hojas de colonia, valeriana, cinco cucharadas de azúcar blanca e invocando al Angel de la Guardia se le pide su protección. (Esto deberá hacerse los miércoles.)

Para prosperidad, no solamente de la casa del *Iworo*, sino del *Isayu* y de cuantos soliciten la protección de los Orichas, se aconseja "machacar canutillo, cardo santo y verdolaga y echarlo en una vasija con agua bendita, de mar y de río, miel y vino tinto. Las hierbas se exprimen y se les echa harina de maíz, jutía y pescado ahumado. Se hacen tres pelotas que se presentan a Elegua y se dejan tres días ante él. A los tres días se coloca una pelota en la puerta de la calle y las otras dos en cada esquina. Con el agua se rocía abundantemente la puerta de la casa y la calle, en el nombre de Elegua, Yemayá y Ochún"[191].

Las casas de las prostitutas, —que Ochún protege— se baldean con agua de río, cinco rosas de distintos colores, cinco granos de maíz tostado, cinco gramos de pimienta de Guinea, cinco gotas de miel. Esta agua se deposita en una palangana, se le echan cuatro cucharadas de arroz de Valencia, incienso y colonia o Agua de Florida. Antes de baldear se cubre con un paño amarillo y la hetaira lo pone debajo de su cama.

Veamos esta curiosa fórmula destinada a la puerta de la casa de la prostituta "para que nunca le falten clientes"....

Se hierve lechuga y cundiamor y se añade al cocimiento agua fresca, miel de abeja, canela en polvo y azogue. Con esta preparación se hará un lavado vaginal. Al devolver el agua la recoge en una palangana, vierte en ella pez rubia en polvo y la derrama en el umbral de la puerta diciendo: "Santísima Caridad del Cobre así como el agua corre por tu río, corran marchantes a mi casa"...

Otra fórmula para purificar la casa es la siguiente: clara de huevo y azahar. Regar luego arroz. Las paredes se asperjan con agua bendita y agua de azahar. Se ponen velas para Obatalá; un coco en la puerta y otro en un plato en medio de la sala. Se riega azúcar blanca. Un clavo previamente preparado se clava en mitad de la sala llamando a todos los protectores. Se tiene en una freidera pequeña la Piedra Imán y diecisiete granos de pimienta. Se reza a Babá. Se sahuma por último con benjuí, precipitado rojo y blanco, pitillo y humo de tabaco.

"Nada mejor ni más sencillo", nos dijo una Iyalocha competente, ya fallecida, "que agua bendita de tres iglesias distintas, de cada una echar un chorrito en una palangana con agua de coco y albahaca. Se riega en los rincones de la casa y en la puerta de la calle".

Por supuesto, las esencias para despertar la pasión de una persona deseada, se riegan también en la puerta de su casa.

---

[191] Véase Lydia Cabrera, El Monte, para mayor información.

Sería imposible anotar en un solo volumen todos los "amarres" que se practican en Cuba, los mismos que se practican en el exilio, así como los medios que se emplean para anularlos, pues felizmente cada embrujo tiene su contrario. Por ejemplo, el Santero para desatar mágicamente el nudo de un ligamen, sólo ha menester de once varas de soga, de un gallo, de una tijera y un cuchillo nuevos, de dos cocos, dos velas y manteca de corojo, miel de abejas, aguardiente, pescado ahumado, jutía y maíz.

En cuclillas ante Elegua, le explica lo que se propone realizar, le pregunta si hace falta algo más y añade a las especies anteriores la que exija el Oricha. Le ofrece coco a los Guerreros, Ogún y Ochosi, se lavan las patas del gallo, lo presenta a los Santeros mayores y luego a los que se hallen presentes en la habitación en que se desarrolla este rito, —"el desamarre"— y en la forma acostumbrada se purifica a la persona víctima del hechizo pasándole el gallo por el cuerpo. Inmediatamente después emplea las once varas de soga en atarla de la cabeza a los pies. Con el cuchillo nuevo corta el nudo de la soga. Con la tijera nueva le dará a ésta tres piquetes, ata al gallo por las patas en la punta de la soga e irá desenrollándola y enredando con ella al ave, de modo que la persona quede libre y en su lugar sujeto el gallo, que se le sacrifica a Elegua. Este se unta de manteca de corojo, se rocía con aguardiente, se le pone maíz, jutía, tres pedazos de coco, ocho trozos de vela y la misma persona objeto de este trabajo lo llevará a un matorral. Al depositarlo le dirá a Elegua: "aquí te dejo este ebó y ya estoy desamarrado." Después en ayunas, durante once días consecutivos beberá un cocimiento de perejil con flores de sacu sacu —malanguilla— o de otras plantas que sirven de antídoto a hechizos, polvos o filtros.

Esta es más o menos la técnica que empleaba una vieja Iyalocha amiga, para deshacer un ligamen: purificaba con un gallo a la víctima. A la cabeza del gallo que le sacrificaba a Elegua le echaba con las partículas habituales de pescado ahumado y jutía, polvo de las dos esquinas de la casa en que vivía la persona amarrada y le ponía su nombre escrito. Ya trabajada la cabeza la entesaba sólidamente con una aguja e hilos de siete colores y le preguntaba a Elegua "qué camino cogía el gallo" —dónde le llevaba—. Después encendía una vela toda erizada de alfileres y la dejaba junto a la piedra con ojos y boca de caracoles de Elegua. Terminada la obra los ingredientes que había utilizado se echaban en la esquina de la vivienda de la persona que tenían atada, quien, con lo que había hecho la vieja, ya podía considerarse libre.

Empleaba medios rápidos y simples. Para quitar de encima un arayé, un muerto, una mala sombra, sólo necesitaba dieciséis ramos de albahaca, dieciséis pétalos de rosas amarillas y diez gotas de anisado. Treinta y cinco gotas de miel y "rogaba" la cabeza del embrujado con coco, cascarilla y orí.

Hasta aquí hemos reseñado trabajos de magia amorosa que tienen por fin atraer, seducir y cautivar. Veamos ahora rápidamente las lámparas que se componen y encienden para desunir, así como los polvos, huevos y demás iches o chiches que se emplean para "desbaratar", atrasar, "salar", enfermar y... matar.

Nada más seguro para vengar una traición amorosa o causar de modo irreparable la desgracia de un ser odiado que recurrir al Anima Sola de Antonia Gervasio, la que arde también solitaria y arderá por la eternidad en su hoguera del Purgatorio, porque ni al Anima Sola ni al Anima de Antonia Gervasio, la Virgen del Carmen las puede sacar de las llamas que incesantemente las devoran.

—"No era cubana Antonia Gervasio", nos contaba Omí Tomí, devota de todas las Animas Benditas del Purgatorio. "Era una aldeana europea que vivía en un lugar rodeado de lomas. Fue una mujer malvada. Cometió el crimen de pecar con su propio hermano, maltrataba a sus padres y por ella corrió la sangre en su familia."

"De puro mala que era su padre la mató a machetazos y la quemó", creía Ma Tuta.

"La que en vida se llamó Antonia Gervasio", nos dirá otra vieja, "fue víctima del hombre a quien amó locamente". Traicionada y abandonada por él, se internó en un monte virgen, hizo una hoguera, se ató las manos y los pies para no huir, se lanzó al fuego y se quemó viva. Dejó encargado que no envolviesen sus restos calcinados en sudario blanco, sino en un género negro para hacerle daño desde el infierno al hombre que la engañó.

Noticia que rectifica una de nuestras más bondadosas y explícitas amigas mamalochas matanceras, que a pesar de protestar, y de responder a nuestras preguntas: ¡oto, oto, obiniyibó, moló![192] nunca dejaba de satisfacer nuestra curiosidad. "A Antonia Gervasio su novio la asesinó en el monte. Era una muchacha bonita y su novio le pidió un *anticipo*. Ella, señorita honrada, se negó. Entonces él la amarró; sí, le puso grillos en las manos y en los pies, la llevó a la manigua y abusó de ella. Así amarrada, pobrecita, hizo una gran hoguera, se metió en el fuego y gritó tres veces llamando al Anima Sola. Maldijo al novio, que también murió achicharrado."

Alma perpetuamente atormentada, "los tratos con ella son peligrosos", porque su devoto vivirá y morirá penando. Por otra parte, al que persiga el Anima de Antonia Gervasio conocerá en la tierra los tormentos del infierno. Son los lunes los días de encenderle, como a Elegua, que tiene mucho que ver con los muertos, con las ánimas; la madre de Elegua es, precisamente, creen algunos, el Anima Sola, que en lucumí se llama Alagwana, peligrosa y solitaria. Vive en lo más apartado de los montes y sabanas, —allí mata— y "come en los charrabascales de bejuco y palo".

El Anima de Antonia Gervasio es capaz de hacer el bien, —como Echu— pero para que haga un bien, de rareza se le invoca y sólo se le encomiendan maldades.

Para que conceda rápidamente lo que se le pide se le enciende su vela al revés y se le dice sin ambages toda la amargura, el odio que se tiene en el corazón. Sesenta alfileres se hunden en la vela que se asienta en un plato con cisco de carbón y sal comprada en tres bodegas distintas, pronunciando con ensañamiento el nombre de la persona odiada, cuya muerte se desea. Diciendo: Anima Sola por los tres gritos que dio Antonia Gervasio, conforme yo

---

[192] ¡Basta, basta, blanca, camina!

clavo estos alfileres, que se claven en el corazón de X. ("hágase la ilusión que la cera es la misma carne del individuo"). También dirá: Anima Sola, tu en tu desesperación optaste por quitarte la vida y nadie te amparó. Quítale la vida a X. y que nadie lo ampare.

Estos conjuros se hacen a las doce del día o de la noche. Es preferible que se realicen de noche y es indispensable que la vela provenga de un velorio o de un entierro.

Quien tenga el valor de invocar al Anima Sola de Antonia Gervasio, lo hará a solas y desnudo, "porque ella se desnudó para suicidarse". La vela se enciende detrás de la puerta. "Soltarse el pelo, encuerarse, amarrarse una cadena en los pies, encender una vela de mortuorio, llamarla tres veces, y después pedirle." Pero "para pedirle malo", y en esto están acordes todos los criterios, "se enciende una lámpara de aceite de comer y se le *pide en el excusado* a las doce de la noche". (Es el lugar indicado para este género de iches.)

Hace grandes milagros, sólo que después no deja dormir, "se me tiraba encima en la oscuridad", nos confió una devota a la que el Anima Sola había hecho más de un favor, y muy importante: mientras se conjura y se reza su Oración, no mirar atrás. Si se escucha un ruido, no volver la cabeza, no indagar qué lo produce, pues se verá a Antonia Gervasio y se quedará sin sentido.

Para destrozar materialmente a la persona que detesta, el interesado formará un castillo con nueve tusas de maíz y papel de estraza. Rellenará con arena las paredes exteriores del castillo y en cada extremo plantará dos palitos. Le da fuego al castillo, los palitos se encienden, se unen, y propagan el fuego a las tusas, y en ese instante se reza la oración de Antonia Gervasio. La vela que se utiliza en este trabajo habrá servido a un muerto que tenga exactamente nueve días de enterrado. "También con esta vela, a las doce de la noche se va a un basurero. Se desnuda uno enteramente, llama al difunto por su nombre, reza la Oración y deja ardiendo la vela."

Pero de todas las lámparas que se le encienden al Anima Sola, para hacer daño, específicamente, la más temible es la siguiente: en el fondo de un caldero con sebo de res, la Oración. Nueve montoncitos de tierra recogida en nueve fosas del cementerio y tierra de la puerta del mismo, de sus dos esquinas y fango de una tumba. Excremento de gato, una cabeza de codorniz (ya seca) y de murciélago. Limalla, pica pica, carbón, pimienta de Guinea, de China y de la India, sal gruesa, ají guaguao, tiburón, un diente de perro y de gato, un panal de abejas, peonía, macao, congrejo de tierra, quimbombó seco. Es necesario que el caldero o la cazuela haya sido expuesto anteriormente al fuego. Actúan aquí la pólvora y los palos Batalla y Caja.

No hay que olvidar a Las Nueve Animas de Lima, que tienen gran clientela: "tres ahorcadas, tres matadas y tres muertas a traición", y a las que se dice, "tres de ustedes necesito" para liquidar a quien moleste.

El siguiente maleficio que se practica con su Oración podría ser útil a algún lector prudente que aún rezumando odio reprueba las venganzas ruidosas y prefiere saborearlas impune en la sombra. Anote el discreto: se compran nueve cazuelas de barro. Se visitan nueve tumbas en el cementerio, y pagando un tributo a los muertos, se recoge un puñado de tierra de cada tumba. Las tierras se depositan en las cazuelas y se les pone ceniza, pimienta de Guinea, de China y de comer, aguardiente, aceite y mechas de algodón. Debajo de cada cazuela se escribe el nombre de la víctima. A las doce de la noche se encienden las mechas en las nueve cazuelas, se invoca a las Nueve Animas, se lee la Oración y... la persona cuya destrucción se les encomienda no tardará en sentir los primeros efectos fatales de este maleficio.

A Oyá se recurre en estos casos de furia malvada, para que su gran poder satisfaga el torvo deseo que abriga una persona de esclavizar a otra y convertirse en su verdugo. Durante nueve noches, a la hora fatídica, llamando a Oyá, se enciende una lámpara que se prepara con aceite de linaza, de almendra, de comer y bálsamo tranquilo, ceniza, tres granos de pimienta y el nombre de la persona escrito en un papel. Primero se echará ceniza, polvo y los tres granitos de pimienta. Luego los aceites y las mechas. Se asegura que quien es objeto de este maleficio se presentará sin voluntad en la casa del embrujador, que hará de ella lo que sus malos instintos le dicten.

Para provocar tragedia, hundir a un individuo en la desgracia, se acudirá igualmente a Oyá, encendiéndole en lugar solitario esta lámpara durante nueve días: en un recipiente que puede ser una lata grande de sardinas, nueve granos de pimienta de Guinea, nueve granos de sal, tierra del cementerio, azufre y precipitado rojo. El nombre de la persona odiada escrito nueve veces, con su pelo y pelos de gato, nueve raíces de rompe zaragüey y aceite de alacrán. El contenido, después de arder los días indicados, se verterá en la calle del sujeto y preferentemente en su puerta, para que sea más rápido y violento el resultado.

Para hacer daño o "desbaratar", invocando a Santa Bárbara, San Antonio y Santa Teresa: en un vaso precipitado rojo, azul y blanco y los cuatro compuestos. Un gajo con hojas de la brujísima aroma, se pone al borde del vaso formando un triángulo. Al recoger la aroma para este *iche* se le tributan tres centavos a la planta. Recuérdese que nada se arranca gratuitamente de la tierra sin pagarle derecho a Osaín, dueño de la vegetación. El nombre y apellido de la víctima, escritos en un papel, se colocan debajo del vaso.

Calazán "desgraciaba" a sus enemigos llamándolos a las doce de la noche con un cabo de vela que hubiera ardido junto al cadáver de un hombre. Repetía la llamada tres días consecutivos a la misma hora, y al instante de pronunciar el nombre del contrario amenazaba a la vela con un cuchillo —"así los chivé a todos"—, o hacía un candil en una cazuela con pabilo, cuatro cabezas secas de gallo, azufre, pimienta de China y de la corriente, azogue, coco, aceite de linaza, tierra pisada por la persona que deseaba castigar, y tierra del cementerio. Tres plumas de aura tiñosa, pólvora, ajonjolí, tres hojas de caimito, un pargo seco y raíz de ceiba.

"Positivo" es también, nos aseguraba Salakó, el daño que él era capaz de causar con un hueso de la cadera de un esqueleto, un pedazo podrido de una cruz de madera, un colmillo de perro, un diente de muerto, raíz de legaña y manzanilla de costa hervidas.

Terrible el mal que se produce cuando, velando el lugar en que orina la persona odiada, se mojan en sus orines frescos las puntas de siete alfileres concienzudamente hechizados que luego hundidos en una calabaza blanda se entierran en un bibijagüero.

Se emplea además un calderillo de hierro de tres patas, sebo de res, tierra de cementerio y tierra de la puerta de la casa del sentenciado. Vela de muerto y Oración del Anima Sola y desamparada.

Clásica y probablemente fatal es esta otra lámpara de "desbarate" que se prepara con tierra de la fosa de un asesinado, tinta negra, vinagre, aguardiente de caña, sal, vino tinto, pimienta de Guinea y de China compradas en siete bodegas, tres agujas, tres ajos, el nombre escrito de la víctima atravesado con nueve alfileres, manteca de majá y aceite de comer.

Y no menos fatal la que se compone con babosa, aceite, vinagre, bejuco mastuerzo, hojas de malacara, jabón de color, sal en grano, almagre y ajonjolí.

Para "desbaratar" una casa, esto es, para que la enfermedad y la miseria penetren en ella, para que surjan disgustos y pleitos en la familia o en el matrimonio que era unido, uno de nuestros informantes nos facilita esta receta: agua de río y de mar, aceite de comer, siete claras de huevos de guanajo y cisco de carbón. Todo esto se bate en una palangana cuidando que no salpique o caiga al suelo. Se añade luego pimienta de Guinea y agua clara. Este líquido se echa en una botella y se estrella contra la puerta del hogar que se intenta desbaratar.

O bien, las consecuencias son igualmente nefastas, si se vierte el contenido de esta otra lámpara en la puerta del hombre, de la mujer o de la pareja aborrecida, que se prepara con cocimento de hojas de rompe-zaragüey y hierba mora. Se entibia y se le echa azogue, tres precipitados, pimienta de Guinea, de China y de la corriente molidas y mezcladas con polvo de caña brava, cenizas del papel en que se han escrito los nombres y se vierten en el recipiente de la lámpara con zumo de limón, tres granos de sal, tres cucharadas de amoniaco y bálsamo de Guatemala. Esta lámpara se prende con aceite de alacrán y debe arder tres días ante Elegua.

Se vuelve de revés una casa encendiéndole a un Santo puesto al efecto de revés e invocando el nombre del sujeto que se quiere dañar. Durante varios días deberá arder la vela para que los resultados del conjuro sean más violentos. Terribles serán si la imagen del Santo que se invierte es la de Santa Marta.

Como venganza, muchas mujeres despechadas encienden lámpara que hacen impotente al hombre que las ha despreciado. Se componen con aceite de alacrán, zumo de tres limones, agua salada, siete gotas de aguardiente y raíz de apasote. Se conjura con estas palabras: "Siete soldados de la Cabaña que murieron me prestan sus nudos para amarrar los órganos genitales de Fulano de tal y lo vuelvan impotente." La lámpara arderá tres días, y es corriente llevarla a la fosa de una mujer virgen.

"Mata la naturaleza" esta otra fórmula: comején, bibijagua, molleja de guinea, azúcar —en trocitos cuadrados— pelos de todo el cuerpo, sangre menstrual de tres días. Aceite, miel de abejas, aceite de alacrán y de comer, pimienta china y ocho algodones con semen.

Una variante de la fórmula anterior es la siguiente: se enciende una vela en una cazuela de barro con el nombre escrto y en un algodón semen del sujeto. Aceite de palo, adormidera, bálsamo tranquilo, tierra de incienso y amansa guapo. Tres días se tiene al pie de Elegua, se lleva al cementerio y se abandona en una fosa vacía.

Son innumerables y muy solicitados los polvos que se componen para hacer mal. Pero debemos aclarar que ninguna Iyalocha de recta conciencia, como aquellas que conocimos en Cuba y otras que actualmente ejercitan su sacerdocio en el exilio, y citaremos a una hija irreprochable de Yemayá, Rosa Febles, consentiría en utilizarlos.

Afoche para "salar": tierra de cementerio de la tumba de un muerto en la que se lea el mismo nombre de la persona que se va a maleficiar. Hueso humano pulverizado, carapacho de cangrejo y pica pica. Regarlo en la puerta de su casa.

Idem: cáscara de huevo acabado de poner, "casa" de avispa, sal en grano, carbón de piedra y pimienta de Guinea. Aventarlos.

Para "desbaratar una casa": ceniza, excremento de chivo, de

cerdo y de perro. Pimienta de las tres clases. Estos polvos se echan dentro de la casa.

Idem: cardo santo tostado y molido. Pimienta china y de Guinea. Tierra del cementerio. Se riegan en la puerta.

Idem: a excrementos de perro y de gato se le echan cenizas calientes. Los bigotes del perro y las pestañas del gato se tuestan y se mezclan con pelos de los rabos de estos animales, igualmente tostados; aceite de carro y precipitado rojo. De todo esto se hace una bola sobre la que se vierte la sangre de dos gallos que se han puesto a pelear antes de cortarles la cabeza. La bola se arroja al tejado de la casa.

Afoché para suscitar trifulcas, "armar revolución": excrementos de mona, león, perro y gallina, carapacho de jicotea y hierba pica pica. Todo esto reducido a polvo se sopla en el sitio o en la casa donde se desea provocar una tragedia.

Idem: palo pimienta, carapacho de jicotea, polvo del lugar en que hayan peleado dos hombres o dos perros. Sal en grano, pimienta de Guinea, pelo de gato, hormigas bravas, pica pica, rompezaragüey y caña brava. Se esparcen en la puerta.

Idem: se reducen a polvo las especies siguientes: carapacho de cangrejo, de jicotea, hueso de muerto —quemado—, pellejos de animales que se arrastran, pica pica, orín, rasura de casco de venado, todas las clases de pimienta, bibijagua, hojas de rompezaragüey y rompecamino, carbón de piedra, panal de avispa, semilla de ajonjolí y peonía. Tierra de cementerio y de "cuatro vientos". Excremento de cerdo, de chivo y de perro. Ya preparado todo esto, que constituye "el verdadero secreto del Fundamento", si alguien se presenta solicitando la ayuda del Santero para "virarle la casa al revés" a un prójimo, éste extrae un poco de la materia del "secreto" y la reparte envolviéndola en tres papelitos que deja puestos durante tres días ante Elegua. Además de los tres papelitos, algunos Santeros, para afianzar el *iche,* escriben en un papel de estraza, con tinta, el nombre de la persona que desea dañar el cliente, y este papel se quema y las cenizas se añaden al polvo.

Y del inolvidable Bamboché esta otra fórmula: recoger tierra sobre la que hayan peleado tres perros. Mezclarla con pelos de gato, mostaza, pimienta, sal gruesa y semillas secas de quimbombó. Todo reducido a polvo se arroja dentro de la casa.

Afoché para matar: Hoja de campana. ¿Quién diría que las blancas flores de esta planta, que penden, en efecto, como campanas de sus ramas, típica del dulce paisaje cubano, inseparable de las entradas de las viviendas campesinas y de los patios, tienen también poder para matar?[193] Semillas de pendejera, fluido de lobelia, precipitado blanco. Una mínima cantidad de estos polvos, mezclado con cualquier alimento, producen una fuerte intoxicación y "si revienta la persona cuya muerte se desea", decía nuestro informante, "el cliente queda muy complacido".

Afoché para producir hinchazón: se compone con pellejo de sapo tostado, semillas de ajonjolí y peonía, hojas de ortigilla y de guao y yema de huevo. Estos polvos se soplan para que sean pisados o se dan a beber en un caldo.

Afoché para alejar enemigos, rivales, personas detestadas o inoportunas. ¡Pesadas! Estos polvos pueden ser muy útiles y en ciertos casos, sin mayor complicaciones, librar de visitas molestas.

Para alejar a una persona de la casa se recurre a San Alejo, encendiéndole una lámpara que arda tres días seguidos al pie de Elegua. En una lata, hecho cenizas el papel con el nombre escrito de la persona indeseada, tres raíces rayadas de rompezaragüey, tres de hierba mora, tres palillos de herrumbre, los tres precipitados, rasura de venado, tres gramos de sal, azufre en polvo, aceite de alacrán y bálsamo de Guatemala. Se reza tres días seguidos la Oración de San Alejo junto a la lámpara, teniendo cuidado de arrojar a la calle tres pocos de agua, cada vez que se termina una oración.

A la madre de un párroco que conocimos hace muchos años, la Oración de San Alejo le daba muy buenos resultados.

Algunas viejas Santeras para alejar, ponían ante Elegua, miel, jengibre y palo amansa guapo, y lo dejaban a la sombra del Oricha hasta que se llenaba de hormigas. Después uniendo todo aquello, se lo untaban en la boca y le rogaban a Elegua que apar-

---

[193] Por otra parte, de la campana —datura articularis, Lin— hacen gran uso los curanderos para remediar achaques bronquiales. Los Santeros la utilizan para despojos y purificaciones de la casa, pues auyenta de ellas los malos espíritus.

tara de ellas y se llevase lejos a esa persona que las importunaba. Hay quien con siete hojas de calabaza hervidas en agua sola, logran auyentar a quien desean, arrojando esta agua detrás de la persona cuando se marcha. Repetirán la operación cada vez que vuelva, hasta que desaparezca de sus alrededores. O valiéndose de este iche, del modo más radical, cuya preparación es la siguiente: pico de pan, —*aboní*— un huevo de gallina preparado en una taza con siete gotas de miel y siete gotas de tinta. Un pedazo de tela con siete pintas de almagre. Carapacho de jicotea, paja de maíz, tres granos de maíz. La persona interesada en librarse de quien la molesta —por cualquier motivo— dirá así: "cuando la codorniz desprecia sus huevos no vuelve a recogerlos, y el cernícalo cuando baja a la tierra no baja por gusto, y el trabajo que va hacia adelante no vuelve atrás."

Nada mejor que los polvos para alejar; "es lo más expédito", opina G.B. He aquí unos cuantos a escoger.

Comino de siete bodegas, pimienta china y de Guinea, pica pica, excremento de gato y de perro. Todo hecho polvo soplarlos todos los días sobre la persona que se quiere perder de vista.

Pelos de la cabeza de un gato y de un perro. Se tuestan, se pulverizan y se soplan a la persona indeseable. "De seguro que no volverá más."

Palo de aroma, después de expuesto al sol un día entero, se raspa de abajo hacia arriba ante Elegua. Se mezcla con ceniza y anamú. Se le dejan otros tres días a Elegua y cuando se retiran se reza tres veces la Oración de San Alejo. Estos polvos si van dirigidos a alejar a un hombre, se le echan en el bolsillo y en el sombrero.

Ceniza, cebadilla, cascarilla. Al soplar este afoché ha de decirse: "Luna Nueva, Cuatro Vientos, Santo Tomás Ver y Creer. Como el viento se lleva estos polvos que se aleje Fulano de Tal."

Maravilla, trebol, orín, tres gramos de sal, rasura de venado, pellejo de lagartija y de rana, carbón de piedra, hueso de muerto y el nombre de la persona escrito en un papel y reducido a cenizas. Se le soplarán estos polvos en la espalda y en los pies. Se riegan también ante Elegua.

Palo de pimienta y tamarindo, sacu sacu, trebol, maravilla, pica

pica, tierra del cementerio, rasura de venado y excremento seco de chivo y de cerdo. Todo bien molido se sopla a la espalda del inoportuno.

Por supuesto abundan los polvos para que se mude el vecino que molesta o que no agrada, y para impedir, si se quiere perjudicar a un propietario, que se alquile su casa.

Para que se mude el vecino: panal de avispa, carbón de piedra, cuatro gramos de pimienta de Guinea, sal en grano, todo molido. Poner un huevo en aceite y almagre tres días con sus tres noches. Entonces reventar el huevo y soplar los polvos en la puerta del vecino, que atemorizado por la brujería no tardará en mudarse.

Idem: polvos de huevo de gallina negra y pendejera. Estos se avientan en el interior de la casa.

Para un desalojo rápido, la receta de G. B. era esta: un huevo, al que se saca la clara. Siete agujas, pica pica, limalla, tierra de las cuatro esquinas, pimienta, y una pluma quemada de guinea se soplan en la puerta de la calle.

Para que una casa no se alquile: se esparcen dentro, no en la puerta, polvos de carbón de piedra ligados con polvos de benjuí. (Si usted se arrepiente y decide no dañar los intereses del propietario, los efectos de este afoché se anulan mezclando ceniza con albahaca.)

Para intranquilizar, hacer vagar a una persona sin rumbo ni paradero, son muchos los medios de que dispone la santería. A tan triste condición se le reduce con este trabajo: su nombre escrito, tres clases de pimienta, sal en grano, carbón, ceniza, tinta negra, polvo de ladrillo, fango, limalla, vidrio molido, tierra de las cuatro esquinas de su domicilio y un huevo de guinea clueca, al que se le vacía la clara. Se unen todas estas especies, se cubren con un paño negro y se llevan, con el nombre de la víctima, a una sepultura abierta.

El mismo fin se obtiene con los siguientes afoché: polvo de hoja de tapa camino, pelo de perra callejera, pelo de cerdo, excremento seco de un animal salvaje. Plumas de zun-zún, rasura de ciervo, hueso de Egún, —de un muerto— azufre, herrumbre y azogue raspado de un espejo. "A quien se le soplen estos polvos no descansará."

Y para "embobar", destruir la voluntad de una persona: polvo de raíz de vetiver y de embeleso, de valeriana, adormidera, amansa guapo, paramí, yamao, flores de embeleso y pensamiento, tapa camino y babosa. Estos se administran en el café.

Oyín. Huevos

Son muy temidos por nuestro pueblo los hechizos que se hacen con huevos. De ahí lo necesario que es en todo tiempo asegurar la entrada de la casa contra Ayé e Ibaya[194].

Los huevos se rellenan con polvos, muchos de los cuales ya conocemos, se les saca la clara dejando la yema, se añaden tierras, polvos de hojas, de huesos, etc., y se tapa con lacre la abertura. Se utilizan los de gallina, pato, guinea,... caimán, se "ruegan" y de acuerdo con la marca del Oricha que auspicia el trabajo, se tienen ante su Otán los días que éste indique.

Huevos para desunir (matrimonios, familias, socios, amigos). Tres huevos de guinea se introducen en una cazuelita nueva. Se les vierte aceite de comer que haya sido hervido con pica pica, hoja de cerraja, de rompezaragüey, sacu sacu, abre camino, pimienta molida, precipitado rojo, sal. Todo lo cual se hierve, se cuela y se echa dentro con los huevos, y se tienen tres días ante Elegua. Luego se tira uno en cada esquina de la casa en que mora el matrimonio, y el tercero en la puerta, en el patio o en la azotea.

—"Yo para desunir", nos declaró uno de los informantes con quien consultábamos los datos que otros nos habían facilitado, "prefiero hacerlo al pie de Elegua. Puesto de espaldas le doy un pollito y lo demás. A Ochosi un par de palomas. Con un coco de agua, tres velas, los nombres de las dos personas que hay que separar escritos en un papel, un poco de borra de café, azogue, los tres precipitados, rasura de venado, rompezaragüey y tres granos de sal, hago una lámpara también al pie de Elegua. Prendo tres mechas en aceite de almendras y bálsamo de Guatemala. Se arma la bronca y se rompe el matrimonio o lo que sea."

[194] Brujos. Brujería.

Idem: un huevo de pato metido en sal se tiene tres días junto a Elegua. Encender una vela. A los tres días ponerlo en la puerta de la casa.

Idem: un huevo en ceniza durante veinticuatro horas. Al día siguiente poner en cruz los nombres escritos de los consortes. Se revienta en la puerta de su casa.

No son las buenas Iyalochas, conviene repetirlo una vez más, las que se ocuparán en preparar lámparas, afoché y huevos de la índole de los que acabamos de reseñar. Dispuestas a socorrer a su prójimo, las buenas Iyalochas se empeñarán en otros trabajos con los que se hace el bien. ¿Que unos malos ojos persiguen a alguien? Entonces, para defensa de su protegido, sí que le aderezará unos polvos de calabaza, mazorquilla, raíz de yuca y caña brava, para que los sople a los ojos del eleché, el aojador, y anonade el daño de su mirada perforante, o echará mano de cualquier otro de tantos y tantos buenos recursos que están a su alcance.

Si algo le gusta es quitar un daño. Si sabe que una persona está maldita por otra, se apresurará, como hacía Omí Odomí, a descoyuntar un pollo, pasárselo a ésta por el cuerpo, incrustarle al ave siete centavos, untarlo con siete clases de aceite y tirarlo a la calle. ¿Que una mujer, una desconocida se presenta afligida a pedirle auxilio porque su marido tiene, "o está" de un genio tan vivo que es imposible soportarlo y peligra la felicidad del hogar? Pues a la buena Iyalocha le sobran medios de apaciguarlo. En una taza blanca introduce el nombre del energúmeno escrito tres veces en un papel y encima se coloca una Piedra Imán "bautizada". Pone astillas de álamo, yamao y amansa guapo, ocho pedazos de cascarilla, ocho de manteca de cacao, miel rosada y una cinta de hiladillo con la que se le ha tomado la medida de la cabeza y en la que ha hecho ocho nudos. La taza y su contenido permanecen esta vez ocho días ante Obatalá, y le volverá el juicio "a la cabeza caliente", que la buena Iyalocha refrescará y apaciguará.

Sabe qué lavados de cabeza, qué baños, rogativas y lámparas son eficaces para serenar los ánimos y devolver la paz allí donde ha sido turbada, y utilizará, la más sencilla —la que se enciende con varias clases de aceites y siete clases de bebidas—, o la más complicada, según el caso, o "la que diga el Santo".

A quien anhelaba tener tranquilidad, "quiere isimi"[195], Belencita G. le medía los zapatos con una cinta, hacía en ella un nudo y la ponía, con el nombre escrito de aquella persona, siete días seguidos junto a Elegua, y a la vez le preparaba una buena esencia sedativa.

¿Desunir un matrimonio? —"¡Quita pa'llá!" La buena Iyalocha prefiere unirlos... rezando tres credos, y los amistaba con esencia de Pompeya, zumo de albahaca, agua de Florida, de azahar y bendita, aguardiente de Isla, vino seco, tres gotas de orines, saliva y las tres yerbas imprescindibles.

No recurre nunca a medios violentos. Para eso están los Mayomberos, los brujos. Ella ruega, le pide a los Orichas. Va por el buen camino. Su magia es blanca.

Deseando pues, que el lector no se quede con la mala impresión de los iches que enferman, matan, desbaratan hogares, enloquecen, "vuelven al revés", terminaremos con otros benéficos que acaso le convenga conocer.

Para obtener trabajo: untarse las manos con aceite de corojo y miel de abeja mezclados. Se pasa las manos tres veces por la lengua y se solicita el empleo, que no le será negado. O se tomará un baño con Afú blanco, resedá, paraíso, prodigiosa, cundiamor, paramí, yamao, y la Iyá o el Babá, prepara una esencia decisiva con Amor Vencedor, siete gotas de extracto de canela, siete de extracto de azahar, siete gotas de Agua de Florida y un poquitín de yefá de Orula.

Se consigue también trabajo con esa inapreciable y vulgar hierba Pata de Gallina. La hierba y el nombre del solicitante escrito en un papelito forrado con hilo blanco y negro. Ponerlo debajo de Elegua.

Se le hace también un iche con la pata derecha de una jicotea, un pedazo de su concha, Piedra Imán y paramí, que lo llevará el solicitante en una bolsita morada.

Un necesitado conseguirá trabajo "seguramente", gracias a una

---

[195] Descansar.

rogación con un pollo negro, siete clases de alimentos crudos, manteca de corojo y de cacao, cascarilla, pescado ahumado, ekó, jutía y aguardiente. Retazos de telas de vestir de tres comercios. Después de esta rogación o ebó, se le da un baño con mejorana, artemisa y alcanfor en una batea junto a la cual arderá una vela y una a una, las materias del ebó se le pasarán por el cuerpo y por último el pollo que se le sacrifica al Oricha que le abrirá el camino, el ineludible Elegua.

Para que aumenten el sueldo a un trabajador que no gana lo suficiente: polvos de anís estrellado, alumbre y maní. Regarlo durante unos días en el taller, la oficina o el lugar en que se emplee. Y si la situación es muy desesperada, sabemos que los viejos le rogaban a Oyá en una de aquellas tazas bolas de varios colores —que ya no se encuentran— con agua de lluvia, nueve "chavos" viejos renegridos, nueve pedacitos de alumbre, aceite tranquilo, precipitado rojo y tierra de camposanto, que es su ilé, su dominio. Esta taza se lleva al cementerio cubierta con una tela de varios colores o como dice el pueblo "guarabeada". Oyá responde; viene el dinero y es un deber inexcusable entonces, cumplir generosamente con la diosa.

La liberalidad de Yemayá y de Ochún socorriendo a sus hijos y devotos cuando se hallan indigentes —son muchos los que le deben su bienestar— es bien conocida, así como su rigor cuando se muestran desagradecidos.

Calazán nos contaba que cuando no poseía ni una calderilla, se bañaba en el mar, abría un coco, y en el agua que este fruto contiene echaba melado, añil y un gajo de albahaca, encendía una mecha en aceite y le decía a Yemayá Okutí: Awa rere Ogún omodí ofomó oyú omó Iyá Abila. Vestía siete días de azul y su Iyá divina no tardaba en socorrerlo. Entonces lo primero que hacía era "darle su carnero" y su tambor "sabroso" a Yemayá.

Omí Lana en sus penurias, como sabía escribir, con la ofrende del meloncito con melado, caramelo y miel, le escribía una carta a Yemayá.

Yemayá, muy adorada por los marineros, como es fácil suponer, los provee a través de sus sacerdotes, de resguardos potentes como el que se prepara con las tierras de todos los países que el marinero ha recorrido, oro, plata, coral, pluma de águila, o con un pedazo de zurrón, que acaso sea para el hombre de mar, el mejor resguardo. Y para que en sus travesías no se embravezca la mar, les arreglan un coco que pintan la mitad de azul añil y la otra de blanco, lo rellenan con arroz de Valencia y manteca de cacao, lo tapan con cera, y el marinero encomendándose a Yemayá, lo arroja al mar desde la proa de su barco.

En cambio, el que posea un colmillo de caimán, que constituye con su carga mágica un talismán inmejorable, que no se acerque al mar ni al río, porque pierde su aché instantáneamente.

Ochún concede dinero con unos polvos para uso personal hechos con la hierba vergonzosa —para favorecer a las mujeres— y con vergonzosa macho, a los hombres. Dos semillas de canistel y tres cáscaras de granada. La Iyalocha los pone cinco días sobre el Otán de Ochún y los rocía con Agua de Florida. Se ruega y se le paga a Ochún con cinco monedas distintas.

A las mujeres de hombres avaros que "las tienen a la cuarta pregunta", la Iyá buena provee de un talismán que los induce a darles dinero con regularidad. Arreglan para ellas una moneda que el tacaño les haya dado. La forran con hilos de todos los colores y la introducen en un recipiente que contenga aceite y almagre y ahí la dejan por espacio de siete días. La mujer que la recibe debe guardarla en lugar seguro y no gastarla jamás.

Es bien conocido el trabajo de "la peseta americana", para suerte y dinero, cuya confección es la siguiente: Piedra Imán en una taza o en una fuente honda. Sobre la piedra, en cruz, ruda, romero, albahaca y anís, y sobre estas cruces se asienta la peseta, que se asperja con agua bendita. Se rezan tres Ave Marías y se forra con hilo dispuesto en forma de cruz. Se cubre con un pañuelo blanco y otro amarillo durante tres días. Luego es aconsejable llevarla siempre consigo, los hombres en el bolsillo y las mujeres en la cartera, envuelta en los dos pañuelos.

Si el que necesita dinero tiene un amigo rico... pues en un coco de agua, pone aceite, vino tinto, nueve "kilos", prietos y el nombre escrito del amigo rico. Este coco lo llevará al patio de su casa y todos los días encenderá una vela y rezará la Oración de las

Animas de Lima, que sacan de muchos aprietos. Luego hablará con el amigo...

Pero con el dinero —es característico de la totalidad del pueblo cubano gastar más de lo que tiene— surgen los acreedores... A éstos se les distrae o apacigua con polvos de raíz de palo vencedor, de amansa guapo y cascarilla de huevo, de pescado seco y jutía. El deudor los sopla a la calle tres veces, y con voz firme dice: "Muy bravo lo veo venir, muy bravo lo veo; Señor Jesucristo Redentor, pon paz entre los dos. En el nombre del Padre, del Hijo y del Espíritu Santo."

Por su parte el acreedor para cobrar, ha de escribir el nombre del deudor en un papel, atravesado por tres agujas, y ponerlo en un vaso con miel dorada y miel rosada. Encender una vela y rogar.

Con frecuencia los que no pagan son dignos de ser juzgados como ladrones. La policía no tarda en hacer su aparición y el moroso huye.

Para escapar de la policía son inagotables los recursos de la Iyá compasiva y del Santero.

Al prófugo se le ruega la cabeza con dos codornices, se le baña en la sangre de estas aves, y se le manda a regar las plumas por la calle.

Se "espanta" a la policía, que no vendrá a buscar al culpable, con un afoché de hojas de trébol, maravilla y hierba de orilla, que se riega en las dos esquinas de la calle en que vive y en la puerta de su casa.

Polvo de hojas de savia, sopladas en la puerta, son recomendables.

Una fórmula que requiere sin duda, mano rápida y buen estómago, es esta que ponían en práctica en el campo, los que se sentían perseguidos y en inminente peligro de ser atrapados por la justicia. "Un poco en desuso", observa el viejo que me la comunicó, "parece que no gusta y da el mejor resultado". Consiste en vigilar el momento en que defeca una vaca, y recoger en el aire el excremento, "la plasta no puede caer al suelo, pierde su Aché". Se ruega con yefá y se unta cuidadosamente en la cara.

En cambio es actual la siguiente: se procura un huevo de paloma que ésta haya abandonado, se reduce a polvo la cáscara al pie de Babá, y se le da a la persona amenazada para que lo sople todos los días a la autoridad por quien se cree vigilado.

Aunque vivimos en un mundo de "gansters" en el que los delincuentes pueden pasearse impunemente sin temerle como antaño a la justicia, a veces un infeliz sin culpa, un ladrón oscuro y sin experiencia cae en las garras de la policía. Tal como se hacía en Cuba cuando era libre, la santería en el exilio continúa auxiliando a cuantos le piden su liberación.

Escogemos dos entre las numerosas operaciones que realizan Padres y Madres de Santo para rescatar a un preso.

Le sacrifican un gallo a Elegua. Cuelan por un paño fino tierra del cementerio y la hacen polvo. Tuestan y muelen las plumas del gallo y mezclan sus cenizas con la tierra. Estos polvos se regarán desde el ilé-Oricha hasta la cárcel, y luego desde la cárcel al ilé. La lengua del gallo se guarda en algodón y el día que se va a visitar al preso, se forra con hilo de nueve colores, sólidamente, y se le entrega para que lo zafe dentro de la cárcel.

Para librar al preso antes de ser condenado en juicio, necesita el Santero: dos palomas para Ochosi, maíz tostado, jutía y pescado ahumado, aguardiente, un coco, un tabaco, miel de abejas, ataré —pimienta de Guinea—, una hoja de prodigiosa. Un pollo para Elegua. Se le sacrifican los animales a los Orichas y se les arrancan las lenguas. La manteca de cacao se divide en ocho pedazos, y con ekó, la miel y la hoja de prodigiosa, desmenuzada, se echan en una jícara llena de agua que el Babaocha deposita sobre la sopera de Ogún. A Elegua se le da miel en abundancia, jutía y pescado ahumado. Los cuerpos de los animales se envían a un matorral con todos los ingredientes. Las tres lenguas se depositan sobre un algodón acompañadas de un papel en el que se han escrito los nombres de aquellas personas enemigas del preso, del juez y del Fiscal de la Audiencia. Se añade al papel tres palos "trabajados": cambia voz, vencedor, amansa guapo, con bálsamo tranquilo, adormidera y manteca de cacao. Todo esto envuelto en el algodón y forrado con hilo blanco y negro se tiene durante tres días junto a los Guerreros —Eleguá, Ogún, Ochosi— y al cuarto se le entrega al preso, para que como en el "chiche" anterior, lo desenrede en su celda. Y también, de la casa a la cárcel y de la cárcel a la casa se riegan polvos de sacu-sacu. Ya en libertad, el preso le ofrecerá una gran comida y un toque de tambor a los Orichas Guerreros, "que son los Santos favoritos de Yemayá y de Ochún", preguntándoles de antemano qué desean y hará lo que dispongan para que Elegua no vuelva a meterlo en la cárcel.

Para ganar un juicio o salir bien parado: las mismas especies que en el "trabajo" anterior, palomas para Ochosi y un pollón negro para Elegua, que se le pasan al sujeto por el cuerpo antes de sacrificarlos. La lengua del pollo se atraviesa con tres alfileres, y con la miel, el bálsamo y los aceites, más tres raíces de ruda y apasote, y los nombres de los acusadores, el fiscal y el juez, se coloca sobre el algodón, se forra con los hilos de los colores mencionados y se hace un paquetito, pidiendo continuamente al pie de Elegua. Terminado el didi, —un didi kekeré— el Santero lo pone en el suelo y el interesado lo pisará tres veces diciendo: "en el nombre de Dios Todopoderoso y de Elegua, todos mis enemigos quedarán bajo mis pies sin poder hablar, acusarme ni defenderse, sus lenguas estarán amordazadas con este trabajo." El día que se celebre el juicio, el acusado llevará consigo el didi, lo pondrá en el suelo del juzgado y disimuladamente lo pisará tres veces, repitiendo las mismas palabras que dijo ante Elegua, en el ilé-Oricha. Pero antes del juicio es muy importante que se bañe con la hierba quita maldición, abre camino, salvadera, prodigiosa y girasol.

Obatoki nos decía que "él le hacía ganar un juicio a su protegido" con una vela, tierra de su casa y de la cárcel, y harina de maíz. Ligaba la tierra con la harina, le ponía arriba una vara de cinta roja y la dejaba tres días junto a Elegua. Antes de celebrarse el juicio, le sacrificaba un pollo. Le sacaba la lengua, y con el nombre del acusador, envuelto en algodón forrado con hilos de tres colores, rojo, blanco y negro, lo entregaba al acusado. Luego dejaba junto a Elegua vino seco, agua de Florida y de azahar, y la víspera del juicio partía la cinta roja en dos y le ataba un pedazo en cada brazo al sujeto. Se repartía la harina en dos paquetes, una para cada esquina del juzgado, y el acusado llevaba la lengua del pollo en el bolsillo para asistir al juicio, "y todos quedaban satisfechos".

Claro que vale más ser precavido y no esperar el momento en que algún asunto turbio lleve directamente a *Ilé-Ochosi* —a la cárcel— y para evitar ese riesgo lo indicado es proveerse de un resguardo seguro, como éste que se prepara en la forma siguiente: en el *Omiero* de un Oricha, —puede hacerse también en un *Omiero de eleke*— se introduce el collar de Elegua con cuentas de Ochosi, un tarrito de venado, tres clases de palos, —amansa guapo, paramí, cambia voz— y una flecha. Se lavan estas tres cosas y se le añaden manteca de corojo, tres granos de pimienta, tres peonías, cascarilla, yefá y una pluma de loro, y todo se guarda en una bolsita de cuero. Una vez confeccionado este resguardo se le ofrenda sangre de gallo y de paloma, se unta de manteca de cacao y de corojo y se rocía con aguardiente de caña. Y en caso de apuro se le sacrifica un chivo lo mismo que a Elegua.

Un Osain —resguardo— eficaz para protegerse de la justicia se fabrica con tierra recogida a las doce del día y corazón de tiñosa que se pone a secar en un paño blanco bañado en sangre de gallo; y se dice, "así como las doce del día no pudo juntarse con las doce de la noche, que la justicia no se junte con X." —el nombre de la persona para la que se hace este Osain. A las doce de la noche el paño que se utiliza es rojo y se le vierte sangre de guinea, se le pone un colmillo del animal que convenga y la carga mágica. Se reza y se repite: "las doce del día no pueden juntarse con las doce de la noche, ni la justicia con X."

La Santería pone también su sabiduría a la disposición de abogados y litigantes.

Poco se hereda en el exilio y nada en la pobre Cuba, pero en tiempos normales, de creer a nuestros informantes, una herencia se sacaba en limpio y los herederos cobraban su dinero mediante esta obra: en un plato hondo, como de rigor, un papel con los nombres de los interesados y del abogado, y encima una mezcla de cascarilla ablandada con agua de lluvia, cubierto todo con berro y perejil finamente picado colocado como si estuviese sembrado y regado con miel rosada. Este "trabajo" se pone en un lugar alto hasta que el pleito se solucione... favorablemente para el heredero.

Se entraba también en posesión de una herencia gracias a este *iche* que hacía el *Abiocha* con cuatro palomas, cáscara de ñame, basura de la casa, agua caliente, tierra de sumidero, pluma de loro y un palo.

Además, una pluma de pavo real y otra de guinea, quemadas y mezcladas con tierras de las esquinas de una propiedad en litigio, eran polvos infalibles en poder de un abogado, que las esparcía en el suelo de la Audiencia el día de fallarse el pleito, y lo ganaba sin asomo de dudas.

Prestando con ello un gran servicio a la comunidad, los Santeros "amarraban" y amarran admirablemente las lenguas de los maldicientes[196]. Las malas lenguas, animadas por la envidia, que es uno de los grandes defectos nacionales, abundan entre nosotros sin que los cubanos tengan la exclusiva de este sentimiento tan humano. En muchos casos son maldicientes por irresponsabilidad, aturdimiento o pasión. La discreción, la reserva no es una virtud cubana. A un "lengüetero" calumniador y enredador el Babalao, la Iyalocha y el Babalocha, saben arreglarlo como se merece, y algunas de las técnicas para castigarlos aparecen en nuestro libro El Monte. Yemayá es notable reduciéndolos a silencio, esto es, "amarrando sus lenguas".

Antes de poner fin a este fatigante capítulo, repetiremos lo que tantas veces hemos oído a nuestro *Oluko*. Protéjanse las puertas con un Osain, y por los tiempos que corren, más que contra *arayé*, contra robo y asesinato. Un Osain es así como una cerradura de seguridad mágica, que hará retroceder al delincuente, que hoy se considera impune. Son también innumerables los amuletos que guardan las casas. Escogiendo uno al azar, un Osain se prepara así: tres clavos, tal vez de cinco o seis pulgadas, que el Santero pone a enrojecer al fuego. Con hierba hedionda —anamú— e hilo rojo, blanco y negro, se forran los tres clavos

---

[196] Porque el hablador e indiscreto es persona indeseable y el discreto siempre apreciado, Orula ofreciéndole a Olofi la lengua que le había cocinado como el plato mejor del mundo, al preguntarle éste: ¿Orula, de veras es el mejor? le respondió: El peor y el mejor. El peor cuando rebaja, inmejorable cuando eleva.

—tres hilos blancos, dos negros y dos rojos— y las siete hebras se tuercen juntas pasándoles cera para que se endurezcan. Esta operación se hace cantándole a Elegua. Pidiéndole, y "conversando" con Osain. Se toma un huevo y se consulta con el Oricha si debe pintarse. Responde que sí; que se pinte de negro, de rojo o de blanco. Si lo pide blanco se unta de cascarilla y se sitúa en el medio de los clavos que se forran disponiendo los hilos en forma triangular. Todo bien cubierto se pregunta si el que será su dueño le echará agua y vino todos los días, o cuándo tendrá que hacerlo. El Santero que fabrica este amuleto, como es obligatorio cuando se trabaja con Osain, se abstendrá de tener contacto con su mujer.

11   *La entrega. El último rito. Itutu*

Da da oku ya le ma de da da oku ya le da da omó lo wo da da omó lo we yo. (Palabras de un canto fúnebre: "el muerto se va limpio, sin carga, satisfecho, con valor y tranquilidad por lo que sinceramente le hemos hecho.")

Al fin, inexorable, sin que nada pueda aplazarlo, llega el día fatídico que todo mortal cree siempre lejano, en que termina para la Madre o el Padre de Santo su misión en la tierra.

Ese día... *Olorun waní wa aburo ole,* Dios viene a robarse a nuestro hermano.

Al morir el Asentado se practica el *Itutu,* que serena y conforta su alma. Con este rito final se le despide para que *tutu,* fresca, ligera, emprenda el viaje a *ilé Yansa.* No a disolverse en la nada, porque la muerte no es extinción, sino la continuación en otro plano, de esta vida. El alma va a "otra parte", al mundo de los muertos, a reunirse con sus antecesores, parientes y "sacramentos" —padrinos, madrinas, compadres, comadres y amigos— que allí lo esperan, pero en el que no perderá contacto con el mundo de los vivos. Muertos y vivos están unidos inseparablemente, y ya se nos ha dicho la influencia que ejercen los primeros sobre los segundos, dirigiéndolos, ayudándolos o castigándolos.

—"Cuando se muere un pariente o un conocido", le oímos decir a una mujer en Pogolotti, "siempre le mando recados con ellos a los muertos de mi familia y a mis amistades".

Esta visión escatológica de la vida de ultra tumba la hemos encontrado en individuos libres de toda influencia negra y en algunos católicos.

Pocos años después de haber anotado las palabras de la humilde mujer de Pogolotti, que era una nieta de lucumí y congo, iba a acordarme de ella, al saber cómo una cubana que residía en el extranjero desde hacía más de medio siglo, le había encomendado lo mismo a su marido de cuerpo presente. Y aquí en Madrid nos refiere una amiga española que una parienta fue a visitar en plan de despedida a su madre enferma, y murmuró a su oído con convicción:

—¡No te olvides de darle mis recuerdos a la Virgen!

La mentalidad del hombre primitivo o prelógico de Levy Bruhl es, ante la muerte, la de muchos civilizados...

Actualmente, en el exilio, otra cubana, —blanca— le escribe regularmente a su madre fallecida en Cuba, cartas que dirige a una parienta que las lleva al cementerio y las introduce por una fisura en la tumba.

Ese lugar donde van los muertos, que algunos imaginan con horror, "debajo de la tierra", lo sitúan muchos de nuestros informantes "en el espacio", en "el cielo donde están los Ocha", porque allí, nos aseguraba Odedéi, era donde había que rendirle cuentas a Olodumare de cuanto se hizo en la tierra.

Ya sabemos que Olodumare desde el cielo manda almas a la tierra: "encarnan, nacen, mueren, vuelven al cielo y así en un sube y baja continuo, almas vienen y almas van." No obstante, lo que se deduce de todas las respuestas y explicaciones que hemos escuchado y anotado sobre la muerte y el más allá, es que las almas cuando abandonan los cuerpos peredeceros, si van "a un cielo", especificaba Bamboché, allí no permanecen: "los muertos siguen andando por la tierra." En efecto, no recordamos haberles oído hablar a aquellos viejos de las bienaventuranzas del cielo. Para ellos la felicidad estaba en la tierra y nada era mejor que la vida. La muerte es soledad, oscuridad y frío.

Nos dijo Pablo Noka: "los muertos no van lejos; les gusta estar en los lugares donde vivieron, mirando lo que era suyo. Hasta que sus huesos se vuelven cenizas, ellos están vigilandolas en el cementerio." Sienten como los vivos; sufren, penan o se alegran, son desgraciados o felices, buenos o malos, —según los traten los vivos.

—"Los muertos viven pendientes de los que dejaron atrás, de sus cosas y familias. Los hay que hasta que no se acostumbran a ser muertos, rondan la casa. Celan a sus maridos y a sus mujeres. No se separan de ellos. Si el vivo se vuelve a casar se han dado casos en que el muerto celoso se lleve al vivo al hoyo."

Hemos visto que en ningún momento el *Iworo* al ejecutar un rito, el más sencillo, se olvida de encenderles velas, de saludarlos, de pedirles permiso. Jamás se quebranta en el *ilé*, en los grupos religiosos o "familias de Santo", esta relación de muertos y vivos.

—"Nuestros Mayores", nos decía Bamboché, "desde que abríamos los ojos nos enseñaban dos cosas muy importantes: una venerar a los ikú y cumplir con ellos; y la otra, que era un deber respetar y obedecer a los viejos", —que están muy cerca de los muertos.

—"Los muertos son sagrados tanto como lo son los Orichas, que antes de ser Orichas fueron hombres; se murieron y se convirtieron en Santos. Es un hecho que del muerto nació el Santo", concluía Juan D. un discutidor cartesiano que se inclinaba a dudar de todo menos del poder de los *ikú*.

Ana, la dulce viejecita *Ibeyi*, que según su propia expresión *era muy adicta a los finados,* pensaba que "los muertos *viven del cariño*. Los muertos se mueren si no se les quiere. Digo, los buenos. Penan mucho por lo del olvido".

El Itutu facilita el desprendimiento, libera el alma del iniciado de los terrores de la oscuridad de ultratumba y de nuevas encarnaciones, "para que no vuelva a nacer, para procurarle de una vez tranquilidad y descanso".

¿Podríamos deducir de esto y de la ficha siguiente, que los lucumí conocían la teoría de la reencarnación y del Karma? Copiamos de un negro viejo y analfabeto que nos dijo: "los lucumí nos enseñaban que uno viene varias veces al mundo; por eso si uno de nosotros había cometido una falta en su otra vida, los

Santos nos castigaban cuando volvíamos a nacer. Se paga aquí lo que se hizo antes."

Todos nuestros amigos *aboni*[197], tienen absoluta confianza en la eficacia de sus ritos y están convencidos que por el *itutu* se marcharán tranquilos, fortalecidos y debidamente honrados al mundo de las sombras. "Es la salvación. Se corona a un hijo precisamente para que al morir su alma se desprenda y se eleve en paz. Por eso a veces se Asienta a la carrera al ahijado que está muy enfermo o ya desahuciado, para que se beneficie del itutu."

—"Morí tiene su cosa. Son compricao", trataba de explicarme una anciana matancera que se decía allegada de una famosa Olaya la Lucumisa, al hablarme vagamente de esta ceremonia, que nuestra condición de *aberikolá*, de profana, no nos permitiría presenciar y de la que por miedo a la *ikú* prefieren no tratar los Santeros. No obstante nos refirió que lo primero que hacía Olaya cuando moría alguno de su misma dotación era matarle un pollo y "prepará yeba y una comiíta" para que el muerto viajase "fuerte y contento", y no hiciese daño.

Son necesarias para la ejecución de este rito, las especies siguientes: quimbombó seco, guano, pajuza de maíz, estropajo, carbón, jabón prieto y blanco, nueve hojas de álamo, manteca de cacao, cascarilla, jutía y pescado ahumado, nueve géneros de colores o uno blanco y otro negro, cuentas de distintos colores. Una vela, un plato blanco, un coco o dos platos, dos cocos y dos velas. Una jícara, almagre, polvo azul —los polvos con que le pintaron la cabeza en su Asiento— incienso de la iglesia. Un pollito recién nacido que simboliza la inocencia y la pureza del finado cuando nació en la religión. Un peine, una tijera, una navaja. Pelo del cadáver. Vimos qué atentas estaban las Iyalochas a que no cayesen al suelo los cabellos que le cortaban al neófito cuando rasuraban su cabeza y la preparaban para la ceremonia de *Lerí Ocha*. Era que sus cabellos, que tienen aché como las uñas y las secreciones del cuerpo, —"en el pelo queda la vida de una persona", nos diría Tita— debían guardarse para el "despido" de su alma el día del tránsito, como el peine, que se partirá en dos, la tijera, la

---

[197] Creyentes, devotos.

navaja, los polvos colorantes y el traje de listado que le pusieron la mañana siguiente del Asiente, el Día del Medio, y el vistoso *achó Oricha* que lució luego por la tarde, en su trono.

Es frecuente que al andar de los años las cucarachas y las polillas, o los cambios de domicilio, den triste cuenta de ese traje, que se sustituirá por otro del difunto, y si el pelo se ha perdido, por un mechón que se le corta al cadáver y que igualmente simboliza su cabeza, —"es su Orí".

Recordamos que algunas Iyalochas retienen indebidamente las cabelleras de sus ahijadas con el propósito, según sospechas de devotos suspicaces, "de manejarlas a su antojo". Una Iyá particularmente dominante dejó al morir más de treinta ahijadas a quienes su sucesora tuvo que devolver el pelo y las libretas que su Madrina jamás les entregó. Y lo de menos hubiese sido repartir las libretas, sino saber, y esto fue imposible, el pelo que pertenecía a cada ahijada, algunas de las cuales habían encanecido.

Pero salvo accidentes, son muchos los que pueden o saben guardar su *achó Oricha* para esta última ceremonia.

El 1961, cuando aún era posible huir de Cuba en bote, sin correr el riesgo de ser ametrallado, un *Omó Ochosi* de nuestra amistad vino a vernos después de una feliz travesía. Con otros compañeros había escapado de los comunistas por la desembocadura de un río de Matanzas. La mar en calma, amparado por Yemayá, "que ha ayudado a tantos a cruzar el charco", nuestro amigo había traído consigo todas sus piedras, sus collares y su *achó Oricha* adornado con legítimos caracoles de Guinea que Pierre Fatumbi Verger nos había regalado durante su última estancia en La Habana.

—"Estoy tranquilo", nos dijo, "pues si este exilio va para largo y muero aquí, me enterrarán con mis *ileke* y mi Santo".

Supimos en aquella fecha que hoy nos parece remota, que había Santeros en el exilio que también trajeron sus piedras cultuales y el traje de sus funerales. En el transcurso de trece años ya algunos *achó Oricha* han sido utilizados y es de presumir que mientras se pudren en tierra extraña los cuerpos que amortajaron, las almas tornaron a Cuba y allí esperan en la desolación de la Isla, la hora de la justa venganza.

Al igual que el *Kari Ocha,* que le procuró al iniciado la protección directa de su Oricha y de los demás que se le confirieron, la recuperación de la salud, si estaba enfermo, o aumento de potencial vital y de suerte, si fue por la voluntad de un Oricha que se le Asentó, el *Itutu* es una ceremonia secreta a la que asisten exclusivamente los iniciados y en la que actúa de *Oba* u *Orité* un Babaloricha o una Iyalocha de reconocida autoridad, que notifica a los dioses la extinción de su hijo: "esa cabeza que era suya", le dirá al Oricha de cabecera del finado, "ha dejado de existir".

El *Itutu* tiene además por objeto, conocer la voluntad de los dioses y del difunto y dar cumplimiento a sus disposiciones testamentarias en lo que atañe a sus otá y a los instrumentos de la liturgia.

¿A manos de quién o de quiénes quiere el Muerto que pasen sus *otá?* —pues no siempre la elección de un heredero la hace en vida el Santero o la muerte le sorprende antes de escoger un digno sucesor. ¿Cuál de sus ahijados, en tal caso, deberá continuar adorándolos? ¿Qué Orichas desean marcharse con él, cuáles optan por quedarse en la tierra? Era frecuente que al expirar algún negro rancio e intransigente, se llevase todas sus piedras sagradas, "sus Santos", porque no confiaba en la integridad de nadie, o porque "sus Santos estaban demasiado engreídos con él y él con ellos" para separarse.

A unos los acompañaba su Oricha tutelar, y los demás se repartían. Hay Santeras y Santeros que hereden todo lo del Padrino o la Madrina, pues el culto a los Orichas es hereditario.

Como en el día del *Itá,* el *Oba* rodeado de otros iworo, tira los cocos y consulta a cada divinidad con sus cauris respectivos comenzando por Elegua. Las piedras de los que responden que desean acompañar a su Omó a la tumba se ponen aparte con sus caracoles, y torna a preguntarles si aceptarían antes de partir una última ofrenda de sangre, un *Eyé bale.* Son aves las que se sacrifican en este rito. La sopera que guardaba la piedra del Oricha que se marcha con el muerto, se rompe y se rompen también sus platos. Su eleke se desensarta.

Para celebrar el Itutu se extiende en el suelo el género blanco y el negro y se coloca una jícara grande u otro recipiente en el que se arroja en trocitos el quimbombó seco, el guano, la paja de maíz, que se va ripiando, el estropajo que evoca la inmersión y purificación en el río, —algunos Santeros deshacen una soga sacándole los hilos— los jabones, el peine, y sobre este conjunto de cosas se coloca un pollo que el Oriaté sacrificará estrellándole de un solo golpe contra el suelo. En ese momento todos los Santeros que se hallan presentes se vuelven de espaldas. A este rito deben asistir el mayor número posible de ellos, pero lo cierto es que no son pocos lo que le temen.

Mientras el *Itutu* se practica en una habitación de la casa del Oloricha fallecido, los dolientes, a menos que no sean iniciados, no pueden penetrar en ella, ni salir las Iyá y los Babalochas, que ofician con tres rayas de cascarilla en la frente, "para que la Muerte no se los lleve", y que quedan así aislados todo el tiempo que dura la ceremonia, porque el contacto con el muerto es impuro y contaminaría a quienes no están protegidos.

El cadáver del Asentado, purificado con hierbas —omiero—, se amortaja con el traje de listado que vistió la mañana del día siguiente de su iniciación y se tiende en el suelo en homenaje a la tierra. Permanecerá en el suelo[198] por lo menos dos horas largas mientras se hace *Oro* —se canta— y se consulta a los Orichas.

—"Aunque el muerto no tenga hecho Santo", nos decía Boisadé, "su cuerpo se le limpia con ewe de su Angel, y se le canta para contentarlo".

Según Francisquilla Ibañez, en los pueblos de Matanzas, las hierbas del Oricha tutelar del difunto se meten dentro del pañuelo con que se le envuelve la cabeza, y era costumbre que se conservaba en el pueblo de Jovellanos y en la misma Habana, echarle en la caja las medidas de familiares y amigos tomadas en cintas de hiladillo, para que se hiciese la ilusión de que éstos los acompañaban en su nueva residencia subterránea. ("Así se engaña al muerto para que no venga a buscarnos.")

Terminado el *Itutu* el cadáver se amortaja con su traje "de Santo" y se traslada al féretro. Se rocía con agua bendita o con

---

[198] A los agonizantes también se les acuesta en el suelo para exhalar el último suspiro. Esto se hace además, in extremis en algunos ebó, "que han salvado la vida a enfermos graves".

Omiero, y se le refresca el rostro. Los caracoles de su Oricha se le colocan sobre el corazón, guardados en una bolsita del color emblemático de la divinidad, con unos granos de maíz, unos pedacitos de jutía y de pescado ahumado, y el otán se le pone dentro del ataúd, si no se le arroja dentro de la fosa al enterrarlo. Los pies se le amarran "dedo gordo con dedo gordo". "Nosotros", nos dijo otro informante, "después de lavar al muerto con *omiero*, le amarramos los pies. Luego, entre sus manos le ponemos el *dilogún*, pero el *otán*, envuelto en los pañuelos que para eso traen los ahijados, se lo ponemos sobre el corazón".

Se baila alrededor del ataud sin levantar los pies. El *Oriaté* marca el paso golpeando el suelo con un palo encintado, y se entonan los cantos en honor de los antepasados, de los muertos de la familia y de la familia mística del extinto. Al muerto se le canta con la cabeza inclinada. Después comienza el *Oro* para los Orichas, que "bajan" a llorarlo. Al último que se le canta es al Oricha del difunto.

Oyá, como diosa de los muertos, en posesión de su "caballo", desempeña un papel muy importante, bailando y limpiando el féretro con su *Iruke*. En estas "despedidas", los trances son de un patetismo impresionante, pues acuden muchos Orichas que se manifiestan lamentándose y llorando. Cuando murió la famosa Ferminita se recuerda que un mulato, mirando desesperado la cara de la muerta, dio un salto y "cayó" —en trance— lanzando gritos desgarradores. Varios Orichas "bajaron" al mismo tiempo aullando de pena.

A veces el muerto se queda con los ojos abiertos. "Pero si un compadre o un amigo íntimo inclinándose sobre su oído lo llama por su nombre y le dice tres veces: Fulano, cierra los ojos, el muerto los cierra." Falta grave de imprevisión es no cerrar inemediatamente los ojos del que acaba de expirar. "Porque", nos enseñó Salakó, "sus ojos siguen mirando a quien más quiso en vida, lo atrae, y se lo lleva de este mundo con él". Si murió con el vientre inflamado, "para que no reviente", se le pone un plato con maíz sobre el vientre.

Bamboché vio cosas inauditas en estas ceremonias. Algunas las hemos contado en otra parte, y otras, —como incorporarse el cadáver en el Itutu, mirar un instante en redor, y volver a caer desplomado— que callaremos para no aterrar a los cobardes.

"Pero hay quien por maldad, para asustar a los que velan, al amortajarlo le aprietan con fuerza la cintura, para que cuando se hinche, se siente en la caja y se arme el gran *chaki chaki*."

El Itutu para un Omó Ifá persigue el mismo fin —desprender y serenar su okán, su alma— y se realiza también en la casa del Babalawo que ha fallecido. Los otán de sus Orichas se colocan en el suelo, en la forma acostumbrada. *Osu*, su báculo y protección —gallo de plata o metal blanco, remate de una vara del mismo metal— que siempre, en vida del Babalawo, se ha mantenido en posición vertical (su caída se considera presagio funesto y obliga a practicarse un ebó a la carrera) ahora se pone a un lado y se acuesta, significando así que ha muerto su dueño.

La ceremonia comienza entonándose un Oro, y al finalizar se consulta con Ifá lo que ha de hacerse con los diferentes Orichas que posee el finado. Como se ve, lo que difiere aquí es el sistema de adivinación. Si el Padrino, el Oluwo del extinto vive aún, se encarga de interrogarlos; si ya no es de este mundo, otro sacerdote de Ifá, a condición de que sea "gbón" —sabio— lo hará con su propia mano y preguntará "qué camino", qué destino, se dará a los Santos otorgados por el Padrino; aquellos que recibió de su Madrina de Asiento, son consultados con el *Dilogún* por ésta, y en su ausencia, por una Iyalocha mayor. Generalmente si no se quedan con algún miembro de la familia del Babalawo, de un hijo que esté iniciado, o de un ahijado, se arrojan al mar.

Para consultar a Ifá en la ceremonia fúnebre de un Babalawo se utiliza la "Mano menor" en vez de la mayor, que es la que normalmente se usa. La mano menor sólo "habla", se emplea, una vez. En este caso no se emplea el *até*, el —tablero. Se arroja arena en el suelo, y se marcan los odu, que en esta circunstancia se trazan al revés, no de arriba abajo, sino de abajo hacia arriba. Cuando los dioses han expresado su voluntad, el Ifá del difunto recibe dos gallinas negras. Dos Babalawos toman una cada uno, y en la forma que es usual, cogen las alas y las patas del ave con una mano dejando libre el dedo del medio con el que le agarran el cuello. Con la otra mano dan un fuerte tirón y a la vez que les tuercen el pescuezo les arrancan las cabezas. (Lo mismo que cuando se le sacrifican palomas a Osun.)

Luego el Olúwo toma un iki de la mano mayor y lo introduce en la boca del muerto. Los ikin restantes de la mano mayor se le introducen por el ano en la cavidad intestinal a una de las gallinas, y la misma operación se repite con los de la mano menor. Cada gallina llevará dentro una mano de Orúmbila, pues estas dos aves, con su sagrada carga acompañarán a la sepultura al Babalawo. Se colocan dentro del féretro, entre las piernas del cadáver, cerca de los testículos.

Si el Babalawo era Mayor, Awó, y se le había conferido Olofi, se le sacrifican dieciséis palomas alrededor del féretro.

Comienzan después los cantos a *Egun*, que como los que se entonan en el Itutu de los Olorichas, duran mucho rato, pues en Cuba se conservan y se cantan más de doscientos cantos fúnebres. De ahí que siempre en estas ceremonias se trata de que se halle presente un sacerdote que conozca el mayor número posible de cantos.

Al sacarse en hombros el féretro de la Iyalocha o del Oloricha, precedido por Oyá blandiendo su iruke y oficiando de Orité del *Sinku*[199], se arroja agua a su paso y se toma la tinaja que el iniciado llevó al río, o una tinaja que simbolice a aquella, y en el momento de salir el entierro, se rompe en la puerta de la casa, dejándola caer desde alto. Se dice entonces: *erigo ke o erigo a ló agó fa erigo ke o*. Ya se tiene preparado un Omiero. Se riega en el suelo y se comienza a baldear la casa de adentro hacia afuera. Este Omiero contiene escoba amarga, rascabarriga y granadillo, para alejar al Ikú, e incienso, azúcar prieta, ajo y canela.

Todavía en la década del cincuenta, en Matanzas se acompañaba el cadáver del Santero cantando por la calle.

—"En mis tiempos, seis hombres bailaban al muerto y se enterraba en parihuelas", recordaba con nostalgia Boisadé. "Eso se estiló hasta después de la guerra del 95, sí señor, en Macurijes y sus alrededores, los muertos iban descubiertos, y eran cuatro, no seis, los que los bailaban", nos aclaró un contemporáneo suyo.

[199] Ceremonia fúnebre (Sinku).

En el cementerio un Oloricha espera el cortejo fúnebre junto a la fosa abierta. Coloca dentro de ésta, una jícara que se puso debajo del ataud cuando se dio fin al Itutu y permaneció allí todo el tiempo del velorio hasta un rato antes de sacar el cadáver. En esa jícara, —"que tiene que llevarse el muerto"— tapada con los pañuelos, se guardan los materiales que se utilizaron en el rito —el quimbombó, las nueve hojas de álamo, el guano, el estropajo, el peine, las pinturas, los cuatro géneros que le sirvieron de palio en su coronación, etc., y debe depositarse a la cabecera del ataúd, junto a la cabeza del cadáver. Mientras éste se baja al fondo del hoyo, se le cantan a su Oricha dos o tres rezos.

De regreso a la casa, dolientes, amigos y acompañantes, practican una limpieza, pues es urgente "despojarse" de las impurezas de la muerte.

Se trabaja mucho en un Itutu, en un velorio. "¡Ah! ¡pero qué satisfacción y que tranquilidad hacerle al muerto lo que haya que hacerle, y que su velorio quede animado!"

El orgullo de un velorio lucido y de un buen entierro, —"de un muerto bien llorado"— lo sentía profundamente nuestro pueblo, y podemos añadir, con todo respeto, que eran amenos, alegres a ratos, aunque parezca una paradoja, y que en otros momentos, a lamentaciones y llantos sucedían ataques de nervios. Se pasaba la larga velada tomando café, se obsequiaba pan con guayaba y queso, se fumaba. —"¡Y si la niña tuviera mis años y hubiese visto los velorios del tiempo de España, allá en el campo, lo sabroso que se pasaban. De todas las naciones" (negros de otras tribus) "venían a velar y a cantarle al muerto al modo de sus tierras. Todos, ararás, congos, carabalís. A eso de las nueve de la noche se le rezaba en castellano, el credo y otras oraciones. Después empezaban los cantos africanos. Luego se contaban cuentos para distraer a la familia y al muerto, y se bebía café y aguardiente".

Así, cuando los "Funeral Homes" de los yankis, tan prácticos desde luego, hicieron su aparición en La Habana, la más remisa en aceptarlos fue la gente de color. Sin embargo, las funerarias populares "a la moderna", no impedían que al Asentado se le despidiese como era debido, "limpio", arreglado, rezado, cantado, y llevándose lo suyo dentro de la caja.

La entrega

Claro que si era posible, —"en un tiempo se podía"— se le mataba un animal en la tumba para que comiese... "Esto hay que hacerlo con mucho cuidado; el viejo Oyó, que usted conoció, se llevó su carnero." Que también la sangre, en los mismos muertos actúa como un preservativo contra la muerte total.

Durante nueve días se guardan consideraciones y no se fornica.

Cumplido este plazo, las piedras de los Orichas que se han quedado en el ilé y que más adelante pasarán a manos de los herederos, se refrescan con omiero y se les da sangre.

Se encienden velas al muerto, se le ofrece coco, y los alimentos, que han de condimentárseles sin sal, se ponen fuera de la casa, en el patio, por pequeño que este sea. Pero transportémonos a las amplias y viejas casas del Cerro, de Guanabacoa, de Puentes Grandes, de Marianao, o a las de Matanzas y sus pueblos, con terrenos al fondo sembrado de árboles. Allí fuera junto a la comida, los cocos y las velas encendidas "para que vean los muertos", se colocan a veces nueve cujes de rasca barriga, los tallos rectos y resistentes de la espadea amoena, A. Rich, de mucho uso en la liturgia fúnebre.

Blanquedos con cascarilla y adornados con tres lazos negros, con esos cujes el oficiante golpeará en el suelo llamando por sus nombres secretos a los antepasados, santeras y santeros difuntos. Se le reza al "Angel" u Oricha tutelar del desaparecido. Se canta en coro y después se ofrece obí fresco a los muertos: *"Mo yuba Iyaré mi. Mo yuba ya bale mi. Mo yuba arani. Mo yuba Egun. Mo yuba. Ibolá. Mo yuba Iworo. Mo yuba ka meyi Ocha ibá. Mo kué oku yé Egun mo ku oku ye."*

Se le brinda la comida y se pregunta al Egun si está satisfecho.

Algunos viejos nos han dicho que al fallecer un miembro de la familia, ésta abandonaba la casa durante nueve días. Dejaban en ella un plato cubierto con un pañuelo blanco, un vaso de agua, en otro plato la comida que más le gustaba al finado, y un tabaco si fumaba. Al regresar recogían todo esto y lo llevaban al cementerio. Por la noche velaban como si el desaparecido estuviese de cuerpo presente. También se acostumbraba ponerles en una mesa zambumbia, agua de azahar, melado, y encenderles una vela de cera o de cebo.

Como Gaytán muchos creían que durante ese período de recogimiento, la sombra del difunto rondaba la casa. Ta Canuto, "muy escuchado en las Tejas de Valdivieso" sostenía que a los nueve días después del fallecimiento el alma de un difunto está detrás de la puerta. Entonces era posible que encarnase en el cuerpo de un recién nacido o de un animal cualquiera, pájaro, perro, caballo.

—"Mi viejo me pegó duro porque yo pregunté, poco después de morir mi abuelo, ¿dónde se va el muerto? Al noveno día se apareció un sapo grandísimo en la puerta del bohío, ¡me enfrié! y sin atreverme a decir nada comprendí que mi abuelo estaba en el sapo."

Los aparecidos, la eventualidad de un encuentro con una fantasma produce en la mayoría de nuestros consultados, ese terror irracional que todos conocimos en la niñez cuando moría un amigo o un conocido, o sabíamos que había un tendido en el vecindario. Ese día evitábamos estar solos y nos sobrecogía la oscuridad. El amigo o el conocido, al cerrar los ojos para siempre, se convertía en un ser misterioso: Ya sólo era... El Muerto, el muerto que daba pavor.

Este temor a los muertos que subsiste en el pueblo, nos explica por qué nos aconsejaban, entre otras cosas, "que al beber derramase un poquito de agua en el suelo para que bebiesen los muertos de la familia". Para alejar a los muertos desconocidos —que son los más temibles—: "se hace una raya en un tarro de buey y se quema en él incienso y mirra. Se busca un pollito recién nacido, se mete dentro de una palangana con agua, albahaca y agua de Florida y se rocía la casa con el pollito dentro de la palangana. Entonces se sahuma con el cuerno, que hace las veces de incensario, y después se tira el pollito a la calle para que el muerto lo siga y se vaya."

Las piedras y objetos religiosos del *iworo*, se dejan tapados y no se tocan hasta cumplido el año de su muerte, en que tiene lugar otro rito fúnebre muy importante, que al decir de la Iyalocha Enriqueta Hernández, de Jovellanos, "se refinó mucho en La Habana y resulta muy costoso": el Levantamiento del Plato, que marca la cesación definitiva de todo derecho de propiedad del muerto sobre sus pertenencias. Aunque en modo alguno de los deberes contraídos con él por los vivos, sus herederos y allegados. A los nueve días de su fallecimiento, era vieja costumbre oír o encargarle una misa de difuntos en la Iglesia; y al año, al celebrarse el Levantamiento del Plato, oír otra misa de mañana, los santeros y santeras que concurrieron a su Itutu, en cualquiera de los templos de La Habana o en el de sus pueblos. En La Habana, la iglesia del Espíritu Santo era la preferida, con numerosa asistencia de fieles de color, y en la que podía verse continuamente a los Iyawó de ambos sexos que llamaban la atención e intrigaban a los que desconocían el significado de sus inmaculadas vestimentas.

Al regresar del templo católico un desayuno les esperaba en la casa del santero.

Los Orichas, ya frescos de omiero, reciben los sacrificios con los rezos y cantos tradicionales. Esta vez, al matar el pollo el Orité, los Santeros no se vuelven de espaldas como se hace en el Itutu, sino que desvían la mirada para no ver el sacrificio.

En el campo, nos referimos a Matanzas, se acostumbraba cuando había terminado de hacerse *Eyé bale* a los Orichas, matar un cochino, además del animal que correspondía al Oricha del finado —chivo, chiva o carnero— que compartía reunida la Santería. Se preparaba una gran cazuela de ajiaco, un hermoso pargo, carne de res, arroz con fríjoles, se freían chicharrones, malanga amarilla, pan, vino tinto, café. Todo esto se servía en algunos ilé en una mesa en la que en cada extremo se ponía una pucha de flores rojas y otra de flores amarillas. (Lo que no consideraban muy canónico los viejos.) De una a dos de la tarde tomaban asiento en ella los iworos y entre éstos el ahijado Mayor, o el presunto heredero del Babaloricha desaparecido.

Para el Muerto se colocaba otra mesa a manera de altar, cubierta hasta el suelo con un mantel blanco, donde se ponía el plato vacío en que comía el Santero y junto a éste, otro con pabilos y sal. Detrás de la mesa colgaba en la pared una sábana con una cruz negra cosida en su centro.

La sangre y la cabeza del animal sacrificado al Egun, —sangre de la que éste absorve el principio vital, a la vez que se regodea contemplando la cabeza— se introducen en una vasija, debajo de la mesa. Y como se estila desde siempre en los Asientos, en otras ceremonias y en las fiestas, en una jícara puesta en el suelo ante la mesa, dejan caer los concurrentes al llegar, aleyos e isayu, sus dádivas de dinero.

Esta mesa que se destina al Ikú se situará en un lugar donde las corrientes de aire neutralicen sus emanaciones letales.

Se cumple con todos los muertos en esta ceremonia. El Santero Mayor que la dirige, fuera de la casa, vuelve a llamar a todos los miembros fallecidos de la familia y de la familia mística, sin olvidar a ninguno. Los reverencia, y pide para cada uno de ellos paz para sus *"okán"*. Estas invocaciones las hace golpeando en el suelo con un bastón al pronunciar sus nombres.

Al terminarse la comida, el Mayor que la preside da tres golpes en la mesa y se procede propiamente al Levantamiento del Plato, retirándose de la pieza los que no están iniciados.

Ocho Santeros se dirigen a la mesa destinada al Muerto y cuidadosamente levantan por las cuatro puntas, el mantel con los platos. Lo llevan al patio o fuera de la casa —esto debía hacerse en la calle— y lo dejan caer. Los platos que ya no necesita el finado, se rompen con estruendo.

Comienza después el toque de tambor y toda la noche se pasará cantándole y bailándole al Egun, al finado.

Antes del amanecer los platos rotos reciben la sangre de un pollo. Este se cubre de arroz, y con la cabeza del cuadrúpedo que se haya sacrificado, y las demás ofrendas se envía al cementerio con un *onché* valiente y de confianza.

La tarde del día siguiente continuá tocando el tambor, esta vez en honor del Oricha del difunto. La casa en que ha tenido lugar el Levantamiento del Plato, rito que al término de un año, como hemos visto, libera definitivamente al Oloricha muerto de las cargas y necesidades de la vida, es meticulosamente purificada.

Los Santeros, en número de ocho, según E. H. desprenden la sábana con su cruz negra que hacía fondo a la mesa con los platos del finado.

—¡*Ikú ló ló!* ¡*Ikú tiló!*[200]
El muerto se marcha en paz.

Quien hereda sus piedras no tardará en sufragar otro rito para "quitarle la mano al Muerto" de ellas. Su costo en Cuba antes de 1959 ascendía a $41.07. Se necesitaban para "desprender" a un muerto de un otán de Yemayá o de Ochún: dos patos, una gallina amarilla, una calabaza, un paquete de corojos, dos paquetes de tela, dos cocos secos y un coco de agua, dos sábanas, algodón, cuatro platos, una sopera, tres collares, jabón de Castilla, un pomo de agua de azahar, rosas de maíz, merengue, dos cajas de cerillas, velas. Flores para el muerto, la comida y la misa.

Nos hallábamos en el pueblo de Pedro Betancourt, —antiguo Corral Falso— cuando la Iyalocha inolvidable, apodada la Conga Mariate, una de las Mayores de aquella zona, nos habló del caso de Isabel Huerta, que había demorado demasiado tiempo en "quitarle las manos al Muerto" de tres piedras de Ochún que tenía en su casa. El cuadro descrito por la vieja era lamentable: Isabel hace meses que no sosiega. La vida se le ha hecho imposible. Tiende la ropa y se le cae la tendedera. Todos los días se le quema la comida. Enciende el fogón para planchar y se le apaga. Desaparecen las cosas sin que nadie las toque. El dinero, el poco que puede ganar, se le pierde. Todo, todo le va mal. Y lo peor son los pleitos con la familia. El marido de su sobrina, sin que tenga motivos para ello, se ha ido de la casa. Los niños si no se despiertan de noche y quieren escaparse a la calle, saltan dormidos en la cama como azogados. Y todo ese *"rudurudu"* es porque las piedras de Ochún *necesitan comer,* y para eso hay que "quitarle las manos al muerto".

Para bien de Isabel Huerta supimos que la Conga, generosamente se ocupó de la operación, y que separado el Muerto y satisfecha Ochún, "el orden volvió a entrar en aquella casa".

Pero, "nunca se acaba con los muertos", nos decía la Conga, a la que debemos tantos informes sobre el misterio de ultra tumba.

"No se acaba con ellos", porque como se nos ha repetido tantas veces, el Muerto depende de los vivos para mantenerse y no

[200] El muerto se va, el muerto se fue.

penar desfallecido en las tinieblas del otro mundo. De tiempo en tiempo, sin contar "las atencioncitas que siempre se tienen con ellos" —sic— es preciso hacerles sacrificios. Y así, de tiempo en tiempo, se reunían los Santeros de Pedro Betancourt, en el monte, lejos de poblado, para darles de comer a los antepasados.

Llevan los "derechos", las ofrendas: coco, cascarilla, ekó, miel de abejas, dulces, etc. Cavan una fosa en la tierra. En el interior de ésta, en un extremo, colocan tres jícaras que simbolizan la Enfermedad, la Desgracia y la Muerte. En el otro extremo, un plato en cuyo borde se pintan cinco rayas con manteca de corojo. Estas rayas simbolizan cinco ríos de "tierra lucumí", uno de los cuales es el río de Ochún. La diosa vivió en ellos, trasladándose de unos a otros. Encima de cada raya se coloca un bollito. A la izquierda del plato una botella con miel y junto a ésta otro bollo, y a la derecha un tabaco.

"Ese plato con la rayas en el borde", añade Ekiloke, "es Oyá, que representa al Egun. Los bollos los recibe Oyá para darlos a los Ikú. Estos cuatro bollos son los Cuatro Vientos. Y el bollo que está solo, cerca de la botella es el camino de aire por donde van y vienen los Muertos".

El aguardiente, el vino seco y otro tabaco, se sitúan arriba, al borde de la fosa, y a ambos lados de las tres jícaras, una vela. Afuera, también, se pone una jícara con agua y un vaso con flores. Cuando acercan al animal, —una oveja— para el sacrificio, se enciende el tabaco y se le ahuma "para que suba al espacio".

Si la oveja acepta las hojas de jobo que se le brindan, inmediatamente se le ata el hocico con una cuerda, y las hojas que quedan fuera de la boca, las cogen los concurrentes para "despojarse" con ellas. Se las pasan por la cabeza y las arrojan dentro del hoyo.

El jefe de la familia que ofrece el sacrificio, con un cuje de rasca barriga —en el que se hacen cuatro cortes y se blanquea con cascarilla— llama a los muertos.

Ala mo re ku ri ba Ocha la esé lemi odagú odocha odaku lebó.

Y toca con su bastón o con su cuje dentro de la fosa, hasta que termina de nombrarlos a todos. Inicia los cantos en loor de los

Ikú, coreados por todos los circunstantes que llevan el compás dando palmadas.

Se decapita la oveja, su sangre se derrama en la fosa y dentro se coloca la cabeza con dos palomas que se sacrifican después. La descuartizan sin quitarle el cuero. Las cuatro patas del animal se sitúan de dos en dos a los lados de la cabeza. El mondongo y el pecho se envían al mar.

Todo se rocía con la miel y el vino seco y se adorna con confites, que se adhieren a la miel. El ekó, las panetelas, todas las golosinas que se han llevado, se rompen y se echan dentro de la fosa. El que hace las veces de Orité, el Mayor, toma los cuatro pedazos de coco y dice:

—¡Vuélvanse! ¡Todo el mundo de espaldas! Y él también de espaldas arroja los cocos hacia atrás. Cuando han caído al suelo, se vuelve para interpretar la respuesta que da el Egun.

El Egun ha dicho que está satisfecho.

La ceremonia ha terminado. Así evitan los vivos que sus muertos, que agradecidos los bendicen, "lloren" en sus tumbas: *Ikú únsukún oku chubu*[201].

Junto a la fosa está la jicarilla llena de agua y el vaso de flores. Las flores se echan dentro, y el vaso, que debe de estar rajado, se quiebra. Se toma la jícara y en cada una de las otras tres que representan a los tres enemigos de la humanidad, Desgracia, Enfermedad y Muerte, se derrama tres pocos de agua. La que queda se lanza de un gesto largo hacia el cielo. La jícara se destruye como el vaso y se tira en la fosa. Todos los presentes toman un puñado de tierra, lo besan y lo arrojan en ésta, antes de comenzar a cubrirla.

Miami, 1970-Madrid, 1973.

---

[201] El muerto llora en su tumba.

BIBLIOGRAFIA(*)
# Obras de Investigación Folklórica

—*EL MONTE* (Notas sobre las religiones, la magia, las supersticiones y el folklore de los negros criollos y del pueblo de Cuba), La Habana, Colección del Chicherekú, Ediciones C.R., 1954.

Comprende: 1) "Al Lector" (Introducción, por la autora)
2) El Monte
3) Bilongo
4) Oluwa Ewe
5) El tributo al dueño del Monte
6) Como se prepara una Nganga
7) El tesoro mágico medicinal de Osaín y Tata Nfindo
8) La Ceiba
9) Ukano Beconsi
10) La Palma
11) Ukano Mambre
12) Notas explicativas por orden alfabético
13) Fotografías
14) Indice de materias
15) Indice general
16) Indice de términos más usados: plantas, frutos, frases comunes, etcétera

(Es la primera edición del libro)

—*El Monte,* Miami, Rema Press, 1968.

Comprende: Todo lo de la primera edición.

—*El Monte,* Miami, Rema Press, 1968.

(*) Nos ocupamos exclusivamente de las *Obras de Investigación Folklórica.* Para una bibliografía completa debe consultarse: Rosario Hiriart: *Lydia Cabrera: Vida hecha arte,* Madrid-New York, Torres, 1978, págs. 182-198. (Reseñó las obras siguiendo el orden cronológico de su publicación.)

Comprende: Todo lo de la primera edición.

—*El Monte,* Miami, Colección del Chicherekú, Ediciones C.R., 1971.

Comprende: Todo lo de la primera edición.

El Monte, Miami, Editorial Universal, 1975.

Comprende: Todo lo de la primera edición.

(Este libro es un compendio o tratado, de las creencias y prácticas religiosas que heredadas de los esclavos importados de Africa, sufrieron diversas modificaciones rituales al entrar en contacto con la religión católica. La autora nos explica que para el negro "el Monte es sagrado porque en el 'viven' las divinidades: somos hijos del Monte porque la vida empezó allí; los Santos nacen del Monte y nuestra religión también nace del Monte." Valioso prontuario de árboles y yerbas usados en el campo de la magia o de la medicina popular. Una serie de fotografías (como la de la "única *nganga* que se ha retratado en Cuba") completan el libro. En esta obra queda logrado el propósito de "ofrecer a los especialistas, con toda modestia y la mayor fidelidad, un material que no ha pasado por el filtro peligroso de la interpretación, y de enfrentarlos con los documentos vivos que—Lydia Cabrera—tuvo la suerte de encontrar").

—*REFRANES DE NEGROS VIEJOS,* La Habana, Ediciones C.R., 1955

(Es la primera edición del libro)

—*Refranes de negros viejos,* Miami, Colección del Chicherekú en el exilio, Ediciones C.R., 1970. Comprende: Todo lo de la primera edición.

(El refranero popular es otro ejemplo del sincretismo cultural de nuestros pueblos. Lydia señala que "sería difícil, aun cuando muchos viejos aseguran el origen lucumí, dajome o congo de un refrán vertido al castellano, saber con certeza la procedencia exacta..." El refranero negro se enriqueció con los proverbios españoles y viceversa; los creyentes aseguran que los dioses son aficionados a expresarse en refranes. El libro recoge proverbios africanos, españoles y criollos, algunos "aluden a un concepto mágico o religioso, al carácter de un Oricha, al arte del hechicero o Taita Nkiso").

—*ANAGO, VOCABULARIO LUCUMI* (El Yoruba que se habla en Cuba), prólogo de Roger Bastide, La Habana, Colección del Chicherekú, Ediciones C.R., 1957.

(Es la primera edición del libro)

—*Anagó, vocabulario lucumí* (El Yoruba que se habla en Cuba), prólogo de Roger Bastide, Miami, Colección del Chicherekú, Ediciones C.R., 1970.

Comprende: Todo lo de la primera edición.

(Vocabulario yoruba, interesante no sólo para el lingüista, constituye una fuente de información para el etnógrafo y el sociólogo. Lydia nos dice que desde que comenzó sus primeras investigaciones se dedicó a "anotar aquellas palabras que aparecían inseparables de un rito, acompañaban una historia o se decían en un canto, sin contar las que continuamente brotaban de sus labios entremezcladas al castellano." Numerosas libretas manuscritas o copiadas a máquina circulaban de mano en mano, como muestra del interés de los "devotos y neófitos por aprender el lenguaje sagrado de los Orichas").

—*LA SOCIEDAD SECRETA ABAKUA,* Narrada por viejos adeptos, La Habana, Colección del Chicherekú, Ediciones C.R., 1958.

Comprende:
1) "Liminar" (Introducción, por la autora)
2) Andrés Petit
3) El Ñañiguismo en el siglo pasado
4) Los Carabalís. Geografía a través del recuerdo
5) Fokondo Ndibo
6) La Sikanékue—Nasakó—Origen del culto de la Sociedad Abakuá
7) Bongo Munanga Ekue Asosorí. Tansiro Ñangué
8) Los espíritus de los antepasados que acompañan a Ekue en Ekumbe Tan Tan Bokofia
9) Se organiza la Primera Potencia de los Efor y del culto de Ekue Mbori—Ekue Ekuerebión Efor Sita Guanabekura Mendó—
10) Ubióbio Ekue Arogobióbió. Tambores, Plumeros, Itones y Sacerdotes
11) Ireme Ana manguí

(Es la primera edición del libro)

—*La sociedad secreta Abakuá,* narrada por viejos adeptos, Miami, Colección del Chicherekú, Ediciones C.R., 1970.

Comprende: Todo lo de la primera edición.

(La autora cita a la Sociedad Abakuá "con sus miles de adeptos negros, blancos y mestizos" como un ejemplo más de nuestra sincresis cultural. Esta sociedad tuvo su origen en los antiguos cabildos de esclavos carabalí. Según su opinión, muchas voces de nuestro léxico vernacular, tienen origen Abakuá. Esta confraternidad de *ñáñigos* es un transplante a nuestras tierras, de las de la Nigeria del Sur, como Egbó y Ekké; es exclusivamente de hombres, no admite a mujeres. El libro nos explica los ritos, cultos, lenguaje secreto o figurado, los misterios de la Sociedad, al mismo tiempo que traza la historia del ñañiguismo en La Habana).

—*OTAN IYEBIYE, LAS PIEDRAS PRECIOSAS*, Miami, Colección del Chicherekú en el exilio, Ediciones C.R., 1970.

Comprende:
    1) Irawo... Otán Iyebiyé
    2) El "ashe" de las piedras preciosas
    3) Colores simbólicos de los Orishas
    4) Verdad o Faloria. Una creencia inmemorial que no se desvanece
    5) Sensibilidad de las piedras preciosas. La protección que nos ofrecen
    6) Virtudes medicinales de las piedras preciosas
    7) Los metales

(Es la primera edición del libro)

(Este libro ofrece un material de profundo interés, nos informa—de acuerdo con las creencias de la Santería y sus fieles—sobre el poder de las piedras preciosas: los colores simbólicos de los Orichas, la protección que ofrecen las piedras preciosas a quienes las poseen y sus virtudes medicinales. Concluye con un capítulo dedicado a los metales. "...Una piedra preciosa es, en potencia, un amuleto que por sí misma, cuando el rito no la consagra, ejerce su influencia... símbolo perfecto de alianza con algún poder arcano...").

—*LA LAGUNA SAGRADA DE SAN JOAQUIN* (fotografías de Josefina Tarafa), Madrid, 1973.

(Es la primera edición del libro)

(Los ríos, lagunas, arroyos y "ojos de agua," nos dice la autora, son santuarios en los que los creyentes rinden culto a "divinidades del panteón lucumí"—que 'son anfibias'... pues viven en la tierra y en el agua, como Yemayá, Ochún, Inle; Naná, Oba y otras, dueñas de ríos allá en Africa." En estas aguas "los mandingas, los carabalí, los graciosos macuá, los gangás... y otros arrancados por la trata al suelo natal, hicieron revivir sus duendes, genios y sirenas y recontaron sus mitos." Una magnífica colección de fotografías completa el libro).

—*YEMAYA Y OCHUN,* Kariocha, Iyalorichas y Olorichas, nota de la contraportada por Pierre Verger, Madrid, Colección del Chicherekú en el exilio, Ediciones C.R., 1974.

Comprende: 1) La Virgen de Regla, patrona del puerto de La Habana
2) ¿Quién es Yemayá?
3) Ochún
4) Omo-Orichas
5) Omo-Yemayá
6) Imposición de collares
7) El Asiento. Ocha Yokodi Eleda o Kari Ocha
8) Iyalochas
9) Como se adora a Yemayá y a Ochún. Biati boyafun loricha mio
10) Itaná,idi, ochiché. Velas, ligámenes y trabajos de santería
11) La entrega. El último rito. Itutu

(Es la primera edición del libro)

(Estudio dedicado a dos de las equivalencias Oricha-Santo: *Yemayá,* Nuestra Señora de la Virgen de Regla, patrona del puerto de La Habana, y a *Ochún,* Nuestra Señora de la Caridad del Cobre, patrona de Cuba. Lydia nos explica en qué consisten los festejos del pueblo en honor de Yemayá y Ochún. De gran interés para el especialista son los capítulos dedicados a la "Imposición de collares," la ceremonia de "El Asiento," la adoración de estos Orichas, los trabajos de santería y el último rito).

ANAFORUANA, Ritual y símbolos de la iniciación en la sociedad secreta Abakuá, Madrid, Ediciones C.R., 1975

Comprende: 1) Introducción
2) Preparación en el Fambá, del altar y de los atributos sagrados
3) Se descorre la cortina del Fambá, del altar y de los atributos sagrados
3) Se descorre la cortina del Fambá
4) Aprofá Bakesongo. La Iniciación
6) La Consacración
6) Comida de Comunión. Terminación del Plante
7) Juramento y Consacración de Plazas

8) Ekoria Itia Abakuá. Nacimiento o Consacración de una nueva Potencia
9) Emiweñe Efo. Mbori Mapá. El sacrificio del chivo
10) Ilustraciones correspondientes: 362 signos

(Es la primera edición del libro)

(Magnífica presentación del "ritual y símbolos de la iniciación en la Sociedad secreta Abakuá." Descripción de la liturgia en el interior del Fambá o cuarto sagrado. Reproducción de los "signos que se dibujan en el cuerpo del recipiendario para las pruebas de iniciación—'rayas, fimbas, marcas'—lo unirán hasta la muerte y más allá de la muerte, a la fuerza misteriosa que veneran." Las ceremonias que se celebran tienen por objeto rendir culto a Ekue. El libro reproduce trescientos sesenta y dos signos con sus explicaciones correspondientes).

—*FRANCISCO Y FRANCISCA,* Chascarillos de negros viejos, Miami, Colección del Chicherekú, 1976.

Comprende:
1) Excusas al lector cubano aún bien hablado (Introducción, por la autora)
2) A las puertas del cielo
3) El regalo
4) Parecía imposible
5) El negro calambuco y haragán
6) ¿Tomará sopa el cangrejo?
7) Sobre la captura de un cimarrón
8) Las cosas claras
9) Jutía conga y jutía carabalí
10) La invitación
11) El baño de Francisco
12) Nboma
13) Críbalo
14) La buena vida
15) Veracidad
16) La afición musical
17) Después
18) Las negras fañosas
19) Canilla flaca
20) Jesucristo yo va mojá
21) Relampagueando
22) Jaraganzú

23) El contador
24) El rumboso indigente
25) La oración del esclavo
26) Incienso
27) Escándalo en las localidades altas del gran Teatro Tacón
28) Aprendiz de médico
29) Chakunbé filosofando
30) Ni violación ni estupro
31) Dolor de madre
32) La confesión
33) Cuando la tengaramo
34) El erudito
35) El conguito de Maceo
36) De verdad que ocurrió en Güines
37) La molienda del ingenio La Tahonera
38) El guachinango
39) El gran invento
40) Pa trá, pa trá, pa trá
41) Para un ajiaco
42) Kindembo
43) En el velorio
44) El nido de tomeguines
45) Adulterios:
   a) Alma en pena
   b) El Espíritu Santo en la barbacoa
   c) Del más allá
   d) El toro
   e) Que no vuelva a suceder
   f) El embarazo de Francisca

(Colección de chascarrillos matizados con expresiones populares hoy a la moda y que antes se consideraban de mal gusto o "malas palabras": El lector chapado a la antigua se tropezará en esta serie de chascarrillos con voces que no herirán la sensibilidad de quienes por desafogarse, por costumbre o por seguir la moda, hoy cultivan un léxico que nada tiene que envidiarle al más selecto de los carretoneros que en mi infancia...").

—*LA REGLA KIMBISA DEL SANTO CRISTO DEL BUEN VIAJE*, Miami, Colección del Chicherekú en el exilio, Peninsular Printing, 1977.

Comprende: 1) Andrés Facundo Cristo de los Dolores Petit y su Regla del Santo Cristo del Buen Viaje

2) Templo, Sacerdocio y Ritual
3) Oráculos
4) Inspiraciones. Trabajos

(Es la primera edición del libro)

(El primer capítulo está dedicado al "Primer Padre de los Kimbisa del Santo Cristo—quien—tomó más de los congos que de los lucumí": Andrés Facundo de los Dolores Petit. Esta Regla o secta, ofrece "el modelo más acabado de sincretismo religioso que se produce en Cuba": aparecen reunidos elementos congos, lucumí y espiritistas junto a ritos y ceremonias de la Iglesia Católica. En los capítulos siguientes encontramos un diagrama del templo, los atributos del sacerdocio, el ritual a seguir, la ceremonia de iniciación e ilustraciones de los símbolos que representan a diferentes deidades. Los capítulos finales se ocupan de los oráculos y las inspiraciones o "trabajos").

—*ITINERARIOS DEL INSOMNIO, TRINIDAD DE CUBA*, Miami, Ediciones C.R., Peninsular Printing, 1977.

(Es la primera edición del libro)

(En este libro Lydia Cabrera por medio de sus recuerdos—de sus llamados insomnios—, hace un viaje al pasado: "Desenterrar el pasado de las cenizas del olvido, revivirlo por momentos con intensa ilusión de realidad presente, repito, ha sido mi consuelo y mi entretenimiento en la última etapa de este monótono camino, que de día, por un paisaje árido—un desierto de cemento—me va llevando a la muerte definitiva." De esos "insomnios" surgen personas o ciudades, José María Chacón y Calvo, Ramón Menéndez Pidal... París, y sobre todo, Trinidad, la ciudad que tanto recorriera en sus investigaciones y por la que llegó a sentir una devoción muy especial. Son muchos los personajes y ciudades que Lydia recrea para nosotros en estas páginas de *Itinerarios del insomnio*).

—*REGLAS DE CONGO, PALO MONTE MAYOMBE,* Miami, Colección del Chicherekú en el exilio, Ediciones C.R., 1979.

Comprende: 1) Los esclavos congos en el siglo XIX contado por sus descendientes
2) Paleros o Mayomberos
3) Sambi
4) La Nganga, Nkisi
5) Mpungus
6) Nso Nganga. El Templo
7) Notas

(Es la primera edición del libro)

(A través de sus "viejos informantes," Lydia Cabrera hace un recorrido "por la vida cubana del siglo pasado." Nos explica además, que el estudio sobre "las religiones africanas que arraigaron en Cuba" se concentró en la yoruba que fue la predominante, olvidándose "las prácticas de los numerosos grupos bantús, que desde muy atrás, desde el siglo XVI, fueron llevados a la Isla." Estos dos grupos—los congos y los lucumi—, "se repartieron el campo místico con sus 'Regla Lucumí' y 'Regla de Congos, Mayombe o Palo Monte'." Por medio de estas páginas conocemos sus cantos y bailes rituales así como algunas reproducciones de los dibujos que se hacían—hacen—con tiza durante las ceremonias: "los adeptos de la Regla Conga veneran las almas de los antepasados, de los muertos y los espíritus de la naturaleza que moran en los árboles y ríos..." Las "Notas," al final del libro, ofrecen importantes explicaciones sobre costumbres, personajes o episodios, de la historia cubana del siglo XIX).

COLECCIÓN DEL CHICHEREKÚ: (OBRAS DE LYDIA CABRERA)

3	LA SOCIEDAD SECRETA ABAKUÁ
4	REFRANES DE NEGROS VIEJOS
7	FRANCISCO Y FRANCISCA (chascarrillos de negros viejos)
8	POR QUÉ (cuentos negros)
9	ITINERARIOS DEL INSOMNIO (Trinidad de Cuba)
179	VOCABULARIO CONGO (EL BANTÚ QUE SE HABLA EN CUBA)
195	SIETE CARTAS DE GABRIELA MISTRAL A LYDIA CABRERA
4611-2	ANAFORUANA (Ritual y simbolos de la iniciacion en la sociedad secreta Abakuá. Con dibujos rituales de la propia autora)
009-7	EL MONTE (Igbo Finda/Ewe Orisha/Vititi Nfinda)
010-0	AYAPÁ (CUENTOS DE JICOTEA) (cuentos negros)
395-9	ANAGÓ, VOCABULARIO LUCUMÍ (El Yoruba que se habla en Cuba.)
396-7	REGLA KIMBISA DEL SANTO CRISTO DEL BUEN VIAJE
397-5	OTÁN IYEBIYÉ (LAS PIEDRAS PRECIOSAS en la tradición afrocubana)
398-3	REGLAS DE CONGO. PALO MONTE-MAYOMBE
433-5	SUPERSTICIONES Y BUENOS CONSEJOS
434-3	LOS ANIMALES Y EL FOLKLORE DE CUBA
637-0	KOEKO IYAWÓ: APRENDE NOVICIA (Pequeño tratado de Regla Lucumí)
488-2	LA LENGUA SAGRADA DE LOS ÑÁÑIGOS (Vocabulario Abakuá)
654-0	CONSEJOS, PENSAMIENTOS Y NOTAS DE LYDIA E. PINBAN (Ed. de Isabel Castellanos)
671-0	CUENTOS NEGROS DE CUBA
673-7	LA LAGUNA SAGRADA DE SAN JOAQUÍN
708-3	VOCABULARIO CONGO (EL BANTÚ QUE SE HABLA EN CUBA) / CONGO-ESPAÑOL/ESPAÑOL-CONGO (Ed. de Isabel Castellanos)
733-4	PÁGINAS SUELTAS (Ed. de Isabel Castellanos
761-X	YEMAYÁ Y OCHÚN (Kariocha, Iyalorichas y Olorichas)
762-8	MEDICINA POPULAR DE CUBA (médicos de antaño, curanderos, santeros y paleros de hogaño. Hierbas y recetas)
763-6	CUENTOS PARA ADULTOS NIÑOS Y RETRASADOS MENTALES

OBRAS SOBRE LYDIA CABRERA:

088-7	IDAPÓ (sincretismo en cuentos negros L.Cabrera), Hilda Perera
101-8	AYAPÁ Y OTRAS OTAN IYEBIYÉ DE LYDIA CABRERA, Josefina Inclán
191-3	HOMENAJE A LYDIA CABRERA (estudio sobre Lydia Cabrera y temas afroamericanos). Reinaldo Sanchez y José A. Madrigal, editores.
389-4	LOS CUENTOS NEGROS DE LYDIA CABRERA, Mariela Gutiérrez
432-7	EN TORNO A LYDIA CABRERA (colección de ensayos sobre Lydia Cabrera y temas afroamericanos), Edición de Isabel Castellanos & Josefina Inclán
444-0	MAGIA E HISTORIA EN LOS "*CUENTOS NEGROS*","*POR QUÉ*" Y "*AYAPÁ*" DE LYDIA CABRERA, Sara Soto
535-8	EL COSMOS DE LYDIA CABRERA: Dioses, animales y hombres, Mariela Gutiérrez

COLECCIÓN ÉBANO Y CANELA:
(Libros de temas afroamericanos)

052-6   INICIACIÓN A LA POESÍA AFRO-AMERICANA,
Oscar Fernández de la Vega & Alberto N. Pamies
053-4   LOS NEGROS BRUJOS,
Fernando Ortiz
088-7   IDAPÓ (sincretismo en cuentos negros L.Cabrera),
Hilda Perera
099-2   MÚSICA FOLKLÓRICA CUBANA,
Rhyna Moldes
101-8   AYAPÁ Y OTRAS OTAN IYEBIYÉ DE LYDIA CABRERA,
Josefina Inclán
191-3   HOMENAJE A LYDIA CABRERA
Reinaldo Sanchez y José A. Madrigal, (ed.)
204-0   LOS SECRETOS DE LA SANTERÍA,
Agún Efundé
236-7   PATAKI,
Julio García Cortez
237-5   LA POESÍA AFROANTILLANA,
Leslie N. Wilson
322-3   EL SANTO (LA OCHA),
Julio García Cortez
341-X   PLACIDO, POETA SOCIAL Y POLÍTICO,
Jorge Castellanos
389-4   LOS CUENTOS NEGROS DE LYDIA CABRERA,
Mariela Gutiérrez
432-7   EN TORNO A LYDIA CABRERA,
Isabel Castellanos & Josefina Inclán (ed.)
444-0   MAGIA E HISTORIA EN LOS "*CUENTOS NEGROS*","*POR QUÉ*" Y "*AYAPÁ*" DE LYDIA CABRERA,
Sara Soto
468-8   IBO (YORUBAS EN TIERRAS CUBANAS),
Rosalía de la Soledad & M.J. San Juan
463-7   CULTURA AFROCUBANA I,
Isabel Castellanos y Jorge Castellanos
506-4   CULTURA AFROCUBANA II,
Isabel Castellanos y Jorge Castellanos
507-2   CULTURA AFROCUBANA III,
Isabel Castellanos y Jorge Castellanos
618-4   CULTURA AFROCUBANA IV,
Isabel Castellanos y Jorge Castellanos
663-X   CULTURA AFROCUBANA V,
Isabel Castellanos y Jorge Castellanos

528-5	LOS NIETOS DE FELICIDAD DOLORES, Cubena
535-8	EL COSMOS DE LYDIA CABRERA: Dioses, animales y hombres, Mariela Gutiérrez
582-X	AFRO-HISPANIC LITERATURE:AN ANTHOLOGY OF HISPANIC WRITERS OF AFRICAN ANCESTRY, Ingrid Watson Miller
593-5	BLACK CUBENA'S THOUGHTS, Elba Birmingham-Pokorny
634-6	LA AFRICANÍA EN EL CUENTO CUBANO Y PUERTORRIQUEÑO, María Carmen Zielina
635-4	DENOUNCEMENT AND REAFFIRMATION OF THE AFRO-HISPANIC IDENTITY IN CARLOS GUILLERMO WILSON'S WORKS, Elba Birmingham-Pokorny
674-5	DECODING THE WORD: NICOLÁS GUILLÉN AS MAKER AND DEBUNKER OF MYTH, Clement A. White
691-5	LO AFRONEGROIDE EN EL CUENTO PUERTORRIQUEÑO, Rafael Falcón
736-9	ACERCAMIENTO A LA LITERATURA AFROCUBANA, Armando González-Pérez
758-X	AN ENGLISH ANTHOLOGY OF AFRO-HISPANIC WRITERS OF THE TWENTIETH CENTURY, Elba D. Birmingham-Pokorny
788-1	CRITICAL PERSPECTIVES IN ENRIQUE JARAMILLO-LEVI'S WORK (A COLLECTION OF CRITICAL ESSAYS), Edited and with an Introduction by Elba D. Birmingham Pokorny

OTROS LIBROS DE TEMAS AFROAMERICANOS:

007-0	POESÍA NEGRA DEL CARIBE,	
	Hortensia Ruiz del Vizo	
008-9	BLACK POETRY OF THE AMERICAS,	
	Hortensia Ruiz del Vizo	
104	LA RELIGIÓN AFROCUBANA,	
	Mercedes Sandoval	
106-9	LA OBRA POÉTICA DE EMILIO BALLAGAS,	
	Rogelio de la Torre	
153-0	LA POESÍA NEGRA DE JOSÉ SÁNCHEZ-BOUDY,	
	René León	
243-X	LOS ESCLAVOS Y LA VIRGEN DEL COBRE,	
	Leví Marrero	
0715-X	HISTORIA DE UNA PELEA CUBANA CONTRA LOS DEMONIOS,	
	Fernando Ortiz	

www.ingramcontent.com/pod-product-compliance
Lightning Source LLC
Chambersburg PA
CBHW031230290426

44109CB00012B/230